PROBLÈMES DE
LEXICOLOGIE QUÉBÉCOISE

PROLÉGOMÈNES À UN TRÉSOR
DE LA LANGUE FRANÇAISE AU QUÉBEC

« LANGUE FRANÇAISE AU QUÉBEC »

Première section : Monographies linguistiques

1. *Bibliographie linguistique du Canada français*, par Gaston DULONG, 1966.
2. *Tendances phonétiques du français parlé au Canada*, par Jean-Denis GENDRON, 1966.
3. *Études de linguistique franco-canadienne*, communications présentées au 34e Congrès de l'A.C.F.A.S. (1966) et publiées par Jean-Denis GENDRON et Georges STRAKA, 1967.
4. *Rythme et mélodie de la phrase parlée en France et au Québec*, par Marcel BOUDREAULT, 1968.
5. *Le rythme et la mélodie de la phrase littéraire dans l'œuvre de Mgr Félix-Antoine Savard : essai de phonostylistique*, par Gilles LAVOIE, 1969.
6. *Recherches sur l'accent d'après des poèmes d'Alain Grandbois : études acoustique et statistique*, par Normand BEAUCHEMIN, 1970.
7. *Étude sur les voyelles nasales du français canadien*, par René CHARBONNEAU, 1971.
8. *Contribution à l'histoire de la prononciation française au Québec : étude des graphies des documents d'archives*, par Marcel JUNEAU, 1972.

Deuxième section : Editions commentées de textes

1. *Le livre de comptes d'un meunier québécois (fin XVIIe — début XVIIIe s.) : édition avec étude linguistique*, par Marcel JUNEAU et Claude POIRIER, 1973.
2. *La jument qui crotte de l'argent. Conte populaire recueilli aux Grandes-Bergeronnes (Québec) : édition et étude linguistique*, par Marcel JUNEAU, 1976.

Troisième section : Lexicologie et lexicographie

1. *Glossaire du parler français au Canada*, préparé par la Société du parler français au Canada et publié en 1930, réédition 1968.
2. *Dictionnaire canadien-français*, par Sylva CLAPIN, édition originale en 1894, réédition 1974.
3. *Le Parler populaire des Canadiens français*, par Narcisse-Eutrope DIONNE, édition originale en 1909, réédition 1974.
4. *Glossaire franco-canadien*, par Oscar DUNN, édition originale en 1880, réédition 1976.
5. *Problèmes de lexicologie québécoise. Prolégomènes à un Trésor de la langue française au Québec*, par Marcel JUNEAU, 1977.

Quatrième section : Travaux de linguistique québécoise, publiés par Marcel JUNEAU et Georges STRAKA, vol. I, 1975.

LANGUE FRANÇAISE AU QUÉBEC

3e SECTION : LEXICOLOGIE ET LEXICOGRAPHIE

——— 5 ———

PROBLÈMES DE LEXICOLOGIE QUÉBÉCOISE

PROLÉGOMÈNES À UN TRÉSOR DE LA LANGUE FRANÇAISE AU QUÉBEC

par

MARCEL JUNEAU

Professeur à l'université Laval (Québec)

QUÉBEC

LES PRESSES DE L'UNIVERSITÉ LAVAL

1977

La recherche en vue de cet ouvrage a été réalisée avec l'appui financier du Conseil des Arts du Canada et du Ministère de l'Education du Québec. La publication en a été rendue possible grâce à une subvention du Conseil canadien de recherches sur les humanités provenant de fonds fournis par le Conseil des Arts du Canada.

« Alors, dans l'air vierge, la vieille langue se trouble. Il faut créer, pour des horizons changés, des rythmes neufs, frapper des mots d'aventure, de travail et de misère, improviser souvent en pleine scène devant l'audience des eaux, des forêts et des monts, trouver, pour la figure de ce monde nouveau, la pièce sonore, exacte . . .

Nos pères nomenclateurs convertissent les mots à de nouveaux usages : ils agrandissent la mesure verbale, ils trouvent ces fines analogies qui nous ravissent par la profondeur de la vision et la justesse du dessin ».

Félix-Antoine Savard, L'abatis, éd. Nénuphar, 143.

Note liminaire

Au moment où nous avons avancé très sérieusement les longs travaux préparatoires en vue d'un dictionnaire historique du français québécois (et des régions francophones d'Amérique du Nord) — un *Trésor de la langue française au Québec* (abrév. TLFQ) —, il convient de mesurer, avec un regard à la fois reconnaissant et impartial, le chemin parcouru par nos prédécesseurs. Ce sera le premier volet du présent ouvrage. Cette rapide rétrospective comprendra une description et une analyse critique des lexiques québécois les plus importants depuis celui, très précieux, du Père Potier, vers la fin du Régime français, jusqu'aux glossaires ou dictionnaires du parler actuel. Il n'est en effet pas superflu d'examiner ces instruments de travail, légués par nos devanciers et souvent jugés de façon trop superficielle.

Un deuxième volet de l'ouvrage sera consacré à une présentation du futur *Trésor,* œuvre de longue haleine et de portée nationale, qu'entrevoyait déjà, il y a plus de vingt ans, le regretté Pierre Gardette dont nous avons eu le privilège d'être l'élève, et que — grâce aux conseils et à l'appui indéfectible d'un autre éminent romaniste auquel nous devons notre formation d'historien de la langue et de dialectologue, M. Georges Straka — nous avons pu mettre rapidement en chantier dès le lendemain de notre nomination de professeur à l'Université Laval, il y a cinq ans. Dans un exposé détaillé nous présenterons l'état d'avancement de nos travaux en vue de ce *Trésor,* à la fois diachronique et synchronique, dont l'absence se fait durement sentir depuis longtemps non seulement au sein de la collectivité québécoise et canadienne française, mais aussi dans les études romanes en général, et nous tenterons d'en dégager surtout les principes méthodologiques et les buts, ainsi que les principaux problèmes que nous rencontrons et rencontrerons encore en chemin.

Enfin, dans un troisième volet — et ce sera la partie centrale de la présente étude — nous soumettrons à l'attention des spécialistes une première version, mais déjà fort complète et élaborée, de vingt-cinq articles d'essai du *Trésor,* qui soulèvent, pour la plupart, des problèmes particulièrement intéressants au plan étymologico-historique et révèlent, outre la remarquable richesse du parler québécois, l'importance que ce parler présente pour une meilleure connaissance de l'histoire des parlers de France eux-mêmes.

Heureux serions-nous si cette étape préliminaire contribuait à une meilleure réalisation du *Trésor* et pouvait en avancer la parution !

*

Nous remercions de tout cœur les maîtres et les amis qui nous ont aidé dans notre travail : M. Georges Straka, qui a examiné en détail notre ouvrage en manuscrit et en a discuté avec nous maints problèmes et les principales orientations ; M. Kurt Baldinger dont les chaleureux conseils nous sont toujours si précieux ; M. Luc Lacourcière qui nous a fourni une documentation très riche ; M. Gaston Dulong, qui a mis à notre disposition et à celle de notre équipe le fichier de la défunte Société du Parler français au Canada, sensiblement enrichi par ses soins ; notre collègue Thomas Lavoie, de l'Université du Québec à Chicoutimi, qui a bien voulu compléter notre documentation par les résultats de ses enquêtes personnelles sur les parlers des pays de la Côte-Nord, de Charlevoix, du Saguenay et du Lac Saint-Jean ; enfin, les amis que nous côtoyons quotidiennement à l'Université Laval : Lionel Boisvert, Réjean L'Heureux, Micheline Massicotte-Ferland, Viateur Paradis, Claude Poirier.

Saint-Augustin, le 1er mai 1976.   M. J.

PREMIÈRE PARTIE

Aperçu sur la lexicographie franco-québécoise

A — DEUX PIONNIERS : LE PÈRE PIERRE-PHILIPPE POTIER ET JACQUES VIGER

1) Le Père Potier (¹)

Le Père P.-Ph. Potier (1708-1781) était un jésuite wallon qui reçut cependant une bonne part de sa formation intellectuelle et religieuse en pays picard. En été 1743, à l'âge de 35 ans, il s'embarque sans retour pour la Nouvelle-France comme missionnaire. Arrivé à Québec en automne, il séjourne, pendant l'hiver qui suit, en banlieue, à Lorette, où il s'initie aux rudiments de la langue huronne avec l'aide d'un confrère jésuite, avant de partir, en été 1744, pour la mission « du » Détroit où il œuvrera jusqu'à sa mort.

Le Père Potier a laissé un grand nombre de travaux et notes en manuscrit, notamment sur la langue huronne. Mais il en est un qui, consacré aux particularismes du français de la Nouvelle-France d'alors, est d'une valeur inestimable pour l'histoire de la langue au pays : les *Façons de parler proverbiales, triviales, figurées, etc., des Canadiens au XVIIIᵉ siècle*. Ce manuscrit contient une longue suite d'observations — de relevés dialectologiques, pourrait-on dire — qui s'échelonnent entre les années 1743 et 1758, mais dont les plus nombreuses sont antérieures à 1745 ; à cause de l'ancienneté de ce document et de l'abondance et de la qualité des matériaux qu'il contient (environ un millier de mots et d'expressions), il mérite que nous nous y arrêtions un bon moment, d'autant plus qu'il n'en existe jusqu'à présent aucune analyse sérieuse (²).

Les *Façons de parler* sont restées en manuscrit, et par conséquent inconnues et inaccessibles, pendant plus d'un siècle et demi. Ce n'est qu'au début du XXᵉ siècle que la Société du Parler français au Canada les exhumera en les publiant par petites tranches dans son *Bulletin* (³). Le manuscrit était alors en la possession du bibliophile Philéas Gagnon ;

---

(1) Une première rédaction de cette analyse du lexique de Potier a paru dans la revue *Langues et linguistique,* Université Laval, t. I (1975), pp. 51-68.

(2) Pour plus de détails sur la vie et l'œuvre du missionnaire, voir notamment le BPFC, t. III (1904-05), pp. 213-216, ainsi que W. St. Wallace, *The MacMillan Dictionary of Canadian Biography,* 3ᵉ éd., Toronto, 1963, et le sympathique article de Roger Pinon, *Un précurseur wallon de la dialectologie : Le Père Pierre-Philippe Potier, s.j.,* dans *La nouvelle Revue wallonne,* t. XVII (1971), pp. 24-40.

(3) BPFC, t. III (1904-05), pp. 213-220, 252-255, 291-293 ; t. IV (1905-06), pp. 29-30, 63-65, 103-104, 146-149, 224-226, 264-267.

il est maintenant en dépôt, avec sa collection de livres et de manuscrits, à la Bibliothèque municipale de Montréal ([4]). Ph. Gagnon a ainsi décrit le manuscrit du Père Potier dans le BPFC (t. III, pp. 213-214) :

> « Cahier de format petit in-8 (18 × 10 1/2 centimètres), paginé 103-164, rempli à deux colonnes [sauf les pages 129-142 et 150-156], d'une écriture très fine, facile à lire et d'une beauté remarquable pour l'époque ; avec en outre douze feuillets restés blancs et non chiffrés. Paraît avoir été extrait d'un cahier plus considérable.

> « Ce manuscrit se compose surtout de notes prises par l'auteur, partout où il passe (en partant de son pays, la Belgique, pour venir ici en la Nouvelle-France comme missionnaire), sur les façons de parler curieuses, triviales, proverbiales et enfin nouvelles pour lui, de tous ceux qu'il rencontre. Aussi ses notes sont-elles intitulées : Pais-bas — pendant la traversée — à Québec — à Lorette — de Québec au Détroit — au Détroit — en hyvernement, etc.

> « Le nom de l'auteur ne paraît nulle part, mais l'écriture du Père Potier est connue par tout le Canada, où il a laissé un grand nombre de volumes complètement écrits de sa main et qu'il reliait lui-même en peau de caribou. »

Il faut ajouter cependant que, dans ce document de 61 pages, un peu plus de la moitié seulement concerne le français du Canada ; cette partie est évidemment la partie essentielle pour nous. Dans le reste du manuscrit se trouvent disséminés des extraits d'ouvrages de linguistique et de botanique sur les « Pais-Bas » (pp. 103-106), des « termes françois tirés du dict. de Trévoux » (p. 107), des « extraits de l'Histoire de France par Mr Larrey » (pp. 129-142), etc., mais cette documentation, si révélatrice qu'elle soit des préoccupations intellectuelles du jésuite, n'offre que peu d'intérêt pour le lexicologue québécois. Aussi la Société du Parler français a-t-elle eu raison de ne tirer de l'oubli que les précieuses notes lexicologiques qui se rapportent au français un peu déroutant des habitants du pays d'adoption du missionnaire ; mais il faut regretter que l'éditeur n'ait pas respecté le manuscrit et qu'il ait négligé de reproduire un grand nombre de mots et d'expressions fort intéressants.

Le titre *Façons de parler proverbiales, triviales, figurées, etc.*, n'est pas du Père Potier. Le manuscrit ne porte aucun titre général, mais seulement des sous-titres en tête de ses différentes parties. C'est le Comité du BPFC qui a forgé cet intitulé en s'inspirant toutefois du premier sous-titre (p. 103) : *Pais-Bas, Façons de parler proverbiales, triviales, figurées, etc., tirées du P. Joubert* (l'ouvrage en question n'est pas précisé).

Les notes du Père Potier fournissent une foule de particularismes de la langue parlée par le menu peuple de la Nouvelle-France quelques décennies avant la conquête anglaise, à une époque où il n'y avait ni

---

(4) Le manuscrit du Père Potier porte le n° 4.257 de la collection (voir Ph. Gagnon, *Essai de bibliographie canadienne*, t. II, Montréal, 1913, p. 454).

littérature ni journaux, et c'est ce qui donne à ce témoignage toute sa valeur. Parmi les mots relevés, un grand nombre en est d'origine gallo-romane (archaïsmes et dialectalismes), et ils sont toujours en usage en québécois commun. En voici quelques-uns parmi ceux qui sont les plus courants dans le parler actuel : *bord* m. « côté » ([5]) (III, 253 b ; autres attestations 255 a, 292 b, ainsi que l'emploi figuré du mot dans « fille qui *court le mauvais bord*, i.e. débauchée » 254 b), *fonçure* m. « fond » (III, 255 a), *tinette* f. « grand récipient, ordinairement plus large à la base qu'au haut, dans lequel on conserve du beurre, de la viande de porc salée, etc. » (III, 291 a), *ripe* f. « planure » (III, 291 a), *virer* v. tr. « tourner » (III, 293 a), etc. La liste des mots de cette catégorie est fort longue ; ils témoignent d'une langue déjà éminemment conservatrice par rapport au français d'alors.

En même temps, cette langue, contrainte d'exprimer un monde nouveau, apparaît déjà audacieusement novatrice. Le lexique de Potier révèle en effet à quel point, vers la fin du Régime français, la langue de la Nouvelle-France a innové face à celle de Paris et à celles des provinces d'oïl. Il suffit d'aligner, pour s'en rendre compte, quelques-uns des nombreux termes ayant trait à l'hiver et qui ont retenu l'attention du missionnaire : *poudrerie* f. « neige que le vent soulève et pousse devant lui en tourbillons » (III, 217 a), *traîne* f. « traîneau bas » (III, 254 a), *carriole* f. « traîneau sur patins bas et d'un certain luxe, qui sert au transport des voyageurs » (III, 254 a) et son dérivé *carriolée* f. « contenu d'une *carriole* » (III, 292 a), *balise* f. « petit arbre ou branche coupé et placé, l'hiver, de chaque côté d'une route pour en indiquer le passage » (III, 291 b) et son dérivé *baliser* v. tr. « placer des *balises* » (III, 291 b), *bordée* f. « chute de neige » (III, 292 b), *lever (un chemin)* « le tracer, y passer le premier après une *bordée* de neige » (III, 293 a), *bouler* v. intr. « s'amonceler devant une voiture (en parlant de la neige) » (III, 293 a), *peloter* v. intr. « être ramollie par le doux-temps (en parlant de la neige) » (IV, 65 b), *bordages* m. pl. « glaces qui adhèrent aux rives des lacs et des rivières » (IV, 147 a), *crémer* v. intr. « se couvrir d'une mince couche de glace (en parlant d'une surface d'eau) » (IV, 147 b), etc.

Le Père Potier a vécu toute sa vie de missionnaire au milieu de ses « sauvages ». Aussi ses relevés sont-ils émaillés de plusieurs dizaines d'amérindianismes (touchant notamment la flore et la faune du pays, les croyances, les coutumes et les objets des indigènes), qui ont souvent subsisté jusqu'à aujourd'hui, du moins comme termes historiques, et qui

---

(5) Les définitions des mots sont de nous. Le P. Potier se contente souvent de donner des exemples d'emplois des mots sans les définir, v. ci-dessous, p. 18, où il sera aussi question de la valeur de ses « étiquettes définitoires » lorsqu'il les formule. — Le chiffre romain que nous plaçons entre parenthèses renvoie au tome du BPFC et le chiffre arabe à la page du tome.

ont même pénétré, à l'occasion, dans le français de France : *atoca* m. « plante des marais à baies rouges et acides dont on fait notamment une compote très goûtée qu'on sert avec la dinde et certaines autres viandes, *par ext.* la baie elle-même » (III, 254 a et 293 a), *achigan* m. « nom vulgaire de la perche noire » et *malachigan* m. « poisson de la famille des sciénidés, dit aussi *tambour,* qui fréquente les cours d'eau douce de l'Amérique du Nord » (III, 219 b), *maskinongé* m. « poisson d'eau douce apparenté au brochet » (III, 254 a), *ouaouaron* m. « grenouille géante de l'Amérique du Nord » (IV, 148 b), *caribou* m. « renne du Canada » (III, 252 b), *carcajou* m. « espèce de blaireau d'Amérique » (III, 253 b), *pékan* m. « nom vulgaire de la martre du Canada » (III, 254 a), *manitou* m. « esprit du bien et du mal chez certaines peuplades amérindiennes » (IV, 65 a), *sakakoi* m. « cri de guerre des Amérindiens » (III, 219 a), *se matachier* v. pron. « se peindre (le visage) » et *matachias* m. « mélange de diverses couleurs que les Amérindiens emploient pour se peindre le visage » (III, 220 b), *micoine* f. « sorte de grande cuillère » et *micoinée* f. « contenu d'une *micoine* » (ib.), *sagamité* f. « bouillie de maïs et de viande » (ib.), *ouragan* « plat en écorce de « bouleau » fabriqué par les Amérindiens » (III, 292 a), etc. D'autres mots ne sont plus connus du québécois actuel et les glossaires les passent généralement sous silence : *akantican* (« *Akantican* m. grosse flotte aux 2 bouts (des rets) » IV, 65 a), *onisseni* (« Nous fîmes un bon *onisseni,* i.e. repas » IV, 146 b), *coutaganer* (« *Coutaganer* n., i.e. travailler avec le couteau croche. **Coutaganer* (a.) une planche » IV, 147 b), *apecia* (« *Apeçia* m., i.e. jeune chevreux... mot outaoui » IV, 149 b), etc. ; ils sont intéressants, car leur présence dans les notes du Père Potier indique que l'apport du substrat amérindien, faible dans le québécois d'aujourd'hui, était jadis bien plus important.

Le recueil contient aussi un certain nombre de mots galloromans, archaïques ou dialectaux, et de créations autochtones, qui n'ont pas survécu au Québec. Ainsi, parmi les mots de la première catégorie : *breuilles* f. pl. « boyaux » (« *Breuille(s)* f., i.e. tripe(s) » III, 293 a, aussi « *Breuils,* i.e. tripes, boyaux » IV, 225 b, et « Le bœuf a failli l'*ébreuiller,* i.e. l'éventrer[...] » ib. ; v. FEW *botulus* 1, 470) ; *guépiner* v. intr. « taquiner, piquer (par des paroles) » (« Mr le général aime à *guépiner,* i.e. picoter, mordre de paroles. 'Il guépina' » III, 255 b; v. FEW *vespa* 14, 344 a) ; *flasquer* v. tr. « repasser (le linge) » (« *Flasquer* le linge, i.e. le plier » IV, 265 b, mais cette déf. du Père Potier est sans doute fausse, v. JunPMeun 123 et FEW germ. *flaska* 15, 2, 137 a). Parmi les innovations du français de Nouvelle-France qui ont eu une vie éphémère, signalons, à titre d'exemple, *boire le coup abénaquis* « boire (d'un trait ?) un grand verre d'eau-de-vie » (« Boire le *coup abnakis,* i.e. grand verre d'eau-de-vie » III, 218 b) et *souffleur* « espèce de marmotte (appelé communément *siffleux* au Québec) » (« *Souffleur* m., i.e. animal assez semblable au porc-épi ; de la grosseur d'un chat françois... la viande en est excellente... il a son trou dans la terre aux endroits sablonneux ... a la dent très mauvaise, déchirant la peau à chaque coup de dents qu'il donne aux chiens », IV, 149 a ; mais *souffleur* pour *siffleur* est peut-être une erreur).

D'après ce qui précède on s'aperçoit bien de l'immense intérêt documentaire que les *Façons de parler* représentent pour l'historien des parlers populaires du Pays du Québec. Les deux exemples qui suivent soulignent cet intérêt de façon plus éloquente encore. Ainsi, la présence de *patacle* « vieille pendule » (en québécois d'aujourd'hui « vieille montre, ou montre de peu de valeur », pron. *pàtàt, pétàt, pàtàk* ou *pétàk* comme le nom du tubercule) dans le document de Potier dès 1744 (« Je ne voulus pas de cette *patacle*, i.e. mauvaise horloge » IV, 64 b) est une preuve que ce mot est différent de *patate* « pomme de terre », car celui-ci ne se répand au Québec qu'après la conquête (1re attestation sûre 1765 ; voir notre étude de ce mot, ainsi que celle du mot suivant, dans la IIIe partie). Dans un autre ordre d'idées, l'existence du mot galloroman d'origine dialectale *drigail* « objets pêle-mêle, bagages, biens personnels, etc., généralement de peu de valeur » est assurée en Nouvelle-France, dès la première moitié du XVIIIe siècle, grâce au témoignage du Père Potier qui le relève à deux reprises : « J'avais un buterfiel [≃ cadran solaire] et il fut brulé avec mon *drigail*, i.e. meubles ..., mon train » IV, 104 a). Les documents d'archives — inventaires de biens après décès qui sont le type de documents les plus susceptibles de nous fournir un mot comme *drigail* — ne nous en ont livré jusqu'à maintenant qu'une seule attestation pour toute la période du Régime français (1754, rég. de Montréal), alors qu'ils en fournissent quantité d'exemples à partir des années 1780, ce qui pourrait nous faire supposer que ce mot n'a été réellement adopté par la langue du pays que vers la fin du siècle. Le témoignage de Potier — auquel s'ajoutent d'ailleurs, en 1755, deux attestations fournies par les *Papiers Contrecœur* (éd. F. Grenier, Québec, 1952, pp. 404 et 424) — ne permet pas cette supposition, et quant aux notaires du XVIIe siècle et du début du XVIIIe, il faut croire que, moins ignorants du « bel usage » que nombre de leurs successeurs, ils ressentaient simplement quelque répugnance à user d'un mot qui leur paraissait trop « patois » ou, si l'on nous permet cet anachronisme, trop « joual ».

Les relevés de Potier intéressent également l'histoire de la formation des mots. Ils témoignent, par exemple, de la vitalité du suffixe -*ée* en québécois ancien : *micoinée* (III, 220 b), *carriolée* (III, 292 a), *terrinée* (ib. ; attesté aussi dans les parlers de France, v. JunPMeun 154) ; *piroguée* (IV, 104 b), *canotée* (IV, 147 a), *boyardée* (IV, 147 b), etc.

En parcourant les *Façons de parler*, on a presque l'impression de feuilleter le carnet d'enquête encore tout frais d'un dialectologue pénétré de la nécessité du travail sur le terrain et de l'importance du contexte, et sensibilisé à la méthode de conservation dirigée, mais qui n'aurait pas eu le loisir de revoir sa cueillette et, au besoin, de la compléter. Il s'agit en effet de notes griffonnées au fil des jours et à partir de conversations de tous les jours ; certes, les mots sont assez souvent alignés sans aucun lien logique, mais à maints endroits, on les trouve tout de même réunis, très heureusement, dans des groupes conceptuels, par ex. des mots qui concernent la flore (III, 219 a, 254 a et b, IV, 104 b), la faune (III, 219 b ; 252 b, 254 a, IV, 149 a), la marine (IV, 63 a et b), la pêche (IV, 65 a), la construction (IV, 149 b, 224 a et b), les ustensiles du boulanger (IV, 225 b), les mesures (III, 253 a), l'alcool (III, 218 a et b ; etc.) ; à d'autres occasions, leur regroupement est étymologique, ainsi *banner* et *bannar* (III, 219 a), *assaisonner* et *assaisonnement* (III, 252 b), *moucharder, mouchard* et *mouche* (III, 254 a), *ripe* et *ripée* (III, 291 a), *s'acarêmer* et *se décarêmer* (III, 292 a), *nager, nageur* et *nage* (IV, 29 a), *colleter, se colleter* et *colleterie* (IV, 30 a), *câliner, calin* et *calinerie* (IV, 64 a), *bredasser, bredassier* et *bredasserie* (ib.), *bousiller, débousiller, rebousiller* et *bousillage* (IV, 104 a) ; etc. ; des considérations d'ordre morphologique ont présidé au rapprochement de *pitoyer* et *hontoyer* (III, 220 a) ou de *caffeter, chocolater* et *théer* (III, 254 a). L'« énoncé organisé », dont il arrive que la source soit indiquée ([6]), est privilégié au détriment de la définition qui est souvent réduite, quand elle est donnée, au simple synonyme approximatif du « français général » de l'époque. La nature des mots est parfois précisée. Les faits relevés sont même sommairement localisés ([7]). Les expressions figurées de la conversation familière, qu'on chercherait en vain dans les textes québécois documentaires de l'époque, sont nombreuses (ex. *avoir de quoi* » avoir beaucoup de biens » III, 292 b ; *à cœur de jour* « toute la journée » IV, 148 a ; *branler dans le manche* « être inconstant » IV, 264 b, etc.).

L'auteur de ce recueil des particularismes linguistiques de la Nouvelle-France s'intéresse essentiellement au vocabulaire. Toutefois, à travers la graphie des mots, on peut aussi glaner des renseignements sur la prononciation (par ex. *un* « une » III, 252 a ; *fisque* « fixe » et *fisquer* « fixer » IV, 103 a ; *icit* « ici » ib. ; *térir* « tarir » IV, 147 b ; *licher* « lécher » ib. ; *flau* « fléau » ib. ; *tumbé* « tombé » IV, 224 b ; etc.), mais ces renseignements n'ajoutent plus rien, ou presque rien, à ce qui est connu aujourd'hui par l'analyse des graphies des documents d'archives de l'époque. Les faits intéressant la morpho-syntaxe sont encore moins nombreux : sans en avoir entrepris un examen exhaustif, nous avons

---

(6) Le plus souvent il s'agit de propos de ses confrères jésuites, ce qui n'est pas sans importance, ainsi que nous le verrons plus loin.

(7) Sur l'emplacement exact de *Cataraqui* (IV, 29 et 63 ; aujourd'hui Kingston), situé sur le Lac Ontario, tout près de l'endroit où le Saint-Laurent prend sa source, et sur celui de l'Ile-au-Bois-Blanc (IV, 64) dans la « Rivière-du-Détroit », voir M. Trudel, *Atlas de la Nouvelle-France*, 2e éd., 1968, nos 51 (carte de Bellin de 1755) et 94 (carte du même de 1764).

au moins relevé l'infinitif *ponner* « pondre » (IV, 147 b) et l'expression adverbiale *en tout* « du tout » (IV, 29 b).

Nous avons déjà dit que les *Façons de parler* reflètaient le vocabulaire régional du petit peuple du Canada français d'autrefois. Mais l'auteur n'a pas limité ses observations à ce seul parler populaire. Ses confrères jésuites, dont il note fréquemment les termes savants et religieux (v. note 6), et les Amérindiens que, par les devoirs de sa charge, il côtoyait quotidiennement, lui ont fourni l'occasion d'entendre parfois des expressions propres à eux, et il les a consignées également, ce qui peut constituer, si l'on n'y fait pas attention, une source d'erreurs possible dans l'appréciation du vocabulaire qu'il nous a transmis. C'est ainsi que les termes suivants appartiennent au langage de ses savants confrères : *lacrimule* « larme » (III, 255 a), *mener une vie pisciculente* « vivre de poisson » (III, 255 b), *pyrotechniste* « qui fait bien le feu » (ib.), *morules* « petits retardements » (III, 293 b ; en fr. le mot est attesté dans un sens analogue chez Bossuet, v. FEW 6, 3, 152 a ; il doit s'agir d'un terme religieux), *manducable* « mangeable » (IV, 146 a), etc. ; ce langage est parfois marqué de préciosité, étrangère au peuple, ce qui est sûrement le cas de l'emploi de *monstre sylvestre* au sens de « grosse bûche » (III, 255 b). En revanche, *prière* au sens de « missionnaire » (« Ce sauvage a battu la *prière*, i.e. le missionnaire » III, 254 b) doit reproduire la façon de parler des Amérindiens. Le peuple n'utilisait certainement pas ces mots et expressions.

« Plusieurs mots sont enregistrés, qui sont parfaitement français ; nous les reproduisons pour la plupart ; il peut y avoir quelque intérêt », écrit le Comité du BPFC (t. III, p. 215) avant d'entreprendre la publication du document. Effectivement, le nombre de mots toujours vivants en français général y est assez élevé. Mais beaucoup d'entre eux ont une importance bien plus grande que ne le soupçonnait la Société du Parler français (qui a eu tort de ne pas reproduire tous les mots « français »). En effet, un examen rapide de cette catégorie de mots indique que nous sommes en présence d'une petite mine de datations nouvelles. Le Père Potier a sans doute consigné ces mots dans son recueil parce qu'il ne les avait jamais relevés dans les dictionnaires de l'époque, qu'il paraît avoir fréquenté assidûment (on se souvient qu'une partie de son manuscrit reproduit des mots tirés du dictionnaire de Trévoux, v. ci-dessus), et une étude exhaustive de ces mots donnera certainement des résultats intéressants. Pour le moment, nous nous contentons de signaler une quinzaine de cas où l'attestation du Père Potier est plus ancienne que la première attestation du mot en France (la date en gras est celle de la note de Potier ; les dates des plus anciennes attestations françaises figurent entre parenthèses avec références aux ouvrages qui les donnent) : **1743** : « *Rayon* m., i.e. compartiment... dans une bibliothèque où l'on place les livres » III, 218 a (dep. 1770 env., BW[5] et FEW 16, 237 b ; la date de 1690 donnée pour ce sens par DDM et PRobert n'est pas juste, v. FEW) ; « *Frimousse* f., i.e. mine... de santé [...] » III, 252 b (dep. 1834, BW[5] ; 1845, FEW 3, 827 b ; 1830, PRobert ; DDM donne 1577 !) ; « *Moucharder* n., i.e. rapporter q.c. de q. M. l'abbé mouchardoit » III, 254 a (1812, une 1re fois vers 1600, BW[5]) ; « Bien, droit [...] *inamovible,* i.e. inaliénable » III, 254 b (dep. 1750, BW[5]) ; « Après s'être *ingurgité,* i.e. rempli de viandes » III, 255 a (1836, très rare auparavant, relevé en 1488, BW[5] ; à noter cependant que le verbe ne s'emploie pas pronominalement aujourd'hui) ; « Regarder q. avec des yeux *truculents,* i.e. de travers » III, 255 b (« vers 1495, sort d'usage à la fin du XVIe s. ; réapparaît en 1737, mais reste rare jusqu'à Th. Gautier ; redevient général depuis 1867 », BW[5]) ; « J'ai déjà perdu 2 *gueltons,* i.e. festins de nôces » III, 291 b, aussi en 1746 : « Nous ferons aujourd'hui *guelton,* i.e. bon repas, bonne chère » IV, 225 b (dep. Vadé en 1755, BW[5] ; DDM et PRobert donnent cependant dep. Vadé, 1743) ; « Nous *tournaillames* toute la nuit pour trouver un campement » IV, 29 b (1792, une première fois en 1610, BW[5]) ; « Il est *tanant,* i.e. fatigue par ses discours » ib. (dep. 1762, FEW 13, 1, 83 a ; manque dans BW[5]) ; « On lui donne un fier *savon,* i.e. sévère réprimande... » IV, 30 a (dep. 1788, FEW 17, 5 a) ; « Faire *charrade,* i.e. faire la causette. Faire une *charrade* sur q., i.e. en parler [...]. *Charrader* n., i.e. causer... conter des historiettes » IV, 30 a (fr. *charrade* 1798, au sens actuel ; signalé en 1770 comme provençal, au sens de « discours propre à tuer le temps », BW[5] ; il s'agit évidemment de cette dernière acception chez Potier) ; « *Clabotage* m. ou *clapotage* m., i.e. petites lames courtes et sautillantes... *Claboter* n. » IV, 62 a (*clapoter* 1832, *clappetter* 1611, d'où *clapotage,* 1728, BW[5] ; DDM, XVIIIe s.) ; **1747** : « *Baccara*... il n'y a plus rien à espérer pour vous » IV, 265 a (il s'agit sans doute du même mot que le fr. *baccara,* jeu de cartes où le dix, appelé *baccara,* équivaut à zéro ; « 1855. Ce jeu de cartes passe pour avoir été introduit d'Italie en France, à l'époque de Charles VIII, mais cette indication ne s'accorde pas avec la date récente où le mot a été relevé, et l'origine de ce mot est inconnue », BW[5] ; DDM donne 1837 comme première date et le TLF 1851 ; notre attestation infirme quelque peu l'argumentation de Wartburg) ; **1748** : « *Goailler,* a. et n., i.e. se moquer, dire quolibet » IV, 265 b (1749, Vadé. Mot d'argot, qui s'est répandu au XIXe s., BW[5] ; ; DDM et PRobert font remonter l'attestation de Vadé à 1747).

De même, on relève chez Potier des mots qui ne sont plus vivants en français d'aujourd'hui, mais qui, jusqu'ici, n'ont été recueillis, eux aussi, que dans les dictionnaires français plus tardifs que son répertoire. En voici quelques exemples. **1743** : « Vous venez vous *libertiner* en ville i.e. vous divertir..., recréer, désannuier » III, 217 a (fr. 1787-1878, FEW 5, 305 b ; le mot est cependant dans Trévoux 1752 qui le cite d'après un texte littéraire français de ca. 1733) ; « Mrs les *plumitifs,* i.e. les avocats, procureurs » III, 254 a (m. fr. « clerc », hap. XVIe s., fr. m. « commis de bureau » 1765-1935, FEW 9, 90 a) ; « Un *miserable*... un demi *miserable*, etc., i.e. coups d'eau-de-vie » IV, 29 a (fr. 1867-1896, survit dans maints patois, FEW 6, 2, 168 a) ; « J'ai eu le *satou*, i.e. bonne réprimande » IV, 30 b (Paris *satou* « bâton, gourdin » 1750, Nisard, et argot « id. », 1800, FEW 12, 12 a) . . .

D'autres attestations chez le Père Potier vont dans l'autre sens, c'est-à-dire permettent de prolonger la vie des mots. En voici deux cas. **1743** : « *Fetard*, i.e. paresseux » III, 219 a (fr. fin XIIIᵉ s. - Pomey, FEW 3, 482 b) ; **1749** : « Le P. Bon. aime à *pinçoter*, i.e. *pincer* » IV, 267 b (fr. 1569 - Oudin 1660) ([8]).

Ce document, on le voit bien, est un puits de renseignements de toutes sortes. Mais c'est aussi un texte parfois difficile à interpréter. Les définitions des sens laissent souvent à désirer quant à leur clarté (v. par ex. « *tirer au poignet*, i.e. jeu de main » IV, 266 b ; défini par le *Glossaire* : « jeu dans lequel deux joueurs accoudés sur une table, en face l'un de l'autre et la main dans la main, cherchent à se renverser par la seule force de l'avant-bras engagé et du poignet »), et, plus d'une fois, le style télégraphique inhérent à ce genre de notes les rend même obscures (ex. « *Vaches de Québec*, i.e. pelerines » III, 292 b). Nombre de mots intéressants ne figurent que dans les définitions d'autres mots qui, eux, n'offrent parfois pas d'intérêt (v. par ex. *ouaouaron* s.v. *renette* IV, 148 b : « *Renette* f., ouararon [*sic*], i.e. grenouille »). Certains mots sont orthographiés de façon déconcertante (ex. « *Dïaü* (3 syllabes) m., i.e. charretier. Les *dïaü* jurent » où il faut comprendre *dit-à-hue*). Le texte est encombré de notes et d'observations qui n'ont aucune portée linguistique (ex. « Le *vertueux pasteur*, i.e. curé de Charlesbourg » III, 220 b). Aussi une réédition commentée de ce document capital pour l'histoire de la langue française d'Outre-Atlantique, mais mal édité, s'impose-t-elle de toute urgence.

2) Jacques Viger

C'est encore à la Société du Parler français que revient le mérite d'avoir fait connaître la *Néologie canadienne* ([9]) de Jacques Viger quel-

---

(8) Le lexique de Potier permet également de reculer la date de naissance de nombreux mots dialectaux, qui n'ont jamais fait partie du français commun. C'est le cas, par ex., de *soulaison* noté par notre missionnaire en 1743, mais relevé en France seulement dans les patois modernes (notamment dans le Nord-Ouest, v. FEW 11, 250 a) ; Chaudenson *Réunion*, t. II, p. 868, relève à son tour ce mot dans un document de 1735.

(9) Le titre exact, inscrit par Viger lui-même sur la première page de l'un des manuscrits de son recueil (sur ces manuscrits, voir ci-dessous), est le suivant : *Néologie canadienne ou Dictionnaire des mots créés en Canada et maintenant en vogue, des mots dont la prononciation et l'ortographe sont différentes de la prononciation et ortographe françaises, quoique employés dans une acception semblable ou contraire, et des mots étrangers qui se sont glissés dans notre langue.*

que cent ans après son élaboration et quelque cinq ans après la parution des *Façons de parler* du Père Potier. En effet, cet important recueil alphabétique de termes québécois (près de 400 entrées) a été publié par tranches de 1909 à 1910, dans le volume VIII du *Bulletin du parler français au Canada* ([10]).

L'abbé Camille Roy retrace, en guise d'introduction à cette publication, les principaux moments de la vie de ce grand Québécois du XIXᵉ siècle que fut Jacques Viger, et nous y renvoyons le lecteur ([11]). Contentons-nous de rappeler ici que l'auteur de la *Néologie* est né en 1787 à Montréal, qu'il y demeura pratiquement toute sa vie, à l'exception notamment d'une brève période de 1808 à 1809, durant laquelle il fut rédacteur au *Canadien* à Québec (c'est précisément vers cette époque qu'il recueillit la *Néologie*), qu'il fit ses études au collège des Sulpiciens, qu'il fut journaliste au début de sa carrière et qu'il se consacra ensuite aux affaires publiques ; il a été le premier maire de Montréal. Mais Viger a été avant tout un archiviste qui a amassé des milliers de documents sur l'histoire du pays. « Pendant cinquante ans il a copié des notes, des manuscrits, des actes officiels, des statistiques, des récits inédits, des listes, des cartes, des plans, des mémoires, des lettres, des circulaires, tout ce qui lui tombait sous la main et qui pouvait être utile à l'histoire du Canada. Il a transcrit ces documents, il les a mis en ordre, il les a annotés, il les a réunis dans des cahiers solides, dont la collection forme ce qu'il appelait *Ma Saberdache*. Cette *Saberdache* comprend quarante-quatre volumes... » (Camille Roy). Jacques Viger est décédé dans sa ville natale en 1858.

La *Néologie canadienne* est une œuvre de jeunesse, certainement inachevée. Comme le manuscrit de Potier, celui de Viger n'est pas signé non plus. Il est en dépôt aux archives du Petit Séminaire de Québec, fonds Verreau nº 67. Il s'agit, en fait, non pas d'un manuscrit unique, mais d'une série de cahiers parmi lesquels on peut déceler diverses étapes d'un travail en voie d'élaboration. « C'est sur deux cahiers faits avec du papier écolier que Jacques Viger a vraisemblablement commencé la rédaction de son lexique. Chacun de ses cahiers contient une liste de mots classés par ordre alphabétique, l'un depuis la lettre A jusqu'à la lettre T, l'autre depuis la lettre A jusqu'à la lettre V [ce cahier est daté du 12 novembre 1810]. Jacques Viger a voulu ensuite transcrire au propre, dans des fascicules carrés, les mots de son lexique. Il y a autant de fascicules que de lettres de l'alphabet, et chaque fascicule ne contient que des mots commençant par une même lettre. Mais cette dernière rédaction, quoique plus soignée, est moins complète que celle des deux cahiers précédents » (Camille Roy) ; en effet, de nom-

---

(10) BPFC, t. VIII (1909-10), pp. 101-103 ; 141-144 ; 183-186 ; 234-236 ; 259-263 ; 295-298 ; 339-342.
(11) L'abbé Camille Roy, *Jacques Viger*, dans BPFC, t. VIII (1909-10), pp. 42-55.

breux mots des deux premiers cahiers manquent dans la version finale. A cet ensemble s'ajoute encore toute une série de documents annexes, soit de Viger lui-même, soit de ses correspondants, qui contiennent une simple collection de mots et d'expressions, généralement non définis, et dont la plupart semblent être la toute première étape du travail.

L'édition d'un document aussi complexe n'était pas chose facile ; elle exigeait une préparation et un sens philologiques des plus sûrs. Or, celle que nous a léguée la Société du Parler français laisse malheureusement beaucoup à désirer. On peut même affirmer qu'il n'y a pratiquement pas d'articles de la *Néologie* dont la reproduction réponde aux exigences les plus élémentaires de la philologie. Deux possibilités s'offraient à l'éditeur : soit reproduire fidèlement la version finale en la complétant par les deux premières dans l'apparat critique, soit reproduire, selon les articles, le texte de celui des manuscrits où l'article est le plus complet et renvoyer dans l'apparat critique au texte des autres manuscrits ; les annexes devaient aussi être exploitées. Or, la Société du Parler français n'a adopté aucune des deux solutions possibles et a préféré fondre les trois textes en un seul en fournissant au lecteur une rédaction nouvelle, la sienne, sans même l'assortir d'un apparat critique minimum. Il y avait là, au départ, une erreur méthodologique fondamentale.

Mais il y a plus grave encore. Ce n'est pas seulement que le texte de Viger, constamment transformé, complété, amputé, est devenu presque méconnaissable. L'éditeur modifie aussi au besoin les exemples, sans doute pour les rendre plus accessibles au lecteur de l'époque, et élimine, par exemple, des mots qu'apparemment il ne connaissait pas. Ainsi la rubrique « *Flasquer* v. qui n'est employé qu'à l'infinitif et dans cette seule phrase : *fers à flasquer,* pour fers à repasser le linge » n'est pas reproduite ; de même, on chercherait en vain dans le *Bulletin* l'article « *Fréte, fréde,* adj. pour *froid, froide.* Ex. tems *fréte,* froid ; *fréte* comme glace ; mains *frédes,* froides ». Les trois exemples qui suivent, et qu'on pourrait multiplier, montrent comment le document de Viger a été trituré ou tronqué (il s'agit de mots qui ne sont pas dans la version finale) :

Manuscrit :

« AMIDON. Sub. mas. Certaine pâte qui est faite de fleur de froment sèche et qu'on délaie pour en faire de l'empois [. . .] »

Edition :

« AMIDON. Subs. m. — Certaine pâte sèche, qui est faite de fleur et de froment et qu'on délaie pour en faire de l'empois [. . .] »

Manuscrit :

« ÉQUILIBRE. Sub. mas. On dit en franç. : Cela est dans *l'équilibre, mettre dans l'équi[li]bre,* et figurément, mettre, tenir dans *l'équilibre* pour mettre, tenir dans l'égalité. Ici nos habitans font souvent usage de cette phrase : Je suis dans *l'inquilibre,* si je ferai ceci ou non, et tout simplement, *je suis dans l'inquilibre,* pour exprimer qu'ils sont indécis, irrésolus sur le choix, ou qu'ils doutent du sort de telle affaire, etc. »

Edition :

« ÉQUILIBRE. — S. m. — On dit en grand [*sic*] : cela est dans *l'équilibre,* et figurément, mettre, tenir dans l'équilibre, pour dans l'égalité. Ici nos habitants font souvent usage de cette phrase : je suis dans l'équilibre si je fais ceci ou cela. »

Manuscrit :

« PESANT. Sub. mas. pour cauchemar s. m. qui se prononce comme *cochemar* (sorte d'oppression ou d'étouffement qui survient quelquefois durant le sommeil, en sorte qu'on croit avoir un poids sur l'estomac, et qui cesse dès qu'on vient à se réveiller). Il est sujet au *pesant,* avoir le *pesant,* pour le cauchemar ; il a eu le *pesant* toute la nuit. »

Edition :

« PESANT. — S. m. — Pour *cauchemar,* s. m. — qui se prononce comme cochemar (sorte d'étouffement qui survient quelques fois durant le sommeil). »

Par ailleurs, les erreurs de lecture, parfois grossières, ne se comptent pas. En voici quelques-unes : « écrou » pour « verrou » s.v. *avisse* ; « justice » pour « justesse » s.v. *cordeaux* (dans le contexte « usité avec justesse à Montréal » !) ; « Namasse » pour Ramasse » s.v. *dégelée* ; « égarer » pour « éjaré » (au sens d'« écarter, ouvrir les jambes » !) ; « grand » pour « françois » s.v. *équilibre* (voir ci-dessus) ; « guedon » pour « guedou » s.v. ; « molle » pour « mollasse » s.v. *flasque* ; « ponts » pour « puits » s.v. *garde-corps* ; « rabats » pour « sabots » s.v. *style* (il s'agit d'une allusion au passage de Molière dans les *Précieuses* : « J'ai remarqué que leurs rabats ne sont pas de la bonne faiseuse », ce qui a apparemment échappé à l'éditeur !) ; « maure » pour « mauve » s.v. *passe-rose* ; « argenterie » pour « argentés » s.v. *plated* ; « fricasson » pour « fricasser » s.v. *ramasse* ; « fréquemment » pour « figurément » s.v. *rebrousse-poil* ; « ballant » pour « battant » s.v. *tinton* ; etc.

L'éditeur n'a malheureusement pas tenu compte des documents annexes dont nous avons parlé plus haut. Ceux-ci présentent pourtant grand nombre de mots qui ne figurent pas dans les versions plus élaborées, par ex. *opportunité, chat sauvage, frasil, bolle, c'est de valeur, couche chaude, driller, bête puante, barbeau* (insecte), *criquet, quêteux, mil* (sorte de foin), *sûroi, warrant, indictement, indicter, galimafrée, aveindre, dégrader, pierre-à-calumet, carcajou* ou *glouton, maringoin, voyageur, wattap, gum* (gomme de sapin),, *brigade, bouts-de canot, pièce* (sorte de ballot), *portage, masquinongé, coureur des bois, mal de raquette, faire chaudière, tripe de roche, sacacoua,* etc.

Mais laissons l'édition pour nous tourner un instant vers le contenu de l'ouvrage lui-même qui mérite toute notre attention.

Les articles de la *Néologie* sont en général assez développés. Comme plus tard Clapin, à la fin du siècle, Viger avait déjà bien compris qu'il ne fallait pas ménager les commentaires, et ses commentaires sont réellement précieux. Les exemples qu'il donne pour illustrer l'emploi des mots sont nombreux et les définitions des significations sont généralement bonnes et claires. Toutefois les préoccupations normatives, qui seront plus tard les principales préoccupations des érudits québécois, apparaissent déjà chez lui, mais sans trop d'insistance. Viger ne donne pas de commentaires étymologiques, sauf occasionnellement pour les anglicismes. Son recueil est centré essentiellement sur le vocabulaire, mais les renseignements qu'il fournit sur la prononciation sont nombreux et intéressants. Certaines données de géographie linguistique sont fort utiles ; ainsi, sous *amarrer* : « à Québec surtout, ce mot est employé à tout moment, et dans tout ce qu'il faut lier ou attacher » ; sous *amont la côte* : « manière de parler plus particulière au district de Québec » ; sous *canard* : « mot usité plus particulièrement dans le district de Montréal pour bouilloire . . . Dans le dist. de Québec, on se sert du mot *bombe* » ; sous *cordeaux* : « mots (sic) employés le plus communément au pluriel à la place du mot *guides*, usité avec justesse à Montréal » ; sous *travail* : « c'est proprement le *brancard*. Le mot *travail* est employé à Montréal à (sic) celui des (sic) *menoirs* (au pl.) à Québec . . . »

Composée un demi-siècle après la conquête, la *Néologie* relève quelque vingt-cinq anglicismes. C'est peu, si l'on songe que Viger était un citadin et que, par conséquent, son recueil doit refléter les parlers urbains de Montréal et, dans une certaine mesure, de Québec (on se souvient qu'il a vécu dans cette ville de 1808 à 1809). Une bonne partie des anglicismes retenus par Viger sont des anglicismes sémantiques, dus à l'identité formelle du mot anglais et du mot français (« faux amis »), par ex. *appointement* au sens de « pension, gages », *appointer* « donner une pension ou des gages à qn », *confortable* « consolant, agréable, etc. », *décent* « beau, honorable, etc. », *immatériel* « léger, peu grave(en parlant d'une faute) », *matériel* « important, de conséquence », etc. Mais Viger exagère parfois : ainsi, *espérer* au sens d'« attendre » n'est pas dû à une influence de l'anglais *to expect*, c'est un vieux sens largement répandu dans l'ancienne langue et dans un grand nombre de parlers d'aujourd'hui (v. FEW *sperare* 12, 164 b-165 a).

Viger était attentif à la polysémie des mots. Par exemple, sous *péter*, il indique pas moins de sept significations (voir encore *allumer*, *apichimon*, *banal*, *berdas*, *berdasser*, *bord*, *bougon*, *butin*, etc.). De même, il sentait l'importance des rapprochements onomasiologiques. Ainsi, s.v. *berline*, il tente de dégager sommairement quelques traits distinctifs de trois voitures d'hiver : *berline*, *bordel* et *carriole* (voir encore *abât*, *amidon*, *bicleux*, *bombe*, *bordée*, *cantine*, *clairons*, etc.).

Près d'une trentaine de mots recueillis par Viger avaient déjà été relevés par le Père Potier dans ses *Façons de parler* : *achigan, apichimon, berdasser, bleuet, bord, bordée de neige, bourguignon, boyard, cageux, canotée, décaniller, drigaille, ébrayer, (courir la) galipote, maskinongé, micoine, mitasse, orignal, atocas, pesas, plancher des vaches, pochetée, poudrer, poudrerie, tinton, tondre, traîne*. On rencontre même parfois, chez Viger, des formulations presque identiques à celles de Potier (Viger s.v. *vache* : « *Plancher des vaches*, c'est-à-dire la terre » ; Potier dans BPFC, t. IV, p. 149 b : « *Le plancher des vaches*, i.e. la terre »), et il y a tout lieu de croire que l'érudit archiviste connaissait les notes prises, près d'un siècle avant lui, par le missionnaire wallon et qu'il s'en est a l'occasion inspiré.

La *Néologie canadienne* est aussi un document fort important pour l'histoire du français au Québec, et il faut souhaiter qu'une bonne édition critique rende rapidement justice à ce pionnier de la dialectologie québécoise.

B — *TROIS GLOSSAIRES*
FONDÉS SUR LA COMPÉTENCE LINGUISTIQUE
DE LEURS AUTEURS

1) Le glossaire d'Oscar Dunn ([12])

Le petit *Glossaire franco-canadien et vocabulaire de locutions vicieuses usitées au Canada*, qu'Oscar Dunn a publié, il y a près d'un siècle (Québec, 1880 ; réimpr. en 1976 dans la collection *Langue française au Québec)*, est le premier recueil alphabétique des régionalismes du français du Québec qui soit d'une certaine envergure, et les auteurs des glossaires ultérieurs sont tous plus ou moins tributaires de ce pionnier de la lexicographie franco-québécoise.

Certes, ce recueil des particularismes franco-québécois n'est pas exhaustif, mais il est tout de même considérable (plus de 1750 entrées) et ne se limite pas — il faut le souligner — au seul domaine du vocabulaire. Il indique certaines caractéristiques de la prononciation (Dunn est par ex. le premier à signaler l'important phénomène de l'assibilation des consonnes *t* et *d*) et relève aussi des faits de morphologie (par ex. *je haïs* « je hais », *résous* « résolu », *sti-là* « celui-là », *stelle-là* « celle-là », *teurs* « tordu », *vitrau* « vitrail », *voirai* « verrai », etc.), ainsi que

---

(12) Pour les dates biographiques de Dunn, voir notre note insérée dans la réimpression de son glossaire (P.U.L., 1976, p. XI). L'analyse de ce glossaire que nous donnons dans les pages qui suivent à paru comme Avant-Propos de cette réimpression ; elle sera également publiée dans le tome I du *Dictionnaire des œuvres littéraires du Québec*.

de syntaxe (par ex. la répétition de l'adverbe ou de l'adjectif au sens de superlatif s.v. *bin* « bien », l'emploi de *on* avec la valeur de « nous », celui de la négation *pas* faisant double emploi avec *rien,* le syntagme *à soir* « ce soir » s.v. *soir,* etc.). Ainsi, ce lexique, vu son ancienneté et le nombre de faits qu'il contient, a une valeur documentaire toute particulière pour l'histoire du français au pays.

Dunn est aussi le premier à se rendre clairement compte que les traits caractéristiques du québécois viennent souvent des parlers des régions de France d'où étaient originaires les premiers habitants de la Nouvelle-France. Toutefois, ses indications à ce sujet sont encore très fragmentaires et il pouvait difficilement en être autrement à son époque. Aujourd'hui, les travaux modernes en lexicologie galloromane rendent cet aspect de l'ouvrage tout à fait dépassé, mais le mérite de Dunn d'avoir attiré l'attention sur cette importante source des particularismes de la langue du pays n'en est pas moins grand. Pour ce qui est des archaïsmes du français général qui ont survécu au Québec, il renvoie parfois à Littré ou à Bescherelle, ce qui était aussi, à l'époque, très méritoire, mais il ne connaissait, semble-t-il, ni Boiste (1803 et 1812-1829), ni Landais (1851), ni le Larousse de 1875, qui l'auraient parfois mieux renseigné sur la vie de ces mots en France. Ainsi, pour l'adverbe *safrement* « goulûment » (attesté depuis env. 1670), il aurait trouvé qu'il était sorti de l'usage général (Boiste « inusité », Landais « populaire »), et s'il avait eu accès à des dictionnaires patois de l'époque, il aurait sans doute pu voir qu'il était toujours vivant dans les parlers normanno-manceaux (ce qui révèle qu'en québécois c'est à la fois un archaïsme et un dialectalisme ; cf. FEW 17, 26 a). Mais Clapin, Dionne et, un demi-siècle plus tard, le *Glossaire du parler français au Canada* (1930) ne feront guère mieux dans ce domaine.

Il faut souligner également que Dunn se faisait une idée très juste de l'anglicisme. Bien qu'il fasse, dans les colonnes de son glossaire, une large place aux mots empruntés à la langue voisine, tout en mettant d'ailleurs à l'index la plupart d'entre eux, il n'en prévient pas moins son lecteur que l'on exagère le nombre de nos anglicismes véritables et que l'« on met au compte de l'anglais bien des mots, bien des locutions qui nous sont venus directement de Bretagne et de Normandie, ou qui appartiennent au vieux langage » (Préface, pp. XIV-XV). Les recherches les plus récentes sur le franco-québécois, notamment sur la langue des milieux ruraux, confirment l'exactitude de son point de vue.

Malgré le grand intérêt du glossaire de Dunn, cet ouvrage reste tout de même le travail d'un amateur qui a montré, certes, beaucoup d'attachement à son parler ancestral et a fait — nous l'avons dit — une œuvre de pionnier, mais qui n'avait pas la formation nécessaire pour mener à bonne fin un dictionnaire comparable à ceux dont disposait déjà, et depuis longtemps, la France pour sa langue nationale, voire pour quelques-uns de ses parlers locaux. Les définitions qu'il donne sont souvent imprécises (par ex. *berlot* « sorte de *carriole* » ou *goudrelle* « chalumeau, ou demi-chalumeau, fixé aux érables et qui permet de recueillir dans des auges l'eau dont on fait le sucre d'érable » ; des exemples, sporadiques, permettent cependant de remédier parfois à ces imprécisions) ou incomplètes (par ex. *jeunesse* « jeune fille ») ; la nature des mots n'est pas indiquée (ni le genre des substantifs, ni l'aspect actif, neutre ou pronominal des verbes, etc.) et leurs acceptions sont classées au hasard, sans égard à leur genèse, ni même à leur fréquence d'emploi ; les mots et leurs sens ne sont généralement pas localisés (v. cependant, par ex., *amarrer, bombe* ou *(bottes) malouines* où figurent des données utiles de géographie linguistique) ; les rares tentatives étymologiques rappellent l'époque de Ménage (par ex. *itou* ou *étou* « aussi » serait issu du latin *etiam* ou *item* !). Parfois aussi les mots sont difficiles à repérer, par ex. *sou,* qui ne constitue pas une entrée, est signalé seulement sous *centin, chemin du Roi* figure sous *rang, verre à patte* « verre à pied », placé avec raison sous *verre,* n'est pas rappelé sous *patte,* qui est précisément, dans cette expression, le mot intéressant, etc. On ne s'attardera pas sur des erreurs comme *le haim* « l'hameçon » au lieu de *l'haim, cerclure* au lieu de *sarclure* s.v. *herbailles,* et on ne reprochera pas non plus à l'auteur ses préoccupations essentiellement normatives, qui apparaissent dans le titre même de l'ouvrage (*locutions vicieuses*) et qui font surgir, sous sa plume, toute une kyrielle d'expressions à faire sourire aujourd'hui, comme « affreux anglicisme », « locution barbarissime », « galimatias barbare », etc. En revanche, il se fait le défenseur de certaines innovations québécoises qui désignent des réalités du pays ; ainsi, à propos de *portage,* il note : « Enfin, voilà un mot canadien auquel l'Académie accorde l'hospitalité » ; *poudrerie* « est le chef-d'œuvre de notre langue » ; cf. aussi, s.v. *sucrerie,* l'éloge qu'il fait de tout le vocabulaire technique de l'industrie du sucre d'érable.

Le répertoire de Dunn est donc à manier avec beaucoup de prudence. La documentation qu'il fournit devra être soigneusement contrôlée et repensée dans le cadre des recherches en vue du *Trésor,* mais celui-ci bénéficiera sans nul doute des données substantielles de ce petit glossaire plein de mérites.

2) Le glossaire de Sylva Clapin

Le *Dictionnaire canadien-français* de Clapin, publié en 1894 (réimpr. en 1902, puis tout récemment en 1974 dans la collection *Langue française au Québec*) est l'un des glossaires les plus remarquables du franco-québécois. C'est là le travail d'un homme intelligent et cultivé. Il convient de rappeler ici très brièvement sa biographie. Né à Saint-Hyacinthe (Québec), le 15 juillet 1853, Sylva Clapin y fit ses études secondaires avant de devenir libraire, d'abord dans son bourg natal, puis à Paris et à Boston. Il fut également journaliste à Saint-Hyacinthe et à Worcester (Massachusetts). De 1902 à 1921, il fut traducteur à la Chambre des Communes à Ottawa. Il meurt dans cette ville le 17 février 1928. Il est l'auteur de plusieurs travaux d'histoire. Dans le domaine de la lexicographie, il nous a laissé, outre son glossaire québécois, *A New Dictionary of Americanisms* (New York, 1900 ; réimpr. en 1968) et un autre volume sur le français du Québec, intitulé *Inventaire de nos fautes les plus usuelles* (Worcester, 1913 ; réimpr. en 1918) ([13]).

Le glossaire de Clapin compte plus de 4.000 mots. Il est axé lui aussi, cela va de soi, sur le vocabulaire, mais là encore on trouve, dans ses pages, d'abondantes remarques touchant les autres domaines de la langue. L'ouvrage se termine par un regroupement idéologique des termes les plus courants ; « cet appendice, original à son époque, et qui ne perd rien à être comparé à des classements onomasiologiques modernes (par ex. de Hallig et Wartburg), garde toute sa valeur pour les chercheurs d'aujourd'hui » (G. Straka). Les considérations générales sur la phonétique, qui figurent dans l'introduction (pp. XVII-XL), sont de moindre intérêt ; l'auteur part de l'idée fausse, mais fréquente dans ce genre de travaux, que les régionalismes phonétiques du québécois viennent d'une transformation ou, plus exactement, d'une déformation de l'état contemporain du français général. C'est évidemment une erreur.

On est frappé, en parcourant le répertoire de Clapin, par le grand nombre d'anglicismes et d'amérindianismes qu'il contient, mais dont beaucoup sont sortis de l'usage dans le parler actuel. Le séjour prolongé de l'auteur aux Etats-Unis, son travail de traducteur et certainement aussi sa formation d'historien expliquent qu'il ait été particulièrement attentif à ces emprunts.

Clapin sentait l'importance de la relation entre « les mots et les choses », et c'est surtout par là que son glossaire est méritoire. Il décrit longuement les réalités et les coutumes du pays. Nous en reproduisons ici deux exemples (ils peuvent être multipliés) qui illustrent bien notre propos.

> « MATACHIAS, s. m., Mot d'origine algonquine, désignant les rassades dont les sauvages ornent leurs habits. Les ceintures, colliers, etc., servant à parer les jeunes squaws indiennes, se nomment aussi quelquefois des *matachias*.
>
> 'Les femmes et les jeunes filles ... brodaient des *matachias*'. Taché, *Soirées canadiennes*, 1861, p. 31.
>
> « Ce mot est très vieux, car on le rencontre dans Champlain,

---

(13) Nous avons repris ici la note biographique dont nous avons fait précéder la réimpression récente du glossaire de Clapin (1974).

Lescarbot, Sagard, etc. Il n'a pas toujours, cependant, chez les vieux auteurs, la signification précitée, et plusieurs entendent, par *matachias,* un mélange de différentes couleurs dont les sauvages se servent pour se peindre le visage, ou pour former sur leurs vêtements certaines figures de bêtes fauves, d'oiseaux, etc. On trouve notamment, dans Leclercq, *Relation de la Gaspésie,* le mot *matachias* cité à plusieurs reprises en ce sens, et même *se matachier,* pour se tatouer. »

« VOYAGEUR, s. m., Découvreur, explorateur en pays inconnu, ou à peine peuplé.

« Ce mot s'applique surtout aux explorateurs du temps jadis, c'est-à-dire à tous ceux qui, autrefois, poussés par un besoin insatiable d'aventures et de nouveautés, s'élançaient sans cesse hardiment en avant, faisant la traite avec les sauvages, nomment des sites, reconnaissant les cours des rivières, etc.

« Toutefois, cette définition ne suffirait pas encore pour saisir la physionomie si complexe du *voyageur* canadien, et, pour la compléter, citons quelques phrases des *Forestiers et Voyageurs* de J. C. Taché : ʻVoyageur, dit-il, dans le sens canadien du mot, ne veut pas dire simplement un homme qui a voyagé ; il ne veut pas même dire toujours un homme qui a vu beaucoup de pays ... Le *voyageur* canadien est un homme au tempérament aventureux, propre à tout, capable d'être, tantôt, successivement ou tout à la fois, découvreur, interprète, bûcheron, colon, chasseur, pêcheur, marin, guerrier. Il possède toutes ces qualités en puissance, alors même qu'il n'a pas encore eu l'occasion de les exercer toutesʼ. »

Clapin était sensible aux fines nuances que prennent les mots dans l'usage quotidien. A propos de *roman,* il a rédigé la note suivante : « Le mot *roman,* surtout parmi le peuple, se prend en assez mauvaise part au Canada, car on désigne d'ordinaire par là un ouvrage qui offre un certain attrait de fruit défendu, c'est-à-dire qu'on aime à lire en cachette, à la dérobée ».

Ainsi qu'on a pu s'en apercevoir en lisant les articles *matachias* et *voyageur* que nous venons de reproduire, Clapin illustre parfois les mots par des citations tirées d'auteurs du pays, le plus souvent anciens (Cartier, Lescarbot, Champlain, Sagard, Hennepin, etc.), mais aussi modernes, de son époque (J.-Ch. Taché, Ph. Aubert de Gaspé, Ph. Lemay, Faucher de Saint-Maurice, L. Fréchette, etc.). Toutefois, son lexique est surtout émaillé de citations tirées de l'ancienne littérature française (*Chanson de Roland,* Wace, Rutebeuf, *Roman de la Rose,* Froissart, Rabelais, Montaigne ...), qui rappellent au lecteur le caractère archaïque du français québécois ; d'autre part, des renvois à certains glossaires patois (plus spécialement normands) et à des auteurs français régionalistes (comme G. Flaubert ou G. Sand) mettent en relief le côté dialectal de ce parler. Le GPFC n'en fera pas autant, surtout pour ce qui est des citations littéraires.

Clapin a recueilli, à juste titre, des mots devenus français comme *carcajou, caribou, manitou, mocassin, orignal, raquette,* etc., dont « la place est d'abord dans le dictionnaire de la langue canadienne » (P. Gardette, RLiR 18, 1954, p. 94) ; en cela aussi, il est supérieur au GPFC (voir ci-dessous).

L'auteur du *Dictionnaire canadien-français*, homme intelligent et sensé, n'était pas obnubilé par le problème de la norme ; il y fait rarement allusion et toujours de façon discrète ; les fanatiques des deux camps, notamment ceux qui croient avoir inventé le « joual » au Québec, auraient intérêt à méditer certaines de ses réflexions :

> « Somme toute, le mieux, je crois, est de nous en tenir en ces matières, dans un juste milieu, et de convenir que si, d'une part, nous sommes loin — à l'encontre de ce qu'affirment les panégyristes à outrance — de parler la langue de Bossuet et de Fénelon, il ne faut pas non plus, d'autre part, nous couvrir la tête de cendres, et en arriver à la conclusion que le français du Canada n'est plus que de l'iroquois panaché d'anglais . . .

> « On oublie trop, d'ailleurs, en ces sortes de dissertations, une chose capitale : c'est que le Canada n'est pas la France . . . Qu'on le veuille ou non, la langue d'un peuple est une résultante générale de faune, de flore, de climat différents ; insensiblement les hommes se façonnent là-dessus, en reçoivent le contre-coup jusque dans leur structure intime, jusque dans leurs fibres les plus secrètes » (Préface, pp. X-XI).

3) Le glossaire de Narcisse-Eutrope Dionne

N.-E. Dionne a fait paraître en 1909, à Québec, un imposant glossaire de 671 pages (réimpr. en 1974 dans la collection *Langue française au Québec*). Le titre complet de l'ouvrage est un véritable résumé de son programme : *Le parler populaire des Canadiens français ou Lexique des canadianismes, acadianismes, anglicismes, américanismes (mots anglais les plus en usage au sein des familles canadiennes et acadiennes françaises), comprenant environ 15.000 mots et expressions avec de nombreux exemples pour mieux faire comprendre la portée de chaque mot ou expression* ([14]).

A cause de la quantité des matériaux qu'il contient, ce glossaire marque une étape importante en dialectologie québécoise. Un nombre assez considérable de mots n'ont été recueillis que par Dionne, ce qui fait de son lexique, aujourd'hui encore, un répertoire très précieux pour le lexicologue. L'ouvrage comporte cependant beaucoup d'erreurs et d'imprécisions ; il donne l'impression d'un travail fait un peu à la hâte, auquel l'auteur n'a pas consacré tout le soin nécessaire.

---

(14) Dionne est aussi l'auteur d'un ouvrage de moindre importance sur le français du Québec : *Une dispute grammaticale en 1842* (Québec, 1912), mais il a surtout laissé un grand nombre d'ouvrages et d'articles bibliographiques et historiques, v. notre note biographique dans la réimpression de l'ouvrage en 1974.

Ce recueil est avant tout le fruit d'un labeur personnel. Mais Dionne a profité largement des travaux de la Société du Parler français, dont il était membre. Le principal artisan de la Société, A. Rivard, a consacré, dans son *Bulletin,* un long compte rendu à cet ouvrage (t. VII, 1909, pp. 361-375) où, sans amertume et de façon plutôt discrète, il fait grief à son confrère d'avoir préféré « travailler tout seul » et de s'être même accaparé, plus qu'il ne le dit, de la documentation de la Société. Puis il passe à une analyse en profondeur du glossaire ; le verdict est plutôt sévère, mais il est fondé. La plupart de ces critiques gardent de nos jours encore toute leur acuité et nous y renvoyons le lecteur. Il nous a paru intéressant cependant de résumer ici les principales objections de Rivard, d'autant plus que quelque vingt ans plus tard, le *Glossaire* ne sera pas exempt de certaines fautes qu'il reprochait à Dionne.

1º Les remarques sporadiques de Dionne sur les origines (notamment galloromanes) des faits québécois sont de peu de valeur et souvent sujettes à caution (pp. 363-365 et 369-371).

2º La description grammaticale des mots est effectuée avec négligence, et des erreurs grossières abondent (pp. 365-366).

3º Les définitions sont souvent inexactes ; « c'est ici..., écrit Rivard, le défaut principal de l'ouvrage, et qui lui ôte le plus de prix » (pp. 366-368).

4º La transcription phonétique est pour ainsi dire inexistante (p. 369).

5º Le relevé des faits n'est pas exhaustif, tant s'en faut (pp. 371-372).

6º Les sources ne sont pas clairement indiqués (pp. 372-374).

7º Le glossaire contient un bon nombre de mots ou expressions qui sont tout à fait français (pp. 374-375).

Et le directeur de la Société du parler français de conclure (p. 375) :

> « Voilà pourquoi, après avoir loué le dessin de cet ouvrage, on ne peut dire de son exécution tout le bien qu'on voudrait, et que nous eussions été si heureux de lui reconnaître.
>
> « Mais il est agréable de pouvoir ajouter que M. Dionne a compilé la plus nombreuse collection de mots canadiens qui ait été encore imprimée. C'est un mérite. Bien qu'ils ne soient pas tous traités comme il faut, les vocables qu'il a recueillis sont des matériaux sur lesquels les chercheurs aimeront à travailler, et par là le *Lexique* de M. Dionne est précieux. L'auteur lui-même voudra peut-être, dans une autre édition, ajouter la prononciation des mots, donner quelque témoignage de leur emploi, vérifier les descriptions grammaticales et corriger parfois les définitions. Ce sera le complément de son travail. Espérons qu'il l'entreprendra et le mènera à chef. Il a trop fait déjà pour s'y refuser. »

C — *L'ŒUVRE DE LA SOCIÉTÉ DU PARLER FRANÇAIS*
AU CANADA ([15])

Le *Glossaire du Parler français au Canada* a été publié à Québec, en 1930 (réimpr. en 1968), par la Société du Parler français. Celle-ci avait été fondée en 1902 sous l'impulsion d'un jeune avocat, Adjutor Rivard, qui a su s'entourer rapidement d'une équipe qui partageait son feu sacré. Certes, c'était avant tout des amateurs, mais par leur enthousiasme et par leur travail assidu, ils ont élevé à la langue ancestrale du Pays du Québec un monument qui n'a pas encore été dépassé ([16]).

Résultat d'une vaste enquête par correspondance à travers toute la province de Québec (la Société avait plus de 200 correspondants), le *Glossaire* est un condensé de plus de 2 millions d'observations lexicales dont une bonne partie avait paru précédemment dans le *Bulletin* de la Société, de 1902 à 1918. C'est donc dire l'ampleur et la portée de l'œuvre. Comme dans le cas du glossaire de Dionne, le titre complet de l'ouvrage est une sorte de sommaire de ce qu'il contient : *Glossaire du parler français au Canada : 1° les mots et locutions en usage dans le parler de la province de Québec et qui ne sont pas admis dans le français d'école ; 2° la définition de leurs différents sens, avec des exemples ; 3° des notes sur leur provenance ; 4° la prononciation figurée des mots étudiés ; et préparé par la Société du Parler français au Canada avec le concours de ses membres, de ses correspondants et de ses comités d'étude.*

On n'a pas manqué de louer les mérites de ce *Glossaire* tant à l'étranger qu'au Québec. Ainsi, pour nous en tenir aux jugements de quelques romanistes de l'extérieur, W. von Wartburg parle en 1934 d'« excellent ouvrage » dans sa *Bibliographie des dictionnaires patois*

---

(15) La présente analyse du *Glossaire* paraîtra également dans le tome II du *Dictionnaire des œuvres littéraires du Québec.*

(16) La Société n'a jamais été dissoute officiellement, mais elle a cessé ses activités depuis quelques décennies. Voir L. Lacourcière, *Nos richesses folkloriques et linguistiques,* dans *Revue de l'Université Laval,* t. 3 (1949), pp. 812-815 ; dès 1946, le fondateur des Archives de Folklore rappelait aux membres de la Société que « le *Glossaire* est achevé... depuis seize ans. Ne serait-il pas urgent, poursuivait-il, ... d'examiner dans le *Glossaire* les points sur lesquels on pourrait le reprendre et le perfectionner ? » (*La langue et le folklore,* extrait du *Canada français,* t. XXXIII, mars 1946, pp. 12-13). — Les principales publications laissées par la Société sont, outre le *Glossaire,* le *Bulletin du parler français au Canada* (Québec, 1902-18), plusieurs écrits d'Adjutor Rivard (notamment ses *Etudes sur les parlers de France au Canada,* Québec, 1914 ; voir notre analyse de cet ouvrage dans le volume 2 du *Dictionnaire des œuvres littéraires du Québec* de M. Lemire) et les *Zigzags autour de nos parlers* de L.-Ph. Geoffrion (Québec, 1re série, 1924 ; 2e série, 1925 ; 3e série, 1927).

(p. 51), P. Gardette considère en 1954, dans un admirable article intitulé *Pour un dictionnaire de la langue canadienne* (RLiR 18, p. 86 ; abrégé GardDict), qu'il est « le meilleur dictionnaire existant pour la langue canadienne » et qu'« il convient de rendre hommage à cette grande œuvre » ; tout récemment, G. Straka vient de rappeler que « c'est un ouvrage de base pour quiconque s'intéresse au français québécois, et [qu']il est en outre de ceux qui ne peuvent manquer sur les rayons des bibliothèques spécialisées en dialectologie galloromane et en histoire de notre vocabulaire » (Avant-Propos de la réimpr. de Clapin et de Dionne en 1974 dans la collection *Langue française au Québec*).

Le *Glossaire* est un des « dictionnaires patois » les plus volumineux. Il est d'une richesse qui sort de l'ordinaire. Il n'est qu'à ouvrir la première page de l'ouvrage pour constater qu'il retient, par ex., 17 emplois de la préposition *à* qui ne sont pas acceptés en français commun (voir aussi *chemin,* 17 emplois ; *comme,* 26 ; *coup* 30 ; *herbe* 45 ; *manger,* 22 ; *prendre,* 25 ; *temps* 26 ; *tirer* 21, etc.). Cette documentation est généralement sûre. Bien que l'équipe de rédaction du *Glossaire* ait effectué peu d'enquêtes sur le terrain, elle a au moins contrôlé les faits sujets à caution ; « la Société n'a voulu admettre dans son *Glossaire* que les formes dont plusieurs témoins sûrs et compétents attestaient l'usage courant » (Préface, p. VII) ; chaque mot est transcrit phonétiquement.

L'origine des mots est souvent indiquée dans les articles du *Glossaire*. On verra ci-dessous que cet aspect de l'ouvrage est très faible. Cependant, il faut dire, à l'actif de Rivard et de son équipe, qu'ils ont réussi plus que tout autre chercheur avant eux à mettre en relief le caractère archaïque et dialectal du français québécois.

L'ouvrage a cependant ses limites et ses lacunes, et ses auteurs en pressentaient d'ailleurs quelques-unes. Voyons d'abord ce qui nous paraît acceptable :

1º L'ouvrage est limité au territoire de la province de Québec.

2º Il laisse de côté le québécois ancien.

3º Il ne donne pas l'étymologie des mots, sauf, à l'occasion, celle des anglicismes et des amérindianismes (voir aussi, par ex., à propos de l'expr. *c'est de valeur*).

Quant aux principales faiblesses de l'ouvrage, elles nous semblent être les suivantes :

1º Malgré son ampleur, il est loin d'avoir atteint l'exhaustivité souhaitable ; le français québécois est beaucoup plus riche. On en était conscient dès la parution de l'ouvrage, et rapidement on a songé à mettre en chantier un « Nouveau Glossaire » ; on a même publié de nombreuses séries d'additifs dans *Le Canada français* et dans la *Revue de l'Université Laval.* Un rapide coup d'œil sur les donnés synchroniques que fournissent nos articles dans la IIIe partie du présent ouvrage (qui ne sont pourtant pas exhaustifs eux-mêmes étant donné l'état actuel de nos recherches) permet de s'apercevoir à quel point le *Glossaire* laisse à désirer de ce point de vue.

2° Il néglige les mots québécois qui ont pénétré dans le français commun.

3° Il ne localise pas les faits, ce qui aurait pourtant été facile étant donné le nombre de correspondants dont disposait la Société.

4° Il s'en tient uniquement à la langue parlée.

5° Les définitions sont souvent lacunaires ou imprécises ; par ex. *voyageur* est défini seulement par « aventurier » (voir la définition de Clapin donnée ci-dessus) ; *berçante* par « chaise berceuse, berceuse » mais *chaise berceuse* n'a jamais existé en fr., tandis que *berceuse* y désigne un autre type de siège ; etc.

6° Les indications qu'il fournit sur les origines galloromanes des mots sont généralement trop incomplètes et l'étaient déjà à l'époque de sa parution ; on ne comprend surtout pas pourquoi les auteurs ne se sont pas servis de l'indispensable ALF.

7° Les significations des mots sont présentées dans un ordre qui n'a pas été indiqué et qu'on ne comprend pas. Assez souvent on a l'impression qu'on a opté pour un ordre génétique des sens, mais parmi les 13 emplois « québécois » de *cul*, par exemple, le sens de « parties sexuelles », connu aussi du fr. pop., ne vient qu'en douzième place ; ou encore le sens de « cueillir (des pommes) » du verbe *casser* précède celui de « débiter, couper, fendre (du bois de chauffage) ».

8° L'ouvrage ne s'intéresse pas, en principe, à l'étymologie des mots (voir ci-dessus), mais il abonde en confusions étymologiques. *A revoir* pour *au revoir* (s.v. *à*) n'est sans doute pas dû à un emploi particulier de la préposition *à*, mais doit s'expliquer plutôt par un fait de phonétique : cp. *ardonner, areille, areiller, argueilleux, arloge, arnière*, etc. L'étymologie populaire *corde de roi* pour l'angl. *corduroy* « velours côtelé » est rangée sous le vocable *corde*, tandis que l'expr. *chemin en corderoi* « mauvais chemin qu'on a garni transversalement de fascines... » figure sous *corderoi*. Sous *château*, le *Glossaire* donne quatre significations ; la première, « amoncellement de nuées orageuses », est de toute évidence un emploi figuré du fr. *château* (du lt. *castellus*), alors que les trois autres significations, « chanteau (de pain) », « chanteau (d'étoffe) » et « patin (de chaise berceuse) », sont celles d'un autre mot qui est évidemment *chanteau* (du lt. *canthus*). Sous l'en-tête *plan*, on a réuni trois mots et expressions pourtant bien distincts étymologiquement :1. *tirer des plans, plein de plans* et *plans de nègre*, expressions à rattacher au mot français *plan* : 2. *plan* au sens d'« appelant, oiseau de leurre », dû à l'aphérèse d'*appelant* ; 3. *à plan* « à plein » qui vient de l'ouverture de ẽ de *plein*. Voir encore *homme, clair, dame, métive, naveau, oragan, pit, toune*, etc.

Malgré toutes ces réserves, le *Glossaire* reste et restera longtemps encore l'une des plus belles œuvres du Canada français.

D — *UNE TENTATIVE DE DICTIONNAIRE GÉNÉRAL*

Le *Dictionnaire général de la langue française au Canada* de Louis-Alexandre Bélisle (1re éd. 1954-57, 2e éd. 1971 ; réimpr. en 1974 avec « un supplément illustré de biographie, histoire, géographie, conversions métriques ») a pour but de présenter une image complète du lexique des Canadiens français. Il se veut « un recueil de mots usuels », « un dictionnaire usuel de l'ère spatiale », et il comprend aussi bien le vocabulaire du français général que les mots régionaux du Québec. Mais les mots français de son dictionnaire ne proviennent pas de dépouillements de textes imprimés ou écrits au Québec, ni d'enquêtes ou d'observations directes (sauf occasionnellement et sans que cela soit dit). Bélisle a préféré prendre ce corpus dans un dictionnaire français, en l'occurrence dans l'abrégé du Littré, comme si tous les mots du vocabulaire français étaient usuels dans « l'ère spatiale » du Québec (d'ailleurs, sont-ils tous usuels en France même ?). De ce point de vue, ce dictionnaire repose donc sur une grave erreur de méthode.

D'autre part, on sait que le Littré et son abrégé publié par Amédée Beaujean en 1874 présentent un vocabulaire qui était déjà archaïque à l'époque de la publication de ces ouvrages ; Littré avait puisé l'essentiel de sa documentation dans des textes des XVIIe et XVIIIe siècles. Ainsi, pour Bélisle, qui en reproduit les données sans aucun contrôle critique, des mots comme *banneau, haim, hogner, moque, pinchina*, etc., font toujours partie du français général d'aujourd'hui, ce qui est inexact. De même, il laisse croire que ces mots sont vivants au Québec, et là aussi il est bien loin de la vérité : *banneau* et *haim* le sont réellement, c'est vrai (encore que ni l'un ni l'autre ne soient répandus dans tout le pays), mais *hogner* ne survit que dans une chanson folklorique, tandis que *moque* et *pinchina* ont complètement disparu (voir les études que nous consacrons à ces mots dans la IIIe partie du présent ouvrage) ([17]).

« Quant à la partie essentiellement canadienne de l'œuvre, écrit Bélisle, elle repose en premier lieu sur les travaux de Potier, Viger,

(17) Le TLF, dans la bibliographie des articles, ne devrait donc renvoyer automatiquement à ce dictionnaire ni pour les mots québécois, pour lesquels il n'est pas sûr, ni surtout pour les mots français, lesquels renvois font double emploi avec les renvois au Littré. Le dictionnaire de Bélisle est d'ailleurs à sa seconde édition (1971) sensiblement remaniée, tandis que le TLF utilise la première de 1954-57 (pour une analyse des mots québécois dans le TLF, voir ci-dessous).

Dunn, Maguire, Legendre, Clapin, Dionne, Rivard, Geoffrion et autres dont le *Glossaire du Parler français au Canada,* paru en 1930, a résumé les trouvailles et les a coordonnées grâce à un travail laborieusement poursuivi... A cette documentation, qui représente près de 300 ans d'observations sur les différences qui caractérisent le français du Canada, j'ai ajouté mes propres compilations recueillies dans les divers milieux où, par la force des circonstances, j'ai eu à exercer mon activité pendant plus d'un demi-siècle...» *(Préface résumée de la première édition,* dans Bélisle 1971). En général, seuls les mots et expressions québécois « les plus courants » y sont relevés, mais le nombre en est très élevé ; une quantité considérable de mots ne figurent que dans ce dictionnaire. Les définitions qu'il donne sont aussi supérieures à celles de ses prédécesseurs, et elles sont d'ordinaire accompagnées d'exemples, empruntés le plus souvent à la langue parlée.

Toutefois, en plus de l'erreur méthodologique signalée plus haut, le dictionnaire de Bélisle contient un grand nombre d'erreurs dans la présentation des mots québécois. Voici quelques exemples de mots qui sont considérés comme étant français : *berceuse,* qui n'est pourtant pas appliqué à un même genre de siège par le Québécois et par le Français (voir ci-dessus p. 35) ; *matacher* « tatouer la peau, l'imprégner de couleurs assorties », qui n'est pas non plus un terme du français commun, mais un terme québécois d'origine amérindienne (voir ci-dessous p. 41) ; *acre* et *arpent,* qui désigneraient des mesures canadiennes, appartiendraient jusqu'à aujourd'hui au patrimoine lexical du français, tandis que *verge* serait un « canadianisme ».

Les confusions étymologiques ne se comptent pas. Ainsi, *babiche* « lanière de cuir... », « personne longue et fluette », etc., n'est pas le même mot que son homonyme français qui sert à nommer « une sous-variété de petits chiens... » ; *pataque* « pomme de terre », *pataque* « mauvaise montre » et *faire pataque* « manquer son coup » ne sont pas trois sens d'un même mot, mais trois mots étymologiquement distincts ; de même, *toque* « sorte de coiffure » et *toque* « bardane » sont à dissocier ; *toquer* « frapper, heurter » et *toquer* « rassasier de sucre d'érable » également ; sur tous ces cas, voir ci-dessous (IIIe partie de l'ouvrage), mais on pourrait citer beaucoup d'autres exemples d'erreurs semblables.

La distinction entre les « canadianismes de bon aloi » (identifiés par un *c* encerclé) et les « canadianismes populaires et folkloriques » (identifiés par une fleur de lys) est absolument arbitraire. En quoi, par exemple, l'expression *faire de l'abatis* « dans le défrichement, opération consécutive à l'enlèvement des bois utiles et consistant à abattre, entasser et brûler sur place les bois, branches, arbustes et détritus qui n'ont aucune valeur », marquée d'une fleur de lys, est-elle de moins « bon aloi » que le simple *abatis* « terrain qui a subi cette opération

mais dont on n'a pas encore remué le sol pour le préparer à la culture »
qui, lui, a droit à un c encerclé ? ([18]). Les « anglicismes, barbarismes
et autres impropriétés » sont identifiés par un x encerclé. Mais la
distinction entre « canadianismes populaires et folkloriques » et « barbarismes et autres impropriétés » ne résiste pas non plus à la critique.
En quoi, par exemple, *balayeuse* « aspirateur », *être dans la lune* « être
distrait », *resté* « fatigué » ou *raculer* « reculer », stigmatisés d'un x,
sont-ils plus « barbares » ou moins acceptables que *bergère* « chaise
berceuse (sic) », *berlander* « hésiter », *crémer* « glacer un gâteau » ou
radouer « radouber », protégés d'une fleur de lys, ou encore *faire une
peur* « inspirer de la crainte » ou *raccommodage* « choses à raccommoder » qui, eux, sont honorés d'un prestigieux c encerclé ? Tout cela
relève de l'arbitraire, sinon de la plus haute fantaisie. Quant aux
anglicismes, qui sont aussi identifiés à l'aide d'un x encerclé, ils sont
accompagnés, en outre, de l'indication « mot angl. » (ou « angl. »), voire
de l'étymon anglais. Toutefois, Bélisle évite le défaut de beaucoup de
travaux québécois sur l'anglicisme, qui voient des anglicismes partout
(le récent ouvrage de Colpron en est un exemple éloquent, v. ci-dessous
p. 83, n. 20), encore qu'il ne soit pas tout à fait exempt de reproches
à ce sujet ; ainsi, il explique *bâdrer* « importuner, ennuyer » comme un
anglicisme (*to bother* « id. »), bien qu'on sache que c'est un mot nor-
manno-picard (v. G.-J. Brault, *Canadian-French* « *bader, badrer* »,
English « *Bother* », dans *Romance Notes*, v. 2, n° 2, 1961, pp. 137-140 ;
Massignon, § 1.780 ; à rattacher probablement à *batare*, FEW 1, 386).
C'est plutôt dans le sens contraire que Bélisle pèche parfois, ne reconnaissant pas toujours les vrais anglicismes. C'est ainsi que *corderoi*
« velours côtelé », marqué d'un x, n'est pas signalé comme un mot
d'origine anglaise (angl. *corduroy*) ; de même, il n'y aurait eu aucune
influence de l'angl. *cloak* sur *cloque* « capote militaire, pardessus »
(marqué également d'un x ; voir notre étude de ce mot, ci-dessous,
p. 173). Mais il y a plus grave : *faire un bi* « se grouper en vue d'aider
un ami, un voisin, etc., soit à reconstruire un bâtiment incendié, soit
à faire ses récoltes, etc. « (de l'anglo-canadien *bee* « in pioneer days
especially, a neighborly gathering for various kinds of work, often
followed by a party » dep. 1814, v. DictCan ; connu aussi en anglo-
américain), *boule* « bulldozer », *boulé* « homme fort, fier-à-bras » (de
l'angl. *bully* « id. ») sont accompagnés d'une fleur de lys, et cette
appréciation est encore plus difficile à accepter que les annotations
précédentes.

Les mots typiquement acadiens sont généralement absents de ce
dictionnaire qui veut pourtant être un reflet du français parlé dans
tout le Canada. On y chercherait en vain des mots acadiens aussi
courants que *bouchure* « clôture », *éloise* « éclair », *l'empremier* « autre-

---

(18) A ce propos, voir ci-dessous, p. 83.

fois », *forlaque* « fille de mauvaise vie », *mocoques* « terrain humide, marécageux », *poutines râpées* « mets fait avec des pommes de terre râpées », *tet à cochons* « porcherie », *tet à poules* « poulailler », *usse* « sourcil », etc.

Il est évident que le dictionnaire de Bélisle présente un grand nombre d'erreurs et de lacunes ; il doit être utilisé avec beaucoup de discernement, et il n'est pas certain que les élèves, voire les maîtres de nos écoles, où l'ouvrage est répandu ([19]), soient en mesure de le faire. Toutefois, c'est un ouvrage qui n'est pas sans mérite, loin de là, et on a même été injuste à son égard. Il peut rendre de grands services à celui qui est en mesure de faire la part des choses et notamment au lexicologue. C'est une œuvre « très méritoire » (G. Straka, Avant-Propos de la réédition de Clapin et de Dionne, 1974) qui « ne peut manquer d'intéresser vivement non seulement les linguistes, mais aussi tous ceux des Français qui ont le culte de leur langue » (Ch. Bruneau, *Petite histoire de la langue française*, 2e éd., t. II, 1970, p. 367, cité par G. Straka).

E — *UNE ENQUÊTE LEXICALE SUR LES PARLERS ACADIENS*

Geneviève Massignon, dialectologue française, enquêtrice pour l'atlas linguistique des parlers de l'Ouest auxquels les parlers acadiens sont étroitement apparentés, a publié en 1962 un ouvrage monumental sur le vocabulaire français de l'Acadie : *Les parlers français d'Acadie. Enquête linguistique* (Paris, Klincksieck). A plusieurs reprises on a dit avant nous que cette étude était de nature à faire faire un grand pas en avant à la dialectologie franco-canadienne.

Il s'agit d'une vaste enquête lexicale, effectuée en 1946-47 dans 18 localités acadiennes, dont cinq font partie de la Province de Québec : Carleton, Gaspésie ; Bonaventure, Gaspésie ; Etang-du-Nord, Iles-de-la-Madeleine ; Saint-Gervais, Bellechasse ; Sainte-Marie-Salomé, Assomption (on sait en effet qu'il existe au Québec des îlots acadiens plus ou moins florissants) ; quelque 23 enquêtes supplémentaires ont servi à compléter ces enquêtes de base.

L'ensemble du vocabulaire relevé — quelque 8.000 formes dont chacune est transcrite phonétiquement — est réparti entre 1.941 concepts « particulièrement riches en termes originaux » (p. 731) ; les termes du français général contemporain, qui sont en usage en Acadie et appartiennent à ces champs conceptuels, ont été retenus également.

---

(19) En 1969 parut une édition scolaire du Bélisle, intitulée : *Petit dictionnaire canadien de la langue française* (Québec) ; l'ouvrage est agréé par le Ministère de l'Education du Québec.

Cette documentation est constamment accompagnée de renvois aux études antérieures sur les parlers franco-canadiens actuels.

Les mots et leurs significations sont présentés, dans la mesure du possible, dans une perspective diachronique. L'auteur a en effet dépouillé des centaines de documents d'archives de la Nouvelle-France, surtout dans les dépôts d'Ottawa, de Montréal et de Québec, ainsi que de nombreux documents imprimés, pour reconstituer, à l'aide des attestations anciennes, le passé de tous les mots recueillis auprès des témoins acadiens d'aujourd'hui et dont, dans ces vieux documents, on trouve des traces ; cet aspect, à lui seul, confère à l'ouvrage une valeur toute particulière, et comme un grand nombre de ces vocables sont à la fois acadiens et québécois (ou « canadiens » comme on dit en Acadie), on comprend aisément l'importance que revêt le travail de Massignon pour l'historien de la langue française au Québec.

Mais il y a plus encore. Cette étude tente de montrer de quelle manière se greffe sur le tronc galloroman le vigoureux rameau acadien. Massignon a dépouillé à peu près tous les dictionnaires et glossaires des patois d'oïl susceptibles d'apporter un élément de réponse au problème difficile des origines des mots acadiens, problème qui se pose de façon différente dans chaque cas précis. Malheureusement, elle n'a utilisé que très peu le FEW qui en était seulement à la lettre D, lorsqu'elle a commencé ses vastes recherches (v. p. 731, n. 8), et c'est ce qui explique aussi l'absence de notes étymologiques dans son étude.

Un échantillon d'article, mieux que tout commentaire, permet de se rendre compte non seulement de la richesse de la documentation et de la méthode adoptée, mais aussi de certaines insuffisances de l'ouvrage. Nous avons choisi, au hasard, le concept 848 :

(Vache dont le pelage est) tacheté

1° *káy* — 2 —, *kayé* — 1 —, *kàyèt* — 3, 4 — adj. (pelage blanc tacheté de roux).

En France : Sologne *caille* « blanc et noir » (H) ; Vendômois *caille* « tacheté de blanc » (M) ; Anjou *caille* adj. « dont la robe est blanche et noire, en parlant d'un animal » (V) ; Bas-Maine *kaye* « pommelé » (D) ; Normandie *caille* adj. « taché de blanc et de roux » (D.M.) ; Pays de Bray *caille* (vache) « de couleur gris clair » (D) ; Pont-Audemer *à la caille* adj. « robe tachetée de foncé sur fond blanc » (R).

Frs Amér. : Canada *câille* adj. « de la couleur pie » (GPFC) ; Acadie *caille* adj. « de couleur pie, une vache *caille* » (Poirier *G.*).

2° *flœré* — 5 à 8, 10, 11 —, *flœré* — 13, 15, 16 — adj. Dérivé : *flœràj* — 10 — s.m. « pelage tacheté ».

En France : Anjou *fleuri* p. passé « dont la robe est parsemée de taches blanches. Se dit des bêtes bovines. Est souvent appliqué comme nom propre aux bœufs de ce pelage » (V) ; Aunis et Saintonge *Fleurie* s.f. « nom donné à une vache » (Mu).

3° *mataεé* — 3, 4, 6 —, *martaεé* — 6 — adj.

Anc. Doc. : 1609 « Les femmes parées de leurs plus beaux *Matachiaz* », « *matachiaz*, c'est-à-dire écharpes, carquans et bracelets faits de patenostres ou de tuyaux de verre blanc et bleu » (Lescarbot, 417 et 595). — 1613 « ils se parent de *matachiats* qui sont patenostres et bracelets » (Champlain, Livre I, 146). — 1616 « femmes plus parées de *matachias*, c'est-à-dire de chaînes et affiquets » (Biard, 37). — 1632 « à *matachier* et peinturer leurs robes » (Sagard, *Voy. Hurons*, 47). — 1644 « robes de castor et d'Orignac, toutes neufves et bien *matachiées* » (Vimont, *Rel. N. Fr.*, 157). — 1658 « peaux d'orignac *matachiées* » (Le Jeune, *Rel. N. Fr.*, 205). — 1717 « ils ont le corps tout *matachez* de toutes sortes de couleurs » (Les Sauvages Hurons) . . . « des robes de *bœuf* bien *matachées* » (A.N. Col. F3 II : 401). — 1732 « *Matachez* (manière dont les Sauvages se peignent) » (Bernard, V, 13). — 1744 « *se mattachier* le visage, i.e. le barbouiller de différentes couleurs, *mattachia*, m., i.e. couleur » (Potier, à Lorette, ap. BPFC III, 216). — 1755 « pour gagner les *arbres maltachés* (nom de lieu, environs du Lac St-François) » (Malartic, 32). — 1757 « Le Cap des Arbres *Matachés* (sur le bord du lac du St-Sacrement) » (Lévis, 83). — 1761 « peaux de bœufs sauvages, *mattachées* et ours . . . » (Vaugine de Muisement, 67).

Frs Amér. : Canada *matachias* « rassades ou broderies » (Sulte, ap. B.R.H., III (1897), 139 : mots indiens) ; *matachias* « d'origine algonquine, désignant les rassades dont les sauvages ornent leurs habits ; cf. Taché, Soirées Canadiennes, 1861, p. 31 : chez les vieux auteurs, plusieurs entendent par *Matachias* un mélange de différentes couleurs dont les sauvages se servent pour se peindre le visage ou pour former sur leurs vêtements certaines figures de bêtes fauves, d'oiseaux . . . Cf. Le Clercq : *se matachier* pour *se tatouer* » (Clapin, ap. B.R.H., V (1898), p. 300).

4° *pikòté* — 9 — adj.

En France : Berry *picoté* « tacheté » (R).

Frs Amér. : Acadie étoffe *picotée* « à pois » (Poirier P., 223).

5° *pivlé* — 1, 17 — adj.

Anc. Doc. : 1748 « . . . oiseau *pivelé* de noir et de jaune » (Potier, ap. BPFC, IV, 266).

En France : Pléchâtel, *pivlé* « taché de nombreuses petites taches blanches (en parlant d'un animal à robe rouge ») (D).

Frs Amér. : Canada *pivelé* adj. « moucheté » (GPFC).

6° *tapiné* — 5, 7, 8, 13 à 16 — adj.

En France : Anjou *tapiné* adj. « tiqueté, moucheté » (V) ; Bas-Maine *tapiné* « moucheté » (D).

Même les études les plus sérieuses et les plus utiles ne sont pas sans faiblesses, et le bel ouvrage de Massignon n'échappe pas à la règle. Voici trois remarques critiques que nous allons formuler, les deux premières nous semblant plus importantes que la troisième :

1° Le regroupement onomasiologique des matériaux, louable en soi, a fait négliger à l'auteur l'élaboration des définitions des mots figurant sous une même en-tête ; ainsi les mots *caille, fleuré, mataché, picoté, pivelé* et *tapiné,* qui apparaissent dans l'article que nous venons de citer, ne sont pas de parfaits synonymes.

2° L'origine des mots et des acceptions relevés n'est nullement traitée : l'auteur se contente d'aligner, en regard des données de ses enquêtes, celles qu'elle avait recueillies dans les travaux sur le franco-canadien, dans les documents d'archives et dans les ouvrages sur les parlers galloromans. Il manque une élaboration, difficile certes, mais combien passionnante, de toute cette documentation, vocable après vocable. L'intéressant chapitre sur l'originalité des parlers acadiens, pages 731-753, ne comble en aucune manière cette lacune ; on sait depuis longtemps — il est presque banal de le rappeler — que chaque mot a son histoire.

3° De nombreux termes fort intéressants manquent dans l'ouvrage. Il est vrai que l'auteur ne voulait pas être exhaustive et que, de toute façon, on n'est jamais complet dans les travaux lexicologiques de ce genre. Mais il est fâcheux qu'un mot franco-canadien aussi typique que *tuque* ait été omis (sur ce mot, v. P. Poirier, *Le parler franco-acadien...*, p. 224 ; aussi R. Brun, *La Maricomo*, p. 95, et Ant. Maillet, *Emmanuel à Joseph à Dâvit*, p. 90). On peut s'étonner également de l'absence du concept « tombereau », d'autant plus qu'on sait que, pour l'exprimer, trois types lexicaux au moins se partagent le Canada français (voir notre article *banneau* dans la IIIᵉ partie). Par ailleurs, l'auteur n'a pas tenu compte des emprunts à l'anglais (sauf quelques rares exceptions, par ex. *drave* sous le concept « flottage », n° 311 ; *gèdeup* sous le concept « cri pour faire avancer le cheval », n° 919, de l'angl. *get up*), de sorte qu'elle présente forcément, dans certains cas, une image partielle des mots entrant sous un concept donné.

Ces remarques ne nous empêchent cependant pas de considérer l'étude de Geneviève Massignon comme une pièce maîtresse de la lexicologie canadienne-française.

F — LE FRANÇAIS DU QUÉBEC DANS LES DICTIONNAIRES DE LA LANGUE FRANÇAISE

On n'a pas encore étudié, dans son ensemble, l'apport du lexique français de la Nouvelle-France, puis du Québec et du Canada français, au patrimoine lexical de la métropole ; cet apport est certes marginal, mais il n'est pas sans intérêt pour l'histoire de la langue dans les deux pays. Pour réaliser cet objectif, il sera nécessaire de dépouiller de façon systématique les dictionnaires français depuis le XVIᵉ siècle jusqu'à nos jours, ainsi que certains traités techniques et certaines œuvres littéraires (par ex. Chateaubriand, Jules Verne, Maurice Genevoix, etc.).

Il existe deux types de mots franco-canadiens dans le répertoire français : ceux qui sont assimilés et deviennent par conséquent français et ceux qui conservent leur caractère de canadianismes. La première catégorie apparaît tôt dans les dictionnaires sous l'influence des écrits des explorateurs (comme ceux de Cartier), des missionnaires, etc. (par ex. *sauvage, sauvagesse, caribou, orignal, carcajou, calumet*). La seconde, plus récente, se trouve adoptée, depuis peu de temps, par certains dictionnaires français contemporains, soit sous forme de listes de canadianismes (par ex. par le *Dictionnaire du français vivant* de M. Davau, M. Cohen, M. Lallemand, 1972, pp. 1.306-1.307), soit disséminée, dans l'ordre alphabétique, à travers le vocabulaire français (voir par ex. le *Petit Larousse illustré* de 1975, où l'on retrouve à peu près tous les mots de la brochure *Canadianismes de bon aloi*, publiée par le Gouvernement du Québec en 1969 ; on relève aussi *berçante, berceuse, caribou, épinette, orignal*, etc.). La limite entre les deux catégories n'est cependant pas toujours facile à fixer.

Parmi les dictionnaires de la langue française qui ouvrent leurs colonnes aux vocables québécois, une place à part revient, à cause de leur envergure, au *Französisches Etymologisches Wörterbuch* de Walther von Wartburg (FEW) en voie d'achèvement, et au *Trésor de la langue française* (TLF) en cours de publication depuis 1971 sous la direction de Paul Imbs à Nancy (4 volumes parus au moment où nous terminons la rédaction de cet ouvrage : I *A - Affiner,* 1971 ; II *Affinerie - Anfractuosité,* 1973 ; III *Ange - Badin,* 1974 ; IV *Badinage - Cage,* 1975).

1) Le FEW

L'ouvrage de Wartburg est d'une importance capitale pour l'histoire du français au Québec. Nous avons mis en évidence ce fait dans nos travaux antérieurs et il va sans dire que le FEW sera un ouvrage de base pour les rédacteurs du *Trésor* ; nous reviendrons sur ce point dans la IIe partie de la présente étude.

L'intérêt du FEW pour l'historien de la langue française au Québec et en Amérique francophone en général est d'autant plus grand qu'un nombre considérable de mots québécois a été intégré dans ses colonnes. On peut évaluer à 3.000, et jusqu'à 4.000, le nombre de ces mots en comptant aussi ceux qui ne sont cités que pour leur intérêt phonétique (par ex. *mangeux* « mangeur ») ([20]). Ces matériaux sont classés dans les

---

(20) Un de nos élèves, M. Réjean L'Heureux, est en train de relever systématiquement les mots québécois dans le FEW ; pour le moment, il a dépouillé trois volumes et ses résultats sont les suivants : t. 2,1 : 191 mots ; t. 2,2 : 224 ; t. 3 : 200 (il est assez étonnant de constater que, dans ce dernier volume, aucun vocable québécois n'apparaît jusqu'à *emanare*, p. 216 b) ; nous-même, nous avons recueilli 36 mots dans les 200 premières pages du t. 6,1, qui est beaucoup plus récent que les trois volumes dépouillés par M. L'Heureux, de sorte qu'il est permis d'en conclure que la place faite au québécois est restée la même d'un bout à l'autre de l'ouvrage.

articles du FEW immédiatement après ceux du Poitou et de la Saintonge, ce qui n'est pas à négliger non plus ; Wartburg avait bien vu l'importance de ces parlers pour la formation du québécois, et lorsque nous avons montré naguère, à propos de l'histoire des sons au Québec, que les parlers de ces régions avaient largement contribué à la formation de la prononciation québécoise (à côté de ceux de l'Ile-de-France), nous avons confirmé pour le domaine de la phonétique ce que Wartburg avait entrevu pour celui du lexique (toutefois, le Nord-Ouest et plus spécialement la Normandie ont aussi laissé beaucoup de traces dans le lexique québécois).

Mais le FEW n'a pas recueilli, tant s'en faut, la totalité du vocabulaire québécois contenu dans les glossaires ou travaux dont Wartburg disposait à l'époque. L'auteur du FEW n'a utilisé que le Clapin et le *Glossaire* [21], et encore, il n'a tenu compte que d'une partie des matériaux réunis dans ces deux ouvrages ; il s'est d'ailleurs expliqué à ce sujet : étant donné, fait-il remarquer, que la formation du francocanadien a sa propre histoire, tout son lexique n'est pas retenu ; les anglicismes en particulier sont complètement laissés de côté (v. *Beiheft*, s.v. *kanad.*, p. 29 b). Les mots que le FEW retient sont en fait surtout ceux que l'on a retrouvés dans l'ancienne langue ou dans les parlers de l'Ouest.

En examinant les matériaux québécois dans le FEW, on relève — et c'est inévitable — un certain nombre d'erreurs ; elles sont même fréquentes. Par exemple, *mitasses* « esp. de guêtres » n'est pas à rattacher au radical *mit-* (FEW 6, 2, 178 a), mais remonte à un mot d'origine amérindienne. Nombre de vocables québécois rangés dans le « purgatoire » du FEW (mots d'origine obscure, vol. 21, 22 et 23), n'ont rien d'obscur pour le dialectologue québécois : par ex. *feursaie* f. « engoulevent », *feusaie* « id. » (21, 235 b) est le même mot que le fr. *fresaie* et se rattache à *praesagus* ; *bôlter* v. intr. « se sauver, fuir lâchement (qn qui se dérobe devant un adversaire), prendre ombrage, faire écart (cheval) » (21, 345 a) est à rattacher à l'angl. *to bolt* « partir brusquement, s'emballer (d'un cheval), décamper » (manque au FEW 18) ; *pèque* f. « visière de casquette, abritant le front et les yeux » (21, 528 b), vient de l'angl. *peak* « visière » (manque au FEW 18) ; *cabousse* f. « partie attenante à l'arrière d'une maison et servant à la fois de cuisine et d'office pour les vivres » (23, 22 a) se rattache à l'angl. *caboose* « cambuse » (manque au FEW 18) ; *gué, gué* « cri d'appel à un cheval pour le faire reculer » (23, 60 b) à **ad retro* (*arrière* > *àrḍèr* > *(àr)ḍé*) ; *aya* « cri d'appel à un cheval pour le faire tourner à gauche » (23, 61 a) à *dia* ; *cabarrois* m. « sorte de long camion à deux roues, agencé surtout pour le transport

---

(21) Il a aussi dépouillé un ouvrage sur les parlers louisianais : W. A. Read, *Louisiana French,* Baton Rouge, 1931.

des barriques » (23, 69 b) à *birotium* ; *barauder* v. intr. « osciller de
côté et d'autre sur un chemin glissant (d'une voiture d'hiver) » (23, 79 a)
à *rotare* ; *har* adj. « malpropre (chemin) » (23, 189 a) à *horridus* ; etc. (²²).
Le *Trésor* essaiera de corriger ces erreurs de détail.

2) Le TLF

Le TLF a retenu quatorze mots québécois dans le premier tome,
vingt-huit dans le deuxième et quarante-six dans le troisième (²³). C'est
« une innovation qui s'inscrit très heureusement parmi beaucoup d'autres que cette œuvre magistrale introduit dans la tradition lexicographique française » (G. Straka).

---

(22) Pour plus de détails et pour d'autres cas semblables, voir notre article *En
parcourant les mots d'origine obscure au FEW*, dans RLiR, t. 38 (1974),
pp. 302-311.
(23) Voici, sauf erreur, la liste complète des mots franco-canadiens dans les
trois premiers tomes du TLF.
Tome 1 : *abatis* 62 b, *abeaudir (s' ~)* 85 b, *aboteau* 167 b, *aboutir* 175 b,
acadien 301 b, *acagnardi* 303 a, *acarêmer (s' ~)* 310 a, *accolade¹* 379 b,
achalant 506 a, *achaler* 506 a, *achigan* 527 a, *adon¹* 711 a, *adonner* 715 a,
affilé (mal ~) 871 a, *affiner (s' ~)* 878 a (pour les mots québécois contenus dans ce tome, voir aussi G. Straka, *En relisant « Menaud, maître-
draveur »* : *contribution à un inventaire du vocabulaire régional du Québec*,
dans *Mélanges Imbs*, 1973, p. 266).
Tome 2 : *aigrefin* (dans l'hist.) 278 b, *air (le grand ~)* 370 a, *alis* 526 a,
allable 531 a, *allégir* 543 a, *allonge* 576 a, *alumelle* 640 b, *amalgame* f. 656 b,
amas 672 b, *ambitieux* 696 b et 697 a, *ambition* 698 a, *ambitionner* 698 b et
699 a, *ambitionné* 699 a, *âmes (criée pour les ~)* 716 b, *aménager (s' ~)*
732 a, *amendement* 735 a, *amener (un coup)* 738 a, *amener (des raisons)*
738 b, *amener (un bill)* 738 b, *amérindianisme* 748 a, *amérindien* 748 a,
amiauler 765 b, *amollir (s' ~)* 800 b, *amont* 804 a, *amortir* 815 a, *amourettes*
840 b, *ampoule* 881 b, *amusard* adj. et s.m. 889 a.
Tome 3 : *anglifier* 19 b, *anxieux (être ~ de)* 191 a, *apiquer* 220 a, *apla-
tissement* 226 b, *aplomber* 229 a, *apologie (faire ~)* 238 b, *appareiller¹* 263 a
et b, *approche (faire l' ~)* 332 a, *aqueduc* 370 b, *argents* (pl.) 468 a, *argent*
(f.) 468 b, *armoire montante* 512 a, *arpent* 524 a, *arrache-souches* 532 a,
arrangement 539 a, *arranger (un animal)* 540 b, *arrangeur* 542 a, *arriérages*
543 a, *arrêt (d'autobus)* 544 a, *arrimer* 566 a, *arrivant* 567 b, *arriver* 570 b,
asiatique 638 b, *bardasser* (s.v. -asser) 684 a, *neigeasser* (s.v. -asser) 684 a,
assermenter 685 a, *assermenté* 685 b, *assesseur* 689 a, *assumer (une obliga-
tion hypothécaire)* 738 a, *atoca* 797 a, *attelé (être mal ~)* 834 a, *attelles*
834 a, *aucun* 902 b, *audience* 910 b, *aunage* 934 b, *avantager (s' ~)* 1051 b,
avant-midi 1059 a [cf. l'étude de M. Massicotte dans TraLiQ 1, 107], *avarié*
1066 a, *avec* 1069 a, *aveindre* 1070 b, *avionnerie* 1114 b, *avironner* 1115 b,
avoine (folle ~) (exemple de Chateaubriand) 1127 b, *babiche²* 1174 b, *bacon*
1197 b, *bacul* 1202 a.
On relève aussi quelques cas où un mot « français » est illustré par une
citation tirée d'une œuvre québécoise : *agnelet* 2, 167 b (citation de *Maria
Chapdelaine*), *alpaca* 2, 611 b (citation du *Survenant*), *assurance* 3, 739 b
(citation de *Maria Chapdelaine*), *avaler* 3, 1035 a (citation du *Survenant*),
etc.

Toutefois, les articles consacrés aux mots québécois laissent quelque peu à désirer. Au cours du semestre d'automne 1974, notre séminaire a porté sur les mots québécois dans le TLF, et à cette occasion, nous avons pu déceler diverses lacunes ou quelques erreurs, soit dans les définitions des acceptions, soit, le plus souvent, dans la partie étymologique et historique des articles ; de même les sources que le TLF utilise (textes et ouvrages de référence) sont parfois insuffisantes pour établir la « biographie » de ces mots. L'éminent directeur du TLF ne nous en voudra pas d'en donner ici quelques exemples dans l'intérêt même de la qualité des articles sur les mots québécois dans les volumes à venir.

S'acarêmer (vol. I, p. 310 a) a été relevé par le TLF dans *Le Survenant* (1945) de G. Guèvremont : « — Essaye pas, Survenant, tu perds ton temps. Je *me suis acarêmé* après l'autre soir que tu sais, je *me décarêmerai* seulement le jour de Pâques au matin. Pas avant ». Le TLF reprend la définition du *Glossaire* : « s'habituer au carême, au jeûne », mais d'après le contexte large, celle-ci ne convient pas à l'exemple cité. Dans cet exemple, il faut définir ce verbe par « entrer en carême, en période de jeûne », et c'est le sens qu'il a réellement au Québec, à côté de celui que donne le *Glossaire,* et qui en dérive. Le mot est considéré comme un « canadianisme », dérivé par antonymie du verbe français *se décarêmer* « cesser d'observer le carême » et attesté dès la fin du Régime français chez Potier avec la déf. « se faire au carême, y entrer » (v. BPFC, t. III,, p. 292 a ; le renvoi du TLF à cette source ne donne pas de référence) ; mais il est bien possible que *s'acarêmer* soit lui aussi d'origine galloromane, malgré le silence des dictionnaires et des glossaires patois. N'aurait-on pas dû soulever cette question ? Quant à *descarêmer,* ce verbe n'est pas attesté depuis Renclus de Molliens au début du XIIIe siècle, mais au moyen âge, il a été relevé uniquement chez cet auteur (v. FEW 2, 1389 b, et TL), puis il n'a réapparu en fr. qu'à l'époque moderne (à partir de la fin du XVIIIe s.) et vit surtout dans de nombreux patois, notamment dans ceux du Nord-Ouest et du Centre, d'où il a dû pénétrer en franco-québécois ; toutes ces données sont fournies par le FEW auquel il aurait été utile de renvoyer (2, 1389 b) et sont importantes pour l'histoire de *s'acarêmer* au Québec.

Sous *atoca* « sorte de canneberge », à côté de l'exemple tiré des *Mémoires d'Outre-Tombe* de Chateaubriand (qui serait l'attestation la plus ancienne du mot), on renvoie à *Maria Chapdelaine* de Louis Hémon et, dans la bibliographie, aussi à des glossaires ou études du franco-québécois, mais le chapitre étymologique où l'on lit : « Orig. inconnue. L'esp. *atocha* désigne une plante tout à fait différente, le sparte, de même que l'angl. *atocha,* d'ailleurs empr. à l'esp. » semble indiquer que le rédacteur ne s'est pas rendu compte qu'il s'agit d'un mot typiquement québécois, et la mention « région. » au début de l'article, au lieu de « Canad. » ou « Canada », le confirme. *Atoca* est un mot d'origine amérindienne, attesté dans le français de Nouvelle-France dès le début du XVIIe s. (« Canadian. 1969 » [= *Canadianismes de bon aloi*], cité dans la bibliographie d'*atoca*, en fournit une série d'attestations, dont la première remonte à 1632). En France, le mot n'a pas seulement été accepté par Boiste 1823, mais figure aussi dans d'autres dictionnaires et dans différents traités techniques du XVIIIe siècle. On peut encore ajouter qu'il a été employé par Chateaubriand non seulement sous la forme *atoca*, mais également, dans un passage de *Voyage en Amérique*, sous la forme *arctosta*, par confusion avec le terme bot. fr. *arctostaphyle* « plante à feuilles entières toujours vertes, à fruit rouge comestible, poussant dans les bois clairs et les rocailles ... » (Larousse 1960 ; ce mot manque au TLF). Pour des détails, v. notre article *atoca*, ci-dessous, p. 91.

Une comparaison de notre article *babiche* (v. ci-dessous, p. 102) avec celui du TLF (*babiche*[2]) fait aussi ressortir quelques erreurs du rédacteur du TLF. Ainsi, celui-ci définit à tort ce mot par « lanière de cuir, de peau de chevreuil ou d'anguille » ; la *babiche* est faite de peau *non tannée*, d'après une technique apprise des Amérindiens, et peut être non seulement en peau de chevreuil ou d'anguille, mais aussi en peau d'orignal, de caribou, de vache, de veau, de mouton, etc. Le mot est attesté bien avant le *Glossaire* (1930), dès le XVIIe siècle, notamment sous la plume du Français Marc Lescarbot qui l'a relevé dans le langage des Amérindiens. Ce mot n'est cependant pas connu uniquement du micmac, mais aussi de plusieurs autres parlers amérindiens sous diverses variantes. *Serrer la babiche* n'a été recueilli — c'est exact — que par deux ouvrages de références, le *Glossaire* et le Bélisle ; mais le *Glossaire* donne une attestation tirée d'un texte rédigé par un missionnaire au XIXe siècle, ce que le rédacteur passe sous silence. D'autre part, on ne voit pas bien pourquoi l'expression *tirer la babiche* « exercer le métier de cordonnier » a été retenue, alors que *tire-la-babiche* « cordonnier » et *tireu(r)-de-babiche* « id. » (v. *Glossaire*) sont omis. Certaines erreurs proviennent sans doute de ce que le rédacteur n'a construit son article qu'à partir de trois ouvrages de références : le *Glossaire,* le Bélisle 1954-57 (il faut utiliser l'édition refondue de 1971, v. ci-dessus p. 36, n. 17) et l'OEDSuppl. (le mot a pénétré en anglo-américain), ce qui n'est pas suffisant ; de même, le TLF ne fournit que deux exemples littéraires, tous deux de Guèvremont, *Le Survenant*, alors que nous en avons à notre disposition plusieurs centaines, tirées de textes les plus variés.

Il est évident que le TLF ne peut retenir qu'un nombre limité de mots et de sens régionaux, parmi lesquels se situent ceux du français québécois. Dans sa Préface, P. Imbs indique clairement ce qu'est un régionalisme (p. XXVI) et, d'autre part, il ressort tout aussi clairement de ces pages que, par principe, seuls les mots attestés dans des textes imprimés, littéraires ou autres, ont été recensés. Pour ce qui est du vocabulaire québécois, seuls les mots relevés dans des textes littéraires entrent ainsi en ligne de compte, et on a dépouillé au laboratoire de Nancy au total trois œuvres d'auteurs québécois : *Maria Chapdelaine* de Louis Hémon (1916), *Le Survenant* de Germaine Guèvremont (1945) et *Bonheur d'occasion* de Gabrielle Roy (1945) (v. G. Straka, *art. cité,* p. 266, n. 4) ; il faut y ajouter des renvois sporadiques à certains autres textes, par ex. à *Menaud, maître-draveur* de Félix-Antoine Savard (1937, s.v. *abattis*), à *Nord-Sud* de Léo-Paul Desrosiers (1931, s.v. *achigan*), etc., faits d'après *Canadianismes de bon aloi* (1969), brochure publiée par le Gouvernement du Québec. Ces textes sont assurément représentatifs et contiennent nombre de mots régionaux. Mais on aurait pu songer tout autant aux œuvres de Ringuet, d'Anne Hébert, de Gaston Miron, etc., et surtout, on constate que les textes dépouillés sont tous de l'époque contemporaine, postérieurs à 1916. N'aurait-il pas été utile d'étendre les dépouillements à des auteurs plus anciens, Philippe Aubert de Gaspé, Joseph-Charles Taché, Louis Fréchette, très représentatifs, eux aussi, de la littérature et de la langue québécoises ? Une dizaine de volumes aurait permis une meilleure vue d'ensemble de nos régionalismes littéraires.

Certes, le dépouillement de ces volumes aurait fourni des matériaux beaucoup trop vastes pour être intégralement incorporés dans l'ouvrage. Dans le seul *Menaud, maître-draveur,* G. Straka a relevé plus de 300 régionalismes québécois lexicaux ou sémantiques, et le dépouillement des textes retenus par le TLF a dû donner un résultat tel qu'il a fallu faire un certain choix. La question du choix des mots québécois dans le TLF a été soulevée par G. Straka (*art. cité,* p. 267), et il faut se demander en effet quels critères ont été appliqués à ce choix. Pourquoi a-t-on retenu, dans *Le Survenant, s'acarêmer* ou *aveindre* et non, par ex., *apparence que* (coll. Nénuphar, 1974, pp. 21, 27, 95, 178) ou *(avoir l')agrément (de)* (id., 38) ?

Pour ce qui est des ouvrages de références, le *Glossaire* est certainement un ouvrage irréfutable (bien que ses données, qui sont loin d'être exhaustives et ne reposent pas sur la langue littéraire, doivent être contrôlées), tandis que le dictionnaire de Bélisle — sauf pour les définitions — ne l'est pas (v. ci-dessus p. 36, et n. 17). Mais il y a aussi les glossaires de Dunn, de Clapin et de Dionne, qui viennent d'être réédités, et surtout l'ouvrage de Geneviève Massignon et le FEW, dont on ne peut se passer en rédigeant des articles sur les régionalismes québécois.

Ces réserves ne diminuent nullement l'intérêt que présente, pour le Québec et sa langue, l'acceptation de mots québécois dans le TLF, ni naturellement la valeur de l'ensemble de cette œuvre.

G — UN IMPORTANT DICTIONNAIRE DES RÉGIONALISMES ANGLAIS DU CANADA

En 1967, à l'occasion du centenaire de la Confédération, a été publié un dictionnaire historique des régionalismes de l'anglais du Canada : *A Dictionary of Canadianisms on Historical Principles,* Toronto (927 p.). Ce dictionnaire, fondé uniquement sur des documents écrits aussi bien anciens qu'actuels, est d'une grande importance pour l'histoire du français au Québec et au Canada en général. Il est vrai que les commentaires étymologiques des emprunts au français sont sommaires et très souvent sujets à caution, mais l'ouvrage a une grande valeur documentaire. Nous l'avons dépouillé de façon systématique et nous y avons relevé près d'un millier de mots qui présentent de l'intérêt pour l'étude du vocabulaire québécois.

Les échanges entre les deux principales langues en contact au Canada ne se sont donc pas faits à sens unique, comme on le croit généralement. A partir du XIXe siècle surtout, beaucoup de termes québécois ont pénétré dans la langue voisine, dans presque tous les secteurs du vocabulaire : dans ceux de la faune, de la flore, de la configuration du terrain, des coutumes, des institutions, de la monnaie, des mesures, du commerce, de la fourrure, de l'exploitation forestière, des moyens de transport, des vêtements, de la nourriture, des sports, etc. En voici quelques-uns parmi les vocables les plus intéressants, relevés dans les seules lettres A et B (entre parenthèses, la première date du mot en anglo-canadien) : *aboiteau* (dep. 1825 ; aussi 1708 dans un doc. fr.), *achigan* (dep. 1800), *acre* (dep. 1788), *agrès* (dep. 1814), *ap(p)ichimon* (dep. 1804), *arpent* (dep. 1749), *atoca* (dep. 1760), *avant de canot* (dep. 1931), *babiche* (dep. 1806 ; aussi 1683 dans un doc fr.), *balise* (dep. 1808), *barachois* (dep. 1760), *barbue* (dep. 1793), *batture* (dep. 1808), *berline* (dep. 1829), *berlot* (dep. 1897), *bluet* (dep. 1703), *bois blanc* (dep. 1800), *bois-brûlé* (dep. 1815), *bois d'arc* (dep. 1858), *bois de diable* (dep. 1825), *bois de flèche* (dep. 1793), *bordage* (dep. 1807), *botte sauvage* (dep. 1889), *broue* (s.v. *brue,* 1925), *brûlot* (dep. 1812), *butin* (dep. 1804-05), etc.

Le fait qu'un mot québécois existe dans l'anglais du Canada peut être d'un grand intérêt pour l'établissement de son histoire et de l'histoire de ses significations au Québec même. Ainsi, le fait que *berline* puisse désigner en anglo-canadien, dès le XIXe siècle, « a rude winter vehicle... » permet de postuler qu'en québécois aussi il devait en être ainsi au début et que ce n'est que plus tard, au moment où apparaît le diminutif *berlot,* que *berline* a commencé à désigner surtout une voiture d'hiver un peu plus luxueuse (v. notre article *berline* ci-dessous, IIIe partie).

Le *Dictionary of Canadianisms* fournit aussi des données non négligeables pour l'histoire de la formation des mots au Québec. En voici un exemple : depuis quelques décennies, il y a eu au Québec un certain engoûment pour des concours d'endurance de toutes sortes, qui ont donné naissance à diverses créations analogiques d'après le fr. *marathon* : *berçothon, cyclothon, marchethon, nagethon, pianothon, pipethon, poteauthon,* etc. (voir dans la IIIe partie, le commentaire historique de *ber*) ; or, il n'est pas sans intérêt de constater que ce mode de création est même passé en anglo-canadien écrit où l'on a *rockerthon* (v. *Dict. of Can.*).

Les calques de mots québécois sont en anglo-canadien très nombreux, par ex. : *devil of the woods* « diable des bois » (= carcajou ; 1900), *dry beaver* « castor sec » (1790, 1962), *French shoe* « soulier français » (1948), *ice-bridge* « pont de glace » (dep. 1781), *Indian shoe* « soulier sauvage » (dep. 1696), *snowshoe evil* « mal de raquette » (1763), *woods-runner* « coureur de bois » (1716, 1743, 1908...), etc.

Il est des cas où il n'est pas aisé de déterminer si nous sommes en présence d'un calque du français sur l'anglais ou inversement. L'expression *Vieux Pays* (pl.), appliquée à l'Europe, et plus spécialement à la France et à l'Angleterre, est attestée, d'après l'état actuel de notre documentation, une première fois en 1839 dans l'*Ami du Peuple* (numéro du 13 avril), puis en 1846 dans *La Terre paternelle* de Patrice Lacombe (éd. 1972, p. 118). L'expression anglaise *Old Country* « id. » apparaît, de son côté, dans les textes dès 1825. Qui a créé l'expression et qui l'a empruntée ? On ne saurait le dire pour le moment.

Il va de soi que des mots du français général ont aussi pénétré en anglo-canadien. Certes, ils offrent moins d'intérêt, à certains points de vue, que les emprunts faits au vocabulaire régional du Québec, mais c'est un aspect dont il faut également tenir compte. Le *Dict. of Can.* fournit un bon nombre de mots de cette catégorie : *alcool, anse, babine, banlieue, barrière, bas-fonds, bateau,* etc. Or une question se pose sur le plan diachronique : s'agit-il d'emprunts effectués par le biais du français québécois ou faits directement au français de France par l'intermédiaire de la langue écrite ? La question n'est pas simple et seuls des dépouillements exhaustifs de milliers de documents anglais et français permettraient d'entrevoir ce qui a pu se passer dans chaque cas. Les auteurs du dictionnaire qui nous occupe ici ne se sont pas trop embarrassés de ce problème. Dans ces cas, ils indiquent comme origine tantôt « < F » (= français), tantôt « < Cdn F » (= franco-canadien). Ainsi *anse, banlieue, bas-fonds, bateau...* viendraient du « français », tandis qu'*alcool, babine, barrière...* auraient été empruntés par l'entremise du franco-canadien.

Le franco-québécois a aussi accepté beaucoup de mots créés par l'anglo-canadien, et là encore le *Dict. of Can.* sera d'un grand secours pour en restituer l'histoire. Il sera en effet très précieux de savoir la date d'apparition et l'origine des mots comme *bucksaw*, *cant-hook*, *chesterfield*, *mackinaw*, *McIntosh* (espèce de pomme), *peavey*, etc., que les Québécois ont bien connus ou connaissent encore.

Le *Dict. of Can.* est un ouvrage indispensable que l'on doit trouver sur les rayons de la bibliothèque de tout dialectologue québécois ([24]).

*

D'autres glossaires ont été consacrés au français québécois et nord-américain en général. On en trouvera plusieurs dans notre bibliographie. Ici, nous ne pouvons pas passer sous silence les noms des Maguire, Gingras, Caron, Manseau, Lusignan, Rinfret, V. Barbeau, Turenne, Poirier (sur l'acadien), Ditchy, Read, McDermott (les trois derniers sur le français des Etats-Unis), qui se sont faits eux aussi, pour reprendre le propos bien connu de Gaston Paris, « un devoir et un honneur d'apporter au grenier commun, bien drue et bien bottelée, la gerbe qu'a produite [leur] petit champ . . . ». De même, de nombreuses monographies (parfois écrites par de bons spécialistes, comme c'est le cas de certains travaux américains de la fin du siècle dernier, de ceux de Chamberlain par exemple), fournissent des matériaux lexicologiques importants, et toute cette précieuse documentation sera intégrée et réexaminée — si elle ne l'est pas déjà — dans les articles du *Trésor*.

CONCLUSION

1° La lexicographie québécoise ou, si l'on préfère, franco-canadienne, était pour ainsi dire inexistante avant 1880, année de la parution du petit glossaire d'Oscar Dunn. Les précieux recueils de mots, élaborés par Potier au milieu du XVIIIe siècle et par Viger au début du XIXe, n'ont été connus qu'au début de ce siècle-ci, par des éditions

---

(24) Le *Dict. of Can.* a été conçu d'après le dictionnaire des régionalismes de l'anglais des Etats-Unis de M. M. Mathews, *A Dictionary of Americanisms on Historical Principles* (Chicago, 1951). Ce dictionnaire a relevé, lui aussi, un certain nombre d'emprunts au français du Canada, par ex. *arpent* (dep. 1800), *babiche* (dep. 1836), *batture* (dep. 1784 ; aussi dans un doc. fr. de 1713), *bordage* (dep. 1821), *brûlot* (dep. 1705), *cache* (dep. 1805), *cahot* (dep. 1807), *carriole* (dep. 1714, s.v. *carryall*), *carcajou* (dep. 1744), *chicot* dep. 1821), *cordelle* (dep. 1811), *coureur de bois* (dep. 1672), etc. On peut évaluer à plusieurs centaines le nombre de ces mots, ce qui est loin d'être négligeable ; ils témoignent que l'Amérique fut d'abord un continent français et qu'il en subsiste plus de traces qu'on ne le pense. Certes, il s'agit souvent de mots qui n'ont vécu que dans le langage écrit et qui sont aujourd'hui totalement tombés dans l'oubli. Il n'en reste pas moins que cette documentation revêt une grande importance pour qui veut situer — et c'est l'un des buts du *Trésor* — le « fait français » dans le contexte nord-américain.

très mal établies d'ailleurs et qu'il est urgent de refaire. C'est entre les années 1894 et 1930, qu'on a vu paraître successivement trois importants glossaires, ceux de Clapin, de Dionne et de la Société du Parler français au Canada, qui restent, jusqu'à présent, les principales sources de renseignements sur les régionalismes lexicaux du français québécois. Plus tard, en 1954, un dictionnaire, qui se donnera pour but de réunir tout le vocabulaire employé au Québec, à savoir celui de Bélisle, ne fera qu'incorporer, sans critique, les régionalismes québécois, du reste très nombreux, dans les matériaux de Littré. La seule analyse scientifique du vocabulaire franco-canadien, analyse qu'on doit à Geneviève Massignon (1962), est centrée sur le vocabulaire acadien, mais elle touche de près celui du franco-québécois.

2° La plupart de ces recueils et glossaires sont des lexiques alphabétiques. Seul l'ouvrage de Massignon est un dictionnaire onomasiologique, tandis que les *Façons de parler* du Père Potier sont des notes non classées, prises au hasard des rencontres, dans la conversation, de mots et expressions typiques du français parlé en Nouvelle-France.

3° Presque tous ces travaux s'en tiennent uniquement aux écarts du français général de leur époque. Là encore, il faut placer à part l'ouvrage de Massignon qui accueille également, pour donner une vue complète des champs conceptuels, les mots français (mais non les anglicismes) employés en Acadie. Nous venons de dire ce qu'il en est du vocabulaire du français général rassemblé dans le Bélisle qui, repris du Littré-Beaujean, ne reflète pas nécessairement l'usage qu'on en fait au Québec. Le recueil de Potier comprend bien un nombre considérable de mots de la langue générale d'alors, mais il s'agit dans un grand nombre de cas de mots qui ne figuraient pas dans les dictionnaires de l'époque. A l'exception du *Glossaire,* qui a écarté à tort les mots québécois adoptés par les dictionnaires français (ex. *carcajou*), tous les autres dictionnaires, de Dunn à Bélisle, les retiennent comme il se doit.

4° Tous ces ouvrages sont axés sur la langue parlée de leur époque et négligent la langue écrite. Certes Clapin donne parfois des exemples tirés de textes littéraires écrits dans le pays, mais cette documentation est très insuffisante, et le *Glossaire* a écarté par principe, semble-t-il, toute référence aux régionalismes dans la littérature. Aucun de ces ouvrages n'a eu recours aux documents d'archives, à l'exception de Massignon qui a recherché des attestations de mots acadiens dans les anciens documents de la Nouvelle-France.

5° Aucun lexique ne tient compte de tout le Canada français. L'ouvrage de Massignon porte sur l'acadien, tous les autres sont consacrés au seul parler **québécois**.

6° *Le Glossaire* est le résultat d'une vaste enquête à travers le

pays, mais faite par correspondance. Viger semble avoir eu aussi quelques correspondants, tandis que Potier notait ce qu'il entendait au fur
et à mesure de ses rencontres avec les gens du pays. Seule l'étude de
Massignon repose sur une enquête orale systématique, scientifiquement
menée sur le terrain. On n'a pas de renseignements sur la façon dont
a été recueillie la documentation des autres ouvrages ; il semble qu'ils
reflètent simplement les connaissances personnelles que leurs auteurs
avaient du parler local. Chacun d'eux tirait d'ailleurs profit des recueils
et glossaires antérieurs ; même Viger semble avoir connu le manuscrit
de Potier. Tous, de Viger à Bélisle, donnent des exemples empruntés
à la langue parlée de leur époque ou forgés pour les besoins de la cause.

7º Aucun recueil n'est exhaustif, même pas dans le cadre que leurs
auteurs s'étaient fixés.

8º Depuis Viger, on décèle chez tous les lexicographes (sauf chez
Massignon) des préoccupations normatives. Mais leurs recommandations sont généralement modérées, à l'exception peut-être de celles de
Dunn. Certes, on s'attaque avec conviction à l'anglicisme, mais, pour
le reste, on admet une sorte de « bilinguisme » de niveaux de langue —
parler local et français général — qui n'exclut pas, à côté de la connaissance de *tombereau* par exemple, l'emploi quotidien de *banneau*. En
effet, c'est la seule solution raisonnable au problème de langue au
Québec, et elle avait déjà été entrevue par les vieux lexicographes
québécois ([25]).

9º A l'exception de la thèse de Massignon, les données réunies dans
ces ouvrages ne sont pas présentées de façon scientifique. Les définitions des sens laissent souvent à désirer, sauf dans Bélisle et, dans une
certaine mesure, dans Clapin ; pour ce qui est de Massignon, nous avons
déjà dit que son classement idéologique lui avait fait négliger les
nuances de sens des termes réunis sous un même concept. Les matériaux
ne sont presque jamais localisés, même dans le *Glossaire,* au point qu'on
peut avoir l'impression que tous les mots et toutes leurs acceptions sont
connus partout ; la géographie linguistique du Québec et du Canada
français reste à faire. La nature des mots est parfois mal précisée,
notamment chez Dionne.

10º Aucun glossaire ou dictionnaire québécois ne tient compte de
l'histoire des mots. Aucun, même pas l'ouvrage de Massignon, n'en
donne les étymologies, sauf quand il s'agit d'anglicismes ou d'amérindianismes, mais, pour ce qui est des amérindianismes, ces étymologies

---

(25) Sur cette « seule solution raisonnable », on lira avec profit l'intéressant
    article de Mario Wandruszka, *Plaidoyer pour le plurilinguisme,* dans RLiR,
    t. 39 (1975), pp. 108-121 ; le problème québécois y est évoqué aux pp. 119-120.

ne sont pas toujours sûres étant donné qu'on connaît mal ces parlers. Aucun n'a eu recours non plus aux documents anciens pour rechercher le passé des formes et des sens ; Massignon est la seule à les avoir utilisés, mais elle n'a fait que juxtaposer, sans élaboration aucune, les attestations anciennes et les matériaux modernes relevés par l'enquête. Dès le début, les lexicographes (à l'exception de Bélisle dont ce n'était pas le but) ont essayé de rattacher parfois les régionalismes québécois à des faits français anciens et à des dialectalismes français, mais ces essais, trop fragmentaires chez Dunn, ne sont guère systématiques, ni approfondis chez Clapin ou Dionne ; Clapin a pourtant très bien vu l'intérêt de ces rapprochements. C'est le *Glossaire* qui ira le plus loin dans cette voie, mais même là, les données réunies sont encore trop incomplètes, notamment du fait que l'ALF n'a nullement été exploité ; pourtant, il faut dire que, jamais avant Rivard et son équipe, on n'avait fait ressortir autant le caractère archaïque et dialectal du parler québécois. Massignon, quant à elle, a réuni, en regard des faits acadiens, une documentation galloromane étendue, mais tout de même incomplète, n'ayant pas pu encore utiliser celle du FEW, et elle la donne sans élaboration et sans commentaire. Ainsi, du fait que les lexicographes québécois ont négligé l'aspect historique des mots, la présentation synchronique qu'ils en donnent s'en ressent : les confusions de mots sont chez eux innombrables, et le classement des acceptions, sans reposer sur aucun principe synchronique comme par ex. la distribution du mot dans le discours ou la fréquence, ne repose généralement pas non plus sur l'ordre génétique.

11° Dès l'ancien régime, des dictionnaires français ont ouvert leurs colonnes aux canadianismes (voir, par ex., les nombreux renvois de Massignon pour les mots de la flore et de la faune, pp. 163-318). Il faut distinguer parmi ces canadianismes ceux qui sont signalés comme tels, et ceux qui ont réellement été adoptés par la langue générale ; une étude sur cet apport lexical de la Nouvelle-France, puis du Canada français, à la France, qui ne manquera pas d'intérêt, est à faire. Nous ne reviendrons plus ici sur ce que nous avons dit de la présence des mots franco-québécois dans le FEW et dans le TLF, ni sur l'importance capitale du FEW pour l'étude de notre vocabulaire.

12° Un assez grand nombre de mots du vocabulaire franco-canadien — près d'un millier — vivent aussi en anglo-canadien ; relevés au moins dans la langue écrite, ils figurent dans *A Dictionary of Canadianisms on Historical Principles* (Toronto, 1967) dont l'importance pour nos études lexicologiques est de tout premier ordre. Cet ouvrage permet d'entrevoir que l'impact du franco-canadien sur la langue de ses voisins de l'Ouest, voire du Sud, a été plus important qu'on n'aurait pu le croire à première vue.

*

En plus des ouvrages de lexicographie franco-canadienne dont nous venons de résumer les mérites et les défauts, il existe d'autres glossaires, moins importants et de moindre valeur, ainsi que de nombreuses études partielles, parfois solides, sur un secteur déterminé du lexique ou sur le vocabulaire d'une région ou d'un point de l'aire franco-québécoise. Ces travaux, qui figureront dans la bibliographie du *Trésor*, sont tous précieux par la documentation qu'ils contiennent. Toutefois, on est contraint d'affirmer, dans un jugement global, qu'à quelques exceptions près, la lexicographie franco-canadienne est marquée au coin de l'amateurisme, ce qui ne veut pas dire de la médiocrité. Au Québec, sauf dans les premières décennies du siècle qui ont été illustrées par les activités de la Société du Parler français, toute la production lexicographique d'une certaine importance a vu le jour en marge de l'Université. En général, on a été bien plus préoccupé d'accumuler les faits que de les analyser en profondeur.

De l'ensemble de ces constatations, il ressort que le Canada français a un vide immense à combler dans un secteur fort important des sciences humaines. Or, ce vide sera comblé, dans les années à venir, dans une dizaine d'années peut-être, par la réalisation d'un *Trésor de la langue française au Québec* (et dans les régions francophones d'Amérique du Nord) que, depuis longtemps, on appelle de ses vœux et que nous préparons maintenant avec une équipe de collaborateurs dont notamment nos collègues Micheline Massicotte-Ferland ([26]) et Claude Poirier ([27]). C'est à la présentation de ce futur *Trésor* que nous allons consacrer les pages qui suivent.

---

(26) Auteur d'une monographie lexicale sur le parler de l'Ile-aux-Grues (Montmagny), à paraître prochainement dans la collection « Langue française au Québec ».

(27) Professeur à l'Université Laval, auteur de plusieurs travaux sur le français du Québec, notamment d'un ouvrage sur la langue des récits folkloriques de la région de Bellechasse, à paraître prochainement dans la même collection.

DEUXIÈME PARTIE

Vers un Trésor de la langue française au Québec

A — *BUT ET CONTENU*
DU FUTUR TRÉSOR DE LA LANGUE FRANÇAISE AU QUÉBEC

1° Le *Trésor de la langue française au Québec* (TLFQ), dont les principes directeurs, esquissés pour la première fois par Pierre Gardette il y a plus de vingt ans (¹), ont été rappelés et précisés, ces dernières années, à plusieurs reprises, par Georges Straka (²), doit être, contrairement aux ouvrages lexicographiques antérieurs, « un dictionnaire à la fois historique et synchronique et révéler aussi bien le passé du vocabulaire québécois que son état actuel dans l'ensemble du pays » (³). Le but en est donc de recueillir, dans les écrits depuis ceux des plus anciens découvreurs jusqu'à ceux d'aujourd'hui, et dans les parlers vivants, le lexique du pays qui n'appartient pas à celui du français général contemporain tel qu'il est consigné dans les grands dictionnaires de la langue française.

---

(1) *Pour un dictionnaire de la langue canadienne*, RLiR, t. 18 (1954), pp. 85-100. — La Société du Parler français au Canada aurait aussi songé à préparer, en marge d'un *Nouveau glossaire*, un dictionnaire historique du français québécois (v. la remarque de son dernier président, M. Gaston Dulong, dans *Bibliographie linguistique du Canada français*, 1966, p. XXIX), mais en fait, le principal objectif de cette Société, avant l'extinction de ses activités, avait toujours été la préparation d'un *Atlas linguistique du Canada français* (v. le premier questionnaire publié en 1953 aux Presses de l'Université Laval) et d'un *Nouveau glossaire*, destiné à remplacer celui de 1930 (v. *Revue de l'Université Laval*, t. 7, fasc. de janvier 1953) ; à l'époque où elle se réunissait, on ne trouve nulle part de renseignements sur ses conceptions concernant un éventuel dictionnaire historique, et c'est précisément pour orienter vers l'histoire les travaux préparatoires en vue d'un « dictionnaire de la langue canadienne » que Mgr Gardette a rédigé l'article cité ci-dessus et qu'à la p. 100, n. 2, il a clairement indiqué les principaux travaux qui devaient précéder la rédaction de ce dictionnaire.

(2) *Avant-propos* de l'ouvrage de Marcel Juneau, *Contribution à l'histoire de la prononciation française au Québec*, 1972, pp. XV-XVIII ; — *En relisant «Menaud, maître-draveur »* : *contribution à un inventaire du vocabulaire régional du Québec*, dans *Mélanges Imbs*, Strasbourg, 1973, p. 266 ; — *Lancement d'un nouveau volume de la collection « Langue française au Québec »*, dans *Brochure-Programme* du Centre de Philologie et de Littératures romanes, fasc. 19, Strasbourg, 1974, pp. 150-152 ; — *Avant-propos* de la réimpression de S. Clapin, *Dictionnaire canadien-français*, Québec, 1974, et de N.-E. Dionne, *Le parler populaire des Canadiens français*, Québec, 1974 ; — *Pierre Gardette (1906-1973)*, dans RLiR, t. 38 (1974), pp. XXIII-XXIV (nécrologie écrite en collaboration avec K. Baldinger) ; — *Avant-propos* des *Travaux de Linguistique québécoise*, t. 1 (1975), pp. 7-12.

(3) G. Straka, *Avant-propos* de Juneau, *Contribution*, p. XVI.

Ainsi conçue ([4]), cette œuvre est appelée à rassembler tous les archaïsmes de la langue française, tous les dialectalismes galloromans, tous les amérindianismes, tous les anglicismes qui, lexicaux ou sémantiques, caractérisent ou ont dans le passé caractérisé le français québécois, ainsi que toutes les innovations, de forme ou de sens, qu'a subies dans le pays le vocabulaire importé de France ou emprunté aux langues d'adstrat (langues amérindiennes et anglais). Contrairement à certains glossaires dont il a été question dans les pages précédentes, les mots et les sens québécois qui ont pénétré dans le français général et dans les dictionnaires français, comme *carcajou, caribou, orignal, sauvage* (ou, tout récemment, *joual*, cf. RobertSuppl.), et, à plus forte raison, ceux que les dictionnaires français mentionnent comme canadianismes seront tous retenus. On ne négligera naturellement pas les vocabulaires techniques, comme ceux des institutions du pays, des métiers, des sports, de la faune, de la flore, etc., dont les particularismes, par rapport à ces mêmes vocabulaires du français général, sont souvent frappants et instructifs.

Outre les régionalismes lexicaux et sémantiques, il y a lieu de recueillir, autant que possible, les régionalismes morpho-syntaxiques, bien que leur présentation, dans un dictionnaire alphabétique, pose certains problèmes. Les expressions, les dictons, les proverbes à caractère régional sont aussi à réunir ; ils seront classés sous le principal vocable autour duquel ils s'organisent. Aux éléments préfixaux et suffixaux, dont le sens ou l'emploi est spécifique au Québec, seront consacrés des articles particuliers. Enfin, des renseignements sur les caractéristiques phonétiques de la langue du pays pourront être présentés à la manière de ceux que fournit, pour le français du XVIIe siècle, le *Dictionnaire de la langue française classique* de J. Dubois et R. Lagane (v. par ex. sous A, E, EAU, O, R, etc.) ([5]).

---

(4) Nous avons exposé nous-même nos objectifs et les orientations de nos recherches dans plusieurs de nos articles : *Un échantillon du futur « Trésor » du français québécois* (article *carreauté*), dans *Presentazioni di lavori in progetto o in corso*, XIVe Congrès intern. de Linguistique et Philologie romanes, Naples, 1974, pp. 49-60 (à paraître également dans les Actes) ; *Vers un Trésor de la langue française au Québec* (article *bougrine*), dans TraLiLi, t. XII, 1 (1974), pp. 183-186 ; *Un échantillon du futur « Trésor de la langue française au Québec »* : *carreau et ses dérivés* dans TraLiQ, t. 1 (1975), pp. 19-34 ; *Un récit folklorique des Grandes-Bergeronnes (Québec) : transcription et étude linguistique*, dans TraLiLi, t. XIII, 1 (1975), pp. 299 et 414 ; *Avant-propos* de la réimpression d'O. Dunn, *Glossaire franco-canadien*, Québec, 1976.

(5) L'ouvrage pourra être accompagné d'une illustration documentaire comme le souhaitait Mgr Gardette. Si, dans nos articles d'essai de la IIIe partie, nous ne donnons pas suite à ce vœu, nous fournissons au moins de nombreuses références à des dessins, croquis, photographies ou cartes publiés ailleurs. Les illustrations anciennes ont parfois plus d'intérêt que celles d'aujourd'hui ; ainsi, il n'est pas inutile d'indiquer, à l'article *atoca*, que l'*Histoire et description générale de la Nouvelle-France* du Père Charlevoix, en 1744, contient deux dessins de la plante en question (voir 3e partie, s.v. *atoca*).

2° D'après ce que nous venons de dire, on ne retiendra pas les mots, acceptions, expressions, etc., qui font partie du français général contemporain. Cette prise de position est importante, elle précise la définition que nous venons de donner de nos buts ; toutefois, à certains égards, elle n'est pas sans danger et demande un commentaire.

M. Kurt Baldinger, en soulevant la question à savoir « comment définir le *français général actuel* » — « Par ce qui se trouve dans le Petit Robert ?, se demande-t-il, ou dans le Larousse ? Ce critère se révèle rapidement difficile à appliquer. Les canadianismes français inclus dans le Petit Robert seraient-ils exclus ? » (v. déjà ci-dessus la position que nous avons adoptée à ce sujet) —, a surtout souligné de combien « la distinction entre ce qui est régional (québécois) et ce qui est du 'français général' devient encore plus illusoire pour la période du XVIIᵉ au XIXᵉ siècle. Au XVIIᵉ siècle, les 'Québécois' étaient souvent nés en France et apportaient en Nouvelle-France leur patrimoine lexical. D'autre part, les documents québécois des XVIIᵉ et XVIIIᵉ siècles qu'on dépouille actuellement contiennent bon nombre de termes qui, en France, ont été relevés seulement plus tard (à travers les grands dictionnaires, puisqu'on n'a même pas encore commencé à dépouiller les documents de cette période . . .). Il faudra donc trouver une formule très élastique et, dans une large mesure, forcément subjective pour décider, dans chaque cas particulier, si une attestation dans un document québécois est à retenir ou non. *En principe, il faudra tenir compte de tout ce qui est intéressant pour l'évolution de la langue française au Québec face à l'évolution du français de France et de ses dialectes.* Cette formule est très vague et il ne saurait en être autrement » (TraLiQ, t. 1, 1975, p. 13).

Ainsi, il est évident que le mot *table,* dans son sens le plus courant, ne figurera pas dans l'ouvrage. Certes, on pourrait concevoir un dictionnaire du franco-québécois qui ne comprendrait pas seulement les régionalismes, mais tout le lexique des Québécois. Cette œuvre, qui serait à élaborer à partir d'une documentation étalée sur plus de quatre siècles — et non en intégrant dans un dictionnaire français les régionalismes québécois comme l'a fait Bélisle dans son *Dictionnaire général* (voir ci-dessus, 1ʳᵉ partie, sous D) — devra peut-être être réalisée un jour, encore que l'idée en soit discutable ([6]). Mais, dans l'immédiat,

---

(6) Au début de ce siècle, A. Rivard a déjà songé à un dictionnaire complet du français du Canada à côté d'un dictionnaire des canadianismes. Il écrit en effet : « Elle [= Société du Parler fr.] amasse des matériaux pour établir un glossaire du franco-canadien ; elle rêve en même temps un dictionnaire du français à l'usage des Canadiens, dictionnaire des mots de la langue académique, et aussi des bons mots canadiens-français, produits de notre crû ou formes dialectales anciennes . . . », *Etudes sur les parlers de France au Canada,* Québec, 1914, p. 86. Un tel dictionnaire permettrait de déceler les mots du français actuel qui ne vivent pas au Québec, ce que le TLFQ ne sera évidemment pas en mesure de faire, du moins pas de façon systématique.

il paraît plus utile et plus urgent de donner, par exemple, une définition précise de *berlot* (voir ci-dessous, 3ᵉ partie, s.v. *berline*), de retracer l'histoire de ce mot et de montrer qu'il ne s'agit pas d'un mot d'origine obscure (comme l'indique Wartburg dans le FEW), que d'écrire une « biographie » banale du français *table* au Québec (⁷).

Toutefois, le *Trésor* du français québécois ne peut pas totalement négliger les mots du français général. Il doit tenir compte tout d'abord de ceux qui sont entrés en concurrence avec les régionalismes québécois et suivre la lutte entre les deux ; il en sera de même pour les acceptions françaises qu'un mot peut avoir à côté d'acceptions locales. Ainsi, il ne sera pas sans intérêt de faire connaître la vitalité du fr. *berceau* dans la langue écrite, dès le début de la colonie, tandis que *ber* occupe pratiquement toute la place dans la langue parlée. Faire abstraction de ce qui est « français » serait se priver, dans bien des cas, de chaînons essentiels pour une étude diachronique des mots et de leurs acceptions. L'emploi de *berline* au sens français en franco-québécois, à la fin du Régime français, est capital pour toute l'histoire de *berline* et de *berlot* (voir 3ᵉ partie, s.v.). Ou encore, on ne peut passer sous silence, dans l'article *banneau* « tombereau », le fait que le terme français *tombereau* revient régulièrement dans les documents d'archives de la région montréalaise, tandis que *banneau* est le mot des scribes québécois ; et c'est d'autant plus intéressant que cette répartition géographique se conserve jusqu'à aujourd'hui (voir 3ᵉ partie, s.v.).

---

(7) K. Baldinger a raison d'affirmer qu'« il n'est pas raisonnable, pour le moment, de relever la *totalité* de la langue française telle qu'elle se manifeste au Québec depuis le XVIIᵉ siècle . . . » (*art. cité*, dans TraLiQ, t. 1, p. 13). Certes, il devient plus difficile, dans ces conditions, d'élaborer un dictionnaire qui réponde à toutes les exigences de la linguistique moderne. Mais il faut donner rapidement à tous ceux que le « fait français » en Amérique ne laisse pas indifférents la clef du français québécois et fournir aussi aux romanistes les renseignements qui leur manquent jusqu'à présent pour compléter leurs vues sur l'histoire des parlers de France. En optant pour la limitation du dictionnaire aux traits spécifiques de notre parler régional, nous restons fidèle à la tradition : Dubois et Lagane s'en tiennent eux aussi aux écarts du français d'aujourd'hui dans leur *Dictionnaire de la langue française classique* ; Louis Remacle ne tient compte que des wallonismes dans sa *Syntaxe du parler wallon de La Gleize* ; Jacques Pignon ne se penche que sur les traits spécifiques de la prononciation poitevine dans *L'évolution phonétique des parlers du Poitou,* etc. Il nous paraît opportun de rappeler ici la réflexion suivante de Jean et Claude Dubois : « . . . puisque l'histoire est un écart, il n'est pas nécessaire pour qu'un lecteur moderne comprenne un texte classique, par exemple, qu'il connaisse toute la langue du XVIIᵉ siècle ; il n'a à connaître que la différence entre sa langue et celle de Corneille ou de Racine. Ceci a des conséquences : les dictionnaires historiques ne retiennent que les termes et les sens qui ne sont plus en usage à l'époque actuelle . . . Les dictionnaires historiques sont des dictionnaires différentiels . . . » (*Introduction à la lexicographie : le dictionnaire,* Paris, 1971, p. 105).

Une autre catégorie de mots français que le *Trésor* ne rejettera pas est formée de ceux dont on peut, grâce à notre documentation, reculer la date de la première attestation. Lorsqu'il s'agit de mots français qui ne sont en aucun rapport avec les mots québécois de la nomenclature, il ne semble pas utile de leur consacrer un article dans le corps de l'ouvrage ; il suffira de les placer en annexe ou de les réunir peut-être dans une publication à part. C'est par ex. le cas du fr. *poney,* attesté en France une première fois en 1801 sous la forme *pooni,* puis à partir de Lamartine (1828) sous la forme actuelle *poney* (BW[5]), mais qu'on relève dans un document québécois dès le 6 mars 1752 (Beauport, ANQ, gr. P. Parent). En revanche, d'autres mots français dont nos dépouillements permettent d'antidater l'apparition sont des concurrents de mots québécois ou se trouvent différemment liés à ceux-ci, et dans ce cas, la nouvelle datation pourra être aisément introduite dans le commentaire du mot-vedette ; v. par ex. ci-dessous, dans la 3e partie, s.v. *patate,* la première attestation de *pomme de terre* dans la correspondance d'Elisabeth Bégon dès 1749, tandis que le FEW 9, 155 b, le BW[5], etc., ne font remonter ce terme qu'à l'année 1754. Des cas semblables seront nombreux.

3° Une catégorie de mots pose un problème particulier : ceux qui faisaient partie de la langue commune à l'époque des premiers établissements français en Nouvelle-France, voire plus tard encore, mais qui sont maintenant sortis de l'usage en France. Ces mots apparaissent aujourd'hui, à nos yeux, comme des archaïsmes, mais dans le passé, leur emploi en Nouvelle-France était conforme à la norme d'alors (K. Baldinger fait allusion à ce problème dans le passage cité ci-dessus, p. 61). Quelle attitude le TLFQ va-t-il adopter à l'égard de ces mots ?

La question ne se pose pas en fait pour ceux qui vivent toujours au Québec : il s'agit tout simplement d'archaïsmes qui, certes, ne doivent pas être considérés comme tels à l'époque où ils vivaient encore en France, mais qui, aujourd'hui, ne peuvent être identifiés autrement.

La question est à soulever au contraire, pour les mots ou sens qui ont disparus aussi bien au Québec qu'en France. Or, nous les retenons dans une certaine mesure, et cela pour deux raisons :

a) à cause de l'intérêt que l'utilisateur du dictionnaire aura à être renseigné sur les mots qu'il est susceptible de rencontrer dans les textes québécois anciens et dont il ignore généralement la signification ;

b) à cause de la destinée souvent différente que ces mots ont eue de chaque côté de l'Atlantique.

Ainsi, le mot *pinchina(t)* « étoffe de laine grossière non croisée, espèce de gros drap », attesté en français de 1679 au *Dictionnaire Général* (FEW 8, 106 b, *pectinare* ; toutefois, le mot est encore dans le

Larousse 1960, mais n'est ni dans le Robert, ni dans le PRobert), apparaît avec régularité en québécois à la fin du XVIIe siècle (1re attestation en 1682), mais tombe pratiquement en désuétude au moment de la conquête en 1760 ; il ne réapparaît que dans un récit de Louis Fréchette en 1892 (« pantalons en pinchina », *Originaux et détraqués,* éd. 1972, 128), mais alors ce n'était probablement plus un mot de la langue parlée (voir 3e partie, s.v.). L'histoire de *pinchina(t)* au Québec diffère donc de celle que ce mot a connue en France, même si les époques de son apparition et de son décès correspondent sensiblement dans les deux pays.

Pourtant, dans cette dernière catégorie de mots, nous retiendrons avant tout ceux qui ne sont pas seulement attestés dans les écrits de l'époque, mais semblent avoir réellement vécu dans la langue de la Nouvelle-France. En effet, il serait sans intérêt de recueillir tous les faits de langue classique que l'on relève sous la plume d'un Lescarbot, d'un Champlain, des auteurs des *Relations des Jésuites,* etc. ; cela reviendrait à dire que nous reproduisons, pour cette période, l'essentiel du Furetière ou du dictionnaire de l'Académie. Mais, il sera souvent difficile de décider si tel ou tel trait classique a vraiment été employé outre-Atlantique, et dans notre choix, il y aura parfois du subjectivisme et des inconséquences.

4o Dans la mesure du possible, le *Trésor* doit ouvrir aussi ses colonnes aux mots qui figurent dans les dictionnaires du français contemporain, mais qui, attestés dans les documents québécois anciens, ne vivent plus en franco-canadien d'aujourd'hui. Ces mots ont une histoire particulière au Canada français et il est nécessaire d'en tenir compte. Par exemple, *poissonnière* s.f. « ustensile de cuisine, de forme allongée, servant à faire cuire le poisson au four ou au court-bouillon », largement attesté en québécois du XVIIe au XIXe siècle, mais disparu, semble-t-il, de nos jours, fera partie de la nomenclature du *Trésor,* même si ce mot subsiste en France (v. PRobert).

5o Il est toujours malaisé d'opérer une sélection ; on se heurte inévitablement à des cas-limites difficiles. Ainsi, parmi les mots employés par les Québécois pour nommer des réalités de leur pays, certains peuvent être considérés, à première vue, comme parfaitement français ; le « signifié » ne pourrait être nommé autrement par un Français de France, même s'il n'est pas tout à fait le même sur les deux continents. C'est souvent le cas, par exemple, des mots du vocabulaire de la faune et de celui de la flore : *tremble* est appliqué en France au « *populus tremula* », tandis qu'au Québec au « *populus tremuloïdes* » ; de même, le *pin* canadien n'est pas du tout le même que le *pin* français ; etc. A notre avis, il faut relever ces mots, tout en faisant preuve de bon sens. Les mots *bois* « grande forêt canadienne » ou *croûte* « partie superficielle d'une couche de neige durcie, capable de porter un certain poids » sont à leur place, croyons-nous, dans un dictionnaire du Canada français ; en revanche, les mots *hiver* ou *neige*, même s'ils n'ont pas la même résonance pour un Québécois que pour un Français, n'ont pas à être relevés ([8]).

6° Dans beaucoup de cas, le mot est employé aussi bien au Québec qu'en France, mais entre les deux emplois, il existe une différence de niveau de langue ou de fréquence, ou des deux à la fois. L'emploi généralisé de *cul-de-sac* au Québec au sens de « rue sans issue », tandis qu'en France on emploie normalement *impasse,* en est un exemple parmi d'autres. Là encore le *Trésor* ne pourra pas écarter ces cas.

De même, il retiendra les mots et les sens qui, dans les dictionnaires contemporains de la langue française, sont considérés comme vieillis ou comme des régionalismes, tandis qu'au Québec ils sont d'un usage courant.

7° On peut se demander encore dans quelle mesure les néologismes, notamment quand il s'agit d'hapax, sont à consigner. On sait que plus d'un écrivain québécois de la jeune génération se plaît à créer, souvent à jet continu, des mots nouveaux. Ainsi, le verbe *se tuquer* « se coiffer d'une *tuque* », apparemment inconnu du parler populaire, mais employé par Marie-Claire Blais dans *Un joualonais, sa joualonie* (1973, p. 32 ; le titre lui-même est significatif), où les mots inventés foisonnent ([9]), doit-il être retenu ? Nous penchons vers l'affirmative, mais dans la mesure seulement où ces néologismes littéraires sont « de type authentiquement français, c'est-à-dire construits selon la règle d'analogie » (v. P. Imbs, *Préface* du TLF, t. 1, p. XXVI).

Ici encore, il faudra souvent faire appel au bon sens. Les colonnes du TLFQ ne devront pas être surchargées des « fantaisies verbales » (P. Imbs) d'un Sol (pseudonyme de Marc Favreau) dans *Esstradinairement vautre* (Montréal, Ed. de l'Aurore, 1974) où, à chaque page, fourmillent des mots comme *habitationner, habitouiller, déambuliner, trottinoir, échanging, gaspilling, horriblifique,* etc. En revanche, des créations populaires telles que *en avoir plein son berlot* « en avoir plein le dos » (recueillie dans une famille de Lac-aux-Sables, v. ci-dessous, 3ᵉ partie, s.v. *berline*), seront parfaitement à leur place dans cette

---

(8) Sauf dans des expressions typiquement québécoises, comme par ex. *hiver* dans *gens d'hiver* « trappeurs qui passaient l'hiver dans les bois au service d'une Compagnie de commerce de pelleterie et qu'on relevait par de nouveaux engagés au printemps », etc.

(9) Par ex. *pantelote* (9), *coulade* (11), *joualon* (12), *crâneau* (13), *enbiérer* (14), *paperaille* (15), *boufaille* (15), *(avoir la) harasse* (21), *crèchette* (21), *ronflerie* (25), *hospiceux* (32), etc.

œuvre ; passées par le creuset de l'âme populaire, ces innovations en reflètent la créativité et s'insèrent tout naturellement dans notre patrimoine linguistique. De même, nous recueillerons les néologismes du langage scientifique qui sont conformes à l'esprit créateur de la langue française ; ainsi seront retenus par ex. les termes *glaciel* (« relatif aux glaciers ») ou *nordicité* (dér. de *nordique*), créés par le géographe L.-E. Hamelin et approuvés aujourd'hui par l'ensemble des géographes francophones.

8° Le TLFQ, pas plus que les autres dictionnaires de langue, ne retient naturellement pas les noms propres, à l'exception de ceux qui existent, dans la langue du pays, comme noms régionaux communs ou qui se trouvent dans un rapport étroit avec un nom commun caractéristique du français québécois. C'est le cas, par exemple, de *La Tuque* (cf. 3e partie, s.v. *toque, tuque*). Le TLFQ enregistrera toutefois, comme d'autres dictionnaires le font, les dérivés des noms propres, par ex. l'adj. *abitibien* (dér. d'*Abitibi*), etc.

9° Le TLFQ est axé avant tout sur le français du Pays du Québec qui est le centre naturel de la francophonie dans la Nouvelle Romania. Mais il se condamnerait à donner une vue partielle et parfois déformée des faits québécois s'il ne prenait pas en considération les parlers français du reste de l'Amérique. Partant du principe que l'histoire des faits de langue est généralement liée à l'extension géographique, nous tenons compte, de façon aussi systématique que possible, des parlers français d'Acadie, de Louisiane, d'Ontario, de l'Ouest du Canada, etc. Nous ne saurions négliger non plus les nombreux emprunts que l'anglo-canadien et l'anglo-américain ont faits au franco-canadien (à ce sujet, voir ci-dessus 1re partie, sous G). Mais cette documentation ne sera pas toute également exploitée.

Les données concernant les parlers acadiens et franco-ontariens, limitrophes du québécois, se trouvent incorporées dans le corpus québécois et forment avec celui-ci la base du dictionnaire. Toutefois, pour ces parlers, nous nous en tenons essentiellement, pour le moment, aux données recueillies dans les travaux antérieurs (dans ceux de P. Poirier et surtout de G. Massignon pour ce qui est de l'acadien) et nous n'entreprenons pas de dépouillements de l'envergure de ceux que nous avons mis en chantier pour le français du Québec ; pour l'Acadie nous nous contentons de dépouiller un certain nombre de récits populaires des Archives de Folklore et quelques œuvres littéraires, notamment celles d'Antonine Maillet, tandis que, pour le vocabulaire du français de l'Ontario, nous avons recours aux textes folkloriques publiés par le Père G. Lemieux, de l'Université de Sudbury (v. encore ci-dessous, sous B).

Les faits propres aux divers parlers franco-américains ou à celui de l'Ouest du Canada ne serviront au contraire qu'à l'établissement de l'histoire et de l'aire géographique des mots québécois ([10]).

B — DOCUMENTATION

1° Vu les objectifs du *Trésor*, tels que nous venons de les exposer, la documentation qu'il réunit repose sur des sources écrites autant que sur des sources orales.

a) Les sources écrites, qui s'étendent, de façon inégale d'ailleurs, sur toutes les époques depuis les débuts du Régime français jusqu'à l'époque contemporaine, nous fournissent des renseignements sur la langue du passé, comme aussi sur celle d'aujourd'hui. Ils se répartissent entre plusieurs catégories :

— récits et relations de découvreurs, voyageurs, missionnaires, depuis les *Voyages* de Jacques Cartier au XVIe siècle, mais dont la plupart remontent aux XVIIe et XVIIIe ; les uns, parmi leurs auteurs, étaient encore des Français (Marc Lescarbot, Gabriel Sagard, les auteurs des *Relations des Jésuites*, etc.), tandis que d'autres, comme Louis Jolliet (*1645), auteur d'un *Voyage au Labrador*, étaient déjà nés en Nouvelle-France ;

— documents d'archives, qui vont du XVIIe siècle à nos jours et sont très variés : pièces notariales (donations, contrats de concession, contrats de vente, testaments, inventaires de biens après décès), pièces judiciaires (dépositions, témoignages), livres de comptes, etc. ;

— billets et lettres entre particuliers (par ex. la correspondance d'Elisabeth Bégon, de 1748 à 1753) ;

— correspondances entre personnages officiels, comme les *Papiers Contrecœur* (1745-1756), etc. ;

— journaux et périodiques, depuis la *Gazette de Québec*, fondée en juin 1764, jusqu'aux grands quotidiens actuels, *La Presse, Le Devoir, Le Soleil*, etc. ;

— textes littéraires, notamment en prose, dont les plus anciens

---

(10) Le TLFQ devra aussi tenir compte, dans les commentaires historiques, des divers créoles français qui ont des traits communs avec le franco-canadien au point que leurs origines ne peuvent être dissociées. En 1973, dans notre compte rendu des *Mélanges Straka* (Lyon-Strasbourg, 1970), nous écrivions à propos de l'article de I. Vintilă-Rădulescu, *Français créole et français canadien* (pp. 353-359) : « La comparaison entre le français créole et le français canadien serait particulièrement féconde, à notre avis, pour les faits dont les origines font difficulté. L'existence, dans les deux parlers, d'un même fait prouverait que son origine est galloromane, malgré le manque d'attestations du fait en question dans les parlers de France » (RLiR, t. 37, 1973, p. 483).

remontent aux années 1830 (après quelques rares essais antérieurs, sans grand intérêt linguistique) ; les textes en vers, qui apparaissent dès la fin du XVIIIe siècle, ne révèlent pratiquement pas de régionalismes, pendant très longtemps, et ne deviennent intéressants pour nous — du moins certains d'entre eux — qu'à l'époque contemporaine ;

— descriptions, études et traités techniques, travaux d'histoire, de géographie, d'ethnographie (notamment sur la civilisation matérielle), etc., depuis les écrits de Pierre Boucher (*Histoire véritable et naturelle des mœurs et productions du pays de la Nouvelle-France,* 1664) ou de Sœur Marie Morin (*Annales de l'Hôtel-Dieu de Montréal,* 1697-1725) jusqu'aux publications scientifiques d'aujourd'hui.

Parmi ces sources écrites, nombreuses sont les sources manuscrites, notamment aux XVIIe et XVIIIe siècles, et même au XIXe, et ces sources, jusqu'à présent inexplorées, sont particulièrement précieuses pour les buts que nous poursuivons. Certains de ces textes anciens — récits et relations de découvreurs, voyageurs, missionnaires, documents d'archives, correspondances, etc. — ont certes été édités à l'époque moderne ; de même, on réédite, ces derniers temps, des textes littéraires du XIXe siècle. Mais il n'existe pas, jusqu'à présent, au Québec, de tradition philologique, et ces éditions et rééditions, souvent défectueuses, sont à utiliser avec prudence ([11]) ; des vérifications sur manuscrits ou sur éditions princeps sont nécessaires.

C'est un tout autre problème que posent certains textes littéraires dont la réédition a été surveillée par les auteurs eux-mêmes. Dans plus d'un cas, une nouvelle édition représente une nouvelle version, et entre les deux, il peut y avoir des différences notables quant à l'emploi de régionalismes lexicaux. Ainsi, dans notre article *carreauté* « à carreaux » (v. ci-dessous, 3e partie), on s'apercevra que, dans le texte original de *Marie Calumet,* R. Girard avait écrit *un grand mouchoir carreauté* (1904, p. 289), mais dans l'édition de 1946, il a remplacé cette expression par *un grand mouchoir ramagé* (p. 211 ; de même éd. Nénuphar, 1973, p. 117). Entre les diverses versions de *Menaud, maître-draveur,* de F.-A. Savard, le nombre de canadianismes varie autant que leur choix. Dans tous ces cas, on ne se contentera donc pas de dépouiller une seule édition, l'édition originale ou la dernière parue, mais on confrontera les textes successifs.

b) Nos sources orales, qui renseignent sur la langue parlée des trois dernières décennies et sur celle d'aujourd'hui, sont de trois sortes :

---

(11) V. à ce sujet Claude Rigault et Réal Ouellet, *Savoir d'où nous venons : l'édition de nos premiers textes,* dans *Livres et auteurs québécois 1974,* Québec, 1975, pp. 349-360, ainsi que notre édition du *Livre de comptes d'un meunier québécois,* Québec, 1973, surtout pp. 21-25. V. aussi ci-dessus, 1re partie, notre critique de la manière dont avaient été édités les lexiques de Potier et de Viger.

— contes populaires, chansons et récits divers, recueillis à travers tout le pays, sur bandes magnétiques, depuis plus de trente ans sous la direction de L. Lacourcière et conservés aux Archives de Folklore de l'Université Laval ; on connaît la richesse de ces documents sonores et leur valeur pour la dialectologie et la géographie linguistique du Québec ;

— enquêtes directes réalisées à divers points du Québec par nous-même et nos étudiants, ainsi que par quelques professeurs de CEGEP qui se sont joints à nous (de Sainte-Foy, de Saint-Georges-de-Beauce, de Shawinigan) ;

— récits populaires et conversations dirigées qui ont fait l'objet de publications ; il s'agit par ex. de textes folkloriques en français ontarien (G. Lemieux, *Les vieux m'ont conté*, Montréal-Paris, 4 vol. avec gloss., depuis 1973, sur une trentaine de volumes prévus) [12] ou de propos sur des thèmes de la vie quotidienne recueillis à différents points de l'Estrie (Normand Beauchemin et Pierre Martel, *Echantillons de textes libres*, Sherbrooke, 2 vol., 1973 et 1975).

c) A ces sources de documentation directe, de première main, s'ajoute une importante « littérature secondaire » dont il est aussi indispensable de tenir compte, tout en la soumettant à la critique, et qui comprend des recueils de mots, des glossaires, des dictionnaires, des études de langue, depuis les *Façons de parler* du Père Potier, au milieu du XVIIIe siècle, jusqu'au dictionnaire de Bélisle et aux différents travaux de linguistique parus au cours de ces dernières années.

2⁰ Le dépouillement de cet ensemble de sources, sans être achevé, nous a permis de constituer, dès maintenant, un fichier considérable de régionalismes québécois. Grâce à des subventions du Conseil des Arts du Canada et du Gouvernement du Québec, nous avons surtout pu avancer le dépouillement des documents d'archives de toutes les époques et de toutes les contrées du pays. Par ailleurs, nous avons dépouillé quelque cinq cents volumes parmi les plus riches en régionalismes : textes littéraires, principalement modernes, ouvrages d'ethnographie et d'histoire, récits folkloriques, chansons, traités techniques, etc. Nos collègues Micheline Massicotte-Ferland et Claude Poirier, tout en dépouillant eux aussi des textes de toutes sortes, se sont plus spécialement attachés à l'examen des récits populaires conservés aux Archives de Folklore. Nos étudiants et quelques collègues ont exécuté avec nous des enquêtes sur le terrain. Thomas Lavoie a bien voulu nous communiquer quelques résultats de ses enquêtes sur les parlers de Charlevoix, de la Côte-Nord, du Saguenay et du Lac-Saint-Jean (cette documentation est désignée

---

(12) La transcription laisse cependant beaucoup à désirer, ce qui est regrettable, car la documentation recueillie est excellente. Il faut espérer que l'éditeur améliorera cet aspect de l'ouvrage dans les volumes à venir.

par le sigle « LavSagE »). M. Straka, qui s'intéresse au vocabulaire régional dans la littérature québécoise, a enrichi notre fichier en nous offrant les doubles de ses fiches portant sur les régionalismes québécois dans la totalité des textes littéraires antérieurs à 1853 et dans une série de textes plus récents. L'ancien fichier de la Société du Parler français au Canada a été mis à la disposition de l'équipe du *Trésor* par M. Dulong qui avait sensiblement enrichi ce fichier par des dépouillements de sources diverses (nous désignons cette documentation par le sigle « Dg ») ; le *Trésor* exploitera aussi, quand ils seront publiés, les résultats des enquêtes menées sous sa direction dans tout le pays en vue d'un atlas linguistique de l'Est du Canada ([13]).

3° C'est sur l'ensemble de cette documentation actuellement réunie que reposent les articles d'essai du *Trésor* que nous publions dans la troisième partie du présent ouvrage. Ils posent d'emblée — le lecteur s'en rendra compte en les examinant — le double problème de l'étendue des dépouillements et du choix des exemples.

Un dictionnaire de langue doit fournir autant d'exemples qu'il est nécessaire pour illustrer pleinement les sens et les emplois des mots. Certes, les exemples peuvent être créés par le lexicographe, mais nous nous sommes interdit cette méthode, et tous nos exemples sont des citations tirés de textes écrits ou des propos réellement entendus. Nous cherchons à « procurer au lecteur ce rare plaisir des yeux et de l'esprit » (P. Imbs) que donnent les contextes clairs, les contextes savoureux ou poétiques, les contextes qui permettent de délimiter la distribution du mot dans le discours, les contextes qui révèlent l'arrière-plan socio-culturel du mot et de son acception. Toutefois, dans les articles qu'on lira ci-après, la richesse des exemples sera sans doute jugée excessive. En effet, nous n'avons procédé généralement à aucun tri, et dans ces articles d'essai, nous avons intentionnellement inséré à peu près toute la documentation accumulée pour en faire connaître les différents aspects. Cette richesse des exemples nous a d'ailleurs permis de faire d'intéressantes constatations — par ex. sur la fréquence d'emploi de *berceuse*, bien supérieure dans la littérature à celle de *chaise berçante*, de *berçante* et de *chaise berceuse*, bien que les quatre expressions

---

(13) C'est donc sans raison que, dans un compte rendu de notre édition du *Livre de comptes d'un meunier québécois* (1973)), A Lapierre nous reproche de négliger « ce qui se fait ailleurs » (v. *Livres et auteurs québécois 1974*, 1975, pp. 235-237). Néanmoins, outre les recherches mentionnées ci-dessus, nous n'estimons pas nécessaire de tenir compte d'autres travaux éventuels en cours ou inédits. Wartburg a-t-il exploité, dans le FEW, les carnets d'enquêtes des atlas régionaux de France avant la publication de ceux-ci ? Sur d'autres raisons qui justifient notre refus d'utiliser n'importe quelle recherche en cours, v. la réponse que G. Straka a faite à Lapierre sous le titre de *Critique d'une critique,* dans *Brochure-Programme du Centre de Philologie romane,* fasc. 20, Strasbourg, 1975, pp. 183 sqq.

apparaissent à peu près au même moment au XIXe siècle, ou encore sur
la fréquence de *berlot*, dès son apparition vers le milieu du XIXe siècle,
chez les écrivains québécois, tandis que ceux-ci n'emploient presque
jamais *berline* qui vit pourtant dans d'autres documents depuis la fin
du siècle précédent — et du fait que nous reproduisons grand nombre
d'exemples le lecteur sera en mesure de contrôler ces données. De même,
plus les matériaux sont abondants, et mieux s'en dégage non seulement
la définition de l'acception, mais aussi le fonctionnement du mot dans
le discours ([14]). Mais il est évident que, dans la rédaction définitive des
articles pour le TLFQ, on ne pourra maintenir tous les exemples réunis,
d'autant plus que nos dépouillements ne sont pas clos, et nous serons
obligés de procéder à un choix ; or, ce choix ne pourra différer de celui
qu'a adopté le TLF et dont P. Imbs a exposé les principes dans la
Préface du tome 1er, p. XL. Les matériaux non publiés, mais qui
auront tout de même servi à la préparation de l'article, seront naturellement conservés (comme ceux qu'on aura publiés) en vue d'autres
recherches.

Pour ce qui est de l'étendue des dépouillements, il est certain que
ceux-ci devront être poursuivis encore dans toutes les directions, et plus
spécialement dans les directions suivantes : a) dépouillement de ceux
parmi les textes anciens, antérieurs à la période littéraire, qui fournissent des « énoncés organisés » (ce qui n'est pas le cas des pièces notariales et des livres de comptes dont nous possédons déjà des dépouillements très vastes) ; b) celui des journaux et des périodiques, qui est à
peine commencé ; c) celui des œuvres littéraires de la seconde moitié du
XIXe siècle, qui devra être aussi exhaustif que le fichier dont nous
disposons pour la première période de la littérature québécoise, antérieure à 1853. De même, les enquêtes sur le terrain et les relevés lexicaux dans les documents sonores des Archives de Folklore sont à mul-

---

(14) Sur l'intérêt que présente pour le lexicographe l'abondance des attestations,
v. tout dernièrement Max Pfister, *A propos d'un nouveau Dictionnaire de
l'ancien français,* dans TraLiLi XIII, 1, 1975, pp. 423-424 ; aussi P. Imbs,
TLF 1, *Préface,* p. XII : « De bons esprits ont parfois conclu [. . .] qu'un
dictionnaire vaut avant tout par la qualité et la richesse de ses exemples
[. . .] On sait que d'importants dictionnaires portant notamment sur des
états anciens de la langue (Godefroy, Tobler-Lommatzsch, Huguet, p. ex.)
obéissent à un tel point de vue incontestablement pratique ».
    Sur la qualité des exemples, v. encore Imbs, pp. XXXIX-XLI ; J. et
Cl. Dubois, *Introd. à la lexicographie : le dictionnaire,* pp. 91-93, qui rappellent notamment la réflexion suivante de R. Martin : « Parmi les bons
exemples, on fera donc un sort non seulement aux contextes qui mettent
en concurrence des mots de sens voisin, à ceux qui empruntent la forme
d'une définition ou à ceux qui illustrent un emploi rare, mais, plus généralement, à tous ceux dont la particularité fait contraste avec le caractère
général d'une définition qui situe le mot en langue, c'est-à-dire dans sa
virtualité, et qui tend par là même vers un maximum d'extension » ;
B. Quémada, *Les dictionnaires du français moderne. 1539-1863,* pp. 505-560.

tiplier ; les indications telles que « Québec » ou « Saint-Augustin », etc.,
que nous donnons, dans nos articles d'essai, sur l'existence d'un mot
ou d'un sens dans les parlers actuels, n'impliquent pas que celui-ci ne
vit pas ailleurs, or dans la rédaction définitive, toutes les aires géographiques devront, dans la mesure du possible, être indiquées avec
précision.

Toutefois, vu l'ampleur des sources écrites et sonores à dépouiller,
il ne saurait être question de les examiner toutes de façon exhaustive,
notamment les documents d'archives, les journaux, les traités techniques, les œuvres littéraires de ces trente ou quarante dernières années
et les documents sonores des Archives de Folklore. Là encore, il faudra
faire un choix. Pour ce choix, le principe de l'autorité, que le TLF a
retenu pour la sélection des textes littéraires français (t. 1 *Préface,*
p. XXIII), ne peut même pas être appliqué, du moins pas intégralement,
à la sélection des œuvres littéraires québécoises ; parfois, les œuvres de
deuxième ou de troisième ordre, que les spécialistes de la littérature
québécoise ne sélectionneraient peut-être pas, sont pour nous plus
intéressantes que celles d'une romancière comme Laure Conan ou des
poètes comme Emile Nelligan, Alain Grandbois, etc., dont la valeur
littéraire est hors de doute, mais dont la langue n'est guère marquée de
régionalismes. D'aucuns, manquant d'expérience, pourraient nous
demander de préciser à l'avance le nombre d'œuvres littéraires, ou
celui de pages de journaux, ou encore celui de documents sonores que
nous dépouillerons ; ce seraient des questions naïves auxquelles il n'y
a pas de réponses. En effet, il ne s'agit pas d'une sélection préétablie de
textes, mais d'une limitation de dépouillements au fur et à mesure
qu'ils cessent d'être rentables. Notre critère est donc essentiellement
pragmatique : on arrêtera les dépouillements dans un secteur donné et
pour une époque donnée lorsque nous ne relèverons plus de façon
régulière des faits nouveaux.

Sans doute pourrait-on nous objecter que ce pragmatisme risque
d'avoir des répercussions fâcheuses sur la richesse de la nomenclature.
Il n'est certes pas exclu que telle ou telle expression ou signification
nous échappe, mais étant donné les garanties dont nous nous entourons
et, surtout, la très grande multitude de sources soigneusement dépouillées, nous ne croyons pas nous exposer réellement à ce danger. D'ailleurs, « l'exhaustivité de la documentation est un leurre..., parce
qu'aucune entreprise n'est... assez puissante pour rassembler tous les
documents où s'actualise le vocabulaire d'une époque ou d'une culture... » (P. Imbs, TLF 1, *Préface,* p. XV) ; en fait, aucun dictionnaire
au monde n'est exhaustif (R.-L. Wagner, *Les vocabulaires français,*
1967, p. 17). D'autre part, même en continuant nos dépouillements
au delà des limites du raisonnable, nous ne sommes pas sûrs du tout de
relever tout le vocabulaire, ni de rencontrer, par ex. pour *guidoune* ou
houigner, mots pourtant vieux, d'origine galloromane, des attestations

plus anciennes que celles du début de ce siècle que nous possédons déjà. « Nombre de mots héréditaires ... n'ont jamais été recueillis dans les textes ; on ne les connaît que par les patois où ils se sont transmis oralement. Les inventaires après décès, les rôles de mobilier attestent des dénominations intéressantes d'objets ; les chartes, les contrats nous en font connaître d'autres, relatives aux accidents du terrain, aux particularités du sol, à son exploitation, à l'élevage, etc. Mais beaucoup de mots passent à travers les mailles trop larges de ces documents et il faut une chance extraordinaire pour qu'un texte, parfois tardif, en révèle l'existence » (R.-L. Wagner, *ouvr. c.*, p. 55).

4° Jusqu'à présent, tous nos dépouillements ont été effectués à la main, et nous comptons procéder de cette manière aussi à l'avenir. Certes, on pourrait songer à l'utilisation d'un ordinateur (comme au TLF à Nancy) ou, du moins, de la technique mécanographique. Mais nous travaillons en grande partie sur des documents manuscrits, dans des dépôts d'archives, d'une part, et d'autre part, sur des documents sonores, et dans ces deux cas, on ne pourrait de toute façon éviter une première transcription du texte à la main. Par ailleurs — et c'est très important — nous ne cherchons pas à obtenir des inventaires lexicaux exhaustifs des textes, mais un matériel déterminé, c'est-à-dire uniquement les régionalismes québécois figurant dans ces textes, et par conséquent, il est indispensable qu'avant de fournir ce matériel à la machine, les contextes à reproduire soient indiqués d'avance par un lecteur compétent et attentif. En aucun cas, la mise en machine du matériel ne peut se faire de façon mécanique (comme pour une indexation exhaustive), sans une intervention préliminaire d'un spécialiste. A propos des situations semblables, B. Quémada a bien écrit, il y a près de vingt ans : « Il importe de mesurer alors quels pourront être dans ces conditions les avantages de l'emploi de ces machines » ([15]).

Certes, si par la suite on entreprend un dictionnaire complet de tout le vocabulaire du français au Canada (v. ci-dessus, A 2, notes 6 et 7), le recours à l'ordinateur sera inévitable, et on ne pourra que s'inspirer de l'exemple du TLF. De même, dans notre cas, bien qu'il s'agisse d'un choix déterminé et, par conséquent, d'une masse de matériaux moindre, il ne serait pas tout à fait sans intérêt de pouvoir reporter sur fiches mécanographiques ou soumettre à l'ordinateur (si d'importants crédits nous sont alloués à cet effet), non pas les textes eux-mêmes, mais notre fichier lorsqu'il aura été définitivement clos. Toutefois, cette procédure ne nous paraît pas absolument indispensable, du moins pas pour le moment.

---

(15) *La technique des inventaires mécanographiques,* dans *Lexicologie et lexicographie françaises et romanes* (Colloque de Strasbourg, 1957), Paris, C.N.R.S., 1961, p. 61.

C — *STRUCTURE DES ARTICLES*

Les articles ne sont pas consacrés chacun à un seul mot, comme c'est le cas dans les dictionnaires de langue (v. par ex. TLF, GLLF, etc.), mais à une famille de mots, comme dans le Bloch-Wartburg, le Dauzat-Dubois-Mitterand ou le DEAF. Le TLFQ, dictionnaire historique, doit aussi être un dictionnaire étymologique.

L'entrée de chaque article est constituée par le mot de base qui, du point de vue étymologique, est le point de départ des autres mots de la famille. L'ordre des entrées sera naturellement alphabétique, tandis qu'à l'intérieur des articles, les différents mots de la famille sont classés dans l'ordre de leur dérivation et de leurs acceptions ; à la place alphabétique où devrait figurer un dérivé, notamment un dérivé préfixal, mais aussi dans d'autres cas, chaque fois qu'on le jugera utile, on renverra à l'article où figure ce dérivé, et à la fin de l'ouvrage, un index alphabétique réunira, pour la commodité de l'utilisateur, la totalité des mots. Dans le cas des expressions, on trouvera, sous chacun des mots dont une expression est formée, un renvoi à l'entrée sous laquelle elle est traitée ; ainsi, *se grouiller le berlot* « se dépêcher » est placé dans l'article *berline, berlot,* mais un renvoi à cet article figurera sous *grouiller.*

Parmi les différentes formes graphiques du mot de base, on choisira, pour servir d'entrée, celle qui correspond à la forme française ou en est la plus proche, par ex. *berline* et *berlot,* et non *borline* et *borlot* ; la totalité des variantes graphiques et phonétiques se trouve cependant réunie dans le corps de l'article où cette liste précède régulièrement le classement des acceptions. Il en est de même pour chacun des dérivés.

En tête de l'article, nous présentons, comme le fait le DEAF de K. Baldinger, l'histoire de la famille des mots à laquelle l'article est consacré, et cet historique donne la clef de l'organisation des matériaux dans ce qui suit. Les acceptions du mot de base, de même que celles des dérivés, sont classées dans l'ordre génétique, depuis l'acception la plus ancienne et en suivant leurs modifications successives. Chaque acception est illustrée par des exemples répartis entre cinq catégories de documentation et, dans chacune, ils sont classés chronologiquement :

1º DOC : anciens récits de voyageurs, de missionnaires, etc., et documents d'archives ;

2º JOURN., PÉRIOD. : attestations tirées des journaux et des périodiques ;

3º LITT. : attestations littéraires ;

4º ÉT. : descriptions des objets, commentaires, renseignements fournis par des encyclopédies, glossaires, dictionnaires, études de langue, etc. ;

5° ENQ., LITT. OR. : résultats d'enquêtes orales et attestations relevées dans des récits populaires, chansons, etc. (dans un ordre géographique constant).

A la fin, pour chaque acception, on indique, sous BIBL., les glossaires, dictionnaires, études, notices, etc., qui l'ont relevée, voire commentée, avant nous ; ces références sont données dans un ordre à la fois chronologique et géographique (Québec, Acadie, Ontario, etc.). Des renvois faits à l'aide de flèches attirent l'attention sur les rapports sémantiques entre acceptions d'un mot ou de divers mots de la famille. Les acceptions et les mots qui existent en français général, mais que, pour diverses raisons, nous sommes obligé d'inclure dans l'article, sont placés entre crochets.

Deux aspects de nos articles méritent une attention spéciale : l'établissement des définitions et la portée des introductions historiques. Nous allons les examiner l'un et l'autre dans les pages qui suivent.

D — DÉFINITION DES SENS

Une des premières tâches du lexicographe est celle de définir les sens des mots. Il existe plusieurs types de définitions ([16]), et selon les circonstances, nous nous servons de l'un ou de l'autre.

Le plus souvent nous avons recours aux définitions dites « logiques » qui résultent d'analyses sémiques. Ainsi, nous avons par ex. défini *berçante* comme un « siège muni de patins courbes, sans bras ou avec bras, que l'on peut faire balancer d'avant en arrière par le mouvement du corps. »

Mais une définition « logique » ne s'impose pas partout, et parfois on peut procéder par traduction ; ainsi, nous traduisons *guidoune* par « putain ». La définition dite « nominale » suffit en effet quand l'équivalent français est monosémique et qu'il est facilement compris.

Les définitions « morphologiques » s'appliquent plus spécialement à des dérivés, ainsi *se débougriner* « enlever sa *bougrine* », ou *se tuquer* « se coiffer d'une *tuque* », etc.

Pour les mots du vocabulaire de la faune et de celui de la flore, nous indiquons leurs équivalents scientifiques, ce qui est tout à fait

---

(16) Cf. R.-L. Wagner, *Les vocabulaires français,* pp. 135-139. Sur les qualités requises pour une bonne définition, v. également P. Imbs, TLF 1, *Préface,* pp. XXXVII-XXXIX ; J. et Cl. Dubois, *ouvr. c.,* pp. 84-89 (« L'activité essentielle du lexicographe est la définition », p. 84) ; B. Quémada, *ouvr. c.,* pp. 391-464.

indispensable. En effet, il ne suffit pas de donner une définition logique d'*atoca*, il faut encore préciser que le mot indique au Québec à la fois le *Vaccinium Oxycoccos* et le *Vaccinium Macrocarpon* (tandis qu'en Acadie on distingue généralement ces deux espèces en désignant la première par *mocoques* et la seconde par *pommes de pré*).

Aux définitions s'ajoutent, le cas échéant, les « adjuvants », c'est-à-dire divers renseignements sur l'emploi des mots, par ex. « vieux », « rare », « vulgaire », etc.

Nos définitions se dégagent de l'examen de plusieurs catégories de sources qui sont les suivantes :

1° contextes littéraires ou non littéraires, voire oraux, dans lesquels le mot apparaît ;

2° descriptions des objets et des coutumes, ainsi que différentes explicitations des termes québécois, que donnent les auteurs eux-mêmes ;

3° glossaires et études sur le français québécois et nord-américain en général ;

4° notre compétence linguistique personnelle, le français québécois étant notre parler maternel ;

5° travaux sur le vocabulaire ancien et moderne des parlers de France.

La situation se présente de façon idéale lorsque le contexte lui-même permet de découvrir le sens du mot et que les travaux sur le québécois (voire sur les parlers galloromans) ne viennent que confirmer ce sens. Les descriptions de l'*atoca* par le Frère Sagard (1632), dans les *Relations des Jésuites* (1656), par Gédéon de Catalogne (1712), par le Père Charlevoix (1744) ou par Montcalm à la fin du Régime français, ou encore les belles pages de J.-Ch. Taché (dans ses *Forestiers et voyageurs*, 1863) sur le *voyageur des pays d'en haut,* sur le *chantier,* le *camp,* etc., etc., sont des contextes particuliers, qui illustrent de la meilleure façon le sens de ces mots ou expressions, et qu'il faut recueillir dans le TLFQ. D'autre part, l'auteur québécois sent parfois le besoin d'expliciter, voire de définir, dans le texte même, le concept exprimé par le mot du pays qui lui vient sous la plume, et c'est ainsi que, par exemple, F.-A. Savard aide le lecteur à comprendre le sens de *drégail* : « Il demanda à Marie ses paquets de fil de laiton, sa drogue à renard, s'entoura de tout ce *drégail*, tel un enfant de ses jouets » (*Menaud maître-draveur*, 113), et que L.-P. Desrosiers donne même une sorte de définition de l'expression *chemin corduroy* : « un *chemin corduroy,* composé de troncs d'arbres placés à côté les uns des autres et recouverts d'un peu de terre » (*Nord-Sud*, 138). Parfois aussi, avant de se servir d'un mot québécois, l'écrivain emploie, quelques lignes plus haut, comme pour l'introduire, son synonyme français : dans *La Minuit* de F.-A. Savard, p. 53, on lit : « Elle s'approcha du *berceau* de Bichette », mais à la page suivante, lorsque le lecteur sait de quoi il s'agit : « elle déposa Bichette dans son *ber* » ; de même L.-P. Desrosiers, dans *Nord-Sud*, parle d'abord de *pommes de terre* (p. 27), puis seulement de *patates* (p. 28 ; v. encore p. 67 où aussi le premier terme précède le second). Dans d'autres cas encore, le mot québécois est simplement doublé de son synonyme du français général et les deux termes sont le plus souvent réunis par la conjonction *ou* : « [...] s'étendre de là vers le sud jusqu'à un petis hêtre aussi *plaqué* ou *marqué* sur les quatre faces » (1839, Saint-Gervais, ANQ, AP-G 240 - 29, doc. 8 oct.) ; « une *érablière* ou *sucrerie* » (ib.) ; « *ottacas* ou *canneberges* » (Testard de Montigny, *La colonisation*, 248) ; « une *tuque* ou *bonnet* (Ph. Aubert de Gaspé, *Mémoires*, 111) ; cette façon de faire comprendre le mot québécois est particulièrement courante chez certains auteurs comme Emile Chevalier qui, d'origine française, écrivait visiblement pour le public français, v. par ex. ses « scènes de la vie canadiennes » publiées sous le titre *La Huronne* à Paris, chez Calmann-Lévy, en 1861 : « en s'approchant de la *bar* ou *comptoir* » p. 68, « *raquettes* ou *chaussures pour la neige* » p. 82, « les *balises* ou *rameaux de sapin* que les agents voyers font, en hiver, planter [...] pour indiquer le chemin » p. 111, etc. Ailleurs, on lit : « mon *berceau*, mon *ber*, comme on disait alors » (L. Fréchette, *Mémoires intimes*, 32), ou encore, avec le synonyme français mis entre parenthèses : « un *tumbler* (*gobelet*) » (Ph. Aubert de Gaspé, *Mémoires*, 74), « une vieille *tuque* (*bonnet de nuit*) » (ib., 224). Enfin, dans beaucoup d'œuvres littéraires du XIXe siècle, mais aussi plus récentes, les mots régionaux sont expliqués ou définis en notes, et quelques auteurs, comme par ex. F.-A. Savard, n'ont même pas hésité à joindre à leurs romans ou recueils de récits des glossaires qui, eux aussi, sont d'une grande utilité pour l'établissement de nos définitions. Mais celles-ci se dégagent, le plus souvent, des analyses de contextes naturels, étroits la plupart du temps ; en effet, il ne manque pas, dans nos textes, de contextes étroits privilégiés qui fournissent, sinon tous, du moins les principaux sèmes des sémèmes que nous cherchons à définir. Ainsi, *berlot* peut être presque entièrement défini grâce au contexte dans lequel il figure dans *Le bouscueil* de F.-A. Savard : « Telles étaient, cahotées, secouées, enfouies dans ma noire pelisse d'ours, mes craintes de jeune missionnaire, tandis que notre vaillante petite bête canadienne, crinière flottante, naseaux fumants, comme si elle eût été de connivence avec moi, battait la neige et tirait notre *berlot* » (p. 162) ; aux sèmes essentiels : 'moyen de transport', 'utilisé en hiver' [sur la neige], 'à traction animale' [tiré par un cheval], 'solide' [supportant des cahots et secousses] et 'exposant les passagers au froid', qui se dégagent de ce texte, le recours à des descriptions non littéraires, plus ou moins techniques, comme celles de P. Deffontaine et de N.-A. Comeau (cf. 3e partie, s.v. *berline*, *berlot*, ÉT. ; v. aussi ENQ. à Tingwick) n'ajoutera que quelques sèmes supplémentaires, sinon secondaires, pour en arriver à une définition complète telle que nous l'avons forgée en tête de l'article *berlot*.

Il va sans dire que le lexicographe n'est pas toujours aussi bien servi. Les documents d'archives, notamment les inventaires de biens après décès et les livres de comptes qui forment jusqu'à présent la base de notre documentation historique, fournissent fort peu de contextes suivis. Certes, occasionnellement, on rencontre des passages assez clairs ; ainsi pour *anouillère* « (vache) qui ne donne pas (ou pratiquement plus) de lait, soit parce qu'elle n'a pas mis bas durant l'année, soit parce qu'elle est dans la période finale de la gestation », qui apparaît dans plusieurs dizaines d'attestations comme un simple adjectif qualificatif du substantif *vache* (avec le prix de l'animal et parfois son âge), nous avons tout de même relevé une indication assez explicite : « une vache à lait..., deux idem anaudières » (*di* graphie hypercorrecte pour *y*) où l'opposition *à lait* : *anouillère* confirme la signification que donnent les glossaires québécois et galloromans. Mais le plus souvent, les énoncés contenus dans ces textes ne dévoilent le sens d'un mot qu'au fur et à mesure qu'on arrive à les aligner et à les comparer : c'est ainsi que *ber d'osier*, ∿ *de bois de pin*, ∿ *d'enfant*, ∿ *avec deux oreillers*, ∿ *avec une paillasse, deux chateaux* [= pièces de bois sur lesquelles se balance un berceau] *de* ∿, *une couverture de* ∿, etc., ne permettent de définir le sémème de *ber*, à savoir « berceau », que par l'addition des sèmes dont chacun de ces énoncés ne révèle qu'un seul.

Il faut évidemment un minimum d'expérience dans l'analyse de ces documents. Certains passages sont parfois déconcertants. Par exemple, un passage comme *babiche de cuir* (toutefois, à côté d'un autre où l'on lit *cuir et babiche*) pourrait faire croire que *babiche* a ici le sens de « lanière de cuir, i.e. de peau tannée » ; mais il est bien plus vraisemblable qu'il faut y voir un emploi du mot *cuir* au sens de « peau d'animal (qu'elle soit tannée ou non) » ; en effet, la *babiche* est faite de peau non tannée. *Banneau à cheval*, sous la plume d'un notaire, n'implique pas que la voiture de charge en question ne pouvait pas être tirée par un bœuf. De même, le lexicographe doit se méfier des pléonasmes comme *ber d'enfant*, *ber à bercer*, *sas à sasser*, *van à vanner*, etc., qui fourmillent dans les documents d'archives.

Il est aussi des cas où, même après un examen détaillé de toutes les citations, le doute subsiste. Dans de nombreuses attestations anciennes de *berline*, il n'est pas possible de trancher la question à savoir s'il s'agit d'une voiture d'hiver ou d'été.

Les documents d'archives ne sont pas les seuls qui recèlent des pièges. Ainsi, le *petit berlot* chez Albert Laberge (*Visages de la vie et de la mort*, dans G. Bessette, *Anthologie d'Albert Laberge*, 34) ou chez

Félix-Antoine Savard (*Le bouscueil*, 138) n'a pas le sens de « voiture d'hiver de luxe (comme la *petite carriole*, mais plus élevée sur les côtés) », qui a été relevé à l'Ile d'Orléans (DawIO 62 et 174 b), mais celui de *berlot* (voiture rudimentaire) de petites dimensions, ce que révèlent les contextes larges (v. 3ᵉ partie, s.v. *berline*). C'est en effet très souvent au contexte large qu'il faut recourir pour dégager finalement le sens d'un mot. Nos enquêtes sur les parlers d'aujourd'hui, une consultation systématique des glossaires québécois et galloromans, et notre propre compétence linguistique font généralement le reste pour assurer l'exactitude des définitions.

E — *COMMENTAIRES HISTORIQUES*

Nous avons déjà dit qu'en tête de chaque article se trouvait placée une étude d'ensemble des mots constituant la famille à laquelle l'article était consacré. Cette étude, qui essaie de présenter tout ce qui se dégage de notre documentation, retrace, dans tous les détails, la « biographie » de chaque famille de mots et de chacun de ses membres, en remontant à leur origine galloromane — française ou dialectale —, amérindienne ou anglaise, et dans le cas d'une origine galloromane, jusqu'à l'origine de celle-ci, latine, celtique, francique ou autre.

En effet, notre premier souci est de rattacher le mot québécois à un étymon, mais nos préoccupations dans ce domaine ne s'arrêtent pas là. Nous examinons les différentes significations du mot de base, non seulement depuis sa première apparition dans la langue du pays, mais aussi, le plus souvent, dans sa vie antérieure sur le sol galloroman, et notre second but est d'établir l'ordre génétique (logico-historique) dans lequel ses significations se sont développées et de déceler, dans la mesure du possible, les causes de ces changements sémantiques successifs (dans la 3ᵉ partie du présent ouvrage, les articles *babiche, carreau* et *guidoune* sont — étant donné la richesse polysémique de ces mots — assez représentatifs à cet égard). Nous procédons de la même façon pour les significations des dérivés qui, à leur tour, sont groupés, par rapport au mot de base, dans l'ordre génétique de la dérivation. Parmi les dérivés, de même que parmi les sens, soit des dérivés, soit du mot de base, les uns sont généralement antérieurs à leur introduction dans le pays, tandis que d'autres peuvent avoir été créés dans le pays même, et c'est là également un but important de nos commentaires de faire le départ entre les archaïsmes ou les dialectalismes galloromans et les néologismes franco-canadiens. Dans le corps de l'article, qui contient les exemples écrits et oraux, les mots faisant partie de la famille et leurs significations se succèdent dans l'ordre établi dans notre commentaire historique.

La recherche des origines galloromanes dialectales des mots québécois nous conduit tout naturellement à des considérations sur la géographie linguistique de la France. Mais ce ne sont pas seulement les aires d'origine des mots et de leurs sens qui nous intéressent. Nous nous intéressons tout autant à la géographie linguistique du Canada français, et nous essayons d'établir, dans nos commentaires, les aires d'extension des mots et des sens à l'intérieur de l'Amérique francophone et, plus spécialement, à l'intérieur du Québec. Mais là nous nous heurtons constamment à de graves lacunes de connaissances, et sans attendre la publication de l'atlas linguistique du pays, nous multiplions, ainsi que nous l'avons déjà dit, nos propres enquêtes. Dès maintenant, il est certain — et on le verra encore mieux par la suite — que la carte linguistique du pays dessine un paysage moins morcelé que celle de la France, mais les différences régionales sont malgré tout réelles et non négligeables ([17]).

Le TLFQ est un dictionnaire de langue, et non un dictionnaire encyclopédique. Mais il n'existe pas de cloison étanche entre ces deux catégories de dictionnaires (J. et Cl. Dubois, P. Imbs, B. Quémada et d'autres l'ont récemment rappelé). Derrière chaque acception se profile un signifié, et il est de toute première importance d'éclairer ce signifié et ses transformations éventuelles par un examen philologique minutieux des contextes. Aussi réunissons-nous, dans nos commentaires, tous les renseignements ainsi obtenus sur les « choses » que nos mots désignent : matière, forme, dimensions, couleur, utilisation, etc. Ces détails de caractère encyclopédique représentent les sèmes dont l'ensemble constitue l'acception (le sémème) du mot et ne sont par conséquent jamais superflus dans un dictionnaire de langue. Il est inutile d'insister davantage sur l'intérêt linguistique des liens entre le « mot » et la « chose ». Dans les articles qu'on lira ci-après, nous avons suivi, à travers l'histoire, les modifications que ces liens ont subies en cours de route, quelquefois au passage du « vieux pays » en Nouvelle-France, quelquefois sur le sol américain.

Le TLFQ est un dictionnaire de type sémasiologique : nous partons de signifiants — mots de base ou dérivés — et pour chacun, nous donnons, dans l'ordre sur lequel nous nous sommes déjà expliqué, toutes les significations. Toutefois, nous ne pouvons négliger les liens onomasiologiques entre les signifiants, et dans nos introductions historiques, nous cherchons à les mettre en lumière (v. par ex. nos articles *banneau* et *ber* dans la 3ᵉ partie) ; de plus, à la fin des commentaires, on trouve, pour chaque mot-vedette qui s'y prête, une liste de mots québécois appartenant au même champ onomasiologique. Ces regrou-

---

(17) Voir déjà Marius Barbeau, *Le pays des gourganes*, dans MSRC, série 3, v. 11 (1917), sect. 1, pp. 193-225 ; aussi Marcel Juneau, *Un récit folklorique des Grandes-Bergeronnes (Québec), Transcription et étude linguistique*, dans TraLiLi, t. XIII, 1 (1975), pp. 414-415.

pements onomasiologiques ne pourront cependant prétendre à l'exhaustivité avant la réunion, voire l'élaboration de toute la documentation. Une fois l'œuvre achevée, elle comprendra un index onomasiologique qui inclura les concurrents français des mots québécois.

Nos commentaires mettent enfin en évidence tout ce que la documentation québécoise est susceptible d'apporter d'intéressant à nos connaissances des parlers de France eux-mêmes et de leur histoire, voire du passé du vocabulaire du français général. En effet, la présence d'un mot ou d'un sens en Nouvelle-France à une époque plus ou moins ancienne ne permet pas seulement de reculer, dans plus d'un cas, la date de sa première apparition par rapport à celle qui ressort de la documentation française (v. ci-dessus, sous A 2° in fine) ; elle révèle aussi très souvent que des mots dialectaux qui n'ont été relevés en France qu'à l'époque moderne — ce qui est fréquemment le cas — sont bien plus anciens et remontent parfois jusqu'au XVIIᵉ siècle ou au-delà. Cet apport de nos articles nous paraît d'autant plus intéressant que, jusqu'à présent, les textes régionaux de l'époque classique et moderne n'ont pratiquement pas été explorés en France et que le passé des vocabulaires dialectaux est assez mal connu [18].

On se souvient que l'ordre de la nomenclature du *Trésor* ne sera pas strictement alphabétique, car les dérivés se trouvent regroupés sous les mots-vedettes qui en sont les mots de base au point de vue étymologique. C'est donc le classement étymologique qui prime tout le reste. De même nos commentaires font du TLFQ un dictionnaire étymologique au sens que Wartburg a donné à ce terme : « L'étymologie au sens moderne suit les mots et les groupes de mots dans leur ramification multiple, avec toutes leurs relations avec d'autres mots, pendant toute la période qu'ils vivent dans l'ensemble de la langue. Elle découvre à travers le mot les traces millénaires de l'évolution de l'humanité, et elle en dégage l'histoire des tentatives inlassables de l'esprit humain qui organise sans cesse, à l'aide de la langue, le chaos qui l'entoure d'une manière conforme à celle-ci et qui transmet ce monde linguistique organisé à la génération suivante afin que celle-ci le garde et le transforme à son tour d'une manière adéquate. Reconnaître le patrimoine lexical dans ses relations avec tout ce qui constitue l'évolution de l'humanité, le saisir en tant que l'expression la plus immédiate et la plus générale de l'essence humaine à la fois la plus noble et la plus modeste, c'est là, de nos jours, le sens de la recherche étymologique » (W. von Wartburg cité par K. Baldinger dans *Introduction aux dictionnaires les plus importants pour l'histoire du français*, pp. 23-24).

C'est donc dans ce sens édicté par Wartburg et aujourd'hui univer-

---

(18) Le TLFQ complètera ainsi utilement les données du FEW pour l'histoire des parlers de France de ces trois ou quatre derniers siècles.

sellement accepté que nous avons entrepris les travaux préparatoires en vue d'un *Trésor de la langue française au Québec* et la rédaction des premiers articles. Ce dictionnaire se rattachera tout naturellement, par ses principaux caractères, au FEW dont il sera le complément pour une contrée déterminée de la francophonie depuis que cette contrée est devenue francophone. Mais il se rattachera tout aussi naturellement, surtout par le caractère de ses commentaires historiques, au *Dictionnaire étymologique de l'ancien français* de Kurt Baldinger, qui — en cours de parution depuis 1971 — est, lui aussi, un complément du grand FEW et auquel nous avons nous-même collaboré, ce qui n'a pas été sans nous marquer.

F — *PUBLICATIONS COMPLÉMENTAIRES*

1° Le TLFQ sera accompagné d'un complément bibliographique qui est indispensable. Son contenu définitif se dégagera au fur et à mesure des progrès de nos recherches, mais d'ores et déjà il est certain qu'il comprendra :

a) la liste complète de nos sources du français québécois et nord-américain en général, avec indication des sigles et abréviations employés ;

b) celle des travaux portant sur les parlers galloromans de France et d'Amérique, voire sur d'autres parlers romans dans la mesure où ces derniers nous auront été utiles, également avec indication de leurs sigles.

Pour ce qui est des sigles, nous n'en abusons cependant pas ; voulant conserver un « visage humain » au dictionnaire, nous ne les utilisons surtout pas pour les œuvres littéraires et les titres de journaux et de périodiques, ni pour les textes, les ouvrages et les études qui ne sont cités que sporadiquement.

Dans ce complément bibliographique, les études sur le français québécois, voire canadien, ne seront pas seulement recensées ; elles seront commentées quant à leur contenu et leur valeur, ce qui constituera un point de départ d'une bibliographie linguistique critique du Québec et du Canada français.

2° D'autre part, le TLFQ sera, comme d'autres dictionnaires de cette ampleur, le point de départ d'ouvrages plus réduits, notamment de deux :

a) *Dictionnaire étymologique de la langue française au Québec* qui sera au TLFQ ce qu'est, toutes proportions gardées, le Bloch-Wartburg au FEW ;

b) *Dictionnaire de la langue française au Québec,* en quelque sorte un « Nouveau Glossaire » de la langue actuelle ou, si l'on préfère, un « Petit Robert » des régionalismes québécois ([19]).

Ces deux ouvrages, dont nous donnons en appendice des échantillons (articles *ber* et *berline*), s'adresseront naturellement à un public plus large que le TLFQ ([20]).

CONCLUSION

Le *Trésor de la langue française au Québec,* « complément et pendant, pour le français québécois, à la fois du FEW de Walther von Wartburg et du *Trésor de la langue française* de Paul Imbs », qui manquait cruellement jusqu'à présent « aux spécialistes de dialectologie galloromane, à ceux du français nord-américain, voir à tout Québécois cultivé » (G. Straka), mais qui est maintenant en voie d'élaboration, se propose d'être en fait la somme des renseignements sur le français québécois et son histoire, une sorte d'encyclopédie linguistique du pays.

Sans nulle préoccupation normative, il poursuit un but uniquement scientifique, celui de donner une description objective et exhaustive de l'histoire et de l'état contemporain du vocabulaire régional du Québec et des pays francophones limitrophes ; dictionnaire étymologico-historique, il est du type sémasiologique, sans négliger toutefois, lorsque l'occasion s'y prête, les relations de caractère onomasiologique entre les termes de sa nomenclature, voire entre les termes québécois et les termes français employés au Québec. Ouvrage technique, destiné avant tout aux romanistes et au public universitaire canadien, il n'est pas inaccessible à l'« honnête homme » québécois qui, sans attendre les dictionnaires réduits et plus accessibles dont il vient d'être question,

---

(19) Un *Nouveau Glossaire,* comme le projetaient les responsables de la Société du Parler français au Canada dès le lendemain de la parution du *Glossaire,* serait pour le moment prématuré. La remarque de F. Möhren sur un éventuel petit dictionnaire de l'ancien français est à retenir à ce sujet : « ... avant de pouvoir écrire un petit dictionnaire solide et sûr, il faut entreprendre une étude détaillée de chaque mot, contrôler chaque variante graphique, vérifier la définition pour chaque attestation, repenser l'étymologie. Il s'impose donc de rédiger d'abord un grand dictionnaire et de l'abréger ensuite » (*Le DEAF* [*dictionnaire étymologique de l'ancien français*], dans *Introduction aux dictionnaires les plus importants pour l'histoire du français,* recueil d'études publié sous la direction de K. Baldinger, Paris, 1974, p. 163).

(20) On pourrait songer encore à d'autres « sous-produits » du TLFQ, tels que les dictionnaires des régionalismes littéraires, des anglicismes (ouvrage qui remplacerait avantageusement *Les anglicismes au Québec,* de G. Colpron, Montréal, 1970 ; v. le compte rendu de Cl. Poirier à paraître dans TraLiQ, vol. II), des amérindianismes, des synonymes, etc. Le TLFQ constituera aussi une étape décisive vers une *Histoire de la langue française au Québec* qu'il faudra écrire un jour.

pourra y puiser sans difficulté, lui aussi, des renseignements sur les mots de son parler ancestral et parfois même sur les « choses » qu'ils désignaient ou désignent encore [21].

Tel qu'il est conçu, le TLFQ comprendra plusieurs volumes — six ou sept sans doute — de la dimension de ceux du Robert ou du TLF. La parution du premier volume n'est cependant pas pour demain. Dans les pages qui précèdent, nous avons dit où en était notre documentation et ce qui restait à faire : nous ne sommes pas à mi-chemin du parcours qu'après mûre réflexion sur les buts, le contenu et la méthodologie de l'ouvrage, nous nous sommes imposé. Nous savons clairement où nous allons, mais la durée de notre parcours dépendra de l'intérêt que notre entreprise suscitera auprès des autorités compétentes en matière du financement de la recherche. Toutefois, la prévision de Georges Straka dans l'Avant-propos de notre ouvrage sur l'histoire de la prononciation québécoise (1972), si elle fait preuve d'un certain optimisme, n'apparaît pas totalement illusoire : « Dans une dizaine d'années, une quinzaine peut-être, le Québec pourra avoir le *Trésor* de sa langue nationale » [22].

Pour le moment, dans les pages qui suivent, nous soumettons à l'attention et à la critique des romanistes une série d'articles du futur *Trésor* élaborés à l'aide de la documentation dont nous disposons déjà ; ils feront connaître, mieux que l'exposé qu'on vient de lire, les principes sur lesquels nous croyons devoir bâtir l'œuvre tout entière.

---

(21) Un rapporteur anonyme, mais franco-canadien de toute évidence, que le Conseil des Arts avait chargé de juger de la valeur de notre entreprise, nous a reproché une « vision trop européenne » du TLFQ qui, à son avis, « devrait être conçu en fonction non pas surtout d'une élite intellectuelle formée à une école précise de philologie romane, mais plutôt en fonction des utilisateurs d'Amérique du Nord ». Or, il n'y a pas deux sciences, ni deux « visions » scientifiques, l'une européenne et l'autre américaine. Ou bien le rapporteur en question voulait-il insinuer que les utilisateurs d'Amérique du Nord ne seraient pas au niveau des élites intellectuelles européennes et qu'il leur faudrait une œuvre plus simple, de moindre valeur scientifique ? Sans doute a-t-il écrit sans réfléchir . . .

(22) Au moment où nous mettons la dernière main au présent ouvrage, on vient de créer, à l'Université Laval, un « Centre d'études sur la langue, les arts et les traditions populaires des francophones d'Amérique du Nord » (abrév. CÉLAT) qui regroupe les chercheurs en dialectologie et en ethnologie. La création de ce centre place le *Trésor* au cœur des préoccupations immédiates de l'Université Laval.

TROISIÈME PARTIE

**Mélanges de lexicologie québécoise
(articles d'essai du Trésor)**

ANOUILLÈRE adj. fém.

HIST. — Mot galloroman, dérivé du lat. *annŭculus* « d'une année » (variante d'*annĭculus* ; on trouve des représentants des deux formes dans toute la Romania sauf en roumain, REW³ 481) et attesté, au sens de « (vache) qui ne donne pas de lait parce qu'elle n'a pas mis bas dans l'année ou qu'elle ɔe trouve à la fin de la période de gestation » (sens 1°), pour la première fois dans un document normand de 1307 [*xiiij vaches a let qui laitieres, qui anoileres*, Moisy *Norm.*], puis sous diverses variantes phonétiques dans de nombreux patois modernes, notamment en Picardie, dans le Nord-Ouest, dans l'Ouest et dans le Centre (FEW 1, 98 b-99 a ; ALO II, c. 488 ; JunPron 23 n. 33). L'existence du mot en québécois dès le XVIIᵉ s. (1ʳᵉ attestation 1676) indique qu'il était bien répandu en France à cette époque. Le sens 2° « qui ne porte plus (en parlant d'une vache) » (la distinction des deux sens est parfois malaisée) est aussi d'origine galloromane : Touraine *nollière* « stérile », Haut-Maine *aneuillère*, *anouillère* « (vache) stérile » (FEW, Mass 842). En revanche, les sens 3° « qui a peu de lait (en parlant d'une femme) », 4° « presque vide (en parlant d'un seau à lait) » et 5° « qui donne peu d'*eau* (en parlant des érables entaillés au printemps) », qui sont des emplois métaphoriques du mot (le point de comparaison étant le concept de « petite quantité d'un liquide »), semblent être des créations québécoises autochtones.

Les pron. très variées du mot, qui proviennent sans doute de ce que celui-ci a toujours été confiné aux patois, semblent venir, dans la quasi-totalité des cas, des parlers de France (v. FEW) ; plusieurs de ces variantes ont été étudiées dans JunPron : 23-24 (*o* à la place de *u*) ; 75 (*i* à la place de *è* dans *aneuillire*) ; 134 (*ɡ* à la place de *y* dans *en audiere*) ; 136 (possibilité d'une pron. *l*). Les pron. du type *ànœ̀yèr* ou *anèyèr* doivent résulter d'étymologies populaires (infl. de *œillère*, de *nèyé* « noyer », etc.). Le flottement entre *a-* [à] et *en-*, *an-* [ã] vient d'une hésitation entre la prononciation dénasalisée du français moderne et la prononciation nasalisée, ancienne et dialectale, de la voyelle devant consonne nasale intervocalique, mais surtout de ce que l'initiale du mot était interprétée comme un préfixe ; c'est probablement cela qui explique aussi l'aphérèse de cette initiale, aussi bien dans les parlers de France, notamment dans l'Ouest (v. FEW 1, 99 a ; ALO II, c. 488), que dans le français québécois (voir *Glossaire* et l'attestation de la région de Rimouski donnée ci-dessous ; on remarquera en outre que, dans les anciens documents, le mot est souvent coupé en deux) et, surtout, en acadien (PoirAc 239 n. 11, HubIM, Chiasson *Chéticamp* 280, Mass 842).

La forme ÉNAYÉ(E) ou ANNAYÉ(E), pour ANNOUILLÈRE (sens 1°), est peut-être une altération québécoise, par étymologie populaire, sous l'influence, ici encore, de *nèyé* « noyer ».

L'acadien NEUILLASSE(S) ou NEILLASSE(S) « génisse », « jeunes bestiaux », « bouvillon », etc., est aussi sans doute un dérivé autochtone (il n'a pas été relevé dans le FEW) à l'aide du suffixe péjoratif *-asse* fréquent dans les parlers de France, ainsi qu'en québécois (par ex. *morvasse* « jeune garçon, jeunes gens » *Glossaire* ; angevin et Centre « petite fille malpropre » FEW 17, 611 b ; etc.).

Pron. *ànuyèr, ànuyér, ãnuyèr, ãnuyér, ànòḏèr, ànòḏér, ànœ̀yèr, ànœyèr, ànœyér, ànœḏér, ãnœyèr, ãnœyér, ãnéyèr, ãnéyér, ãnèyér, ãnèḏèr, ãnàyèr, ãnàyér, ãnàḏèr, ãnàḏér ; nœ̀yèr, nèyèr, néyér.* — Graphies *anouillère, anouillére, anouilliere, anouyère, anouyére, annouillère, annouillére, annouillere, en ouilliere, anoilliere, anoliere, anoyère, anoyer, ennoyer, enoyer, anaudiere, en audiere, annoguère, annoguére, en oguere, anneuillère, anneuillére, en euillére, aneuillire, aneillère, aneillere, anneillère, anneillére, annaillère, annelière, ennayère, en ayère, en aiguière, annalière, annaguère, annaguére, neuillère, neillére.*

1° Qui ne donne pas de lait (en parlant d'une vache, soit parce qu'elle n'a pas mis bas durant l'année, soit qu'elle est dans la période finale de la gestation) [dans certains ex. ci-dessous le sens 2° n'est pas exclu].

DOC. — *Deux au[tr]es vaches dont une anouilliere, et au[tr]e qui sont chez le s[ieu]r Denys Jean a l'hyvernement* **1676**, Québec, ANQ, gr. P. Duquet, doc. 10 janv. — *Vaches [...] annouilleres* **1678**, ib., doc. 3 juin. — *Une vache annouillere* **1684**, Québec, ANQ, PJN, n° 2.185, juill. — *Vache aneuillire* **1742**, Sainte-Croix, ANQ, gr. J.-B. Choret, doc. 27 juill. — *Une vache anoilliere prenant trois ans* **1750**, Québec, ANQ, gr. Fr. Rageot, doc. 12 janv. — *Une vache de six ans [...], une d[i]te [= dito] rouge en ouilliere* **1756**, Québec, ANQ, PJN, n° 1.833, juin, p. 10. — *[Vache] de trois ans en euillére* **1762**, Pointe-Claire, ANQM, gr. L.-J. Soupras, doc. 19 juill. — *Une vache enoyer de trois ans* **1776**, Saint-François (Ile d'Orléans), ANQ, gr. L. Miray, doc 1er juill. — *Une vache anoliere* **1776**, Neuville, ANQ, gr. B. Planté, doc. 8 juill. — *[Vache] aneillere* **1777**, ib., doc. 20 juin. — *[Vache] aneillere* **1778**, ib., doc. 23 juin. — *Une vache anoyer* **1780**, Beauport, ANQ, gr. L. Miray, doc. 6 mai. — *Une vache à lait [...], deux idem anaudieres* **1781**, Sainte-Anne-de-la-Pocatière, ANQ, gr. L. Cazes, doc. 28 juill. — *[Vaches] anaudiere* **1781**, ib., doc. 30 juill. — *[Vache] anaudiere* **1782**, ib., doc. 6 juill. — *[Vache] anaudière ib.* — *Une vache en oyer* **1791**, Lévis, ANQ, gr. L. Miray, doc. 28 mai. — *2 vache en oguere* **1800**, Sainte-Anne-de-la-Pocatière, ANQ, gr. A. Dionne, doc. 14-16 janv. — *2 vache en oguere* **1800**, ib., doc. 14 juin. — *1 vache en oguere* **1800**, ib., doc. 16 juin. — *1 vaché [sic] ennoyer* **1802**, ib., doc. 23 juill. — *Une vache en ayère trente francs* **1817**, Contrecœur, ANQM, gr. A.-C. Duplessis, doc. 19 juill. — *Une vache en ayère, douze piastres* **1818**, Montréal, ANQM, gr. Th. Barron, doc. 16 sept. — *Une vache en audiere* **1828**, Cap-Santé, AJQ, gr. J. Bernard, doc. 18 juin.

ÉT. — *Anneuillère [...] : (Vache qui n'a pas eu de veau dans l'année.* **1902-03**, BPFC, I, 169. — *Anneuillère* **1930**, Gl (voir BIBL. ci-dessous). — *ãnœyér* **1974**, MassLexIG 51 n. 4.

ENQ. — *Anneuillére, (vache) qui n'a pas eu de veau dans l'année.* Avant **1930**, Anc. fichier de la SPFC [« Charlevoix 4, Chicoutimi 3, Lac Saint-Jean 1, Montmorency 3, Comté de Québec 5, Québec (v.) 3, Portneuf 4, Champlain 2, Trois-Rivières 1, Saint-Maurice 1, Maskinongé 6, Berthier 3, Joliette 1, Montcalm 1, Terrebonne 13, Deux-Montagnes 2, Argenteuil 1, Labelle 1, Ottawa 1, Russell 1, Prescott 1, Vaudreuil 1, Soulanges 2, Beauharnois 1, Châteauguay 1, Rouville 2, Laprairie 2, Montréal 1, Laval 8, Hochelaga 1, Chambly 2, Saint-Hyacinthe 3, Shefford 3, Compton 1, Sherbrooke 1, Richmond 2, Mégantic 5, Arthabasca 2, Yamaska 3, Nicolet 5, Lotbinière 4, Beauce 7, Dorchester 8, Lévis 9, Bellechasse 4, Montmagny 7, L'Islet 6, Kamouraska 6, Témiscouata 6, Rimouski 6, Bonaventure 1, Madawaska 1 », Dg]. — *Vache ãnèyér* **1974**, Saint-Augustin. — *Vache ãnèyèr* Saint-Raphaël (Bellechasse). — *La même année, j'ai eu trois vaches ãnœyér* **1974**, Armagh. — *Vache aneillère* **1974**, Beauce. — *Maurice a d'la misère à vendre son lait par rapport que ses vaches sont ãnèyér* **1974**, Rimouski. — *Je m'étais départi de mes deux vaches ànœyèr, pis je les avais remplacées par des taurailles qui devaient vêler à l'hiver* **1974**, Saint-Louis du Ha ! Ha !. — *Vache anouillère* **1974**, rég. de Princeville (voir ex. ci-dessous sous 5°). — *Vache ãnèyér* **1975**, Saint-Ferréol. — *Vache ànœdér, ànœyér* **1975**, LavSagE [pron. les plus courantes]. — *Ça se dit encore par cheznous « vache nèyér ».* 'Polion [= Napoléon], *lui, disait « ànòyér »* **1975**, Sainte-Blandine (Rimouski) [relevé auprès d'un témoin de Charlesbourg, mais qui a vécu à Sainte-Blandine jusqu'à l'âge de 24 ans]. — [Semble bien vivant dans tout le Québec].

BIBL. — BPFC I (1902-03), 169 (*anneuillère*, pron. *ãnœyèr, ãnéyér*) ; ChapAgr 612 b (*anouillère, aneillère*) ; Di (*anouillère, anoyère, ennayère*) ; Gl (*anneuillère*) [donne de nombreuses variantes phonétiques et plus d'une quinzaine de variantes graphiques que nous reproduisons ci-dessus] ; GardDict 88 (*ãnéyèr* ; aussi acad. *néyér*) ; DgRég 55 ; Bél² (*anneuillère*) ; JunPron 23-24 ; 75 n. 7 ; 136 (indique déjà plusieurs passages cités ci-dessus) ; MassLexIG 51, n. 4 ; PoirAc 239, n. 11 (*neuillère* ; *Les Canadiens disent une vache anneuillère*) ; HubIM (*neuillère*) ; Chiasson *Chéticamp* 280 ; Mass 842 (*nèyèr, néyèr, nœyèr*).

2° Qui ne donne plus de lait parce qu'elle ne porte plus (en parlant d'une vache).

ÉT. — *Vache annalière (pour : annelière), i.e. ne porte plus.* **1745** (1905-06), Ile-au-Bois-Blanc (rég. de Détroit), Potier BPFC IV, 147 b [le ms. porte *annoliere* et non *annaliere*]. — *Vache qui ne porte pas durant l'année et les années à venir : ànœyér.* **1972**, LavSag 95, n° 117.

3° Qui a peu de lait (en parlant d'une femme).

ENQ. — **1795**, LavSagE [relevé trois ou quatre fois].

4° Presque vide (en parlant d'un seau à lait).

ENQ. — *Nos chaudières à lait n'étaient pas souvent en aiguière.* **1974**, Charlesbourg.

5° Qui donne peu d'eau (en parlant de la sève des érables entaillés au printemps).

ENQ. — *L'autre jour, y a un homme qui est venu ; mon mari y a demandé si ça coulait. Y' a dit que ses érables étaient ãnèyér. Ça m'a fait penser que chez mon père on disait qu'une vache était ànuyèr quand elle n'avait pas eu de veau.* **1974**, rég. de Princeville.

● ÉNAYÉ(E) adj.

Qui ne donne pas de lait (en parlant d'une vache, parce qu'elle n'a pas mis bas durant l'année).

ÉT. — *Ma vache est énayée cette année.* **1892**, ChambGranb dans MLN VII, 26. —**1894**, Cl [reprend l'exemple de ChambGranb]. — *Dans le pays de Québec une vache annayée est une vache tarie, qui ne donne plus de lait.* **1928**, PoirAc 239 n. 11 [dans cet exemple, le sens 2° de *anouillère* « vache qui ne porte plus... » est tout aussi possible].

● *Acad.* NEUILLASSE subst. f.

Pron. *nœyàs, nèyàs, néàs, nìyàs* [ì, son intermédiaire entre ì et é]. — Graphies *neuillasse, neuillace, neillasse, naïasse.*

1° Génisse.

ÉT. — *Naïasse.* **1912** (1914), ChapAgr 618. — **1962**, Mass 837.

2° Bouvillon.

ÉT. — *Neuillasse, veau de deux ans. A un an, c'est un veau, et à trois ans, un jeune bœuf.* **1928**, PoirAc 239. — **1938**, HubIM. — *Neuillace « veau d'un an »* **1961**, A. Chiasson, *Chéticamp. Histoire et traditions acadiennes,* 280.

3° *Au pl.* — Jeune bétail (veaux et génisses).

ÉT. — **1928**, PoirAc 217. — **1962**, Mass 839.

4° *Au pl.* — Poulains de deux ans.

ÉT. — *nœyàs* (Chéticamp) : *s. f. pl. (s'emploie toujours au pluriel) désigne les poulains de deux ans.* **1962**, Mass 893.

5° *Fig.* Jeune homme (entre quinze et dix-huit ans environ).

ÉT. — **1938**, HubIM.

ATOCA subst. m.

HIST. — Emprunté par le français de la Nouvelle-France aux langues amérindiennes, plus précisément à la famille huronne-iroquoise (plutôt aux Hurons, alliés des Blancs, qu'aux Iroquois, ennemis irréductibles des Hurons et des Blancs) : huron *toca* 1632 (Frère Sagard, *Dict. de la l. huronne*, s.v. *plantes* ; v. aussi ci-dessous, sous DOC., une autre attestation de Sagard de la même date), iroquois *tokware* 1882 « atoca, canneberge, airelle [...] » (Cuoq, *Lex. de la l. iroquoise*, 50 b) ; malgré l'absence de *a-* initial sous la plume de ces deux auteurs, ce *a-* semble bien étymologique : *un petit fruit sauvage qu'on nomme icy atoka* (1656), *Nos sauvages l'appellent atoca* (1705), *Les sauvages l'appellent atoca* (1744), etc. (v. ci-dessous DOC., ainsi que ÉT., RoussParl). Relevé en Nouvelle-France d'abord comme un mot amérindien (dans les exemples qui précèdent : *toca* 1632, *atoca* dep. 1656), ATOCA est attesté tôt comme un mot du français du pays (depuis 1712, peut-être déjà en 1632, sous la forme *toca,* dans *Le gr. voyage au pays des Hurons* du Frère Sagard) ; en tout cas, au XVIIIᵉ s., il semble bien senti comme un mot des francophones du pays (cf. 1712, Gédéon de Catalogne ; le mot est toujours avec *a-* ; les variantes *ataca,* très fréquente, et *otoca* sont dues à des assimilations).

Jusqu'à présent, ce mot désigne au Québec une plante sauvage à baies comestibles, rouges et acides, dont il existe deux espèces, *Vaccinium Macrocarpon,* qui pousse dans des marais, et *Vaccinium Oxycoccos,* à fruits plus petits et qui pousse plutôt dans la mousse des rochers ou falaises (dans certaines régions, comme dans le Saguenay et au Lac Saint-Jean, on les distingue en appelant la première ATOCA DE SAVANE et la seconde, ATOCA DE CRAN LavSag) ; généralement, le même terme s'applique aussi bien à l'arbuste (rarement ATOCATIER, ChambInd (1889) [*attocatier*] et Clapin 1894) qu'à son fruit qui est surtout connu et apprécié sous forme de confiture ou gelée qu'on sert en accompagnement de la dinde rôtie ou d'autres plats de viande.

Atoca est synonyme de *canneberge,* mot fr. attesté dep. le XVIIᵉ s. et qui viendrait de l'angl. *cranberry* (v. FEW 16, 356 a) ; on emploie également *canneberge* au Québec, mais on le connaît davantage en France (v. Larousse 1960, Robert, PRobert, GLLF ; manque au DFC ; le DFV le classe à tort parmi les canadianismes).

La BAIE-DES-ATOCAS (toponyme) était une baie dans la partie N.-O. du Lac Saint-Pierre, disparue maintenant par suite du retrait des eaux (v. la *Baie des atoquas* sur la carte de Gédéon de Catalogne et Jean-B. Decoüagne de 1709, publiée par M. Trudel dans *Atlas de la Nouvelle-France,* 170), mais qu'évoquent encore certains auteurs modernes comme L.-P. Desrosiers (dans *Nord-Sud,* 1931, 169, v. ci-dessous LITT.).

Le mot *atoca* vit aussi en franco-ontarien (LemVieux 2, 268, v. ci-dessous ENQ.), ainsi qu'en franco-américain (McDermMiss, LockeBrunsw 189), et a pénétré dans l'anglo-canadien (DictCan 1760, 1830, 1860 ; v. aussi ClAmer). En acadien, bien qu'il soit connu (PoirGl ; PoirAc 287 ; GeddChal 255 n. 3), plus spécialement comme terme populaire désignant le *Vaccinium Oxycoccos* (Mass 212), ce dernier s'appelle plutôt *mocoques* (mot également amérindien, Mass 1 et 212), tandis que le *Vaccinium Macrocarpon* porte le nom de *pommes de pré* (Mass 213 ; RoussPl dans EPFC 165).

En France, dès le XVIIIᵉ siècle, le mot *atoca* apparaît dans plusieurs traités techniques (Duhamel du Monceau, *Traité des arbres et arbustes qui se cultivent en France en pleine terre*, 1755, II, 364 ; *Dictionnaire des jardiniers*, 1785, VII, 491, cf. Mass), et Chateaubriand l'emploie d'abord, en 1791, sous forme d'*arctosta*, dans un passage de son *Voyage en Amérique* (*L'arctosta ou canneberge, dont la cerise rouge croît parmi la mousse* [...], éd. 1827, VI, p. 105 ; confusion évidente avec *arctostaphyle* « plante à feuilles entières toujours vertes, à fruit rouge comestible, poussant dans les bois clairs et les rocailles ... », v. par ex. Larousse 1960), puis sous forme d'*atoca*, en 1848, dans ses *Mémoires d'Outre-Tombe* (*Nous restâmes quelques minutes sans parler ; enfin je fus le plus courageux et je dis : « Que consultez-vous là ? La saison des lucets et des atocas est passée ». Elle leva de grands yeux noirs timides et fiers, et me répondit : « Je cueillais du thé »*, I, 268 ; cité d'après le TLF). Aux XIXᵉ et XXᵉ siècles, *atoca* est entré dans plusieurs grands dictionnaires français (surtout après 1848, peut-être à cause de son emploi par Chateaubriand) : Boiste 1823, Larousse 1865, Larousse 1928, Larousse 1948, TLF [affirme à tort que le mot est d'origine inconnue], Larousse 1975 ; le DFV le relève uniquement parmi les canadianismes. Le mot manque au FEW.

Pron. *àtòká, àtàká, àtuká.* — Graphies *atoca, atocas* (sg.)*, atocat, atoka, atokat, atoqua, attoka, attoca, attocat, astoca, atocha, ataca, attaca, athaca, otoka, otocas* (sg.)*, ottaca, atouca, toca.*

Plante des marais à baies rouges et acides dont on fait notamment une compote très goûtée qu'on sert avec la dinde et certaines autres viandes ; par ext. la baie elle-même (*Vaccinium Macrocarpon* et *Vaccinium Oxycoccos*).

DOC. — *Il y a aussi d'autres graines rouges, nommées toca, ressemblans à nos cornioles* [= cornouilles] *; mais elles n'ont ny noyaux ny pepins ; les Hurons les mangent cruës et en mettent aussi dans leurs petits pains.* **1632** (1865), G. Sagard, *Le grand voyage du pays des Hurons*, 231 (328 dans l'éd. originale de 1632). — *Dieu nous donna un petit fruict sauvage qu'on nomme icy atoka ; la jeunesse en alloit ramasser dans les prairies voisines, et quoy qu'il n'eust presque ny goust ny substance, la faim nous le faisoit trouver excellent : il est presque de la couleur et de la grosseur d'une petite cerise.* **1656-1657** (1959), JR, t. 43, 146. — *Nos sauvages l'appellent atoca.* **1705** (1930) [cité par le *Glossaire* d'après « un manuscrit canadien de 1705, parlant de l'airelle des marais », mais sans référence]. — *L'atoca* [Mass donne *atoqua* d'après le ms.] *est un fruit a pepin, de la grosseur des cerises ; la plante, qui vient rampante dans les maraists, produit son fruit dans l'eau, qui est âcre, on s'en sert a faire des confitures.* **1712** (1915), *Mémoire de Gédéon de Catalogne...*, dans BRH, t. 21, 262. — [...] *un fruit que l'on appelle attoqua* [...] ib., 296. — *Des blués* [= esp. de myrtilles] *et attokas* ib., dans AN, Col F³, II : 372 v° (cité dans Mass 212). — *L'atoca est un fruit à pepins, de la grosseur des cerises. La plante, qui est rampante dans les marais, produit son fruit dans l'eau. Ce fruit est âcre, & on en fait des confitures.* **1721** (1744), Charlevoix, *Journal d'un voyage*, dans *Histoire et description générale de la Nou-*

velle France, 5, 240 [reproduction presque littérale de Gédéon de Cata-logne, v. ci-dessus]. — *Cette plante vient dans les pays tremblans et couverts de mousse, au-dessus desquelles il ne paroît que de très-petites branches fort menuës, garnies de feuilles très-petites, ovales et alternes : d'entre leurs aisselles naissent de petits pédicules longs d'un pouce, qui soûtiennent une fleur à quatre petales ; le calice a la même figure, du fond duquel s'éleve un beau fruit rouge, gros comme une cerise, qui contient des semences rondes. Les sauvages l'appellent atoca, on le confit et on l'estime contre le cours de ventre. Cette plante vient dans les marais par les 35, 40 et 47 degrés [...]. La seconde figure représente une seconde espece de cette même plante, dont le fruit est de couleur roussâtre panachée.* **1744**, Charlevoix, *Histoire et description* ... t. 4, 354-355 (v. aussi fig. LXVIII et LXIX). — *L'astoca est un fruit de la grosseur d'une cerise.* **1755**, Lafargue, *Histoire géographique de la Nouvelle-Ecosse*, 159. — [...] *un petit fruit aigrelet approchant de la cerise appelé atocha, qui vient sous la neige, et dont on fait des compotes dans le printemps* [...] **1756** (1895), *Journal du Marquis de Montcalm*, 62. — *Un petit fruit sauvage appelé l'otoka.* **1757** (1867), *Mémoire de Bougainville sur l'état de la Nouvelle France*, dans P. Margry, *Rela-tions et mémoires inédits pour servir à l'histoire de France dans les Pays d'outre-mer*, 62. — *Atoca à fruit rouge* **1788** (1889), A. Michaux, *Journal (1787-1794)*, dans *Proceedings of the American Philosophical Society*, t. XXVI, 69. — *Païé pour un minot d'atocat* ... 6 ££ **1788**, Québec, AUQ, Journal 3, oct., 317. — *Payé pour un minot d'atoca* ... 6 ££ **1794**, ib., Journal 3, sept., 374. — *Pour 8 pochées de pommes*, 49 ££ 16 s., *et 1/2 m[inot] d'atoca*, 6 ££ **1799**, ib., nov., 428. — *Un 1/2 minot d'atocat* **1802**, ib., 465. — *Atoucas* **1804**, Montréal, ASSSM, Livre de comptes V C, nov. — *Atoucas* **1805**, ib., oct. — *Pour fraise, framboise, atoka et bleuoient* [= *bleuets* « myrtilles »] **1807**, Québec, AUQ, Journal 4, sept., 349. — *3 minots d'atocats* **1825**, ib., Journal 5, nov. 379. — *6 minots d'atocats, 36 ££, et autres fruids* ... 80 ££ **1829**, ib., août, 419. — *Pommes, atocats, prunes* ib., sept., 420 (fréquent dans ce doc.). — *Attocas* (pl.) **1837** ib., Journal 6, oct., 51. — *Atocas, prunes, raisins* **1838**, ib., Livre de comptes, 37. — *2 minots d'athacas* **1840**, ib., Journal 8, sept., 84. — *1 minot d'atokat* **1846**, Québec, AMHDQ. Recettes et dépen-ses de la communauté, Brouillons 3, 13 oct. — *Attacas* **1848**, Québec, AUQ. Journal 14, sept., 56. — *2 minots d'attoca* **1854**, ib., Journal 17, sept., 136. — *7 gallons d'attocas* **1856**, ib., Journal 18, nov., 28. — **1869**, ib., Journal 21, sept., 123. — *6 minots d'atocas, $ 16,50* **1878**, ib., Journal 23, oct., 258.

LITT. — *Robin* [...] *devint rouge comme un atocas.* **1861**, E. Cheva-lier, *La Huronne*, 277. — *Trois ou quatre fois par jour j'allais, dans les environs, faire un repas d'atacas et de racinages.* **1892** (1924), J.-B. Proulx, *L'enfant perdu et retrouvé ou Pierre Cholet*, 62 ; autres ex. avec la gra-phie *ataca* 49, 52, 55. — *Les forêts du pays de Québec sont riches en baies sauvages ; les atocas, les grenades, les raisins de cran* [à ne pas confondre avec *atoca de cran*, v. ci-dessous], *la salsepareille ont poussé libre-ment dans le sillage des grands incendies* [...] **1916** (1965), L. Hémon, *Maria Chapdelaine*, 65. — *Sur la mousse sombre, les atocas ouvraient leurs calices roses et rouges* [...] **1938**, G. Bugnet, *Voix de la solitude*, 117 ; autre ex. 115. — **1954** (1964), G. Roy, *Alexandre Chenevert*, 228. — **1960**, M. Primeau, *Dans le Muskeg*, 67. — [...] *vous étiez bien contents tous de venir vous empiffrer chez moi pour le réveillon de Noël, de venir vous gaver de tourtières, d'atocas, de dindes et d'oies arrosées de sauce au vin, de tartes à la ferlouche, tout cela mijoté pour vous par ma femme* [...] **1970**, P. Châtillon, *Le journal d'automne de Placide Mortel*, 82. — [...] *la gelée d'atoca* **1975**, A. Hébert, *Les enfants du sabbat*, 175. — **1975**, P. Filion, *Sainte-bénite de sainte-bénite de mé-mère*, 49 et 95.

Toponyme : *Ils se laissèrent emporter par le courant de biais, jusqu'à la rive nord ; dépassèrent la baie des Atokas, entrèrent finale-ment dans la baie des Ouines.* **1931** (1943), L.-P. Desrosiers, *Nord-Sud*, 169 (sur ce top., voir hist.).

ÉT. — *Atoka* **1744** (1903-04), Lorette, Potier BPFC III, 254 a. — *Atoca m., i.e. fruit rouge de la grosseur d'une cerise qu'on trouve sous la neige, attaché à des plantes en Canada.* Ib., 293 a. — *Otocas. S.m. Plante.* **1810** (1909-10), Viger BPFC VIII, 296 a. — *Les canneberges sont généralement connues sous le nom d'atocas en ce pays ; les Anglais les désignent par celui de cranberry.* **1874**, L. Provancher, *Le verger, le potager et le parterre dans la province de Québec*, 127. — *Un fruit qui n'est pas utilisé et qui croît en abondance autour de ces lacs, ce sont les ottacas ou canneberges.* **1895**, Testard de Montigny, *La colonisation. Le nord de Montréal ou la région Labelle*, 248 [Dg]. — *Ces bas-fonds favorables aux ottacas ou canneberges, où elles croissent spontanément, se nomment prairies de castors.* Ib., 324 [Dg]. — **1957**, P. Deffontaines, *L'homme et l'hiver au Canada*, 22. — *Atoca. Désignant deux espèces d'airelles à fruits rouges, dont l'une, rare dans l'Europe francophone s'y nomme parfois canneberge, dérivant, croit-on, de l'anglais cran-berry. Cette baie est presque aussi connue au Canada (sous le nom d'atoca) que la framboise en France. Le Vaccinium Oxycoccos, à petit fruit, croît en Europe et au Canada, et le Vaccinium Macrocarpon, à fruit plus gros, inconnu en Europe, est l'espèce ordinaire du commerce canadien ou états-unien. Atoca est l'un des rares apports hurons au parler canadien, les autres amérindianismes étant surtout d'origine algique* [= algonquine]. *Déjà, en 1632, Sagard le mentionne sous la forme toca. S'agit-il d'une erreur de transcription ?* [...] *La graphie atocas avec un s ne se défend pas phonétiquement ni étymologiquement et provient uniquement du fait que le nom de cette baie s'emploie sur-tout au pluriel.* **1969**, RoussParl 193. — *Muffins* [= esp. de brioches] *aux atocas* **1973**, Madame Benoît, *La nouvelle encyclopédie de la cuisine*, 611. — *Pain à l'orange et aux atocas*, ib., 615.

ENQ. — *Atoca* : avant **1930**, anc. fichier de la SPFC [« Charlevoix 3, Chicoutimi 2, Lac-Saint-Jean 2, Montmorency 1, Comté de Québec 2, Québec (v.) 4, Champlain 2, Trois-Rivières 2, Maskinongé 1, Berthier 2, L'Assomption 6, Terrebonne 8, Argenteuil 1, Labelle 1, Ottawa 2, Russell 1, Prescott 1, Châteauguay 1, Iberville 1, Laprairie 1, Montréal 2, Laval 9, Jacques-Cartier 2, Hochelaga 1, Verchères 5, Richelieu 6, Saint-Hyacinthe 2, Bagot 1, Missisquoi 1, Sherbrooke 1, Wolfe 1, Arthabasca 1, Lotbinière 2, Beauce 1, Dorchester 2, Lévis 5, Bellechasse 1, Kamouraska 2, Rimouski 1, Bonaventure 1 », Dg]. — *Ataca* : avant **1930**, ib. [« Charlevoix 1, Chicoutimi 1, Comté de Québec 1, Québec (v.) 2, Trois-Rivières 1, Berthier 1, Montcalm 1, L'Assomption 6, Terrebonne 8, Labelle 1, Ottawa 1, Prescott 1, Iberville 1, Laprairie 1, Montréal 1, Laval 9, Verchères 5, Richelieu 6, Saint-Hyacinthe 2, Bagot 1, Arthabasca 1, Nicolet 2, Lotbinière 3, Dorchester 4, Lévis 7, Bellechasse 5, Montmagny 3, Kamouraska 7, Témiscouata 8, Rimouski 4, Bonaventure 1, Madawaska 2 », Dg]. — **1975**, Saint-Ferréol. — *On retrouve presque toujours la forme àtàká, rarement la forme àtóká.* **1975**, LavSagE. — [Connu partout au Québec].

Franco-ontarien : *Ça fait qu'i' faisait l'tour du lac, i' rencontre enn' p'tit' vieill' bonn' femme ; 'a [= elle] était vieille, i' app'laient çà la fée Carabosse. 'A étè' assez vieill' qu' 'a avait d'la mouss' dans l'visag', t'sé [= tu sais]. I' commencé' à pousser dés courants d'atocas là-d'dans.* **1963** (1974), Sturgeon Falls, LemVieux 2, 268.

BIBL. — Potier BPFC III (1904-05), 254 a (*atoka*) ; 293 a (*atoca*) ; Viger BPFC VIII (1909-10), 296 a (*otocas*) ; Mag 14 ; BibMém 55-56 ; EllFrCan III dans AJPh VIII, 338 (*otoka*) ; ChambInd (1888) 221 ; ChambInd (1889) 124 b (*attocat*) ; Cl (*ataca, atoca, otoka*) ; ClSauv 295 ; BPFC 1 (1902-03), 159 ; LacSauv dans BPFC V (1906-07), 65 (*atoka*) ; Di ; HuardScN 578 ; Gl (*ataca, atoca*) ; Corr I, n° 34 (*ataca, atoca*) ; MVictFl[2] 440 ; BlanchDict[7] ; RoussAnt 68 (*atoca, atocas* sg.) ; RoussEthnAb 171 et 178 b ; DoyBeauce 199 (*atocas* sg.) ; ClasMat [renvois à P. Ledoux *La déf. du fr.* dans *Le Droit*, 27-12-51, p. 3, et P. Daviault *Propos sur notre fr.* dans *La Patrie*, 12-10-58, p. 42] ; GardDict 93 ; RoussPl 159 ; 165 ; 168 ; DavCréat 160 ; DgGasp 190 ; BarbInd 30, 32 ; RoussAmér 101 ; DgBAns (*àtóká, àtuká*) ; VinDict (*atoca, ataca*) ; DagDict (*atoca, ataca*) ; Cassell'sF[8] ; DgDict (*ataca*) ; CanBAl (donne quelques attestations anciennes) ; ChantFrL 34 ; RoussParl 193 ; Bél[3] (*atocas, atacas* pl.) ; LavSag 22 n° 109 (*àtàká, àtóká*) ; StrakaMen 279 (s.v. *canneberge*) ; GeddChal 255 n. 3 ; PoirAc 287 ; PoirGl ; Mass 212 (cite plusieurs attestations québécoises anciennes) ; 213 ; LemVieux 2, 317 a ; McDermMiss (*otoka*) ; LockeBrunsw 189 (*ataca*) ; ClAmer (*ataca, atoca*) ; DictCan *atoca* (1760 et 1830, *ottaka* 1860) ; DFV (comme canadianisme).

● ATOCA DE CRAN (*cran* « rocher nu sortant à fleur de terre, falaise »)

Pron. *àtàká ḍ krã.*

Vaccinium Oxyccoccos.

ÉT. — **1972**, LavSag 22 n° 110 [Th. Lavoie nous confirme qu'« *on fait nettement la distinction entre àtàká ḍ krã et àtàká ḍ sàvàn ; comme synonymes de la première expr., àtàká sòvàj et àtàká d ròє ont été relevés chacun une fois.* »].

● ATOCA DE SAVANE (*savane* « terrain marécageux, humide »)

Pron. *àtàká ḍ sàvàn.*

Vaccinium Macrocarpon.

ÉT. — **1972**, LavSag 22 n° 111 (v. ci-dessus *atoca de cran*).

● ATOCATIER subst. m.

Graphies *atocatier, attocatier.*

Plante des marais à baies rouges et acides dont on fait notamment une compote très goûtée qu'on sert avec la dinde et certaines autres viandes.

ÉT. — *Attocatier* ChambInd (1889) 124 b. — **1894**, Cl.

ATREMPAS, ENTREMPAS subst. m.

HIST. — Ces deux mots dont l'acception est identique, « régulateur de profondeur de la charrue », font partie, comme leurs dérivés synonymes *atrempoir et atrampe,* ainsi qu'*entremper* et *entrempage (*dans *clef d'entrempage),* de toute une famille galloromane de mots du même sens, remontant au latin *temperare* et formés à l'aide des préfixes *a-* ou *en-* et à l'aide de différents suffixes. Ainsi, on relève le manceau *atrempas* « régulateur de charrue » (FEW *temperare,* 13, 1, 174 b), Bellême *étrempât* m. « id. » (ib. 173 b), m. fr. *atrampoere* « id. » (ib. 174 b), fr. m. *entrempoir* m. « id. » (1762 Enc. ; ib. 172 b), pic. *atreimpure* f. « id. » (ib. 174 b), norm. (Percy) *atempous* m. « partie de l'avanttrain de l'ancienne charrue » (FEW 22,2, 42 b matériaux d'origine inconnue ; à classer sous *temperare*), Ile-de-France (Provins) *étrampe* f. « crémaillère ou pièce de bois placée sur la haie d'une charrue et servant à descendre ou à remonter le soc » (17, 351 b germ. *tramp- ; à déplacer aussi sous *temperare*) ; verbes fr. m. *attremper* « régler l'enfoncement du soc » (1801 ; 13,1, 173 b), basmanceau « id. » (ib. 174 a), Ile-de-France (Provins) *étramper* v. tr. « donner plus de profondeur au labour » (17, 351 b ; à ranger également sous *temperare*). A ces données s'ajoutent les formes *ātrāpá, (ā)trāpwè(r), étrāp,* etc., fournies par la carte 68 « régulateur de profondeur de la charrue » de l'ALIFO et la carte 273 « id. » de l'ALCB (attestées dans la partie occidentale du domaine, comme d'ailleurs tous les autres mots de cette famille), *étremper, entremper, atremper, entraper,* etc., de la carte 70 « labourer plus profondément » de l'ALIFO, *étremper* et *entremper* « id. » de la carte 274 de l'ALCB, et *entrempage* « action de labourer plus profondément », « degré de profondeur que l'on veut donner à la raie », « régulateur comme terme général incluant la cheville et le collier » dans ALIFO, cartes 69 et 70 (v. en outre, sur les cartes des deux atlas auxquelles nous renvoyons ici, ainsi que sur d'autres qui suivent, d'autres mots de la même famille relevant aussi du vocabulaire de la charrue) ; ces formes correspondent elles aussi aux formes québécoises. Il en ressort clairement que cette famille de mots forme en France une aire continue englobant le Nord-Ouest, l'Orléanais et l'Ile-de-France, l'Ouest de la Champagne et la Picardie (l'ALO c. 148 « régulateur de charrue » n'enregistre pas de descendants de *temperare*), et que c'est de là que, sans nul doute, les mots réunis dans le présent article sont venus en Nouvelle-France.

En Nouvelle-France, les deux mots, ATREMPAS (1re attestation en 1671) et ENTREMPAS (un peu plus tard, 1688), ont coexisté au début et pouvaient même être employés par un même notaire (par ex. Vachon : *atrampas* 1674, 1682, *entrempas* 1688 ; on remarquera toutefois la chronologie), mais *atrampas* était plus usuel jusqu'à la fin du XVIIe siècle, tandis qu'à partir de la deuxième décennie du siècle suivant, seul *entrempas* a survécu dans nos documents d'archives. Actuellement, il ne vit qu'à l'état de souvenir dans la mémoire de quelques vieux cultivateurs. Dans Charlevoix, *àtrāpá* a survécu à côté d'*ātrāpá.*

Les variantes isolées *atrepas* 1700 et *atrapas* 1731, ainsi que la variante *entrapas* qui revient plusieurs fois (1677, 1691, 1701), sont des déformations (graphiques, ou aussi phonétiques ?) soit d'*atrempas* (les deux premières), soit d'*entrempas* (la troisième) et reflètent sans doute une certaine gêne causée par la coexistence des deux mots (au moment où *entrempas* l'emporte sur *atrempas,* ces déformations deviennent moins fréquentes) ; la forme *entrapas* peut d'ailleurs trahir une étymologie populaire (*entre à pas ;* on a cependant *entraper* en France, v. ci-dessus), et c'est sûrement le cas des notations *entre en pas* (1744,

1747), *entrant-pas* (sous la plume de Marius Barbeau et de l'historien-ethnologue R.-L. Séguin), *entre empas* (1750), *entre en bas* (1747), *entrepas* (1703, 1714, 1798), v. JunPron 258.

Pour ce qui est du suffixe *-as,* il vient, non pas du latin *-aculum* (FEW 13,1, 173 b s.v. *étrempât,* et 174 b s.v. *atrāpa*), mais de *-acium,* comme par ex. dans *plumas,* mot qui désigne également une pièce de la charrue à rouelles (FEW *pluma* 9, 84 b-85 a ; de même parmi les mots d'or. inconnue 22,2, 42 b, d'où il est à déplacer sous *pluma* ; mot très fréquent en québécois ancien) et qui a pu contribuer à l'adoption de ce même suffixe par nos dérivés de *temperare.*

Le genre masculin des deux substantifs (*-as* appelle le masculin) ne peut pas être mis en doute par la présence sporadique de l'article *une* (*une entrepas* 1703) ; en québécois ancien, *une* devant voyelle pouvait se prononcer *ǣ + n* de liaison, de la même façon que *un* devant voyelle.

Les dérivés ATREMPOIR (1690) et ATRAMPE (1703), dont chacun n'est attesté qu'une seule fois, ont sans doute eu, en Nouvelle-France, une vie moins durable qu'en France même (v. ci-dessus m. fr. *atrampoère,* fr. m. *entrempoir,* etc., ainsi que Provins *étrampe,* et les données des atlas régionaux). Le genre d'*atrempoir* est douteux, v. par ex. m. fr. *atrampoere* avec *-e* qui, dans nos documents, peut ne pas être noté (cf. aussi *ātrāpwé(r)* dans les patois) ; celui d'*atrampe* est féminin, malgré la présence de l'article *un* (*une* et *un* devant voyelle avaient une même prononciation *ǣ + n,* v. ci-dessus à propos du genre d'*entrempas*).

TREMPAS (1699, ainsi qu'à l'époque contemporaine dans Charlevoix ; dans le *Glossaire,* le sens de « coutre » est tout à fait isolé de sorte qu'on peut se demander s'il ne s'agit pas d'une erreur), dont nous n'avons pas trouvé d'attestations en France (cf. cependant *trāpwè, trāpàn, trāpàn̥, trāpày,* ALCB c. 273 et ALIFO c. 68), vient sans doute d'une aphérèse d'*atrempas* (ou *d'entrempas*), plutôt que d'une dérivation directe de *temperare* sans préfixe.

Autres dénominations : *clef* (québécois ancien), *muette* (sporadique en québécois ancien, v. ci-dessous, s.v. *atrempas,* doc. 1674 et 1677).

Pron. *àtrāpá.* — Graphies *atrempas, attrempas, atrampas, atrapas, atrepas, entrapas.*

Régulateur de profondeur de la charrue (à *rouelles*).

DOC. *Item, deux charues, une paire de rouelles, un socq, un coutre, un attrempas et une chaisne pour labourer* **1671**, Québec, ANQ, gr. M. Fillion, doc. 21 janv. — *Une charue avecq ses ruelles, socq, coutres, chennes de fer, atrampas, muette* [= collier de la charrue ?, v. le dessin de l'ALIFO c. 68 ; le mot est relevé dans l'Ouest avec un sens plutôt imprécis, probabl. celui d'« *atrempas* », v. FEW *mutare* 6, 3, 284 b] *et cheville de fer, le tout equippé, estimez a la somme de vingt-cincq livre* **1674**, Beauport, ANQ, gr. P. Vachon, doc. 18 janv. — *Le coutres, l'atrampas ou muette* [*muette* est ici synonyme d'*atrempas* ; plusieurs attestations de ce mot figurent chez le notaire Vachon, tantôt avec ce dernier sens, tantôt avec un sens légèrement différent] ib., doc. 4 nov. —

Une charue garnie de son socq, coultre, chesne et l'entrapas [v. hist.]
1677, ib., doc. 2 juill. — *Un atrampas* **1682**, ib., doc. 26 fév. — *Chaisnes
de charue, l'atrempas, deux chevilles* **1690**, Beaupré, ANQ, gr. Et. Jacob,
doc. 12 avril. — *Une chesne de charue, entrapas et deux cheville de fer*
1691, ib., doc. 3 avril. — *Un socq de charue, chaisne, coultre, atrempas,
cheville et crochet* **1692**, ib., doc. 29 oct. — **1695**, ib., doc. 24 mars. — **1695**,
ib., doc. 29 mars. — **1698**, ib., doc. 24 mars. — **1700**, ib., doc. 4 fév. —
Charue, socq et coultre, la chaine, atrepas, cheville **1700**, ib., doc.
12 avril. — *Un soc de charue, un coustre et une chesne de charue, cheville de fert et un entrapas* **1701**, ib., doc. 20 janv. — *Un atrempas et 3
fers a cheval* **1703**, ib., doc. 4 avril. — **1703**, ib., doc. 27 juin. — *Un autre
socq, un vieux coultre, deux chaines, un essieu de fer, attrempas et
crochets* **1704**, ib., doc. 9 juill. — *Une charrue garnye de son soc, coultre,
chaines, attrempas* **1706**, ib., doc. 26 mai. — *Une charue garny de son
socq, coudre, chaine, atrapas, cheville* **1731**, Beaupré, ANQ, PJN, n° 1632,
doc. 27 fév.

ENQ. — *àtrãpá* **1975**, Charlevoix, LavSagE.

● ENTREMPAS subst. m.

Pron. *ãtrãpá*. — Graphies *entrempas, entrenpas, antrampa, entranpas, entrempa, entranpa, antranpas, entre en pas, entre empas, entrant-
pas, antrompa, entre en bas, entrepas.*

Régulateur de profondeur de la charrue (à *rouelles*).

DOC. — *Un coute, un entrenpas* **1688**, Beauport, ANQ, gr. P. Vachon, doc. 7 avril. — *Une charue* [. . .], *chevilles et entrenpas* **1699**,
Québec, ANQ, gr. Fr. Genaple, doc. 4 juill. — *Une entrepas* **1703**, Québec, ANQ., gr. Fl. De La Cetière, doc. 30 avril. — *Cheville et entrempas*
1705, rég. de Québec, ANQ, PJN, n° 370. — *Le soque, l'entrepas, la
chevil de pleumas et les roue* [ms. *rouee*] **1714**, Beaupré, ANQ, gr.
B. Verreau, doc. 11 août. — *Un soc, le coutre, la chesne, l'entrenpas*
1720, Québec, ANQ, gr. Fr. Rageot, doc. 7 déc. — *Un soc a charue, un
coutre avec la chesne, entranpas et unne cheville, le tout de fert avé*
[= avec] *le travaille* [= les brancards] **1724**, Beauport, ANQ, gr. N. Duprac, doc. 2 mars. — *Une trés vielles charue garnie, excepté l'entre en
pas* **1744**, Québec, ANQ, gr. J. Pinguet, doc. 6 mai. — *Un entre en bas*
1747, Neuville, ANQ, PJN, n° 2448, doc. 27 sept. — *Une chaine de charu
et l'entre en pas* ib. — *Un soc, coutre et chaine, et entre empas* **1750**,
Saint-Joseph (Beauce), ANQ, PJN, n° 2471, doc. 17 mars. — *Un coudre,
une chene de traine, un entrempa, quatre boittes a roues, le tout prisé
a trois franc* **1780**, Sainte-Anne-de-la-Pocatière, ANQ, gr. L. Cazes,
doc. 16 oct. — *Un coudre, une chene de traine, un entrempa* **1780**, ib.,
doc. 17 oct. — *Une verlope, une cuier* [= cuiller] *a sabaut et de roue,
un entranpa* **1788**, Deschambault, ANQ, gr. J. Perrault, doc. 2 janv. —
Une chaine de charue, deux chaine de bacus [= palonnier] *et un antran-*

pas **1788**, Neuville, ANQ, gr. F.-X. Larue, doc. 10-11 nov. — *Une entre-pas* **1798**, Château-Richer, AJQ, gr. B. Faribault, doc. 25 janv. — *Une chaine de charue, un antrampa et tenaille* **1798**, Sainte-Anne-de-la-Pocatière, ANQ, gr. A. Dionne, doc. 5-6 fév. — *Une grande chaine de fer de charul, un antranpas, une cheville de proux* [= sorte de timon, v. FEW *protelum* 9, 471 b-472 a] *de fer et une vielle p[ai]re de rouelle* **1798**, ib., doc. 4 août. — *Une charul, chaine et antrompa* [sic] **1799**, ib., doc. 16 juill. — *Un coutre, un antranpas, deux cheville de fer et une chaine de fer* **1801**, ib., doc. 18 nov.

ÉT. — *Pour régler la charrue, il y avait un entrant-pas. Il y avait trois ou quatre trous, sur la perche de la charrue. Et avec l'entrant-pas on réglait la profondeur du labour, en avançant ou en reculant la perche.* **1918** (1955), BarbArts 129 (relevé à Sainte-Marie de Beauce).

ENQ. — *ātrãpá* **1953**, Saint-Vallier (Bellechasse) [Dg ; déf. imprécise « partie de la charrue à *rouelles* », mais il s'agit de toute évidence du « régulateur »]. — *ātrãpá* **1975**, Charlevoix, LavSagE [« La forme *ātrãpá* est encore connue de quelques vieux dans la région de Charlevoix. Le mot semble relié uniquement à l'ancienne 'charrue à rouelles'. On a conservé plus longtemps dans cette région cette espèce de charrue »].

BIBL. — SégEq 120 ; SégCiv 645 [ces deux ouvrages signalent l'*entrant-pas* (sic) comme étant une des pièces de la charrue, mais ne donnent aucune référence précise ; les travaux de Séguin sont basés principalement sur une documentation de Montréal, ce qui donne à penser que le mot doit être attesté également dans les documents d'archives de cette région, bien que nous ne l'y ayons pas relevé] ; JunPron 257-258 [cite plusieurs passages repris ci-dessus] ; LavSag 77 n° 262.

● ATRAMPOIR subst. m. (le f. n'est pas exclu, v. hist.)

Régulateur de profondeur de la charrue (à *rouelles*).

DOC. — *La ferrure d'une charue, sçavoir soc, coutre, chesne, atrampoir, chainne a prou et une chainne a traine* **1690**, Québec, ANQ, gr. L. Chambalon, doc. 21 juill. (classé avec doc. 13 déc. 1693).

● TREMPAS subst. m.

Pron. *trãpá*.

1° Régulateur de profondeur de la charrue (à *rouelles*).

DOC. — *Une charue garnie d'un vieux soc de coutre, crochet et trempas, aveq ses rouelles et sa chaisne* **1699**, Beaupré, ANQ, gr. Et. Jacob, doc. 1er avril.

ENQ. — *trãpá* **1975**, Charlevoix, LavSagE.

2° Coutre de charrue (?).

BIBL. — Gl [sur le caractère douteux de cette acception v. ci-dessus, hist.].

● ATRAMPE subst. f.

Régulateur de profondeur de la charrue (à *rouelles*).

DOC. — *Une cheville et un atrampe de fer* **1703**, Québec, ANQ, gr. Fl. De La Cetière, doc. 27 juill.

● ENTREMPER v. tr.

Pron. ãtrãpé.

Régler la profondeur du labour.

ENQ. — ãtrãpé sa charrue **1975**, Charlevoix, LavSagE.

● ENTREMPAGE subst. m.

Pron. ãtrãpàj.

Action de régler la profondeur du labour.

ENQ. — *Là klé d* ãtrãpàj **1975**, Charlevoix, LavSagE.

BABICHE subst. f.

HIST. — Le mot, comme l'objet lui-même et son emploi (v. le sens 1º), sont empruntés aux Amérindiens, cf. souriquois *ababich* « corde, fil » (Clapin), micmac *ababee* « id. » (ib. et ReadLouis 81), algonquin *sisibabish* « petite corde » (ib., PoirAlg dans MSRC, Sér. III, X, 1916, 343), cri *assababish* « diminutive of Assabab (thread) » (Baraga I, 298, ReadLouis 81), népissingue *nababish* « a little strip of rawhide with which the Indians sew their moccassins » (ib. 81). Dans les premiers textes français concernant la colonie, et même plus tard, ces termes amérindiens apparaissent parfois tels quels, par ex. souriquois (ou micmac) *ababich* chez Lescarbot en 1609 (ces langues étaient notamment parlées dans la péninsule acadienne et en Gaspésie), ou le cri *assababich* encore chez le missionnaire Petitot en 1891. La forme BABICHE, issue d'*ababich(e)* par aphérèse, est attestée dès la seconde moitié du XVIIᵉ siècle, et cet amérindianisme s'est très solidement implanté dans le lexique franco-canadien à cause de l'importance que l'objet qu'il désignait a prise en Nouvelle-France et qu'il a conservée ensuite jusqu'à l'époque contemporaine : la *babiche* — lanière plus ou moins étroite de peau d'orignal, de caribou, de vache, de veau, de mouton, d'anguille, etc., non tannée, mais apprêtée d'une façon particulière (v. les citations sous LITT. et ÉT.) — servait en effet à fabriquer les raquettes, si indispensables au coureur de bois pendant la longue saison hivernale, à coudre et à raccommoder les chaussures, à tresser les fonds de chaise, à harnacher les chiens, à réparer les harnais, à lier la batte du fléau, à tenir les cheveux en natte, etc., sans parler de son usage dans l'empaquetage. Il est à noter que *babiche* est presque toujours employé au sg. ou avec le partitif (*de la babiche* ; pl. *les* ou *des babiches* dans R. Hubert-Robert sous LITT., MUrsLav et Deffontaines *Hiver* sous ÉT., PoirGl sous BIBL.).

Le mot a donné naissance à toute une série d'expressions, non seulement PEAU DE BABICHE ou PEAU PASSÉE EN BABICHE pour désigner la peau utilisable à cette fin ou transformée en lanières, et BABICHE A TIRER dont le sens précis ne ressort pas du document qui l'a conservée (peut-être « lanière qu'il faudra encore traiter » et, notamment, « étirer » — v. à ce sujet sens 1º ÉT., description donnée par DawsIO — ou « babiche de cordonnier » ?), mais aussi à des expressions imagées comme FOURNI DE PIÈCES ET DE BABICHE « qui a tout ce qu'il faut », SERRER LA BABICHE « se serrer la ceinture » (qui aurait même existé en montagnais, v. ci-dessous le témoignage d'Arnaud, sous DOC.), TIRER LA BABICHE « exercer le métier de cordonnier », TIRE-LA-BABICHE et TIREUR DE BABICHE « cordonnier », SENTIR LA BABICHE « sentir mauvais » (employé comme insulte).

D'autre part, *babiche* a pris aussi plusieurs acceptions nouvelles. A cause de son sens primitif d'objet de forme longue et étroite, le mot a été appliqué métaphoriquement à une « longue suite d'objets » (par ex. de voitures) (sens 2º) d'une part et, d'autre part, à une « personne grande et maigre » (sens 3º ; « personne raide » en français des Etats-Unis : *il (elle) est raide comme une babiche* « He (she) is as tough as a rawhide », ReadLouis 80), puis — étant donné que celle-ci donne l'impression d'être d'une santé délicate — à une « personne faible et malade » (4º), voire à une « personne de caractère peu énergique » (sens 5º). (Il est intéressant de constater que le mot *watap*, qui est aussi d'origine amérindienne et dont le sens premier est « mince racine d'*épinette rouge* servant à coudre ou à orner les bordages de canot d'écorce », a pris également le sens d'« homme maigre », voire « homme très faible », v. surtout l'expr. *n'avoir plus que le watap et l'erre d'aller* « être très maigre, très faible », Gl.) Le sens d'« usurier » (sens 6°) dérive vraisemblablement du sens 3°, « personne grande et maigre », car on sait que, généralement, l'imagination populaire se représente l'usurier, qui est avare pour lui-même, comme un être affamé et maigre. De même un calomniateur ne peut avoir, dans cette imagination, qu'une figure maigre et des traits étirés, d'où l'expression GUEULE DE BABICHE pour le désigner (sens 7°), mais comme, dans les expressions louisianaises *une grosse babiche* « une grande bouche », *ferme la babiche* « ferme la bouche » (ReadLouis 80), il s'agit de *babiche* « lèvre », mot d'origine galloromane, il est tout aussi possible de voir ce mot dans l'expr. québ. *gueule de babiche* (on calomnie par la bouche dont la figure du calomniateur est censée être plus spécialement marquée).

Babiche a donné lieu à un seul dérivé, le verbe BABICHER. Transitif, il a les sens de « donner une correction à un enfant » (1°) et de « semoncer » (2°) qui proviennent de ce que la *babiche* évoque la lanière d'un fouet. Le sens du verbe intr. « se montrer mesquin, avare » (3°) dérive du sens 6° de *babiche* « avare, usurier ».

A l'exception du sens primitif de *babiche,* ses autres acceptions, ainsi que les expressions auxquelles ce mot a donné naissance et son dérivé verbal, sont tous attestés tardivement, et leur ancienneté est difficile à établir, les documents d'archives ne fournissant généralement pas les mots et les expressions chargés de ce genre de significations. Actuellement, leur emploi devient moins courant.

Le mot est aussi connu, avec son sens primitif, dans les parlers acadiens (voir notamment Mass 1663, PoirGl et PoirAc 287) et dans les parlers français des Etats-Unis (v. DitchyLouis ; ReadLouis 80-81 ; McDermMiss ; LockeBrunsw 168 ; BrandVerm) ; il a en outre pénétré dans l'anglais du Canada où il est attesté dès 1806 (v. DictCan), et dans celui des Etats-Unis (dep. 1836, v. OEDSuppl ; DictAmer ; ClAmer).

N.B. Entre notre *babiche* et BABICHE « lèvre du cheval » (LavSag 106 n° 11), « lèvre » (ReadLouis 81), qui vit aussi en galloroman d'oïl et appartient à la même famille que le français *babine* (v. FEW *bab* 1, 192 a), il n'y a pas de lien étymologique, mais il n'est pas impossible que l'existence de cet homonyme ait contribué à l'adoption du terme amérindien, d'autant plus qu'on pouvait voir une certaine ressemblance entre les deux signifiés ; les premiers habitants de la Nouvelle-France rapprochaient volontiers les amérindianismes qu'ils rencontraient, des mots de leur pays d'origine qui leur étaient familiers.

Pron. *bàbiε, bàbìε.* — Graphie *babiche.*

1° Peau non tannée, découpée en lanières servant à la fabrication des raquettes, des fonds de chaise, etc., à la manière des Amérindiens.

DOC. — *Corde, ou fil, Ababich',* **1609** (1914), Lescarbot, *Histoire de la Nouvelle-France* (éd. W. L. Grant), III, 367 [l'auteur donne une centaine de termes amérindiens dont la plupart ne sont jamais entrés dans le français canadien]. — *Un paquet de babiche po[ur] faire raquettes.* **1669,** rég. de Montréal, cité dans MartBerc 26. — *Une mane d'osier, son couvercle sans cadena et sans autre fermeture que avecq une babiche.* **1674,** rég. de Montréal, cité dans SégCiv 408. — **1679-93** (1972),

Favre, *Racines montagnaises*, 52 ; 204 ; 205 ; 211 ; 290 ; 304 ; 333. — *Pour coudre les souliers, ils ne se servent que de babiches ou eguillettes.* **1683**, Hennepin, *Les mœurs des Sauvages*, 88, cité dans Mass. — *Un pasquet de babiche* **1703**, Beaupré, ANQ, gr. Et. Jacob, doc. 14 fév. — *Environ une livre de ligne à mouruë, un petit paquet de babiche, et un petit plotton de fil a rets* **1715**, Québec, ANQ, gr. P. Rivet, doc. 13 août. — *Un paquet de babiche* **1716**, Beaupré, ANQ, gr. B. Verreau, doc. 7 avril. — *Le dar a esturgeons : au dar il y a un trou a pouvoir passer un petit cordage ou babiche de cuir, doc.* **déb. XVIIIᵉ s.**, cité dans Mass. — *De la babiche de peau de mouton* **1779**, Beauport, ANQ, gr. L. Miray, doc. 7 juin. — *Un paquet de babiche.* Ib. — *Un paquet peaux pour babiche prisé quarante sols* **1784**, Québec, AJQ, gr. A. Dumas, doc. 11 juin. — *Deux peaux a babiche* **1791**, Québec, AJQ, gr. J. Plante, doc. 17 janv. — *Item, 2 peau a babiche* **1793**, Laprairie, ANQM, gr. I.-G. Bourassa, doc. 14 juill. — *50 bottes de paille, huile, babiche* **1803**, Montréal, ASSSM, Régie II, sept. — *1 morceau de babiche et braciere* **1803**, Sainte-Anne-de-la-Pocatière, ANQ, gr. A. Dionne, doc. 13 juin. — *1 paquet de babiche et fut de raquet* **1803**, ib., doc. 15 juin. — **1804**, Montréal, ASSSM, Régie II, fév. — *Deux cordes de babiche crue à quatre sols* **1809**, Montréal, ANQM, gr. J. Mailloux, doc. 2 août. — *Un lot de guides et babiche* **1811**, Montréal, ANQM, gr. Th. Barron, doc. 11 juin. — *Deux payre de soulier bœuf tané d'une bonne calité et de la babiche pour les racommoder* **1816**, Saint-Gilles (Lotbinière), AJQ, gr. A. Côté, doc. 10 déc. — *De la babiche pour raccommoder ses souliers* **1817**, Québec, AJQ, gr. Ch. Dugal, doc. 4 nov. — *Des pieces et babiches pour raccommoder leurs souliers à leurs besoins* **1828**, Québec, AJQ, gr. O. Grégoire, doc. 19 nov. — **1831**, Montréal, ASSSM, Régie V, déc. — *Un lot de babiche, vingt sols* **1840**, Rigaud, ANQM, gr. L. Adams, doc. 9 juill. — *Un lot de babiche, vingt-cinq sols* **1844**, ib., doc. 23 janv. — *Un lot de babiche contenant trois morceaux, un chelin* **1844**, Longueuil, ANQM, gr. I. Hurteau, doc. 31 janv. — *Caron-la-babiche* **1847-51** (1938), Saint-Joseph de Beauce, J.-Th. Perron, *Saint-Joseph de la Nouvelle Beauce*, 41, cité dans MartBerc 26 [le personnage en question « commerçait les peaux d'anguilles qu'il taillait en babiches »]. — *Un coffre rempli de cuir et babiche* **1850**, Montréal, ANQM, gr. C.-E. Belle, doc. 19 oct. — *Quatre bonne paires de souliers de bœuf, tous les ans, avec de plus les pièces, l'huile et la babiche nécessaires à iceux* **1857**, L'Assomption, ANQ, AP -P -P (famille Paradis ; doc. signé O'Brien).

JOURN. — **1879**, *Le vrai Canard*, 20 sept., p. 2, col. 4.

LITT. — *Tu fais le drôle, Pelchat, lui criai-je ; mais suis bien mon conseil, fais-toi tanner la peau par les sauvages ; car si tu me tombes sous la patte dans trois mois, je te jure [...] qu'il ne t'en restera pas assez sur ta maudite carcasse, pour raccommoder mes souliers. — Et quant à toi, me répondit Pelchat, le diable n'en laissera pas assez sur la tienne pour en faire de la babiche.* **1837** (1968), Ph. Aubert de Gaspé fils,

Le chercheur de trésors, 65. — **1861** (1876), H.-R. Casgrain, *Légendes canadiennes*, 75, n. 1. — *Quant à mes souliers sauvages, si vous m'apportez de la babiche, je les ferai moi-même mieux qu'aucun cordonnier.* **1862**, Ant. Gérin-Lajoie, *Jean Rivard, le défricheur canadien*, 231 [Dg]. — **1916**, E. Choquette, *La terre*, 268 [Dg]. — *Un ancien qui ne voulait pas changer, le père Antoine. Toute la paroisse l'avait surnommé la Couette à Douaire parce qu'il portait toujours sur le dos ses cheveux en nattes liées d'une babiche de peau d'anguille, comme les premiers colons.* **1931** (1943), L.-P. Desrosiers, *Nord-Sud*, 59. — *Vincent fabriquait les souliers et les bottes. Cuir de vache pour l'empeigne, cuir de veau ou de mouton pour la tige, il appliquait les peaux sur des patrons taillés dans un bardeau, maniait le couteau de cordonnier, l'alène qui traçait un chemin à la babiche de peau d'anguille et au ligneul. Travail difficile qui demandait toute son application, car le cuir était mal tanné, poreux et il fallait le plisser, rendre les coutures imperméables. Ib.,* 206. — *Les chiens suivaient, attelés à des « travailles », deux bois s'écartant triangulairement jusqu'au sol, entre lesquels, à l'angle aigu, l'animal était harnaché par des babiches ou lanières de cuir. Au centre, un treillis oval de babiches soutenait les bagages.* **1945**, R. Hubert-Robert, *L'épopée de la fourrure*, 158 ; autres ex. 136, 161. — *Outre le fauteuil du chef de famille et la chaise berçante d'Amable sur lesquels nul n'osait s'asseoir, il y avait une dizaine de chaises, droites et basses, les plus anciennes taillées au couteau, à fond de babiche tressée et au dossier faiblement affaissé par l'usage ; les autres cannées d'éclisses de frêne ; toutes adossées au mur.* **1945** (1974), G. Guèvremont, *Le Survenant*, 43. — **1950** (1967), B. Vac, *Louise Genest*, 95. — *Au sommet de ce cône, le trou d'aération. Sur l'un des pans, une ouverture basse, fermée d'une peau pendant librement. Pour fixer le revêtement aux montants, de la babiche lacée.* **1958** (1961), Y. Thériault, *Agaguk*, 29 ; autres ex. 12, 16, 90, 116, 134, 180, 224, 301.

ÉT. — *Assababich grosse, 6 paquets [. . .], assababich fine, 1 botte [. . .]* **1891**, E. Petitot, *Autour du Grand Lac des Esclaves*, 66. — *Au bon vieux temps, lorsque la ficelle était rare, la peau d'anguille était fort utilisée dans nos campagnes ; on fabriquait de la babiche, servant à l'empaquetage, à la réparation des harnais, des chaussures ; on l'utilisait pour lier la batte au manche du fléau destiné à battre le grain sur l'aire. Une peau d'anguille servait à natter la couette de nos ancêtres [. . .]* **1898**, A.-N. Montpetit, *La peau d'anguille*, dans BRH 4, 118. — **1922** (1926), R. P. Duchaussois, *Aux glaces polaires*, 69 ; 80 ; 82. — *Le bonhomme Touchette (Elie) prenait une peau de caribou pour faire ses raquettes. Il couvrait la peau de cendres et la mettait à la chaleur. Alors il la lavait avec de l'eau tiède et du savon. Il mettait la peau dehors pour la geler et elle devenait claire ; on voyait les mains à travers la peau. Il travaillait la peau une secousse [= un certain temps] et ensuite la remettait dehors. Il se servait de la peau du caribou pour les babiches. Pour les bouts (en avant et en arrière) il fallait des babiches plus* *fines, alors il les faisait de la peau de veau. Il taillait les babiches du milieu trois huitièmes d'un pouce de large et ceux des bouts un huitième de large. Pour que la corde reste étirée dur il la savonnait et l'étirait sur deux clous. Enfin il l'ôtait, l'humectait et laçait les raquettes. Quand même s'il y avait de l'humidité, les babiches restaient dures.* **1951**, MUrsLav 143 [l'emploi du mot au pluriel, comme c'est le cas ici, est plutôt rare, v. hist.]. — *Elles* [= les raquettes] *étaient faites d'un bâti en bois de mélèze ou de bouleau, très flexible et incorruptible, sur lequel on tressait de fines lanières de cuir, soit en peau de caribou ou d'orignal, soit même en peau d'anguille, c'étaient les babiches.* **1957**, P. Deffontaines, *L'homme et l'hiver au Canada*, 138. — *On prend une peau « verte » (naturelle) de jeune vache ou d'orignal. Celui-ci est meilleur, parce qu'il taille plus fin, et est préféré des sauvages, mais M. De Montigny fait sa « babiche » avec la peau de vache. On « chaume » (chaule) la peau pendant trois jours dans une grande cuve, la brassant à tous les jours. (On ajoute une pinte de chaux déteinte à une chaudière d'eau froide). Il faut trois ou quatre « sieaux » (seaux) d'eau pour que ça flotte. Puis on lave la peau, et la gratte pour ôter le poil. (Quelques-uns, prétendant que la chaux peut endommager la peau, préfèrent la gratter avec un couteau spécial après l'avoir fait geler.) La peau étant grattée, on la laisse sécher. Pour tailler la peau, on la coupe en morceaux de quinze pouces carrés, on arrondit un peu les coins, et on la taille en lacets, en suivant le bord de la peau. Pour le bout de la raquette, qui « force » moins, on fait un lacet d'une ligne de large, pour le milieu, d'un quart de pouce. Quand la « babiche » est taillée, il faut la tremper et la tirer sur un dévidoir. On tire dessus, puis on la laisse sécher. Ça se conserve très facilement, la vermine n'y touche pas, et elle est prête à utiliser après être trempée trois heures dans de l'eau tiède ; l'eau chaude brûle la peau.* **1960**, DawsIO 112 ; autres ex. 113, 114, 116. — **1968** (1973), LaflCour 181 et 182 (cite un témoin de Saint-Urbain). — Ib. 175 (témoin de Grand-Mère). — Ib. 183 (témoin de Maniwaki). — **1973**, ib. 178 et 179. — **1973**, MartBerc 26 ; autres ex. 35 ; 62-64.

ENQ., LITT. OR. — **1865** (1955), E. Gagnon, *Chansons populaires du Canada*, 271. — **Fin XIXᵉ s.** (1916), Saint-Constant (Laprairie), G. Lanctôt, *Fables, contes et formules*, dans JAF 29, 143 ; 144. — Avant **1930**, ancien fichier de la SPFC [plus de 150 attestations réparties à travers tout le Québec, Dg]. — **1974**, Charlesbourg. — **1974**, Saint-Jean (Ile d'Orléans). — **1974**, Saint-Augustin. — Armagh **1975**, LavSagE (« plutôt rare »). — [Connu dans tout le Québec].

BIBL. — Du ; CuoqAlg (s.v. *picaganab*) ; EllFrCanIII dans AJPh VIII, 147 ; ChambInd (1888) 232 ; ChambInd (1889) 124 b ; ChambGranb dans MLN VII, 25 ; Cl (aussi suppl.) ; Rinfr ; ClSauv 295 ; Casgrain, *Lettre ouverte*, dans BPFC I (1902-03), 159 ; MassCont ; JutrSucr 145 ; BPFC III (1904-05), 19 ; LacSauv 65 ; Di ; TachAgr ; JutrCord 75 ; Gl [aussi *barbicher* qui est évidemment dû à une étymologie populaire] ;

MUrsLav 387 a ; RoussAmér 95 ; BarbInd 29, 32, 33 ; ClasMat 6654 [renvoi à P. Daviault, *Propos sur notre fr.*, dans *La Patrie*, 09-11-59, p. 54] ; DawsIO 174 a ; PalMeubl 401 a ; RoussBouch 331 ; RoussParl 194 ; Bél[2] ; LavSag 82 n° 58 ; 187 n° 171 ; DFV 1306 a ; LaflCour 286 ; GenObj ; MartBerc 167 ; TLF [la définition, l'historique et la bibliographie laissent beaucoup à désirer] ; JunBell dans TraLiQ 1, 159 ; Gedd-Chal 255 ; PoirAlg 343 ; PoirAc 287 ; PoirGl (*les babiches*) ; Mass 1663 ; DictCan [graphié *babiche, babich, babish, battiche* et *battishe* ; aussi au sens de « rawhide whip » dans un doc. de 1942] ; DitchyLouis ; Read-Louis 80-81 [aussi avec le sens de « rawhide, especially one that is hard and stiff »] ; McDermMiss ; LockeBrunsw 168 ; BrandVerm ; ClAmer ; OEDSuppl (dep. 1836 en anglo-américain) ; DictAmer (dep. 1836) ; DFV (comme canadianisme).

Expressions :

○ PEAU DE BABICHE

Peau non tannée, apprêtée pour la fabrication de lanières de raquettes, de fonds de chaise, etc.

DOC. — [...] *pour peau de babiche* [...] **1797**, Montréal, ASSSM, Livre de comptes V A, janv. — *Des fouettes et une peau de babiche, le tout vingt-six sols* **1811**, Montréal, ANQM, gr. Th. Barron, doc. 11 juin. — *2 peaux de babiches* **1820**, Montréal, ANQM, gr. A. Pinet, doc. 10 avril. — *Item, une paire de mitaine de cuir, une peau de babiche* **1823**, Boucherville, ANQM, gr. L. Lacoste, doc. 22 nov. — *Une demi peau de babiche trente sols* **1827**, ib., doc. 22 sept. — Aussi : *un lot de peaux de mouton passées en babiche, quarante sols* **1829**, Rigaud, ANQM, gr. M.-G. Baret, doc. 13 avril. — *Un morceau de peau passée en babiche* **1830**, Saint-Vincent-de-Paul, ANQM, gr. C. Germain, doc. 25 sept.

LITT. — [...] *j'ai endurance, couenne et peau de babiche* [...] **1970**, G. Miron, *L'homme rapaillé*, 131.

○ BABICHE A TIRER

Probabl. lanière de peau destinée à être apprêtée en *babiche* de cordonnerie, ou *babiche* de cordonnerie (?).

DOC. — [...] *il* [les Sauvages] *nous ont presenté la babiche a tiré* [ms. *atire*], *aprés quoy il ont ramasé du bleds din* [= blé d'Inde] *dans le vilage pour nous donnée.* **1745** (1952), *Papiers Contrecœur* (éd. F. Grenier), 5 (voir n. 2).

→ *tirer la babiche* ; *tire-la-babiche* ; *tireu(r) de babiche*.

○ FOURNI DE PIÈCES ET DE BABICHE

Pourvu du nécessaire.

LITT. — *Des fois, on s'plaint de pas êtr' riches, D' pas êtr' rentiers, comm' de raison, D' pas vivr' fournis d' pièc's et d' babiche, D' pas avoir d'auto ni d' maison.* **1948**, Jean Narrache, *Bonjour, les gars !*, 59 (repris en 1961 dans *J'parle tout seul quand Jean Narrache*, 35].

○ SERRER LA BABICHE
Se serrer la ceinture (fig.).

DOC. — [. . .] *lorsqu'on n'a rien à manger, on serre sa ceinture ; par ce moyen, si on n'apaise pas entièrement la faim, on la calme un peu. Je me suis toujours bien trouvé de cet expédient. Les sauvages [monta-gnais] connaissent cette recette et la pratiquent depuis longtemps. Ils appellent cela, serrer la babiche ; et comme ils la serrent souvent, c'est bien eux qui peuvent en être les inventeurs.* **1854**, *Lettre du R.P. Arnaud o.m.i., missionnaire des sauvages montagnais à sa grandeur monseigneur l'archevêque de Québec,* dans *Rapport sur les missions du diocèse de Québec,* mars 1855, n. 11, p. 99 [cité par le Gl mais avec une référence trop imprécise].

ÉT. — **1930**, Gl. — **1971**, Bél².

○ TIRER LA BABICHE
Exercer le métier de cordonnier.
ÉT. — **1930**, Gl (s.v. *babiche* sens 1º). — Aussi acad. **1953**, PoirGl.
→ *babiche à tirer* ; *tire-la-babiche* ; *tireu(r) de babiche.*

○ TIRE-LA-BABICHE
Pron. *ŝir là bàbiε.*
Cordonnier.
ÉT. — **1930**, Gl.
→ *babiche à tirer* ; *tirer la babiche* ; *tireu(r) de babiche.*

○ TIREU(R) DE BABICHE
Pron. *ŝirœr dé bàbiε, ŝirœ ⌣.*
Cordonnier.
ÉT. — **1930**, Gl (s.v. *tireur* et *tireux*).
→ *babiche à tirer* ; *tirer la babiche* ; *tire-la-babiche.*

○ SENTIR LA BABICHE
Sentir mauvais (employé comme insulte).
ÉT. — *Mr. Legendre* [il s'agit d'une note que N. Legendre a fourni à Elliott] *continues and gives an interesting case of misconception of this word on the part of English boys : « But what is curious about it is that our boys give it out as an insult to their English comrades ; they cry out 'Tu sens la babiche', and the English boy will invariably take it for 'Tu es un son of a bitch' [. . .] »* **1887**, EllFrCanIII dans AJPh VIII, 147.

2° Longue suite d'objets.

ÉT. — *Il y en avait, une babiche de voitures.* **1930**, Gl.

ENQ. — Avant **1930**, ancien fichier de la SPFC [« Charlevoix 1, Chicoutimi 1, Lac-Saint-Jean 1, Montmorency 1, Québec (v.) 4, Portneuf 2, Maskinongé 1, Joliette 1, Verchères 1, Wolfe 1, Lotbinière 2, Beauce 1, Dorchester 3, Bellechasse 4, Montmagny 1, L'Islet 4, Kamouraska 4, Témiscouata 2, Rimouski 3, Matane 1 », Dg].

[Aussi *mèche* dans le même sens : *Il y en avait une mèche de voitures qui suivaient le corps* = il y avait une longue suite de voitures qui suivaient le corbillard, Gl].

3° Personne grande, élancée et maigre.

LITT. (employé comme sobriquet) : *Mais de quoi c'qu'on fait donc là ? que demande un de nos coupeux de chemin, justement l'homme à la poule noire, un grand maigrechine qui se baissait pour passer dans les portes, — La Babiche, comme on le nommait [...]* **1902** (1974), L. Fréchette, *Contes de Jos Violon,* 71 (conte : *Les marionnettes*) ; autres ex. 72, 73, 74.

ÉT. — *Est-elle grande ! Je n'ai jamais vu une babiche pareille.* **1930**, Gl. — **1971**, Bél².

ENQ. — Avant **1930**, ancien fichier de la SPFC [« Charlevoix 1, Chicoutimi 1, Lac-Saint-Jean 1, Montmorency 3, Comté de Québec 2, Québec (v.) 4, Portneuf 4, Champlain 1, Maskinongé 2, Joliette 1, Rouville 1, Jacques-Cartier 1, Verchères 1, Compton 1, Mégantic 1, Beauce 1, Dorchester 5, Lévis 2, Bellechasse 3, Montmagny 1, L'Islet 3, Kamouraska 4, Témiscouata 3, Rimouski 2, Matane 1, Madawaska 2 », Dg]. — **1974**, Saint-Bernard (Dorchester) [« se dit couramment »].

4° Personne faible et malade.

ENQ. — *C't'enfant-là ressemble à une babiche aujourd'hui, pauvre elle.* **1974**, Arvida.

5° Personne de caractère peu énergique.

ÉT. — *Il n'est pas capable de dire non : c'est une babiche.* **1930**, Gl.

ENQ. — Avant **1930**, ancien fichier de la SPFC [« Montmorency 1, Québec (v.) 1, Portneuf 1, Rouville 1, Jacques-Cartier 1, Saint-Hyacinthe 1, Bellechasse 1, L'Islet 1, Madawaska 1 », Dg].

6° Usurier.

ÉT. — *Va pas emprunter de l'argent de cet homme : c'est une babiche.* **1930**, Gl.

ENQ. — Avant **1930**, ancien fichier de la SPFC [« Montcalm 1, Chambly 1 », Dg].

→ *babicher* 3°.

7º Calomniateur, dans l'expression *gueule de babiche* (vx).

ENQ. — *Une ɖœl dé bàbiє, c'est une gueule sale, qui parle en tort contre les autres.* **1975,** Sainte-Blandine (Rimouski).

● BABICHER v.

Pron. *bàbiєé.*

1º *V. tr.* Donner une correction à un enfant.

ÉT. — **1904-05,** BPFC III, 19. — **1909,** Di. — *Je vas te babicher, si tu ne te tiens pas tranquille.* **1930,** Gl. — **1959** ClasMat [renvoi à P. Daviault, *Propos sur notre fr.,* dans *La Patrie,* 09-11-59, p. 54].

ENQ. — Avant **1930,** ancien fichier de la SPFC [« Lac-Saint-Jean 1, Comté de Québec 1, Québec (v.) 5, Berthier 1, Verchères 6, Richelieu 8, Arthabaska 1, Lotbinière 2, Beauce 1, Dorchester 3, Bellechasse 3, Montmagny 3, L'Islet 3, Kamouraska 7, Témiscouata 7, Rimouski 3, Matane 4, Gaspé 1, Madawaska 1 », Dg].

2º *V. tr.* Semoncer.

ÉT. — **1904-05,** BPFC III, 19. — **1909,** Di. — *Il l'a babiché comme il faut.* **1930,** Gl.

ENQ. — Avant **1930,** ancien fichier de la SPFC [« Lac-Saint-Jean 1, Berthier 1, Labelle 1, Montréal 1, Laval 1, Arthabaska 1, Lotbinière 1, Beauce 1, Dorchester 3, Bellechasse 1, Montmagny 3, L'Islet 1, Kamouraska 4, Témiscouata 3, Matane 2 », Dg].

3º *V. intr.* Se montrer mesquin, avare.

ÉT. — *Il n'est jamais capable de faire comme les autres, il faut qu'il babiche.* **1930,** Gl.

ENQ. — Avant **1930,** ancien fichier de la SPFC [« Chambly 1, Lévis 1, Rimouski 1 », Dg].

→ *babiche* 6º.

BANNEAU subst. m.

HIST. — Dérivé du fr. *banne,* qui remonte au gaulois *benna* « sorte de voiture », BANNEAU au sens 1° « tombereau », est en québécois d'origine galloromane. Avec ce sens, le mot est attesté en ancien et en moyen français, notamment dans la région normanno-picarde, et survit non seulement dans les parlers picards et normands, mais aussi dans ceux du Maine et du Centre (FEW 1, 325 b et 329 n. 4 ; l'Ouest connaît plutôt *tombereau,* v. ALO 138, ALF 1723) ; dans les dictionnaires du français moderne qui le relèvent encore, il est considéré comme régional.

Dans les documents québécois, il apparaît dès 1649 et sa vitalité dans la langue est assurée par le grand nombre d'attestations qu'on relève jusqu'à la fin du XIX° siècle. D'après nos documents, c'était une voiture de charge à bascule, sur deux roues, apparemment toujours ferrées, munie d'un brancard, et à traction animale. Le terme de *banneau* n'est pas général dans le pays : notre documentation révèle que, dès le début, il était localisé en gros dans la région de Québec, avec des prolongements au Nord jusqu'au Lac-Saint-Jean et à la Côte-Nord, et à l'Est jusque dans la partie septentrionale de la péninsule gaspésienne, tandis qu'à l'Ouest, il n'a jamais atteint la région montréalaise où nous n'en avons relevé aucune trace ; le terme courant de cette région a toujours été *tombereau,* mot venu de l'Ouest de la France, v. ci-dessus (c'est peut-être là un indice que cette partie du Québec a été peuplée avant tout par des Poitevins et des Saintongeais). Des sondages dans les parlers d'aujourd'hui confirment cette répartition à l'époque actuelle ; l'Acadie, de son côté, emploie le mot *charrette* (DgGéogr fig. 19 ; GeoffrI 196). Les attestations de *tombereau* en dehors de la région montréalaise, dans l'aire de *banneau* (notamment dans la région québécoise), trahissent une influence du français et appartiennent surtout à la langue écrite (le mot est aussi employé, à côté de *banneau,* dans la région du Saguenay, explorée par Thomas Lavoie).

Les deux autres acceptions de *banneau* sont, semble-t-il, uniquement québécoises : d'une part, on s'est servi de ce terme pour désigner un tombereau sur patins, arrangé pour l'hiver (sens 2°), et d'autre part, on a donné, par métaphore, ce même nom à une autre voiture d'hiver, une « grande carriole basse », qui sert au transport des personnes (sens 3°).

En revanche, *banneau* au sens de « sellette de forme carrée faisant partie du harnais d'un cheval de charrette », relevé par le BPFC III, 1904-05, 67, le Dionne et le *Glossaire* (cf. avant 1930 dans l'anc. fichier de la SPFC : « Arthabasca 1, L'Islet 1 », Dg), n'est pas le même mot ; il s'agit plutôt d'une déformation, par étymologie populaire, de *panneau* qui, attesté en fr. avec ce sens de Cotgrave 1611 à Larousse 1874, vit toujours dans les patois, notamment du Nord-Ouest et du Centre (v. FEW 7, 558), et qu'on connaît bien aussi en québécois de jadis et d'aujourd'hui (voir par ex. Gl et Bél²).

L'expr. PETIT BANNEAU n'a été relevée qu'à Saint-Augustin, mais elle est certainement plus répandue. Le *petit banneau,* généralement tiré par les enfants, peut ne pas basculer.

L'expr. BLEU-BANNEAU « bleu foncé qui rappelle la couleur d'un *banneau* » (le tombereau est en effet peint en bleu dans beaucoup de régions du Québec) est aussi probabl. plus répandue que ne le laisse supposer notre documentation actuelle (cp. *bleu-coffre* et *rouge-huche* relevés par Rivard dans le passage cité sous ENQ.).

BANNOUÉ subst. m. « charrette à deux roues, qui ne bascule pas », que nous n'avons rencontré, pour le moment, que dans la Beauce, et qui ne figure pas au FEW, semble être d'une formation québécoise : croisement de *banneau* avec un mot en *-ouet,* comme *cabrouet* « haquet, charrette longue sans ridelles, à deux roues, qui sert au transport des tonneaux, des ballots » (Gl et Bél² ; mais *-et* est généralement prononcé avec un *-è* ouvert, voire avec un *-t* : *-wè* ou *-wèt*), ou plutôt changement de suffixe : *-oir* [*-wé*] à la place de *-eau* (cf. québ. *terroir* « terreau » Di, Gl).

Autres dénominations de voitures d'été (pour les déf., v. les principaux glossaires) : *bachat, barouche, buggy, cabrouet, calèche, carriage, char, chariot, charrette à box, charrette à poches, chienne, cogne-cul, express, grand charrette, planche, petite charrette, quatre-épées, quatre-poteaux, quatre-roues, sulky, surry, top trailer, voiture* (dans diverses expr., v. Gl), *waguine*, etc.

Pron. *bànó.* — Graphies *banneau, baneau, bannau, banau, banaux* (sg.), *bannot, banot, banaut, baneaux* (sg).

1° Tombereau.

DOC. — *Deux charettes avec leurs roues ferrez, leurs chartis, un grand et un petit, un baneau* **1649**, Québec, ANQ, gr. G. Audouart, doc. 7 oct. — *Un banneau* **1664**, Québec, ANQ, gr. P. Duquet, doc. 7 oct. — *Un meschant banneau et une cheville de fer* **1667**, ib., doc. 11 oct. — *Un charty et un banneau* **1671**, Québec, ANQ, gr. M. Fillion, doc. 21 janv. — *Deux beufs avecq traines ou baneaux* **1676**, Beauport, ANQ, gr. P. Vachon, doc. 23 mars [le *ou* ne doit pas être l'expression d'une équivalence mais plutôt d'une énumération, à moins qu'il ne s'agisse d'une attestation ancienne du sens 2°]. — *Un mechand banneau avec ses mechantes roues* **1704**, Québec, ANQ, gr. Fl. De La Cetière, doc. 19 avril. — *Un vieux baneau* **1751**, Saint-Augustin, ANQ, gr. Pr. Marois, doc. 25 juin. — *Une autre petitte charette avec un bannot* **1751**, Beauport, ANQ, PJN, n° 1622, doc. 16 déc. — *Une cheville a banneau* **1756**, Québec, ANQ, PJN, n° 1829, doc. 23 déc. — *Un banneau avec une vieille paire de roües* **1758**, Ancienne-Lorette, ANQ, gr. J.-B. Panet, doc. 17 mai. — *Unt vieux banaut a chevalle* **1770**, Beauport, ANQ, gr. P. Parent, doc. 29 oct. — *Une cheville de faire* [= fer] *a banaux* **1771**, ib., doc. 18 avril. — *Un banau* **1774**, Neuville, ANQ, gr. B. Planté, doc. 26 janv. — *Pour avoire ferré un banot* **1779**, Québec ASQ, Séminaire 120, n° 91. — **1785**, Québec, AJQ, gr. A. Dumas, doc. 1ᵉʳ août. — *Esieux de banot* **1788**, Québec, ASQ, Séminaire 120, n° 269, doc. 23 avril. — *Un baneau* **1798**, Château-Richer, AJQ, gr. B. Faribault, doc 24 janv. (fréquent chez ce notaire). — *1 baneaux neuf* **1809**, non loc., ASQ, Séminaire 121, n° 198, déc. — *Pour un baneau complette . . . £ 4* **1810**, ib., n° 261. — *Pour une paire de menoire* [= brancards] *de baneau* **1812**, ib., n° 343, janv. — *1 racomodage de baneau* **1814**, Québec, ASQ, Séminaire 122, n° 246, doc. 20 déc. — *1 essieu de baneau ib.* — *Un baneau prisé une piastre* **1820**, Loretteville, AJQ, gr. D. Lefrançois, doc. 26 août. — *Un banneau avec roues ferré prisé douze piastres* **1823**, ib., doc. 16 janv. — *Un banneau et roues ferrées*

1841, Saint-Gervais, ANQ, AP-P 58-A, doc. 21 juill. — *Deux charrettes, un banneau avec leurs roues* **1874**, Québec, AJQ, gr. G. Larue, doc. 27 fév. — *2 cramp* [= crampe] *baneaux* **1890**, Saint-Frédéric (Beauce), ANQ, AP-G 366, 15 mai, p. 50. — *1 pere de menoire de baneaux ferré* **1891**, ib., 20 juill., p. 96 (fréquent dans ce doc.). — *1 crampe de bannau* **1897**, Beauceville, AF, Livre de comptes de Sig. Doyon, 30 avril, p. 60.

LITT. — [...] *le cheval s'en était allé plus loin avec son banneau* [...] **1942**, D. Potvin, *Un ancien contait*, 92. — **1943** (1945), F. Leclerc, *Adagio*, 55. — **1958** (1962), F. Leclerc, *Le fou de l'île*, 20.

ÉT. — **1955**, BarbArts 123 (relevé à Kamouraska). — *Anciennement pour engraisser la terre, on portait le fumier dans un « banneau », on le déchargeait par petits tas, et on l'étendait à la fourche.* **1960**, DawsIO 56 ; autres ex. 59 (v. dessin), 170.

ENQ., LITT. OR. — Avant **1930**, anc. fichier de la SPFC [« Charlevoix 2, Chicoutimi 3, Lac-Saint-Jean 2, Montmorency 2, Comté de Québec 3, Québec (v.) 9, Portneuf 3, Labelle 1, Rouville 1, Sherbrooke 1, Wolfe 1, Mégantic 3, Arthabasca 3, Lotbinière 3, Beauce 3, Dorchester 5, Lévis 7, Bellechasse 4, Montmagny 4, L'Islet 1, Kamouraska 2, Témiscouata 5, Rimouski 3, Matane 3 », Dg]. — *Nous avions de fort bell's noc's ; Nous étions quat' par carross' ; Les mariés dans un banneau* [...] **1956**, R. Scott Young, *Vieilles chansons de Nouvelle-France*, 69. — *Ils charroyaient de la roche à bras, avec des brouettes. Ils avaient pour leur dire : si on avait un cheval, on le mettrait sur un banneau, puis on charroyerait. Le curé dit : « En voulez-vous un cheval ? Je vais vous en avoir un. » Et puis il a fait venir le diable, ils l'ont mis sur le banneau.* **1974**, Saints-Anges, DupBeauce 82. — *Le banneau, y' avait deux roues, y' levait pis y' basculait.* **1974**, Saint-Jean (Ile d'Orléans). — **1974**, Saint-Augustin. — **1974**, Saint-Romuald. — **1974**, Tingwick. — **1975**, Saint-Ferréol. — **1975**, LavSagE (« *tombereau* est également connu »).

[Quelques attestations du fr. *tombereau* : 1678, Montréal, ANQM, gr. C. Maugue, doc. 17 fév. — 1688, Montréal, ANQM, gr. A. Adhémar, doc. 10 avril, fréquent chez ce notaire. — 1745, Laprairie, ANQM, gr. A. Souste, doc. 12 juin, fréquent chez ce notaire. — 1762, Pointe-Claire, ANQM, gr. L.-J. Soupras, doc. 19 juill. — 1801, Montréal, ANQM, gr. Th. Barron, doc. 2 fév. — 1817, Montréal ANQM, gr. Th. Bedouin, doc. 20 avril. — Autres attestations dans SégCiv 596-597. — Dans la littérature 1918 (1972), A. Laberge, *La Scouine*, 130 (*le tombereau bleu*). — 1938 (1965), Ringuet, *Trente arpents*, 99. — 1944 (1967), R. Lemelin, *Au pied de la pente douce*, 234 ; 250. — 1959 (1970), F.-A. Savard, *Le barachois*, 86. — 1970, A. Hébert *Kamouraska*, 23. — 1973, V.-L. Beaulieu, *Oh Miami Miami Miami*, 168. Sur la concurrence entre *banneau* et *tombereau*, v. hist.].

BIBL. — FauchHonn 58 ; Cl ; BPFC III (1904-05), 61 ; Di ; TachAgr

613 a ; GeoffrI 196 ; Gl ; HudFor ; DgBeauce : GardDict 89 ; DgAtl 179 ; DavCréat 159 ; DawsIO 174 a ; DgGéog fig. 19 ; DgDict ; Bél² [considère à tort le mot comme étant du fr. actuel] ; LavSag 70 n° 105 ; 72 n° 140 ; DupBeauce 137.

2° Sorte de tombereau d'hiver sur patins.

ÉT. — **1924,** GeoffrI 196 ; **1930,** Gl ; **1971,** Bél².

→ *berline* sens 4°.

ENQ. — Avant **1930,** anc. fichier de la SPFC [« Charlevoix 1, Chicoutimi 2, Lac-Saint-Jean 1, Montmorency 5, Comté de Québec 5, Québec (v.) 8, Portneuf 6, Champlain 1, Maskinongé 1, Russel 1, Wolfe 1, Mégantic 3, Arthabaska 2, Lotbinière 1, Beauce 2, Dorchester 3, Lévis 5, Bellechasse 4, Montmagny 5, Kamouraska 2, Témiscouata 3, Rimouski 3, Matane 1 », Dg].

3° Grande *carriole* basse.

ÉT. — **1924,** GeoffrI 196 ; **1930,** Gl.

ENQ. — Avant **1930,** anc. fichier de la SPFC [« Québec (v.) 1, Dorchester 2, Lévis 1, Bellechasse 1, Témiscouata 1, Rimouski 1 », Dg].

● PETIT BANNEAU

Petite voiture de charge pour les enfants, de la même forme que le tombereau.

ENQ. — *Va ramasser des feuilles avec le petit banneau.* **1975,** Saint-Augustin (fréquent).

● BLEU - BANNEAU

Bleu foncé, de mauvais goût (rappelant la couleur bien caractéristique du *banneau*).

Pron. *blœ̀ bànó.*

ENQ. — *C'est bleu-banneau, c'est don(c) laid !* **1974,** Saint-Augustin (fréquent).

[Cp. dans A. Rivard, *Chez nous,* 1914, 11 : *Et c'est ainsi que, de mère en fille, le vieux ber bleu-coffre* (note de l'auteur : *Ailleurs, on me dit que le ber est rouge-huche.*) *est venu jusqu'à nous.* Repris dans *L'Almanach du peuple* 47, 1916, 383 (*Le ber*). Les expressions relevées par Rivard ne sont cependant pas péjoratives.]

● BANNOUÉ subst. m.

Pron. *bànwé.*

Charrette à deux roues, qui ne bascule pas.

ENQ. — *Le bannoué ne basculait pas, on s'en servait pour transporter le foin et les patates.* **1973,** Beauce. — *Faire arculer l'ch'val ent' les deux menouères* [= brancards] *du bannoué.* Ib. — *Un bannoué renclos* [= qui a des ridelles]. Ib. — *Le bannoué passe dans les roulières.* Ib.

BER subst. m., BERÇANTE subst. f.

HIST. — **Fr.** BER ou BERS « berceau, petit lit de très jeunes enfants fait de telle façon qu'on peut lui communiquer un mouvement de balancement », déverbal de *bercer* (de **bertiare*, propre au latin de Gaule et d'Espagne, du radical gaulois **berta-* « secouer », BW⁵), a vécu du XIIᵉ s. au XVIᵉ ; à l'époque moderne, conservé comme t. de marine (« charpente supportant un navire en construction ») et, surtout, dans le proverbe *ce qu'on apprend au ber dure jus-qu'au ver* (Littré ; Robert) ; le GLLF retient encore ce mot au sens de « berceau » avec indication « dialect. ou vx ». Au XVIIᵉ s., il a été supplanté, dans la langue générale, par l'ancien diminutif *berceau* (XVᵉ s., auparavant *berçuel* XIIᵉ s., lat. tard. *berciolum* VIIIᵉ s., BW⁵), mais continue à s'employer, jusqu'à présent, sous diverses formes phonétiques, dans des dialectes, notamment dans ceux de l'Ouest et du Nord-Ouest, en Normandie en particulier (FEW 1, 337 a ; ALF 126 ; BW⁵ ; DDM ; Rohlfs, *Romanische Sprachgeographie,* 73 et carte 47 ; aussi en créole de la Réunion, v. Chaudenson II, 702). Mot courant en québécois populaire (attesté dep. 1684) jusqu'à l'époque moderne, où il connaît un certain déclin, le berceau traditionnel ayant été remplacé par le *petit lit* ou la *bassinette* « sorte de lit pour nouveau-né (qui ne se balance pas) » (vient de l'angl. *bassinet*). D'autre part, il a subi la concurrence du fr. *berceau,* non pas tellement dans le parler populaire où la polysémie « berceau » ∿ « patin de berceau » (sens 1º) aurait été gênante, mais à des niveaux du langage plus élevés, notamment dans la langue écrite dans laquelle le terme français est attesté dès les plus anciens documents (et même antérieurement à *ber*) ; dans la littérature, *berceau* l'em-porte actuellement sur *ber,* et certains auteurs, en employant *ber,* semblent éprouver le besoin de l'expliciter par le terme français (Fréchette 1900, Savard 1948). Les anciens documents nous apprennent que les *bers* étaient surtout en bois de pin (doc. 1700, 1706, 1797), mais parfois aussi en osier (1689) ; les patins arqués sur lesquels ils reposent s'appelaient, ou s'appellent toujours, *chanteaux* (pron. ệãtó), ou *berceaux,* ou *berces* (sur ces termes, v. ci-dessous). On conservait les *bers* dans les familles de génération en génération (v. ci-dessous, sous LITT., les ex. de Rivard 1914 et de Guèvremont 1947, et sous ÉT., les indications de MUrsLav) et diverses croyances s'y rattachaient (v. ci-dessous, sous ÉT., MUrs-Lav ; de même sous *bercer,* LITT., le passage de Trudel *Vézine* ; voir aussi ci-dessous à propos de la *berceuse* en mouvement).

Le sens 2º de *ber,* « ridelles d'une charrette », est aussi d'origine française (langue générale et dialectes, Robert ; TLF ; FEW 1, 337 b) ; le parler angevin et ceux du Centre (Vendôme, Blois) connaissent en outre le sens 3º « partie d'une charrette comprise entre les ridelles » (FEW 1, 337 b), et c'est de ce sens que dérive, par métonymie, celui de « plate-forme d'une charrette à fourrage » (sens 4º) que nous n'avons cependant pas relevé dans les dictionnaires français généraux ni dialectaux. L'expression BER DE GRIL (sens 5º), hapax, est peut-être une création imagée d'un narrateur, que nous n'avons pas retrouvée ailleurs.

Quant à BERCEAU, ses cinq premières⁺ significations québécoises parmi celles qui figurent ci-dessous n'ont pas été relevées par le FEW dans les parlers français (même pas « ridelle » dans ALO 127 et ALCe 214), mais ne sont peut-être pas pour autant des créations du français québécois ; il n'est pas exclu qu'on les ait bel et bien connues aussi en France. En effet, l'emploi métonymique de *berceau* au sens de « patin arqué d'un berceau » (sens 1º ; sens appliqué ensuite, au Québec, au patin de la *berceuse*) — où une attraction formelle de *chanteau* ou *château* « id. » (v. ci-dessous) aurait pu jouer — de même que son transfert métaphorique du concept « berceau » à celui de « ridelles », puis « espace entre les ridelles », « contenu de cet espace » et « plateforme de la charrette » (sens 2°, 3°, 4° et 5°) — transfert dont la motivation est la même que dans le cas de *ber* — supposent d'abord, dans la langue, l'existence de ce mot avec son sens primaire, or il n'est pas sûr qu'en Nouvelle-France, dans le parler populaire, on ait connu *berceau* avec ce sens (comme concurrent de *ber* 1°) antérieurement à ses emplois aux sens de « patin d'un berceau » (1832) et de « ridelle » (1837) ; l'origine galloromane paraît cependant plus probable dans le cas des sens 2°, 3° et 4° que dans celui du sens 1°. L'acception 6° « pièce, en forme de berceau, d'une machine à laver rudimentaire », relevée à l'Ile d'Orléans, est un emploi métaphorique propre au français québécois. De même, l'acception 7° « abri naturel formé de feuillage en forme de voûte », qui n'est confirmée en France que par le GLLF (et encore sa déf. « voûte de feuillage, naturelle ou artificielle, couvrant une allée » ne convient-elle pas à nos exemples, notamment au second), est vraisemblablement une extension québécoise de l'acception française « treillage en voûte garni de verdure, tonnelle » (dep. Estienne 1538, BW⁵ ; FEW 1, 338 a ; Littré ; Robert ; GLLF ; etc.), connue également au Québec.

BERCET au sens de « ridelle de charrette » a été relevé en picard (*berchet*, FEW 1, 337 b).

La « berceuse » (objet) a été importée des Etats-Unis et répandue au Québec au début du XIXᵉ s., peut-être par des Loyalistes américains et des artisans immigrés (MartBerc 16-17 ; 122). Aussi les dérivés du verbe fr. *bercer* qui se rattachent à cette nouvelle réalité : CHAISE BERÇANTE, BERÇANTE, CHAISE BERCEUSE, BERCEUSE, de même que BERCEAU au sens de « patin d'une *berceuse* », BERCE « id. », BERCER aux sens indiqués ci-dessous, BERÇAGE, etc., sont-ils assurément des innovations québécoises qui, pour la plupart, remontent effectivement à cette époque (*chaise berçante* dep. 1824, *berçante* dep. 1836, *chaise berceuse* dep. 1821, *berceuse* dep. 1834, *berceau* 1° dep. 1832, *berce* aussi dep. 1832 ; *bercer* et *berçage* plus tard, semble-t-il ; BERCEUR « celui qui se berce dans une *berceuse* » paraît encore plus récent et moins répandu). L'affirmation de Colpron qui voit dans *chaise berçante* un calque de l'angl. *rocking-chair* est gratuite (Colpr 35) ; nous n'avons jusqu'à présent aucun témoignage de l'existence au Québec du terme anglais au moment où apparaît, au début du XIXᵉ siècle, *chaise berçante*. D'autre part, en français le mot *berceuse* « sorte de siège à bascule » existe également, mais seulement dep. 1875 (Littré Suppl. ; Robert ; Larousse 1960 ; GLLF ; DFV ; etc.), et il faut y voir sans doute une création indépendante ; d'ailleurs, la réalité que ce mot désigne diffère généralement de la *berçante* québécoise qui est normalement une chaise (certains lexicographes français font avec raison une différence entre les deux, v. par ex. DFV qui distingue le fr. *berceuse* « petit fauteuil à bascule » et le canadianisme *berceuse* « chaise sur laquelle on peut se bercer, rocking-chair »). L'existence du mot *berceuse* en fr. est la cause de beaucoup de méprises des lexicographes québécois qui, préoccupés de la norme, corrigent en général, à tort, *berçante* et *chaise berçante* en *(chaise) berceuse* (v. ci-dessous leurs définitions et recommandations citées dans BIBL. sous *chaise berçante* et *berçante* ; v. aussi sous *berceuse* ; à noter que *chaise berceuse* ne figure dans aucun dictionnaire français). Dans la littérature québécoise, *berceuse* est le terme le plus employé (dep. 1849, G. Boucher de Boucherville, *Une de perdue, deux de trouvées,* éd. des Cahiers du Québec, 1973, 97) — sans doute parce que l'écrivain croit se conformer à la norme — mais les trois autres désignations se rencontrent très fréquemment ; parfois, dans un même texte, on emploie indifféremment *berçante* et *chaise berçante* (Guèvremont), *berceuse* et *chaise berceuse* (Ringuet), voire *berceuse* et *berçante* (Major ; utilise aussi *chaise berçante* dans un autre texte). Seules des enquêtes systématiques sur la langue parlée actuelle permettront d'établir avec précision l'extension géographique de chacune de ces appellations ; toutefois d'après l'état présent de notre documentation, 1° *chaise berçante* et *chaise berceuse* semblent plus répandus que *berçante* et *berceuse* ; 2° *chaise berçante* est le terme le plus usuel dans la ville de Québec et dans sa grande banlieue ; 3° *chaise berceuse* semble être le plus répandu dans les régions de la Côte-Nord, du Saguenay et du Lac-Saint-Jean. L'existence de la forme BER-ÇOISE « berceuse », tout à fait isolée, et non localisée par MartBerc 168, devra être confirmée par d'autres relevés ; quant à l'expression descriptive CHAISE A BERCEAUX, attestée sous la plume de deux notaires montréalais du XIXe siècle, elle n'a peut-être jamais vécu dans le parler populaire, mais on la relève dans le franco-américain de Sainte-Geneviève, Missouri (DorrMiss). Les patins arqués d'une *berceuse* sont désignés par les mêmes noms que ceux d'un *ber* : *chanteaux, berceaux, berces,* mais aussi, assez exceptionnellement d'ailleurs, par BERÇOIRS ou BERÇANTS (v. ci-dessous) ; l'acadien utilise surtout *rouloir* et *roulette.* Comme dans le cas du *ber,* diverses croyances populaires se rattachent à la *berceuse* (v. ci-dessous, s.v. *bercer, Les contes d'Azade,* MartBerc et Desruisseaux *Croyances*).

Certains des sens québécois du verbe BERCER, notamment du verbe intransitif, sont sans rapport avec celui que le verbe a en français et dérivent tout naturellement du concept que recouvre *(chaise) berçante* ou *berceuse* : une *berçante berce* « se balance » (sens 1°), de même qu'une personne ou un objet peut *bercer* dans une *berçante* (sens 2°, d'où aussi les dérivés BERÇAGE et BERCEUR). En revanche, le sens du verbe transitif, « emporter qn en le secouant et charriant » (sens 3°), dans l'expr. LE DIABLE LE BERCE, est plutôt un emploi ironique du fr. *bercer* ; cette expr. a été recueillie par des dict. fr. du XIXe s. (Poitevin, Vorespierre, Littré, Bescherelle 1892 ; manque au FEW), mais dans un sens différent : « se dit d'un homme inquiet et inquiétant » (Littré) ; aussi fr. *Quand il dort, le diable le berce,* de même sens, dans des dict. des XVIIIe et XIXe s. (Académie 1718, Furetière 1727, Bescherelle 1892 ; aussi dans la *Satire Ménippée* : [. . .] *les Flamands ont fait un proverbe, qui dit que, quand le Français dort, le diable le berce,* v. Littré, s.v. *bercer,* hist.). L'expr. québécoise ne semble pas très courante ; on entend plus fréquemment : « Que le bon Dieu le bénisse, pis que le diable le charrisse ! ». *Se bercer* « marcher en se dandinant » (sens 4°), relevé uniquement par le *Glossaire,* est aussi d'origine gallo-romane ; ce sens vit en normand et en lorrain, v. aussi fr. m. « se balancer en marchant (d'un cheval) » depuis l'Encyclopédie (FEW 1, 337 a ; manque cependant dans Rob., PRob., GLLF et DFC). L'expr. SE BERCER SUR L'ANNEAU DE LA TRAPPE « être éconduit (en parlant d'un amoureux) » est un hapax de création sans doute québécoise et son existence devra être confirmée par d'autres témoignages.

BERÇANT adj. (dans d'autres expressions que *chaise berçante*) et subst., ainsi que FAUTEUIL BERÇANT, ont été formés récemment et ne sont pas entrés dans l'usage courant ; la distinction entre *fauteuil berçant* et *chaise berçante* (selon que le siège est muni d'accoudoirs ou non) n'est pas habituelle au Québec : la *(chaise) berçante* ou *berceuse* peut être munie d'accoudoirs, et cela s'explique du fait qu'autrefois en France les chaises n'étaient pas non plus nécessairement sans bras (FEW 2, 506 a ; v. aussi Furetière 1690, Cayrou, Dubois-Lagane[2], Littré [ex. de Montaigne], GLLF). Seule l'expression *fauteuil berçant*

« fauteuil à bascule sans patins » (meuble à ressorts, relativement récent) est plus ou moins répandue.

BERCE f. « patin arqué d'un berceau ou d'une *berceuse* » (dep. 1832) est probablement sans lien direct avec le picardo-wallon *berce* ou *berche* « berceau » (FEW 1, 337 a) et avec le louisianais *berce* f. « rocking-chair » (ReadLouis 9) ; v. déjà ci-dessus. D'ailleurs, ni *berce*, ni *berçant*, ni *berçoir* « patin de *berceuse* » ne font partie de l'usage courant ; les termes les plus usuels pour rendre cette notion sont *berceau* (en gros dans l'Ouest du Québec) et *chanteau* (en gros dans l'Est ; généralement pron. ϵ̆åtó, v. JunPron 249 ; mot d'origine normande, FEW 2, 230 a ; on en trouvera plusieurs attestations ci-dessous : sous *ber* 1º, doc. du 30 nov. 1789 ; sous *berceau* 1º, parler actuel de Saint-Augustin ; sous *berceur*, texte de V.-L. Beaulieu) ; *berce* aurait survécu avant tout dans l'Ouest du Québec (v. G. Dulong, *Atlas linguistique de l'Est du Canada* dans *Presentazioni di lavori in progetto o in corso*, XIVᵉ Congrès intern. de Linguistique et Philologie romanes, 1974, 44 ; v. cependant l'attest. d'Ant. Maillet).

BERÇOTHON est, comme d'ailleurs le concept lui-même, d'une invention assez récente (pourrait remonter, selon M. L. Lacourcière, aux années 1930-35), et il faut y voir une formation analogique d'après le fr. *marathon* (cp. en québécois *pianothon, nagethon, poteauthon, marchethon, pipethon, cyclothon,* etc.) ; l'anglo-canadien écrit connaît le calque *rockerthon* (v. DictCan). Le *berçothon* est certainement une réalité typiquement québécoise. Mais l'habitude d'accoler la terminaison *-(a)thon* à certains termes pour désigner divers concours d'endurance, semble bien être d'origine américaine. « *Marathon* tronqué fournit aux E.-U. un suffixe de fantaisie qui, combiné avec certains termes, exprime une longueur à n'en plus finir, une endurance admirable, comme dans les termes : *beerathon, dançathon, walkathon, talkathon,* etc. Mencken parle même de *Bible-readathon*, 'lecture-marathon' de la Bible, entreprise pieuse de plus de 300 personnes ayant lu les deux testaments — en se relayant — pendant trois jours et trois nuits », Et. et S. Deak, *Grand dictionnaire d'américanismes*, 4ᵉ éd., 1966, s.v. *-athon* ; aussi dans la 3ᵉ éd. de 1962 [Dg].

BERCEMENT « action de bercer » PoirGl (*Le bercement des feuilles sous le vent*) est fr. (v. Robert ; PRobert ; Littré ; etc. ; manque au FEW) ; en québécois, ce dérivé est appliqué au balancement de la *berceuse* (v. par ex. Ringuet, *Trente arpents*, 1938, éd. Nénuphar, 1965, pp. 25, 41, 76 [passage cité ci-dessous s.v. *berceau* 1º] ; R. Lemelin, *Pierre le magnifique*, 274).

En dehors du Québec : *ber* « berceau » en acadien (Mass 1164, PoirGl) et à Brunswick aux Etats-Unis (LockeBrunsw 163), ainsi qu'en louisianais (Ditchy-Louis) ; *berceau* « patin de berceau ou de *berceuse* » en acadien (Mass 1166), à Brunswick (LockeBrunsw 171) et à Sainte-Geneviève (Missouri ; DorrMiss, s.v. *chaise à* ∼) ; *chaise berçante* dans le parler acadien de Chéticamp en Nouvelle-Ecosse (Mass 1165) et dans le franco-américain de Sainte-Geneviève (Missouri ; DorrMiss) ; *berçante* à Brunswick (LockeBrunsw 170) ; *chaise berceuse* en acadien (Mass 1165) et à Brunswick (LockeBrunsw 170) ; *berceuse* en acadien (Mass 1165) et en louisianais (DitchyLouis) ; *chaise à berceaux* dans le franco-américain du Missouri (DorrMiss) ; *bercer* v. intr. aussi en acadien (v. Ant. Maillet, *La Sagouine*, 53, et *Emmanuel à Joseph à Dâvit*, 28), de même que *berce* « patin de *berceuse* » (Ant. Maillet, *Emmanuel à Joseph à Dâvit*, 28), tandis que *berce* « rocking-chair » en Louisiane (ReadLouis 9).

Autres dénominations de la *berceuse* : *bergère, chaise à roulettes* (acad.), *chaise à rouloirs* (acad.), *roulette* (acad.), *rouloire*.

Pron. *bèr.* — Graphies *ber, bers, bert, berre, bere, bére, berc, bair, baire.*

1º Berceau, petit lit des très jeunes enfants fait généralement de telle façon qu'il peut être balancé.

DOC. — *Un ber d'osier* **1684**, Montréal, d'après SégCiv 364. — *Un ber de bois de pain* **1700**, Champlain, ANQ, PJN, nº 1445, doc. 17 mars. — *Un ber d'enfant* **1700**, Québec, ANQ, gr. L. Chambalon, doc. 18 juin. — *Deux petits lits de ber pour enfant* **1703**, ib., doc. 27 juill., p. 20. — *Un bert* **1705**, Québec, ANQ, gr. Fl. De La Cetière, doc. 3 juin. — *Un ber de bois de pain* **1706**, Champlain, AJTR, gr. D. Normandin, doc. 2 mars ; autres ex. doc. 24 sept. 1711, 19 fév. 1723 et 21 nov. 1727. — *Un ber avec deux orillé* **1715**, Beaupré, ANQ, gr. B. Verreau, doc. 9 janv. — **1733**, Sainte-Croix, ANQ, gr. J.-B. Choret, doc. 11 fév. — **1750**, Laprairie, ANQM, gr. A. Souste, doc. 4 avril. — *Un petit ber* **1751**, Beauport, ANQ, PJN, nº 1622, doc. 16 déc. — *Un ber et un charriot* **1774**, Neuville, ANQ, gr. B. Planté, doc. 18 avril. — *Un bers d'enfant* **1779**, Québec, ANQ, gr. A. Geneste, doc. 2 juill. — **1780**, Sainte-Anne-de-la-Pocatière, ANQ, gr. L. Cazes, doc. 9 nov. — **1781**, Neuville, ANQ, gr. B. Planté, doc. 27 juill. — **1782**, Sainte-Anne-de-la-Pocatière, ANQ, gr. L. Cazes, doc. 30 déc. — *Un bert* **1783**, Deschambault, ANQ, gr. J. Perrault, doc. 28 juill. (fréquent chez ce notaire). — **1783**, Château-Richer, ANQ, gr. A. Crespin fils, doc. 17 nov. — *Un baire* **1785**, Sainte-Croix, ANQ, gr. J. Cadet, doc. 12 janv. — *Un bair avec une paillase* **1785**, ib., doc. 5 fév. — *Un berre pour enfans comme vieux* **1786**, Charlesbourg, ANQ, AN, doc. 5 avril. — *Un bert* **1788**, Québec, AJQ, gr. Ch. Voyer, doc. 14 avril. — *Un bert* **1788**, ib., doc. 15 avril. — *Un bere a enfant* **1789**, Neuville, ANQ, gr. F.-X. Larue, doc. 19-20 janv. — *Deux chateaux* [= pièces de bois recourbées sur lesquelles se balance un berceau] *de bers* **1789**, Beauport, ANQ, gr. L. Miray, doc. 30 nov. — *Un petit ber* **1793**, Québec, AJQ, gr. J. Plante, doc. 25 sept. — *Un berc* **1795**, Rivière-du-Loup, ANQ, AN, doc. 6 fév. — *Un bére de bois de pin* **1797**, Château-Richer, AJQ, gr. B. Faribault, doc. 19 janv. — *Un coupon d'étoffe noir et une couverture de ber* **1797**, Sainte-Anne-de-la-Pocatière, ANQ, gr. A. Dionne, doc. 17 juin. — *Un bert* **1798**, Château-Richer, AJQ, gr. B. Faribault, doc. 6 mars (fréquent chez ce notaire). — *2 grosse couverte* [= couverture] *et une petite* [*pour*] *bert* **1803**, ib., doc. 20 sept. — *Un berre* **1809**, Québec, AJQ, gr. L. Guay, doc. 4 fév. — *Un berre d'enfant* **1818**, Loretteville, AJQ, gr. D. Lefrançois, doc. 11 fév. (fréquent chez ce notaire). — *Item, un bert quatre livres, dix sols* **1832**, Vaudreuil, ANQM, gr. H.-F. Charlebois, doc. 2 avril. — *Un ber a quatre chelins* **1832**, Montréal, ANQM, gr. Et. Guy, doc. 8 oct. — *Un ber a une livre* **1834**, ib., doc. 14 août. — *1 berre* **1851**, Québec, AJQ, gr. Ph. Huot, doc. 5 mai. — *Un bert, quarante-huit sols* **1851**, Longueuil, ANQM, gr. P.-E. Hurteau, doc. 15 oct. — *Un ber estimé une piastre* **1880**, Sainte-Agathe (Mégantic), ANQ, AP-P-1431 (Mercier, Louis).

LITT. — *Le petit dernier dort à ses côtés dans son ber.* **1860** (1876), Abbé H.-R. Casgrain, *Légendes canadiennes*, 37. — **1874**, Faucher de Saint-Maurice, *A la brunante*, 38 [Dg]. — [...] *le petit coin où ma mère dodelinait mon berceau, mon ber, comme on disait alors : une expression de Bretagne et de Normandie, qui, de même que l'objet lui-même, est allée rejoindre les vieilles heures et les neiges d'antan.* **1900** (1961), L. Fréchette, *Mémoires intimes*, 32. — *Et c'est ainsi que, de mère en fille, le vieux ber [...] est venu jusqu'à nous.* **1914**, A. Rivard, *Chez nous*, 9-10. — [...] *j'étais encore dans le ber* **1945** (1974), G. Guèvremont, *Le Survenant*, 29. — *Il a dit comme ça : « que le diable te berce ! » et le ber s'est mis à bercer tout seul...* **1946** (1962), M. Trudel, *Vézine*, 82. — [...] *Vézine songeait [...] à la douce maison où [...] dormirait un poupon dans son ber.* Ib., 264. — *Subitement il [= le père Didace] s'en écarta* [de l'instrument aratoire qu'il réparait], *découvrant à la vue le ber, l'ancien ber des Beauchemin, qu'il avait descendu du grenier,* **1947** (1971), G. Guèvremont, *Marie-Didace*, 117 ; autre ex. 118. — *Dans la cuisine, le ber criait sous la poussée du gros pied de Didace.* Ib., 138 ; autres ex. 139 et 145. — *Peu après, elle déposa Bichette dans son ber* [...] **1948** (1968), F.-A. Savard, *La Minuit*, 54 [mais *Elle s'approcha du berceau de Bichette,* 53 ; l'ordre dans lequel ces termes sont employés semble avoir été dicté par le souci de faire comprendre le terme *ber*]. — **1950** (1971) Y. Thériault, *La fille laide*, 160, 161, 162. — **1961**, E. Coderre, *J'parle tout seul quand Jean Narrache*, 22 ; 122. — **1969**, G. Vaillancourt, *Les Canadiens errants*, 12. — **1971**, V.-L. Beaulieu, *Les grands-pères*, 98. — *Bers* **1973**, M.-Cl. Blais, *Un joualonais, sa joualonie*, 55 ; 88. — **1975**, P. Filion, *Sainte-bénite de sainte-bénite de mémère*, 67.

ÉT. — **1946**, Saint-Gédéon (Lac-Saint-Jean), V. Tremblay, *Les dires d'un vieillard*, dans AF I, 123. — *Dès avant la naissance, la jeune femme prépare un moïse pour son premier-né, mais autrefois c'était un « ber ». « C'est mon mari qui l'a fait ; c'était un beau »,* nous a confié une aïeule avec fierté. *Comme un héritage sacré, le « ber » s'est transmis de mère en fille et même de nos jours nous en retrouvons quelques-uns à Laval, qui ont survécu aux années de service. Une croyance, à propos du « ber », s'est aussi transmise d'une génération à l'autre : mettre en mouvement un « ber » vide est signe qu'un autre bébé va arriver bientôt.* **1951**, MUrsLav 93 (autres croyances ci-dessous, bercer 1°) ; 92 (photographie) ; 147 ; 165 ; 331. — **1960**, DawsIO 42 (v. figure).

ENQ., LITT. OR. — *Le roi arrive, va voir son enfant dans le ber, n'y voit que du sang.* **1914** (1916), Saint-Victor (Beauce), M. Barbeau, *Contes populaires canadiens*, dans JAF XXIX, 66 (deux ex. dans cette page). — **1931** (1946), Gatineau (?), M.-R. Turcot, *Trois contes populaires canadiens*, dans AF I, 170. — **1931** (1948), rég. de Montréal, id., dans AF III, 66. — **1956**, R. Scott Young, *Vieilles chansons de Nouvelle-France*, 36. — **1974**, Saint-Augustin. — **1974**, Cap-Santé. — **1974**, Beauce.

— **1975**, LavSagE (« mot courant »). — [Encore connu dans tout le Québec].

[Le fr. *berceau* est cependant bien attesté dans la langue écrite de jadis et d'aujourd'hui (v. hist.) : *Un berceau a berser enfant avec une petitte chaire* [= chaise] 1677, Beauport, ANQ, gr. P. Vachon, doc. 2 juill. — *Quatre petites couvertures de berseau* 1695, Québec, ANQ, gr. L. Chambalon, doc. 28 mars, p. 44. — *Un petit berseau d'enfant tourné, garny de barreaux tournez* Ib., doc. 10 mai, p. 11. — *Deux couvertes de laine fine, et deux de ville for uzée avec un berseau* 1700, Champlain, AJTR, gr. D. Normandin, doc. 15 mars. — *Sept couvertes a berceau de Rouan blanches* 1703, Québec, ANQ, gr. Fl. De La Cetière, doc. 15 fév., p. 42. — *Une mechante petitte couverte a berceau* Ib., doc. 20 avril, p. 7. — *1704, ib.,* doc. 22 avril, p. 6. — *1724,* Montréal, gr. P. Raimbault père, doc. 6 déc. — *Un bersau et les promenouere* 1729, Batiscan, AJTR, gr. Fr. Trotain, doc. 19 oct. — *Un berceau d'enfant avec le lit et couverture* 1817, Montréal, ANQM, gr. Th. Bedouin, doc. 18 déc. — *Un petit berceau portatif* 1838, Laprairie, ANQM, gr. J.-B. Varin, doc. 20 juin. — *Quatre petits berceaux de sauvages à trois chelins chaque* 1838, Montréal, ANQM, gr. J. Belle, doc. 6-13 nov. — 1851, Longueuil, ANQM, gr. I. Hurteau, doc. 13 juin. — 1973, *(Catalogue) Eaton. Printemps et été 1973,* 193. — Aussi dans la littérature : 1837 (1968), Ph. Aubert de Gaspé fils, *Le chercheur de trésors,* 43. — 1844, Pietro [= Eugène L'Ecuyer], *La jeune fille au tombeau de son amant* dans *Le Ménestrel,* 25 juill., 82 a. — 1900 (1961), L. Fréchette, *Mémoires intimes,* 32 (voir ci-dessus s.v. *ber*), 76. — 1935, G. Bugnet, *La forêt,* 147, 149, 171, 177. — 1938, G. Bugnet, *Voix de la solitude,* 108, 110, 111. — 1938 (1965), Ringuet, *Trente arpents,* 27, 78, 88. — 1948 (1968), R. Lemelin, *Les Plouffe,* 61. — 1948 (1968), F.-A. Savard, *La Minuit,* 53 (voir ci-dessus s.v. *ber*). — 1970, A. Hébert, *Kamouraska,* 188. — 1972, J. Godbout, *D'amour, P.Q.,* 78, 79, 80, 82. — 1975, Ant. Maillet, *Emmanuel à Joseph à Dâvit,* 72, 127, 128.]

BIBL. — Viger BPFC VIII (1909-10), 103 b ; Du (*bers*) ; Cl ; BPFC III (1904-05), 84 ; Di (*ber, bers* ; aussi en Louisiane) ; JutrMais dans BPFC X (1911-12), 302-303 ; ClInv ; Gl (*bers*) ; Corr I n° 11 ; MUrsLav 387 a ; DawsIO 174 b ; DgGéogr figure 2 ; ClasMat [renvoi à G. Dagenais, *Comment dites vous ?,* dans *La Patrie,* 12-8-65, p. 10] ; DagDict ; SégCiv 364 ; DgDict (*bers*) ; Barb² 31 (*bers*) ; PalMeubl 189-195 (nombreuses photographies) ; Bél² ; LessAnt 20 ; 172 (nombreuses figures) ; LavSag 192 n° 34 ; GenObj 46 (avec photographie) ; PoirGl (considère à tort *ber* comme un diminutif de *berceau*) ; Mass 1164 ; DitchyLouis (*bers*) ; LockeBrunsw 163 ; DFV (*bers*, comme canadianisme).

[2° Ridelles d'une charrette (acception française).

LITT. — *La charrette, sous son pesant fardeau, faisait crier ses bers et craquer ses roues dans les ornières ou les rigoles.* **1878** (1972), P. Le May, *Picounoc le maudit*, 214.

ÉT. — *Là où l'on se sert encore de charrettes (voitures de charge à deux roues), pour transporter du foin par exemple, on appelle aussi* ber *l'ensemble des ridelles qui maintiennent la charge.* **1967**, DagDict.

ENQ. — *Charrette pleine jusqu'aux* bèr, *jusqu'aux ridelles.* **1975**, LavSagE.

→ berceau 2°.]

3° Espace entre les ridelles d'une charrette à fourrage ; son contenu.

LITT. — *Je gage que vous ne sauriez pas comment recevoir les premières fourchetées, ni comment les disposer au fond de la charrette, jusqu'à hauteur d'aridelles, pour établir un bon et large ber, sur quoi pourra s'élever la charge.* **1914** (1975), A. Rivard, *Chez nous*, 101. — *Tant qu'il* [= le fouleux] *était dans le ber de la charrette, tout marchait comme sur des roulettes. Mais lorsque le foin dépassait les échelles, c'était une autre paire de manches.* **1918** (1945), Frère Gilles, *Les choses qui s'en vont . . .*, 95 ; autre ex. 124.

ÉT. — *Chez nous, ber, de même que berceau, se disent de la partie de la charrette à fourrage qui est entre les ridelles ou les bers.* **1930-37**, Corr I n° 52.

ENQ. — *Remplir le* bèr ; *le* bèr *est plein, il y a du foin jusqu'aux ridelles.* **1975**, LavSagE.

BIBL. — ChapAgr 613 b ; Gl (*bers*) ; Corr I n° 52.

→ *berceau* 3°.

4° Plate-forme d'une charrette à fourrage.

ENQ. — *Le* bèr, *parfois le* bàrsó *de la charrette : le* rack [angl.], *la plate-forme de la charrette.* **1975**, LavSagE.

→ *berceau* 5°.

5° Support d'un gril, en forme de berceau, dans lequel est placée la braise (?).

LITT. OR. — *On envoie chercher la fille qui a trahi sa maîtresse, et devant tout le monde, on la met sur un « ber de gril » et on la fait brûler.* **1914** (1917), Saint-Victor (Beauce), M. Barbeau, *Contes populaires canadiens (Seconde série)*, dans JAF 30, 123.

● BERCEAU subst. m. [sur son emploi au sens fr. de « petit lit pour nouveau-né », voir ci-dessus s.v. *ber* 1°]

Pron. *bèrsó, bàrsó, bòrsó.* — Graphies *berceau, berseau, berceaux* [sg.], *barceau, borceau.*

1° Patin arqué d'un berceau, d'une *berceuse*, etc.

DOC. — *Une chaise à berceau, onze sols* **1832**, Contrecœur, ANQM, gr. A.-C. Duplessis, doc. 5 oct. — *Une chaise à berceau, neuf livres* **1855**, Montréal, ANQM, gr. P.-C. Valois, doc. 23 juin. Cf. ci-dessous *chaise à berceaux*.

LITT. — [...] *un des berceaux du ber* [...] **1916**, L. Groulx, *Les rapaillages*, 138. — *Petit à petit ses yeux se fermaient au bercement de la chaise et au ronronnement de la voix vieillotte. Quand elle le croyait endormi, Mélie s'arrêtait de parler et l'on n'entendait plus que le craquement des berceaux.* **1938** (1965), Ringuet, *Trente arpents*, 76. — *La veuve partie, Gilles retourne s'asseoir, se place les mains sur la nuque, les pieds sur les berceaux de la chaise qu'il recommence à faire aller.* **1956** (1971), J.-J. Richard, *Le feu dans l'amiante*, 40. — [...] *les berceaux de la chaise de Millette et leurs crissements sur le plancher de pin.* **1965**, G. Godin, *Ce maudit soleil*, 99 [Dg]. — *Le rythme de sa chaise est maintenant tout à fait régulier. Le bruit sourd du berceau au bout de sa course fait la cadence avec celui des pieds qui renversent le mouvement.* **1966**, M. Ferron, *La fin des loups-garous*, 11. — **1970**, P. Châtillon, *Le journal d'automne de Placide Mortel*, 75 (passage cité ci-dessous s.v. *bercer* 1°). — [...] *les gémissements des berceaux de la chaise sur les lattes du plancher* [...] **1972**, G. La Rocque, *Après la boue*, 9.

ÉT. — *Chaise berceuse* = *Fauteuil monté comme le ber sur deux pièces en courbe que l'on nommait berceaux et quelquefois châteaux.* **1911-12**, JutrMais dans BPFC X, 303. — *Les berceaux de ce bers commencent à être usés depuis le temps qu'ils roulent.* **1930**, Gl. — *Chaise double à trois berceaux* **1971**, LessAnt 215 (v. photographie 219). — [...] *Franklin a trouvé, dans la ville de Boston, un forgeron habile pour remplacer les berceaux en bois de sa chaise par des berceaux de fer forgé, plus durables.* **1973**, MartBerc 14 ; autres ex. 15, 16, 19-23, 39, 40, etc.

ENQ., LITT. OR. — *Mets pas tes mains en dessous du barceau de la chaise.* **1974**, Saint-Augustin (ɛåtó fréquent avec le même sens). — [...] *un petit joual* [= cheval] *vert en bois, rivé sur des petits berceaux* [...] **1974**, Notre-Dame-du-Laus (Labelle), R. Lalonde, *Contes de la Lièvre*, 133. — *bàrsó* **1975**, Saint-Ferréol. — *bàrsó* **1975**, LavSagE (courant).

BIBL. — JutrMais dans BPFC X (1911-12), 303 ; Gl (aussi *barceau* et *borceau*) ; Corr I n° 52 ; Bél² ; LessAnt 20 ; LavSag 143 n° 260 ; MartBerc 168 ; Mass 1166 ; DorrMiss (s.v. *chaise à berceaux*) ; LockeBrunsw 171.

→ *berce ; berçant* subst. m. ; *berçoir* (mais surtout *chanteau*, v. hist.).

2° Ridelles d'une charrette à fourrage.

DOC. — *Un lot de bois de berdeau* [= bardeau], *deux échelette*

[« ridelles » d'avant et d'arrière] *et deux berseau de charette* **1837**, Contrecœur, ANQM, gr. C.-L. Duplessis, doc. 1er mars.

LITT. — *Et ce midi-là nous étions partis pour l'autre terre, au grand trot des chevaux, appuyés sur nos manches de fourches, dans le tric-trac des échelettes et des berceaux de nos charrettes à foin.* **1916**, L. Groulx, *Les rapaillages*, 147.

ÉT. — **1972**, LavSag 72 n° 147.

→ *ber* 2°.

3° Espace entre les ridelles d'une charrette à fourrage.

ÉT. — *Mets du foin dans le berceau maintenant.* **1930**, Gl.

BIBL. — Gl (aussi *barceau*) ; Corr I n° 52 (v. l'ex. ci-dessus sous *ber* 3°).

→ *ber* 3°.

4° Charretée (de foin) ne dépassant pas la hauteur des ridelles.

ÉT. — *Un berceau de foin.* **1930**, Gl.   .

BIBL. — BPFC III (1904-05), 126 (aussi *barceau*) ; Di ; Gl (aussi *barceau*) ; Bél².

5° Plate-forme d'une charrette à fourrage.

ENQ. — *Le bàrsó de la charrette : le rack* [angl.], *la plate-forme de la charrette.* **1975**, LavSagE.

→ *ber* 4°.

6° Pièce, en forme de berceau, d'une machine à laver rudimentaire [v. les photos dans DawsIO 66].

ÉT. — [...] *un bon nombre de cultivateurs ont construit des laveuses dans lesquelles le linge est frotté entre un fond et un « berceau » lattés, actionnées par un brancard. Deux femmes se placent une de chaque côté et font l'ouvrage en chantant, mais on dit qu'on se fait mourir avec ces machines-là.* **1960**, DawsIO 66.

7° Abri naturel formé de feuillage en forme de voûte.

LITT. — *Au bout d'une vaste allée s'élevait un berceau formé par une vigne qui s'entrelaçait amoureusement autour d'un orme majestueux, et retombant à une certaine hauteur formait un asile charmant contre les rayons brûlants du soleil.* **1837**, U.-J. Tessier, *Emma ou L'Amour malheureux*, dans *Le Télégraphe* n° 19, 1er mai, p. 2, col. b. — *Après quelques heures de marche nous rencontrâmes dans la forêt deux de nos amis [...]. Le soir étant arrivé nous nous logeâmes sous un berceau de vignes dans un endroit connu sous le nom de Pin-Noir. Notre grotte était avoisinée de plusieurs autres de même dimension.* **1844**, J. Doutre, *Les fiancés de 1812*, 82. — *Quelques-unes de ces îles étaient si rapprochées que les voyageurs passaient entre elles sous un berceau* *formé par la cime des arbres qui se tendaient fraternellement la main au-dessus de l'eau bleue du fleuve.* **1873** (1972), J. Marmette, *Le Chevalier de Mornac*, 125.

[Cp. aussi le sens fr. de « treillage en voûte, garni de verdure ; tonnelle », attesté au XIXe s. : *Pour la couverture du mur de la terrasse, racomodage au berceau, au plancher du grenier, demanchage du bluteau, chapeau au-dessus du catre* [= cadre] *de la porte cocher* [= cochère] *de la basse-cour* 1811, Québec, ASQ, Séminaire 121, n° 332. — *Racomodé une chaine dans le berceau* 1812, ib., n° 397, août. — *Faite et posé deux tirant a une couverture* [= toit] *d'un berceau dans le bocage* 1813, ib., Séminaire 122, n° 51, mai. — *6 crochets de dalles* [...], *127 chevilles pour le berceau* 1836, ib., Séminaire 129, n° 32 A, doc. 9 juin. — *Faire* [...] *un petit appentit esperant par là épargner de faire un berceau neuf pour les novices dans le jardin, le leur étant prêt à tomber* 1841, Québec, AMHDQ, Actes Capitulaires, p. 85, 10 juin.

Aussi dans la litt. : *Au bas du jardin, une main intelligente avait construit un petit berceau, à treillis, couvert de vignes sauvages* (...). *On passait de ce berceau sur une pelouse fleurie* (...) 1849 (1973), G. Boucher de Boucherville, *Une de perdue, deux de trouvées*, 311-312.

Ailleurs, le sens 7° n'est pas exclu :

Gustave sortit dans le jardin pour y voir sa sœur (...). *Il la vit dans un berceau, s'amusant à composer un bouquet de fleurs.* 1844, J. Doutre, *Les fiancés de 1812*, 337. — *On se réunit sous un berceau et Gonzalve ouvrit le cahier qui était écrit de la plus belle main possible.* Ib., 387. — *Lucie était au fond du jardin, sous un berceau. Oh ! qu'elle paraissait heureuse . . .* 1850, E. L'Ecuyer, *Historiette*, dans *Le Moniteur canadien*, 10 mai, col. 2. — *Plusieurs arcs de verdure élevés très près les uns des autres formaient un chemin couvert en feuillage de la maison au berceau* 1846 (1853), P.-J.-O. Chauveau, *Charles Guérin*, 170.]

BIBL. — Di [définit de façon ambiguë « tonnelle en verdure »].

● BERCET subst. m.

Ridelle de charrette (?).

DOC. — *Une paire de trait de cuir* [...], *un bercet, cinq chelins* **1849**, Berthier, ANQM, gr. J.-F.-G. Coutu, doc. 17 nov.

→ *berceau* 2°.

● CHAISE BERÇANTE

Pron. €èz bèrsāt, ⌒ bàrsāt. — Graphies *chaise berçante, chaise-berçante, ⌒ bersante, ⌒barçante.*

Siège muni de patins courbes, sans bras ou avec bras, que l'on peut faire balancer d'avant en arrière par le mouvement du corps.

DOC. — *Une chaise berçante* **1824**, Montréal, ANQM, gr. G. Pelletier, doc. 29 janv. — *Une chaise berçante a neuf chelins* **1832**, Montréal, ANQM, gr. Et. Guy, doc. 6 août. — *Une grande chaise berçante, cinq chelins* **1832**, Montréal, ANQM gr. Th. Bedouin, doc. 27 août. — *Une chaise berçante, sept chelins* Ib., doc. 20 sept. — *Dans la salle à manger, une chaise berçante et une petite d'enfant, sept chelins et demi* **1834**, Québec, AJQ, gr. L. Panet, doc. 9 sept. — *Quatre chaises de bois et une chaise berçante* **1834**, Montréal, ANQM, gr. L.-S. Martin, doc. 17 oct. — *Une chaise berçante, douze livres* **1841**, Longueuil, ANQM, gr. I. Hurteau, doc. 26 juill. — *Une chaise berçante, une livre* **1844**, Varennes, ANQM, gr. M.-A. Girard, doc. 29 fév. — *Une chaise berçante* **1845**, Rigaud, ANQM, gr. L. Adams, doc. 12 août. — *Une chaise berçante, six livres* **1847**, Longueuil, ANQM, gr. I. Hurteau, doc. 1er juin. — *Une chaise berçante, dix sols* **1847**, Longueuil, ANQM, gr. P.-E. Hurteau, doc. 18 oct. — *Une grande chaise berçante* **1855**, Montréal, ANQM, gr. Ch.-E. Belle, doc. 15 déc. — *Une armoire blanche et une bergère (chaise berçante)* **1863**, Montréal, ANQM, gr. P.-C. Valois, doc. 26 mars. — *Une chaise bersante et deux autres chaises estimées à quatre-vingt cents* **1882**, Cap-Santé, AJQ, gr. De La Gorgendière, doc. 20 janv. — *1 chaise berçante* **1893**, Québec, AMHDQ, Rec. et dép. de la communauté, Brouillons 7, juin.

JOURN. — *Chacun me donna la main et on me fit asseoir dans une chaise berçante près du poële double où l'on venait de faire une grosse attisée* **1879**, *Le vrai Canard*, 31 oct., p. 2, col. 2. — **1880**, ib., 20 nov., p. 2, col. 3. — *Chaise berçante, coffre en pin, cuisinières* **1974**, *Le Soleil*, 25 mai, p. 76, col. 6 ; ib., col. 7 ; ib., 5 déc., p. H 6, col. 7.

LITT. — *Et pendant que Julie faisait de belles beurrées aux confitures, nous nous installions dans nos chaises berçantes, les pieds sur la bavette du poêle dans lequel crépitait une bonne attisée de bois sec.* **1916** (1918), M. LeNormand. *Autour de la maison*, 73 ; autre ex. 125. — *Il l'aperçut en train de lire un gros livre à la clarté de la lampe, confortablement assis dans une chaise berçante.* **1934**, Cl.-H. Grignon, *Le déserteur*, 114. — *La grand'-chaise berçante* **1942**, G. Guèvremont, *En pleine terre*, 114 ; autre ex. 26. — **1944** (1967), R. Lemelin, *Au pied de la pente douce*, 112 ; 257. — *Outre le fauteuil du chef de famille et la chaise berçante d'Amable sur lesquels nul n'osait s'asseoir, il y avait une dizaine de chaises, droites et basses [...]* **1945** (1974), G. Guèvremont, *Le Survenant*, 43 (aussi *berçante* 27, v. ci-dessous). — *Mélida entra tout bonnement, sans frapper, comme chez une intime, elle se jeta d'abord sur une chaise droite et ce n'est qu'après de longs refus qu'elle accepta une chaise berçante.* **1946** (1962), M. Trudel, *Vézine*, 156 ; autres ex. 79, 89, 118, 183. — **1947** (1971), G. Guèvremont, *Marie-Didace*, 83. — *La grande chaise berçante de la cuisine était réservée à Théophile [...]* **1948** (1968), R. Lemelin, *Les Plouffe*, 74. — *A l'intérieur de la maison, le plancher gémissait sous le tangage d'une chaise berçante.* Ib., 151 ;

autres ex. 25, 123, 169, 223, 270, 292. — *[Joseph] avait attrapé deux mala-dies dans les chaises berçantes du poste des pompiers : l'obésité et la passion du jeu de cartes.* **1952** (1973), R. Lemelin, *Pierre le Magnifique,* 34. — **1965** (1969), J.-P. Fugère, *Les terres noires,* 101 ; 102. — **1966,** M. Ferron, *La fin des loups-garous,* 8. — **1968,** A. Major, *Le vent du diable,* 123 ; 128. — *Un soir, mon pére s'é choqué, y é rentré dans à* [= la] *salle à dîner, y a sapré* [= donné] *un coup de pied sus à chaise barçante, y a dit : quossa* [= qu'est-ce que ça] *donne, cte maudite chaise barçante-là dans à* [= la] *salle à dîner ?* **1968** (1973), Y. Deschamps, *Monologues,* 37. — **1970,** A. Hébert, *Kamouraska,* 146. — [. . .] *les cra-quements de la chaise berçante* [. . .] **1972,** G. La Rocque, *Après la boue,* 10. — **1972** (1974), A. Simard, *Le vieil homme et la mort,* 80. — **1974,** A. Major, *L'épouvantail,* 54, 73, 103, 119, 174, 224. — **1975,** A. Major, *L'épidémie,* 101, 108, 111. — *Philomène est assise sur une chaise ber-çante qui craque et grince* [. . .] **1975,** A. Hébert, *Les enfants du sabbat,* 107.

ÉT. — [. . .] *la nouveauté des couvertures en peau brodée de poil d'orignal, la curiosité excitée par la vue de nos chaises berçantes incon-nues en Europe, ont créé beaucoup d'impression et nous ont valu des succès difficiles à obtenir.* **1856,** J.-Ch. Taché, *Le Canada à l'exposition universelle de Paris,* 307 ; autres ex. 201, 401, 420. — *On ne peut man-quer de s'interroger sur l'« invention » de la chaise berçante et sur la popularité évidente qu'elle a connu en Amérique du Nord.* **1973,** Mart-Berc 13. — *La chaise berçante apparaît au Québec au début du XIXe siècle. Ib.,* 16 ; autres ex. 19 (cité ci-dessous sous *fauteuil berçant),* 54, 55, 56, etc. — *Une chaise-berçante* **1973,** P. Desruisseaux, *Croyances et pra-tiques populaires au Canada français,* 66.

ENQ. — **1974,** Québec [expr. courante à Québec et dans sa grande banlieue]. — *Qu'est-ce qui se passe ? la chaise barçante est dans ta chambre !* **1974,** Saint-Augustin. — *Chaise barçante* **1974,** Saint-Ferréol (aussi *barçante,* voir ci-dessous). — **1974,** Victoriaville.

BIBL. — Cl (« En France on dit simplement *une berceuse* ») ; BPFC III, 84 ; ClInv (« dire *berceuse* ») ; Gl ; Corr I n° 11 (« C'est *berceuse* ou *chaise berceuse* qu'il faut dire ») ; ib. II n° 40 (déf. « chaise berceuse ») ; BlanchDict⁷ (déf. « une berceuse ou chaise à bascule ») ; MUrsLav 123 (v. photographie) ; Tur 36 a (déf. « chaise berceuse, berceuse ») ; Dag-Dict (recommande « berceuse ») ; Colpr 35 (déf. « berceuse » ou « chaise berceuse » ; considère à tort *chaise berçante* comme un calque de l'angl. *rocking-chair,* v. hist.) ; Bél² (v. figure) ; LavSag 143 n° 254 (déf. « ber-ceuse ») ; MartBerc 167-168 (considère comme fr. *chaise berceuse* et *berceuse* ; cite quelques passages que nous avons repris ci-dessus ; nombreuses photographies dans l'ouvrage) ; PoirAc 260 (« la *chaise à roulettes,* que les Canadiens appellent *chaise berceuse,* ou *chaise ber-çante,* ou *berceuse,* tout seul ») ; PoirGl (« Ce que l'on appelle une *berceuse,* en France. Le terme est canadien. Nous disons *chaise à roulettes* en Acadie) ; Mass 1165 ; DorrMiss.

→ *berçante* ; *chaise berceuse* ; *berceuse* ; *chaise à berceaux* ; *berçoise* ; *berçant* adj. ; *fauteuil berçant.*

● BERÇANTE subst. f.

Pron. *bèrsãt, bàrsãt.* — Graphies *berçante, bersente, barçante, barsante.*

Siège muni de patins courbes, sans bras ou avec bras, que l'on peut faire balancer d'avant en arrière par le mouvement du corps.

DOC. — *9 chaises verte* [. . .] *1 barsante* **1836**, Montréal, ANQM, gr. L.-S. Martin, doc. 3 juill. (dans cet exemple, ainsi que dans quelques-uns qui suivent, il n'est pas exclu que *chaise* soit sous-entendu). — *Quatorze chaises & deux berçantes, six francs* **1847**, Verchères, ANQM, gr. P. Menard, doc. 2 oct. — *12 chaises mahogany* [= acajou] [. . .], *1 berçante* **1850**, Montréal, ANQM, gr. Ch.-E. Belle, doc. 13 mars. — *Deux chaises, une berçante, trois livres, deux sols* **1851**, ib., doc. 6 oct. — *Une chaise d'aisance et une berçante, un dollar et soixante centins* **1869**, Montréal, ANQM, gr. P. Crevier, doc. 6 oct.

JOURN. — *Tables, sofas, lavemains, chaises de salon et berçantes, couchettes* **1864**, La Minerve, 10 sept., p. 1, col. 4. — *Berçantes, lit à poteaux tournés, chaises empilables* **1974**, Le Soleil, 2 mai, p. 59, col. 3 ; aussi ib., 3 mai, p. 35, col. 6. — *Berçantes, armoires, coffres, chaises, bahuts, etc.* Ib. ; ib., 7 déc., p. F 4, col. 8.

LITT. — *Petites berçantes* **1921** (1942), E. Achard, *Les contes du Richelieu,* 74. — *Pour ben faire, faudrait toucher à rien dans cette maison icitte : le père a son fauteuil, le garçon sa berçante, et v'là que la petite mère a sa tasse* . . . **1945** (1974), G. Guèvremont, *Le Survenant,* 27 (aussi *chaise berçante* 43, v. ci-dessus). — **1950** (1967), B. Vac, *Louise Genest,* 28, 155, 156. — **1964**, A. Major, *Le cabochon,* 172. — *Il est resté assis dans la berçante à fumer et à se faire des idées.* **1965**, A. Major, *La chair de poule,* 113 (aussi *berceuse* 63, v. ci-dessous) ; autre ex. 111. — **1966** M. Ferron, *Cœur de sucre,* 59. — *Sous mon front bombé, songe mon grand-père paternel, assis, pipe aux gencives, dans sa berçante orange dont les craquements m'empêchent de dormir.* **1970**, P. Châtillon, *Le journal d'automne de Placide Mortel,* 9 ; autres ex. 75, 99, 104. — **1974**, J.-M. Poupart, *C'est pas donné à tout le monde d'avoir une belle mort,* 42.

ÉT. — *Prenez donc la berçante.* **1930**, Gl. — *Comme toute nouveauté, la berçante n'a pas surgi du néant mais nous ne pensons pas que son « invention » puisse être attribuée à un individu ou à une nation.* **1973**, MartBerc 13. — *On peut présumer que la diffusion de la berçante dans les Maritimes a connu un cheminement similaire à celui* *du Québec. Ib. 16. — [...] force est donc de constater que la berçante a dû se répandre au Québec à l'insu de tous, peu à peu, plus rapidement ici que là, au contact des Loyalistes et des artisans nouvellement établis. Ib., 16-17. Finalement, la berçante a participé de très près à la vie quotidienne des Québécois. On s'est servi de son mouvement pour filer la laine, brasser le beurre et trier les pois. On l'a tellement personnalisée qu'elle a parlé aux vivants. On l'a intégrée à tous les principaux événements ou rites de la vie : elle a calmé ou endormi l'enfant, elle a favorisé les confidences amoureuses, elle a servi de « butin » à la mariée, elle a enfin mené les « vieux » au seuil de l'autre vie. Liée au repos hivernal de l'homme actif, témoin muet de la suite des dures saisons, complice de la somnolence, la berçante a surtout traduit l'hospitalité traditionnelle des Québécois. Souvent fabriquée tout en rondeur, ornée de cœurs ou de spirales, munie d'accoudoirs chaudement usés, garnie enfin de coussins moelleux, elle fut le meilleur siège de la maison, celui qu'on offrait avec plaisir au visiteur. Ib. 123 ; autres ex. 14, 15, 20, 22, 49 50, 56, etc.*

ENQ. — Avant **1930**, anc. fichier de la SPFC [« Charlevoix 2, Chicoutimi 2, Lac-Saint-Jean 2, Montmorency 1, Comté de Québec 3, Québec (v.) 9, Portneuf 3, Champlain 2, Trois-Rivières 1, Saint-Maurice 2, Maskinongé 2, Berthier 2, Joliette 1, Montcalm 2, Terrebonne 1, Deux-Montagnes 1, Argenteuil 1, Labelle 1, Ottawa 3, Prescott 1, Châteauguay 1, Rouville 1, Laprairie 1, Laval 1, Jacques-Cartier 2, Hochelaga 1, Chambly 1, Verchères 6, Richelieu 10, Saint-Hyacinthe 2, Bagot 3, Missisquoi 1, Sherbrooke 1, Wolfe 1, Mégantic 3, Arthabaska 3, Yamaska 1, Nicolet 2, Lotbinière 3, Beauce 1, Dorchester 4, Lévis 5, Bellechasse 4, Montmagny 4, L'Islet 2, Kamouraska 7, Témiscouata 7, Rimouski 3, Matane 4, Madawaska 1 », Dg]. — *Prends don(c) une barçante, tu vas être mieux assis.* 1974, Saint-Augustin. — *Barçante* 1974, Saint-Prosper. — *Barçante* 1975, Saint-Ferréol (aussi *chaise barçante*, voir ci-dessus).

BIBL. — BPFC III, 84 ; Di (déf. « berceuse ») ; Gl (aussi *barçante* ; déf. « chaise berceuse, berceuse ») ; Corr I n° 11 (« C'est *berceuse* ou *chaise berceuse* qu'il faut dire ») ; MUrsLav 387 a (déf. « chaise berceuse ») ; LeBidLex 117 ; PalMeubl 40 (déf. « chaise berceuse, chaise berçante ») ; Barb² 185 [« Se dit, en France, 'rocking-chair', berceuse ou fauteuil à bascule »] ; LessAnt 20 ; LavSag 143 n° 254 (déf. « berceuse ») ; MartBerc 167 ; Mass 1165 (relevé à un seul point et au Québec) ; Larousse 1975.

→ *chaise berçante* ; *chaise berceuse* ; *berceuse* ; *chaise à berceaux* ; *berçoise.*

● CHAISE BERCEUSE

Pron. €èz bèrsœz, ~ bàrsœz. — Graphies *chaise berceuse*, ~ *-berceuse*, ~*berseuse*, ~*barceuse* ; ~ *-barceuse.*

5

Siège muni de patins courbes, sans bras ou avec bras, que l'on peut faire balancer d'avant en arrière par le mouvement du corps.

DOC. — *1 chaise berceuse* **1821**, Château-Richer, AJQ, gr. B. Faribault, doc. 7 mai. — *Une chaise berceuse à sept chelins et demi* **1835**, Québec, AJQ, gr. L. Panet, doc. 13 mai. — *Chaises à fond de paille ornées et une grande chaise berceuse à quatre chelins et demi chaque* **1838**, Montréal, ANQM, gr. Th. Bedouin, doc. 31 janv. — *Une vielle valise et une chaise berceuse* **1838**, Montréal, ANQM, gr. P.-C. Valois, doc. 11 juin. — **1841**, Montréal, ANQM, gr. L.-S. Martin, doc. 17 mars. — *Deux chaises berceuses, vingt-sept livres* **1841**, Rigaud, ANQM, gr. L. Adams, doc. 16 juill. — *Une chaise berseuse, deux livres* **1858**, Saint-Nicolas, AJQ, gr. O. Grégoire, doc. 24 nov. — *1 chaise berceuse, $ 3.00* **1900**, Québec, AMHDQ, Rec. et dép. de l'hôpital, janv.

JOURN. — *Chaises élégantes et à la mode, à sièges de jonc et de bois peints, diverses sortes, Chaises berceuses, etc., etc.* **1832**, *Le Canadien*, 16 nov., p. 3. — *Un sofa français en acajou couvert de crin 15-0-0, Une chaise berceuse 6 - 5 - 0, Une d[i]to de patron Louis XIV 5 - 10 - 0, Six chaises à dossier rond 1 - 0 - 0, Une chaise berceuse 0 - 15 - 0, Une commode en acajou 4 - 10 - 0.* **1854**, *La Minerve*, 5 déc., p. 3.

LITT. — [...] *la mère de famille, assise, près de la fenêtre, dans une chaise berceuse, file tranquillement son rouet.* **1860** (1875), H.-R. Casgrain, *Légendes canadiennes* 10 (*Le tableau de la Rivière-Ouelle*). — **1925**, A. Dugré, *La campagne canadienne*, 23. — *Deux chaises berceuses, qu'on ne déplaçait jamais et sur lesquelles on avait jeté des peaux de mouton, puis un vieux fauteuil branlant recouvert de peluche verte, semblaient attendre les visiteurs qui n'étaient jamais autres que des endettés, marchant au supplice ou à la ruine.* **1933** (1972), Cl.-H. Grignon, *Un homme et son péché*, 22. — *La grande chaise berceuse* **1938** (1965), Ringuet, *Trente arpents*, 151 [berceuse est cependant régulier dans le roman, v. ci-dessous]. — [...] *une chaise berceuse et dessus une vieille qui tricote.* **1961**, F. Leclerc, *Le calepin d'un flâneur*, 31. — *Chaise-berceuse* **1969**, R. Carrier, *Floralie, où es-tu?*, 112. — *Il se souvint tout à coup de cette journée où il était resté assis dans la chaise berceuse, suant et souffrant à cause de sa jambe, ne disant rien, se contentant plutôt de ronger ses ongles.* **1972**, V.-L. Beaulieu, *Un rêve québécois*, 161 ; autre ex. 45.

Acad. : [...] *une galerie en avant de ta maison, avec une chaise-berceuse qui barce assez loin par en airriére que t'es capable de toute ouère* [= voir] *autour de toi, pis loin devant toi, sus la baie, pis...* **1974**, Ant. Maillet, *La Sagouine*, 53. — *Au centre du plancher, la chaise-berceuse s'ébranle et le vieux Siméon entonne la complainte du nouveau-né.* **1975**, Ant. Maillet *Emmanuel à Joseph à Dâvit*, 125 [mais berceuse, 116].

ÉT. — *6 chaises berceuses* **1856**, J.-Ch. Taché, *Le Canada à l'exposition universelle de Paris*, 20. — *Mais si les bancs ont peu de charme, ce n'est pas le cas des chaises. On pourrait très facilement y consacrer un chapitre entier, car il n'y a pas de maison à Saint-Pierre qui n'en ait de très belles. Ce sont des chaises de cuisine, des chaises berceuses, des chaises lacées, des chaises empaillées — chacune ayant son cachet particulier, son histoire personnelle. C'est tantôt une chaise berceuse, peinte en rouge, faite pour « pépère », et toujours sa favorite* [...] **1960**, DawsIO 43. — **1974**, M. Rioux, *Les Québécois*, 112.

ENQ., LITT. OR. — *Je souhaite que tous ceuses-là qui s'assoyent dans ma chaise berceuse, qu'ils partiront rien que quand je le voudrai.* **1918** (1973), Sainte-Anne-des-Monts, AF, coll. Marius Barbeau, n° 10, transcript. 330 (cité d'après MartBerc 57 ; autre ex. 58). — **1974**, Inverness (aussi *berceuse*, v. ci-dessous). — *Chaise berceuse* **1974**, Tingwick. — Id. **1974**, Mistassini. — **1974**, Arvida. — *Chaise berceuse* **1974**, Grandes-Bergeronnes. — Semble être l'appellation la plus usuelle dans les régions de la Côte-Nord, du Saguenay et du Lac-Saint-Jean.

BIBL. — BPFC III (1904-05), 84 ; JutrMais dans BPFC X (1911-12), 303 ; DawsIO 44-45 (avec dessins) ; Bél² s.v. *berceuse* ; LavSag 143 n° 254 ; MartBerc 57 ; 132 ; Colpr 35 ; Mass 1165 ; LockeBrunsw 170.

→ *chaise berçante* ; *berçante* ; *berceuse* ; *chaise à berceaux* ; *berçoise*.

● BERCEUSE subst. f.

Pron. bèrsœz, bàrsœz. — Graphies *berceuse, berseuse, barceuse, barseuse, borceuse*.

Siège muni de patins courbes, sans bras ou avec bras, que l'on peut faire balancer d'avant en arrière par le mouvement du corps.

DOC. — *Cinq chaises empaillées & une barseuse estimées ensemble douze chelins* **1834**, Québec, AJQ, gr. E. Tessier, doc. 12 déc. — *Cinq chaises communes dont une berceuses* [sic] *estimées ensemble deux shelins, une pence* **1840**, Deschaillons, AJQ, gr. L.-F. Goudreault, doc. 4 mai. — *Une berseuse* **1841**, Boucherville, ANQM, gr. L. Lacoste, doc. 10 mai. — *Six chaises* [...], *Deux berceuses, deux piastres* **1848**, Rigaud, ANQM, gr. L. Adams, doc. 17-20 juill. — *12 chaises en bois* [...], *1 berceuse* **1900**, Québec, AMHDQ, Rec. et dép. de l'hôpital, août (dans les doc. 1834, 1840, 1848, 1900, le mot *chaise* peut être sous-entendu).

JOURN., PÉRIOD. — *Des couchettes, berceaux, sofas, berceuses, chaises, tables de toutes sortes, buffets* **1843**, *Le Journal de Québec*, 13 mai, p. 4. — *On y trouve particulièrement des chaises en paille, peintes avec fantaisies* [sic], *d'autres toutes en bois, berceuses.* **1855**, ib., 24 nov., p. 3. — **1973**, [*Catalogue*] *Eaton, Printemps et été 1973*, 753 ;

771. — *Tables, coffre, berceuses, pin décapé.* **1974,** *Le Soleil,* 22 juin, p. 68, col. 7. — *Berceuses Capucine, fond d'écorce d'orme, XIXᵉ siècle, $ 140.* Ib., 26 nov., p. F 7, col. 2.

LITT. — *De la salle supérieure* [...], *on passe dans une salle spacieuse* [...]. *En avant, il y a un canapé et un bon lit, un tapis sur le plancher, un bon fauteuil, une berceuse, un sofa, une table ronde, des chaises* [...] **1849** (1973), G. Boucher de Boucherville, *Une de perdue, deux de trouvées,* 97. — **1859,** H.-Emile Chevalier, *Le pirate du Saint-Laurent,* 27. — **1874,** Faucher de Saint-Maurice, *A la brunante,* 109 [Dg]. — **1879,** Faucher de Saint-Maurice, *A la veillée. Contes et récits,* 11 [Dg]. — *Et le petit cercle se pelotonna de plus belle autour de la berceuse à grand-maman* [...] **1900** (1974), L. Fréchette, *Contes I. La Noël au Canada,* 90 ; autre ex. 87. — *J'ai revu* [...] *le rouet de grand-maman, la berceuse de ma mère, le fauteuil de mon père* [...] **1900** (1961), L. Fréchette, *Mémoires intimes,* 33. — *Le curé Flavel s'était assis dans une grande berceuse recouverte de cretonne, et fumait sans mot dire, les deux pieds sur le tablier du poêle* [...] **1904** (1973), R. Girard, *Marie-Calumet,* 137. — *Comme Charlot et la Scouine passaient devant la somptueuse résidence, ils virent Mme Bourdon, confortablement installée dans une berceuse, sur la véranda* [sic] **1918** (1972), A. Laberge, *La Scouine,* 71. — *Le sommeil l'avait surprise dans sa berceuse.* **1922** (1970), L. Groulx, *L'appel de la race,* 228. — **1932,** A. Nantel, *A la hache,* 169 ; 219. — **1933** (1972), Cl.-H. Grignon, *Un homme et son péché,* 29. — *Il n'osait lever les yeux ne voyant plus que ses deux pieds chaussés de poussière et les semelles épaisses du curé qui frappaient le plancher avec un bruit mat, à chaque tangage de la berceuse.* **1938** (1965), Ringuet, *Trente arpents,* 92, autres ex. 21, 22, 69, 91, 184, 195 (aussi *chaise berceuse* 151, v. ci-dessus). — **1945** L. de Montigny, *Au pays de Québec,* 71 ; 267 ; 268. — **1948** (1968), G. Gélinas, *Tit-Coq,* 67 ; 102. — **1951,** R. Viau, *Au milieu la montagne,* 94 ; 95 ; 98 ; 99 ; 113. — *A droite, dans une berceuse, une femme grassouillette aux lèvres écarlates et aux cheveux blonds causait avec sa mère.* **1958,** G. Bessette, *La bagarre,* 83. — **1965,** A. Major, *La chair de poule,* 63 (aussi *berçante* 113, v. ci-dessus). — **1965** (1969), F.-A. Savard, *La Dalle-des-Morts,* 53. — *Agathe caressa les bras frais de la berceuse. Un bon set* [= ensemble] *de cuisine, le chrome.* **1966,** Cl. Mailly, *Le cortège,* 33 ; autres ex. 21, 22, 85, 87. — **1970,** J. Renaud, *En d'autres paysages,* 16 ; 17. — **1972,** V.-L. Beaulieu, *Un rêve québécois,* 32. — **1972,** R. Magni, *Entre corneilles et Indiens,* 55.

Acad. : **1975,** Ant. Maillet, *Emmanuel à Joseph à Dâvit,* 116 [cité ci-dessous, s.v. *berce*].

ÉT. — **1940,** M. Barbeau, *Terroir insulaire,* dans CF 6, 493. — *Il existe aussi une berceuse à deux places, pour le « cavalier » et sa « blonde ».* **1963** (1971), PalMeubl 243.

ENQ., LITT. OR. — *Tous deux sur la berceuse, ils se berçaient comm' ça ! « Que vous m'rendez heureuse. Quand vous m'jasez comm' ça* [...] ! » **1952**, Ch.-E. Gadbois, *Les 100 plus belles chansons*, 133. — **1974**, Victoriaville. — *Berceuse ou barceuse* **1974**, Inverness (aussi *chaise berceuse*, v. ci-dessus).

[Fr. *berceuse* « chanson pour endormir un enfant » est également employé au Québec, mais surtout, semble-t-il, dans la langue littéraire ; v. par ex. 1900 (1974), L. Fréchette, *Contes I. La Noël au Canada*, 38 ; 1970, A. Hébert, *Kamouraska*, 187 et 190 ; 1975, A. Major, *L'épidémie*, 127.]

BIBL. — BPFC III (1904-05), 84 ; Di (déf. « chaise berceuse ») ; Gl (*barceuse* et *borceuse*) ; M. Barbeau, *Le Saguenay légendaire* (v. croquis 18, 54 et 117) ; LeBidLex 117 ; PalMeubl 401 (déf. « chaise berceuse, chaise berçante ») ; 243-254 (nombreuses photographies) ; Colpr 35 ; Bél[2] [considère à tort le mot comme faisant partie du français général] ; LessAnt 20 ; 214-221 (nombreuses photographies) ; MartBerc 168 (déf. « chaise berceuse ») ; PoirGl s.v. *chaise* [« une chaise à roulettes est ce que les Canadiens appellent une *berceuse* ») ; Mass 1165 ; DitchyLouis ; DFV (comme canadianisme) ; Larousse 1975.

→ *chaise berçante* ; *berçante* ; *chaise berceuse* ; *chaise à berceaux* ; *berçoise*.

● CHAISE A BERCEAUX.

Siège muni de patins courbes sans bras ou avec bras, que l'on peut faire balancer d'avant en arrière par le mouvement du corps.

DOC. — Exemples cités ci-dessus s.v. *berceau*, sens 1º, doc. : **1832**, Contrecœur, ANQM, gr. A.-C. Duplessis, doc. 5 oct., et **1855**, Montréal, ANQM, gr. P.-C. Valois, doc. 23 juin.

BIBL. — DorrMiss.

→ *chaise berçante* ; *berçante* ; *chaise berceuse* ; *berceuse* ; *berçoise*.

● BERÇOISE subst. f.

Siège muni de patins courbes sans bras ou avec bras, que l'on peut faire balancer d'avant en arrière par le mouvement du corps.

ÉT. — **1973**, MartBerc 168.

→ Pour les synonymes, voir les mots précédents.

● BERCER v.

Pron. *bèrsé, bàrsé.* — Graphies *bercer, barcer.*

1º V. *intr.* Se balancer (se dit d'une *berceuse*, d'un *fauteuil berçant* ou d'un *berceau*).

LITT. — « *C'est son père qui l'a maudit pendant qu'il était tout*

*petit bébé ; il a dit comme ça : 'que le diable te berce' et le ber s'est mis
à bercer tout seul...* » **1946** (1962), M. Trudel, *Vézine*, 82. — *Prenez donc
un fauteuil qui berce.* **1958** (1969), P. Perrault, *Au cœur de la rose*, 51. —
La chaise berce. **1966**, M. Ferron, *La fin des loups-garous*, 10 ; *La chaise
achève de bercer.* Ib., 86.

Acad. : **1974**, Ant. Maillet, *La Sagouine*, 53 (cité ci-dessus, s.v. *chaise
berceuse*). — *« Le vieux Fabien* [...] *était mort depuis plusieurs semaines* [...] *Un soir, vers huit heures, alors que nous étions tous réunis pour
danser, on vit soudain, dans un coin de la pièce, la vieille chaise à
Fabien se mettre à bercer d'elle-même. On arrêta la danse et on regarda
fixement la chaise jusqu'à ce qu'elle s'immobilise... Ce qu'elle fit à
dix heures. Or, c'était précisément l'heure où le vieux Fabien, de son
vivant, montait se coucher à chaque soir* [...] *Les plus superstitieux se
jetèrent à genoux pour prier, croyant que le vieux, par cette manifesta-
tion demandait des prières. Mais personne ne put jamais savoir quelle
force mystérieuse avait permis à la chaise de se mouvoir d'elle-
même...* » **1975**, A. Harvey, *Les contes d'Azade, Contes et légendes des
Iles-de-la-Madeleine*, 94.

ÉT. — *La tradition rapporte que le diable s'était rendu maître d'une
maison abandonnée de Saint-Séverin de Beauce où il se* « *faisait du
mal* », *et que chaque soir, à une heure fixe, ceux qui s'y rendaient pouvaient voir sept chaises qui berçaient si fort qu'elles se frappaient
ensemble.* **1973**, MartBerc 56. — *On raconte que tandis qu'on était à
bavarder dans la cuisine, la chaise du défunt s'est mise à bercer d'elle-
même sans que personne n'y touche* [...] Ib. (pour d'autres superstitions
concernant la *berceuse*, v. ib. 55-56 ; aussi ci-dessus, sous LITT., ex. de
Trudel, et sous *ber* 1º ÉT. ; v. en outre P. Desruisseaux, *Croyances et
pratiques populaires au Canada français*, 66-67).

ENQ. — *A' barce ben, c'tte chaise-là !* **1974**, Saint-Augustin. —
1975, Saint-Ferréol.

2º V. *intr.* Se balancer (dans une *berceuse*).

LITT. — *Les berceaux de ma chaise gémissent comme de l'os qu'on
broie. Je suis assis soudain dans le squelette de mon grand-père orange
dont les tibias bercent et craquent et dont les métacarpes m'enpoignent
les bras.* **1970**, P. Châtillon, *Le journal d'automne de Placide Mortel*, 75.

Acad. : *Elisabeth et la Sagouine, à l'écart, s'arrêtent de bercer.* **1975**,
Ant. Maillet, *Emmanuel à Joseph à Dâvit*, 28.

ENQ. — *Je barce en faisant attention au petit.* **1974**.

3º V. *tr.* Emporter qn en le secouant et charriant (dans l'expr. *le
diable le berce*).

LITT. OR. — (franco-ontarien). — *I's* [= les gars] *pensaient c'était
l'guiâb' qui descendè'. I's part'nt tout d'in cou' en pêur p'i' i's laiss'nt*

tout' leu's argents lâ. P'is l'guiâb' lés barçait, lés talons leu' touchè' aux fess's ; l'guiâb' lés barçait dans l'ch'min, tant qu'i's pouvè' aller. **1968** (1974), Alban, LemVieux 2, 315.

4° *V. pron.* Marcher en se dandinant.

ÉT. — *bàrsé*, **1930**, Gl.

○ SE BERCER (ou FAIRE BERCER QN) SUR L'ANNEAU DE LA TRAPPE.

1° Etre éconduit (se dit d'un amoureux).

ÉT. — *L'expression « se bercer sur l'anneau de la trappe », encore courante dans certaines régions, découle d'une coutume perdue. L'amoureux qui n'est pas apprécié de la jeune fille arrive un bon soir et retrouve sa chaise berçante bien en place sur un tapis ou une laize de catalogne. Sous ce tapis, se trouve la trappe pour descendre à la cave et l'anneau de fer « arrangé » de façon à nuire aux berceaux de la chaise. Le jeune homme qui passe une soirée à replacer les berceaux de part et d'autre de cet anneau annonce le lendemain à ses amis que ses amours sont finies* [sic], *car une telle l'a fait « bercer sur l'anneau de la trappe ».* **1973**, MartBerc 55 (l'expr. n'est certainement pas aussi courante que le laisse entendre l'auteur).

2° Etre mal reçu (en gén.).

ÉT. — *On dit encore qu'on s'est « bercé sur l'anneau de la trappe » lorsqu'on est mal reçu.* Ib.

● BERÇANT adj. (dans d'autres expr. que *chaise berçante*).

Qui balance d'avant en arrière (se dit d'un meuble sur patins).

ÉT. — *Cheval berçant* [= sorte de jouet] **1969**, R.-L. Séguin, *Les jouets anciens du Québec*, 56. — *Siège berçant* **1973**, MartBerc 5 ; 9 ; 11. — *Toilettes* [= w.-c.] *berçantes* Ib. 52. — *Meuble berçant* Ib. 12 ; 86. — *Banc berçant* Ib. 113 (v. figure).

Plus particulièrement dans FAUTEUIL BERÇANT (pron. *fótœy bèrsã*, ⌣ *bàrsã* ; — graphies *fauteuil berçant*, ⌣ *barçant*) :

1° Fauteuil à bascule sans patins, muni d'un ressort.

JOURN. — *Fauteuil berçant $ 15.* **1974**, *Le Soleil*, 25 mai, p. 76, col. 7; ib., 26 nov., p. F 7, col. 3. — *2 fauteuils berçants pour enfant, cuir, $ 30.* Ib., 5 déc., p. H 7, col. 5. — *Fauteuil berçant, velours* Ib., 7 déc., p. F 4, col. 6.

ENQ. — *On peut dire « un fauteuil barçant », mais on dit d'ordinaire « la grand chaise ».* **1974**, Saint-Augustin. — **1975**, Saint-Ferréol.

2° *Berceuse* (à patins) munie d'accoudoirs.

ÉT. — **1971**, LessAnt 215-220 (avec plusieurs reproductions photographiques). — *La présence ou l'absence d'accoudoirs différencie le fauteuil berçant de la chaise berçante.* **1973**, MartBerc 19 ; 62 ; 70 ; 71 ; 72 ; 85 ; 86 ; etc. [distinction des spécialistes de l'ameublement, récente et peu courante, v. hist.].

● BERÇANT subst. m.

Pron. *bèrsã*.

Patin arqué d'une *berceuse.*

ENQ. — **1974**, Victoriaville (fréquent).

→ *berceau* 1° ; *berce* ; *berçoir.*

● BERÇAGE subst. m.

Pron. *bèrsàj, bàrsàj.* — Graphies *berçage, barçage.*

Action de se bercer dans une *berceuse.*

ENQ. — *Pas de barçage à matin, on a de l'ouvrage.* **1974**, Saint-Augustin (aussi *berçage*).

● BERCEUR subst. m.

Celui qui se berce dans une *berceuse.*

LITT. — *Ses mouvements de berceur étaient trop violents ; les chanteaux [= patins] de la chaise se brisèrent et il tomba à la renverse.* **1972**, V.-L. Beaulieu, *Un rêve québécois,* 47.

● BERCE subst. f.

Pron. *bèrs, bàrs.* — Graphies *berce, barce.*

Patin arqué d'un berceau ou d'une *berceuse.*

DOC. — *Une chaise à berce* **1832**, Contrecœur, ANQM, gr. A.-C. Duplessis, doc. 5 fév. — *Six chaises & une avec berces à trente sous chaque* **1859**, Varennes, ANQM, gr. M.-A. Girard, doc. 18 mai. — *Une chaise avec berces* Ib., doc. 6 juin. — *Quatre chaises de bois diverses, dont une avec des berces, une piastre* **1862**, ib., doc. 3 sept.

LITT. — *Assise dans le pied du ber, de sa voix claire elle chante à tue-tête, comme pour réveiller une maisonnée, et balance à pleines berces au risque de faire chavirer l'embarcation.* **1914** (1975), A. Rivard, *Chez nous,* 36.

Acad. : *Puis petit à petit, il part sur les berces de sa berceuse, cherchant dans le rythme de sa chaise le diapason et la cadence de son histoire.* **1975**, Ant. Maillet, *Emmanuel à Joseph à Dâvit,* 116.

ÉT. — *Les berces jettent trop en arrière (= cette berceuse incline trop à l'arrière).* **1930**, Gl. — *La plupart des berceaux ont quatre quenouilles tournées et de lourds patins courbes. Ces patins sont nommés, suivant les régions, berces ou chanteaux.* **1963** (1971), PalMeubl 401. — **1973**, MartBerc 19.

BIBL. — Gl. (aussi *barce*) ; Corr I n° 11 ; PalMeubl 401 ; MartBerc 168 ; Mass 1166 ; ReadLouis 9 (déf. « rocking-chair »).

→ *berceau* 1° ; *berçant* subst. m. ; *berçoir.*

● BERÇOIR subst. m.

Pron. *bèrswèr.*

Patin arqué d'une *berceuse.*

ÉT. — **1957**, Belle Anse, DgBAns 103.

→ *berceau* 1° ; *berçant* subst. m. ; *berce.*

● BERÇOTHON subst. m.

Pron. *bèrsótõ, bèrsétõ.* — Graphies *berçothon, berceauthon, berceauton, berceton.*

Concours qui consiste à se bercer dans une *berceuse* le plus longtemps possible.

JOURN., PÉRIOD. — *Un Berceauton* **1955**, *Information médicale et paramédicale,* 16 août (note signée Jacques Ferron). — *M. Arthur Gagné a remporté les honneurs du berceauthon des Chevaliers de Colomb de l'Ancienne-Lorette, en tenant ferme jour et nuit, durant 75 heures et 15 minutes [. . .]* **1970**, *Le Soleil,* 26 fév., p. 19. — *Concours de berceton* **1973**, *Le Journal de Québec,* 27 juill., p. 13 (les trois attestations qui précèdent nous ont été fournies par M. L. Lacourcière).

ÉT. — *La véritable notion de détente s'éloigne passablement de l'esprit des « berçothons », véritables concours d'endurance que la télévision popularisa, il y a une quinzaine d'années.* **1973**, MartBerc 13.

BIBL. — Voir RUL t. 10, n° 1, 1955, 84 [Dg].

BERLINE subst. f., BERLOT subst. m.

HIST. — BERLINE apparaît en québécois à la fin du Régime français et présente au début le sens fr. « carrosse confortable et fermé, à deux fonds et à quatre roues » (attesté en France depuis le début du XVIIIᵉ s. et issu du nom de la ville de *Berlin* où cette voiture avait été mise à la mode vers 1670, v. FEW 15,1, 95 b-96 a ; BWˢ) ; sens 1°. De l'acception fr., qui ne semble pas avoir survécu au Québec jusqu'à nos jours, dérive, à la fin du XVIIIᵉ s., le sens québécois de « voiture d'hiver » (sens 2° ; première attestation sûre en 1793 ; mais v. aussi, sous 7°, une attestation de 1787 dont le sens est difficile à préciser). Le mot a été appliqué à de grands et solides traîneaux sur patins, ouverts et, au début, plutôt rudimentaires. Puis il a servi à désigner d'autres types de voiture (sens 3°, 4°), voire une vieille voiture en général (sens péjoratif, 5°), ainsi qu'un traîneau d'enfant (sens 6°) ; s'y ajoute encore un emploi métaphorique, comme terme de tendresse à l'adresse d'une enfant (sens 8°). Le sens de « contenant, récipient » (sens 7°) n'est pas sûr et a eu une vie courte ; peut-être s'agit-il d'un contenant qui rappelait la forme allongée de la *berline,* mais il est tout aussi possible que ce soit une déformation, par étymologie populaire, d'un mot qui nous échappe.

BERLOT, avec suffixe diminutif *-ot* (à la place de *-ine* interprété comme suffixe ; le FEW 23, 78 b, sous le concept « traîneau », le place à tort parmi les matériaux d'origine obscure, cf. Juneau, RLiR 38, 1974, p. 310), est sûrement de formation québécoise ; plus tardif que *berline* (1ʳᵉ attestation 1838), ce mot désigne toujours des voitures d'hiver, mais de longueur et de largeur moindres, généralement à deux places seulement. Les deux types de traîneaux servent au transport des personnes, le *berlot,* qui est le véhicule de voyage par excellence en hiver, aussi à celui des marchandises. Avant l'apparition du dim. *berlot, berline* devait désigner les deux genres de voitures (aussi en anglo-canadien, v. ci-dessous). Dans la littérature québécoise, c'est surtout *berlot* qui est employé (depuis 1878, du moins d'après l'état actuel de notre documentation), et on en comprend les raisons : les écrivains évitent sans doute le terme *berline* dont ils connaissent la signification en français, tandis que *berlot,* terme purement québécois, ne prête pas à confusion et a en outre l'avantage de désigner des traîneaux aussi bien pour les voyageurs que pour les marchandises. Comme *berline, berlot* a aussi acquis, par la suite, des sens secondaires : « voiture d'hiver de luxe, comme la *petite carriole,* mais plus élevée sur les côtés », Ile d'Orléans (dans l'expr. PETIT BERLOT, sens 2°) ; « traîneau d'enfant » (sens 3°) ; « lit en forme de caisse » (sens 4°, à cause de la ressemblance entre les deux réalités ; cf. aussi *lit-carriole*). En outre, il a donné naissance, à certains endroits, à des expressions locales imagées comme EN AVOIR PLEIN SON BERLOT et SE GROUILLER LE BERLOT (v. aussi, avec le même sens : *faudrait s'brâsser l'traîneau un peu* [...] dans R. Lepage, *La Pétaudière,* Ottawa, 1975, 61). La disparition du type de véhicules en question a eu évidemment pour conséquence le recul des mots *berline* et *berlot* en québécois actuel.

Les deux mots vivent aussi en acadien, mais uniquement, semble-t-il, au sens de « traîneau servant pour le transport des personnes » (Mass 669), ainsi que dans divers parlers français des Etats-Unis (*berline* DorrMiss 22 et McDerm-Miss ; *berlot* DitchyLouis). Du français québécois, ils ont pénétré en anglo-canadien (*berline* avec le sens québécois 2°, et non avec le sens français), v. DictCan. : *berline* dep. 1829 (toutefois, dès 1814, chez John Lambert, *Travels through Canada . . .,* 1, 171 : « The Habitants make use of an oldfashioned sort of cariole, called a *berlin* . . . »), *berlot* dep. 1897 ; *berline* peut aussi désigner en anglo-canadien une « sorte de traîneau tiré par des chiens » (doc. 1896, 1938, v. DictCan).

BERLINGOT, d'un emploi rare et éphémère au Québec, est un mot français dont le sens était « demi-berline n'ayant que la banquette du fond » ou « mauvaise berline » (dim. péjoratif de *berlingue, brelingue* « berline », mot issu probabl. d'un croisement de *berline* avec *brelingue* et autres descendants de l'anc. haut all. *bretling* « petite planche » ; dep. Académie 1740, FEW 15, 1, 96 a et 272 ; vieilli de nos jours, Robert, GLLF ; PRobert ne le donne plus) ; en québ., le mot a pris vraisemblablement le sens de « voiture d'hiver » (cf. *un berlingot avec une robe* [= couverture en fourrure] 1836, ci-dessous) et était peut-être synonyme de *berlot*.

Autres dénominations de voitures d'hiver (on en trouvera les définitions dans les principaux glossaires) : *allonge, bacagnole, barouche, bob, bob-sleigh, bordel, cabiche, carriole, cutter, drague, gabare, grand sleigh, jack, remorque, sainte-Catherine, slague, sleigh, sleigh sainte-Catherine, span, suisse, toboggan, traîne, traîne à bâtons, traîne à sommier, traîne plate, traîne sauvage, traîneau, traîneau rentouré, voiture traînante,* etc.

Pron. bèrlin, bàrlin, bœrlin, brlin, bòrlin, bòrliŋ. — Graphies *berline, berlinne, berlin, barline, barlinne, breline* [aussi en fr., chez Saint-Simon, déb. XVIIIᵉ s.], *belirne, borline, borligne.*

[1° Voiture à roues (semblable à la *berline* française ?).

DOC. — *Deux carrosse* [...], *une berline, une caleche* **1752**, Québec, ANQ, PJN, n° 1658, doc. 17 mars, p. 10 (inv. des biens de Du Laurent). — *Un vieux carroce* [...], *une berline en bon état* Ib., mars, p. 51 (inv. des biens de François Daine). — *Une berline avec son essieux* **1790**, Lévis, ANQ, gr. L. Miray, doc. 8 juill. — *1 breline et ces roux* **1801**, Sainte-Anne-de-la-Pocatière, ANQ, gr. A. Dionne, doc. 25 mars. Dans beaucoup d'exemples classés sous 2°, *berline* a peut-être aussi ce sens.]

2° Voiture d'hiver, non fermée, faite d'une boîte oblongue et profonde, posée sur des patins (plus longue que celle du *berlot*, v. ci-dessous), et utilisée surtout pour le transport des personnes (gén. à deux banquettes). [Dans les documents cités ci-dessous, sauf dans celui de 1833 Loretteville et dans ceux où il est question de *carriole (faite) en berline,* rien n'indique cependant si *berline* ne désigne pas encore une voiture à roues, voire peut-être le « berlot », v. ci-dessus, hist.]

DOC. — *Racomodage de berline* [...], *racomodage de menoir* [= brancards] *de treno* **1788**, Québec, ASQ, Séminaire 120, n° 269, doc. 23 avril. — *Acomodé une berline et limé une six* [= scie] **1789**, non loc., ASQ, Séminaire 121, n° 12, doc. 10 nov. — *Païé pour la façon de deux belirnes* [sic] ... *18 ££* **1791**, Québec, AUQ, Journal 3, janv., 338. — *Une berline peinte en rouge* [...], *une cariole noire* **1794**, Québec, AJQ, gr. J. Plante, doc. 24 janv. — *Une berline* **1795**, Montréal, ANQM, gr. J.-M. Mondelet, doc. 3 août. — *Une berline* [...], *une vielle cariole verte* **1797**, Sainte-Anne-de-la-Pocatière, ANQ, gr. A. Dionne, doc. 13-14 oct., p. 12

(fréquent chez ce notaire). — *Une berline et cariolle* **1799**, Château-Richer, AJQ, gr. B. Faribault, doc. 2 fév. — *Une berline* [...], *une traine* Ib., doc. 4 fév. (fréquent chez ce notaire). — *Une berline et son travail* [= brancards] **1803**, Chambly, ANQM, gr. R. Boileau, doc. 28 nov. — *Reçu de deux belirnes venduës* ... *60 ££* **1803**, Québec, AUQ, Journal 3, janv., 251. — *Une berline, dix-huit francs* **1804**, Montréal, ANQM, gr. Th. Barron, doc. 20 mars. — *Une breline et le raccommodage des charuës* **1804-05**, Québec AMHGQ, Livre de comptes 1804-05, p. 6 1/2. — *1 raccomodage de berline* **1807**, non loc., ASQ, Séminaire 121, n° 130. — *1 racomodage de berline* **1809**, Québec, ASQ, Séminaire 121, n° 198. — *Avoir foncé et fait le devant d'une berline* **1810**, ib., n° 261 (attesté à deux reprises dans ce doc.). — *Une paire de menoire de berline* **1812**, non loc., ib., n° 343, janv. — *Feré une berlinne neuve et les menoirs* **1813**, rég. de Québec, ASQ, Séminaire 122, n° 138. — *Racomodé une per* [= paire] *de menoir pour une veille* [= vieille] *berline, la ferure de la porte, un moraillon pour la fermer, un fer desous* Ib. — *Fere* [= faire] *une pers* [= paire] *de menoir pour une berline* **1813**, non loc., ib., n° 51. — *Une cariolle* [...], *Une berline* [...], *Une calèche* **1815**, Québec, AJQ, gr. A. Côté, doc. 13 juin. — *1 berline* **1820**, Montréal, ANQM, gr. A. Pinet, doc. 10 avril. — *1 racomodage de cariolle* [...], *1 racomodage de berline* **1821**, Québec, ASQ, Séminaire 124, n° 195, doc. 18 janv. — *Une berline et une cariole* **1822**, Montréal, ANQM, gr. Th. Bedouin, doc. 9 mai. — *Payé pour une berline, deux traineaux et une charue* ... *103* [££] **1828**, Québec, AMHGQ, Livre de comptes 1825-43, p. 40 1/2, doc. 28 sept. — **1828**, Vaudreuil, ANQM, gr. J.-O. Bastien, doc. 3 oct. — **1831**, ib., doc. 7 avril. — *Racommodage d'une berline* **1832**, Québec, AMHDQ, Rec. et dép. de la communauté 9, p. 51, avril. — *Une borline avec une vieille robbe adjugé quinze chelins* **1833**, Loretteville, AJQ, gr. D. Lefrançois, doc. 16 juill. — *Une berline noire* **1833**, Chambly, ANQM, gr. L.-A. Moreau, doc. 1er oct. — *Une breline avec son travail* **1833**, Montréal, ANQM, gr. J. Belle, doc. 18-19 nov. — *Une breline* **1834**, ib., doc. 20 août. — *Raccommodage d'une berline* **1835**, Québec, AMHDQ, Rec. et dép. de la communauté, Brouillons 2, fév. — *Une traine* [...], *une vieille berline* **1836**, Rigaud, ANQM, gr. M.-G. Baret, doc. 1er nov. — *1 berline garnie en tôle* **1837**, Québec, ASQ, Séminaire 129, n° 247, doc. 1er mars. — *Le fairage d'une berlin* **1837**, Québec ?, ASQ, Séminaire 130, n° 77, doc. 13 mars. — **1840**, Rigaud, ANQM, gr. L. Adams, doc. 28 sept. — *1 barlinne fairéz an neuf* **1841**, Québec, ASQ, Séminaire 132, n° 71 (à quelques reprises dans ce doc.). — *1 broche de berline rep[arée]* **1842**, ib., n° 186, doc. 12 juill. — *Avoir peinturé et vernis deux berlines* **1843**, ib., n° 403, doc. 12 déc. — **1844**, Sainte-Geneviève, ANQM, gr. F.-H. Brunet, doc. 28 mars. — *Une berline & travail, neuf francs* **1844**, Rigaud, ANQM, gr. L. Adams, doc. 27 mai (fréquent chez ce notaire). — *Une berline, quarante-huit livres* **1850**, Varennes, ANQM, gr. M.-A. Girard, doc. 7 avril. — *Ferrures d'une berline* **1858**, Québec, AMHDQ, Rec. et dép. de la communauté, Brouillons

5, p. 31. — *Une berline ferrée, prisée et estimée à huit piastres* **1867**, Québec, AJQ, gr. G. Larue, doc. 7 fév. — *Une berline, $ 11, et une charrue, $ 6* **1882**, Québec, AUQ, Journal 24, mars, 136.

Dans *carriole en berline* ou *carriole faite en berline*, le terme *berline* précise le sens de *carriole* qui est plus général, à savoir celui de « voiture d'hiver pour les personnes » (ce n'est cependant pas, d'ordinaire, un générique, v. le dessin dans Bél², ainsi que ci-dessous *berlot* 1° LITT., ex. de LeNormand 1916, et ÉT., ex. de Barbeau 1937) : *Une cariole en berline avec ses menoire* **1793**, Lévis, ANQ, gr. L. Miray, doc. 13 juill.. — *Une cariolle en berline, dix-neuf livres dix sols* **1807**, Montréal, ANQM, gr. N. Manthet, doc. 7 avril. — *Une cariole faite en berline ferrée et son travail* **1809**, Montréal, ANQM, gr. J. Mailloux, doc. 30 juill.

LITT. — *Hier, à la neige tombante, nous sommes partis quatre en berline.* **1879**, H. Larue, *Voyage sentimental sur la rue Saint-Jean*, 125 [Dg]. — *Je regrette, pour ma part, le bon vieux temps des berlines.* **1916**, D. Potvin [pseud. Graindesel], *Le « membre ». Roman de mœurs politiques québécoises*, 25 [Dg]. — *Dans l'alcôve funèbre d'une maison de santé, à Mastaï, où son ami Lamirande l'a conduit, une nuit de tempête, dans une berline fermée [il est exceptionnel que la berline soit fermée], comme un criminel dans le panier à salade d'une patrouille de nuit [...]* Ib., 144 [Dg].

ÉT. — *[...] un drôle fait des pieds de nez aux occupants d'une berline qui sont tombés à la renverse dans la neige [...]* **1937**, M. Barbeau, *Québec où survit l'ancienne France*, 133 ; autre ex. 128 (voir sous *berlot*). — **1954**, M.-B. Hogue, *Un trésor dans la montagne*, 226. — *Pour le voyage des personnes, existent d'autres types ; le plus simple est la caisse de bois, montée sur deux madriers faisant patins ; s'il s'agit d'une caisse étroite à deux places, c'est le berlot qui passe partout ; dans le cas d'une caisse plus large, pour quatre personnes avec coffre en arrière et place de conducteur en avant, on obtient la berline. Les habitants les plus aisés ont des berlines de luxe, plus hautes, avec portes sculptées et peintures ; cela devient une cariole, le plus souvent à six places [...]* **1957**, P. Deffontaines, *L'homme et l'hiver au Canada*, 144. — *Quelquefois, dans les rangs éloignés, pour aller à l'école ou à l'église, on utilise un traîneau fermé, notamment dans les paroisses venteuses des Caps (Saint-Tite, Saint-Féréol) ; les berlines, munies de portes vitrées, peuvent même posséder un petit poêle à l'intérieur.* Ib., 145.

ENQ. — *Chez nous on allait à [= à la] messe en borline parce qu'on était beaucoup de monde ; on aurait ben aimé prendre la corriole [sic] mais 'était [= elle était] trop petite. Le samedi soir, grand-maman mettait trois ou quatre briques dans le fourneau, pis le dimanche matin, à les enveloppait dans une vieille couvarte, pis è z'attachait [= elle les attachait] avec de la corde de stouke [angl. stook « moyette »] ; pis on les mettait dans le fond de la borline pour se réchauffer les pieds. Au jour de l'an, pour aller chez grand-maman, on prenait la borline ; des fois on enlevait le siége d'en arriére pour assir tous les enfants dans le fond. Ça, ça remonte au temps que* [= où] *les chemins étaient pas ouverts, vers 1950.* **1974**, Saint-Augustin. — *La barline, c'était une sleigh sport qu'il y avait anciennement, haut de terre. C'est juste les gros messieurs qui avaient ça. Aujourd'hui, y a des voitures sport, anciennement c'étaient des barlines, pour l'hiver.* **1974**, Tingwick (v. ci-dessous la déf. de berlot par le même témoin). — *bàrlin* **1975**, LavSagE (connu des vieux, courant autrefois).

BIBL. — Viger BPFC VIII (1909-10), 141 a ; LegLFr 20 ; BPFC IV (1905-06), 105 (*berline, barline, borline*) ; RivLitt 246 ; ChapAgr 613 a (*barline*) ; RivEt 85 ; Gl (*barline, berline, borligne, borline*) ; Corr I n° 52 ; HudFor (*barline*) ; DavCréat 159 ; DawsIO 174 b ; SégCiv 588 ; 605 ; Bél² ; LavSag 69 n° 98 ; GeddChal 43 (*bœrlin*) ; Mass 669 (*barlin, brlin*) ; DorrMiss 22 ; McDermMiss ; DictCan (*berline, burline, berlin*).

3° Voiture d'hiver (exceptionnellement d'été) des boulangers, dont l'arrière est en forme de longue caisse et qui sert au transport et à la distribution du pain.

DOC. — *Une berline a pain sur traine, deux livres* [. . .] **1806**, Montréal [Dg] ; dans le même dóc. : *Une berline a pain sur roues, deux livres* [. . .] [extraits d'un inv. de biens après décès publié par Ant. Roy dans RAPQ v. 34, 1953-54, 157].

ÉT. — **1894**, Cl. — BPFC IV (1905-06), 105. — **1909**, Di. — **1930**, Gl. — *On donne aussi, chez nous, le nom de berline à une espèce de voiture d'hiver servant aux boulangers pour le transport et la distribution du pain. Cette sorte de berline est une voiture de livraison des boulangers.* **1937** Corr I n° 52. — **1971**, Bél².

ENQ. — *La berline, c'était une voiture traînante, avec une boîte dessus, pour les runners* [= distributeurs ; vient de l'angl.] *de pain ; les patins sont à la longueur de la voiture.* (vx) **1975**, Sainte-Blandine (Rimouski).

4° Sorte de tombereau sur patins.

DOC. — *2 barlinne a fumiers fairez...* [£] *0, ,5, 6* **1843**, Québec, ASQ, Séminaire 132, n° 412. — *Pour une berline à neige .. * [$] *18.00* **1904**, Québec, AUQ, Journal 27, déc., 102 [le sens 2° n'est pas exclu ici].

ENQ. — *C'est dans la berline qu'on mettait la neige qu'on avait ramassé dans le chemin.* **1974**, Charlesbourg.

BIBL. — Bél² (avec dessin).

5º Vieille voiture.

ENQ. — *Une berline, c'était comme une bacagnole* [= sorte de traîneau rudimentaire], *une voiture roulante, une voiture traînante, une vieille voiture.* **1975**, Sainte-Blandine (Rimouski) (souvenir de jeunesse du témoin).

BIBL. — Gl s.v. *barline* sens 3º [il peut s'agir d'une déf. ambiguë d'un correspondant de la Société du parler français ; cp. cependant notre témoignage relevé dans la région de Rimouski].

6º Sorte de traîneau (généralement pour enfant) ayant la forme d'une *berline*.

ÉT. — *On choisira les plus adroits pour faire des sabots, des pelles pour jeter les neiges, et des berlines pour les charroyer à bras.* **1832**, PerrAgric, 58 — [...] *du bois pour les brouettes, les berlines, les boyards.* Ib. 64. — [...] *cela ne doit pas empêcher qu'on ne puisse nettoyer les parties de terre découvertes avec les rateaux* [sic], *débarrasser des neiges celles qui ne le sont pas tout à fait, soit en pelletant, soit en les enlevant avec des berlines.* Ib. 60 [il s'agit certainement dans ces contextes d'une *traîne* plus rudimentaire que dans celui qui suit ; cet emploi est à rapprocher du sens 4º « tombereau sur patins »]. — **1953**, DgBeauce. — *Berline québécoise en pin aux côtés agréablement découpés. Ce jouet est orné de motifs de fleurs stylisés et le dossier intérieur est garni de losanges peints qui simulent un rembourrage piqué. Fin XIXᵉ siècle.* [légende au bas d'une reproduction photographique] **1971**, LessAnt 409.

→ *berlot* 3º.

7º Sorte de contenant, récipient (?).

DOC. — *Un quart, une berline, un pot, une cruche* **1787**, Québec, AJQ, gr. Ch. Voyer, doc. 17 oct. — *Une berline adjugée...* **1788**, ib., doc. 1ᵉʳ oct. [contexte où il est question d'ustensiles de cuisine]. — *Trois cuves et une berline* Ib.

8º Adolescente (t. de tendresse).

ENQ. — *'Cré* [= sacrée] *p'tite berline, c'que tu peux en faire des choses !* **1973**, Dosquet.

BIBL. — JunBell dans TraLiQ 1 (1975), 185.

● BERLOT subst. m.

Pron. bèrló, bàrló, bœrló, bòrló. — Graphies *berlot, berlo, berleau* [infl. de *traîneau* ?], *brelot, barlot, barleau, borlot, borlo.*

1º Solide voiture d'hiver, non fermée, faite d'une boîte oblongue (moins longue et moins large que celle de la *berline*), posée sur des patins bas et utilisée pour le transport des personnes (généralement à deux places) et des marchandises.

DOC. — *Un grand brelot peint en noir avec deux tabliers de peaux d'ours* 1838, Laprairie, ANQM, gr. J.-B. Varin, doc. 20 juin. — *Un berleau* 1840, Montréal, ANQM, gr. L.-S. Martin, doc. 3 nov. — *Une carriole (berlot) pour la somme de deux livres, dix chelins* 1849, Québec, AJQ, gr. Ph. Huot, doc. 6 fév. — *Un berlo* 1849, Berthier, ANQM, gr. J.-F.-G. Coutu, doc. 17 déc. — *Un berlot, quinze livres* 1867, Longueuil, ANQM, gr. I. Hurteau, doc. 6 nov. — *2 brelots dont 1 couvert* 1877, Montréal, ANQM, XI, 10, Inv. de biens Bonneau, doc. 14 fév. — *Le berlot de poil* vers 1922 [gravé dans un bronze d'A. Laliberté, illustrant une légende obscure : un homme (le diable ?) entraîne une femme nue dans un *berlot* recouvert d'une *robe de carriole* « sorte de couverture de fourrure » ; conservé au Musée national du Québec, réf. S-173 ; attestation fournie par L. Lacourcière].

JOURN., PÉRIOD. — *Jamais une personne qui se respecte ne consentira à se trimballer dans un berlo de Montréal, avec des vieilles peaux de cariole dans le dos et de la mauvaise paille sous les pieds.* 1879, *Le vrai Canard*, 11 oct., p. 2, col. 3. — 1920, *Almanach du peuple*, 51, 243 (avec dessin).

LITT. — *Mon « brelot » était assez bien rempli, et comme je voulais être de retour chez nous avant neuf heures, je fouettai vivement mon cheval qui partit au grand trot.* 1878, H. Beaugrand, *Jeanne-la-fileuse*, chap. V, texte repris dans *La Chasse-Galerie. Légendes canadiennes*, éd. 1973, 85. — *Je me réveillai dans mon brelot, sur le chemin du roi* [...] Ib., chap. V, éd. 1973, 90. — 1900 (1974), L. Fréchette, *Contes de Jos Violon*, 53 (conte : *Coq Pomerleau*). — *Coute [= Ecoute] donc, Joachim, qu'y dit, si tu veux une place dans mon berlot pour aller à la messe de Mênuit, gêne-toi pas : je suis tout seul avec ma vieille.* 1900 (1973), L. Fréchette, *Contes I. La Noël au Canada*, 172. — *Nous louâmes un bon petit cheval canadien attelé à un léger « berlot » de campagne* [...] 1910, L. Fréchette, *Etudiants d'autrefois*, dans l'*Almanach du peuple*, 41, 264. — 1914, A. Rivard, *Chez nous*, 87 ; 91. — [...] *comme ils étaient gais les grelots des carrioles et des berlots qui menaient toutes les familles vers le clocher paroissial.* 1916 (1918), M. LeNormand, *Autour de la maison*, 109. — 1918 A. Rivard, *Chez nos gens*, 21. — [...] *le mol glissement des « sleighs » et des « berlots »* [...] 1919, A. Lacasse, *L'envol des heures*, 133. — *Tante revêtait la pelisse de fourrure que lui présentait son ami galant et un vieux à barbe grise, offrit de me prendre dans son « berlot ».* 1919, A. Jarret, *Moisson de souvenirs*, 13. — *Borlot* 1918 (1945), Frère Gilles, *Les choses qui s'en vont* ..., 51. — [...] *les barouches [= sorte de voiture] et les berlots se sont faits plus rares à la porte du moulin* [...] Ib., 82. — *Une heure plus tard, le père et la fille partait en berlot* [...] 1936 (1962), A. Laberge, *Visages de la vie et de la mort*, dans G. Bessette, *Anthologie d'Albert Laberge*, 34. — *Menaud sortit le berlot de la remise* [...] **1937** (1967), F.-A. Savard, *Menaud maître-draveur*, 118. — *Cette nuit pour la messe on était toute une filée de borlos un derrière l'autre.* **1943** (1945), F. Leclerc, *Adagio*, 58 ; autre ex. dans la même page. — *De loin en loin un berlot rouge rayait l'horizon.* **1945** (1974), G. Guèvremont, *Le Survenant*, 6. — *Telles étaient, cahotées, secouées, enfouies dans ma noire pelisse d'ours, mes craintes de jeune missionnaire, tandis que notre vaillante petite bête canadienne, crinière flottante, naseaux fumants, comme si elle eût été de connivence avec moi, battait la neige et tirait notre berlot.* **1972**, F.-A. Savard, *Le bouscueil*, 162 ; voir aussi ci-dessous s.v. *petit berlot*, LITT.

ÉT. — *Les chutes, le Pain-de-Sucre, la piste de glace pour courses de chevaux, les carrioles à double attelage, les berlines ou les « berleaux » d'habitants, les hommes et les femmes se tenant debout dans la neige, la plupart d'entre eux en raquettes, les petits garçons portant des tuques de laine rouge et tirant à la corde des traîneaux bleus, les chiens jappant après les chevaux, tout y était, vrai comme la vie, mais encore plus étincelant.* **1937**, M. Barbeau, *Québec où survit l'ancienne France*, 128. — *A bonne heure le lendemain matin nous étions en route en berlot, sorte de traîneau bas sur patins surmonté d'une boîte dans le genre des carrioles, avec des sièges pas trop hauts, véhicule très confortable dans les mauvais chemins.* **1945**, N.-A. Comeau, *La vie et le sport sur la Côte Nord du bas Saint-Laurent et du Golfe*, 145 [Dg] ; autre ex. 242. — **1957**, P. Deffontaines, *L'homme et l'hiver au Canada*, 128 (v. ci-dessus *berline* 2°).

ENQ. — *bòrló* **1973**, Saint-Augustin. — *L'automne est avancé, il va falloir checquer* [= vérifier] *le barlot d'un bout à l'autre.* **1973**, Beauceville. — *J'ai encore un vieux barlot dans la shed* [= remise]. **1973**, rég. de la Beauce. — *Barlot* **1973**, Princeville. — *Le barlot, c'est une sleigh pour l'hiver ; c'est plus bas, moins varsant que la berline.* **1974**, Tingwick (voir ci-dessus la déf. de *berline* par le même témoin). — *bàrló* **1975**, Saint-Ferréol. — *bàrló* **1975**, LavSagE (connu des vieux, courant autrefois).

BIBL. — Du ; LegLFr 20 ; Cl ; JutrSucr 46 (*berleau*) ; BPFC II (1903-04), 96 (*barlot*) ; BPFC IV (1905-06), 105 (*barlot, berlot, borlot*) ; Di (*barlot, berlot*) ; ChapAgr 613 a (*barlot*) ; ClInv ; Gl (*barlot, berlot, borlot*) ; Corr I n° 52 ; HudFor (*berlot, borlot*) ; MUrsLav 387 a (*barlot*) ; DavCréat 159 ; DawsIO 174 b ; SégCiv 588 ; 612 ; FEW 23, 78 b, s.v. *traîneau* ; Barb² 184 (*barlot*) ; Bél² (*berlot, borlot*) ; LavSag 69 n° 97 (*bàrló, bòerló*) ; StrakaMen 293 ; ClasMat 9465-6 [deux renvois à *Propos sur notre fr.* de P. Daviault dans *La Patrie* 08-11-59, p. 35, et 11-12-60, p. 19] ; JunBell dans TraLiQ 1 (1975), 185, n. 73 ; Mass 669 (*bàrló, bòerló, brló*) ; DitchyLouis ; DictCan (*berlot, burleau*).

2º *Petit berlot.* Voiture d'hiver de luxe, comme la *petite carriole,* mais plus élevée sur les côtés (DawsIO).

ÉT. — *Il y a des traîneaux de luxe, tout comme les voitures de luxe — très élégants, bourrés, vernis, et ornés de cuivre. Telle la « petite carriole » — traîneau ouvert pour quatre personnes, sur des membres légers se terminant en tire-bouchon de cuivre. Elle a des sièges de velours et un tapis même ! Le « petit berlot » est à peu près semblable, mais il est plus élevé sur les côtés, avec une porte.* **1960,** DawsIO 62 (voir figure) ; aussi 174 b.

[A distinguer de *petit berlot* « berlot de petites dimensions », par ex. : *Il était v'nu passer ane semaine su des parents et il se promenait dans un p'tit berlot rouge tout neuf.* **1936** (1962), A. Laberge, *Visages de la vie et de la mort,* dans G. Bessette, *Anthologie d'Albert Laberge,* 60 (quelques lignes plus bas, à propos de la même voiture... *quand il vous voyait passer à côté de son berlot...*) ; — *Je traverse, en petit berlot, cinquante milles de forêt.* **1972,** F.-A. Savard, *Le bouscueil,* 138.]

3º Sorte de traîneau (généralement pour enfant), ayant la forme d'un *berlot.*

ÉT. — **1969,** R.-L. Séguin, *Les jouets anciens du Québec,* 66.

→ *berline* 6º.

4º Sorte de lit, probabl. en forme de caisse.

ÉT. — *L'ameublement était à l'avenant dans la grande pièce, un poêle de fonte coulée aux Vieilles-Forges, un banc-des-seaux, une table et des chaises de fabrication domestique, sans peinture, un sofa, un berlot, dans lequel couchaient les garçons, 5 ou 6 ensemble, et une armoire-garde-manger.* **1952,** Th. Boucher, *Mauricie d'autrefois,* 20.

● EN AVOIR PLEIN SON BERLOT

Fig. En avoir plein le dos.

ENQ. — *Cet homme commence à en avoir plein son barlot.* **1973,** Lac-aux-Sables.

BIBL. — JunBell dans TraLiQ 1 (1975), 185 n. 73.

● SE GROUILLER LE BERLOT

Fig. Se dépêcher (vx).

ENQ. — *La mére disait ça : grouille-toué le borlot un peu !* **1974,** Saint-Augustin. — *Grouille-toué le barlot !* **1975,** Saint-Ferréol.

● BERLINGOT subst. m.

Graphies *berlingot, berlingo, berlingau.*

Probabl. sorte de voiture d'hiver (peut-être syn. de *berlot*).

DOC. — *Un berlingo et son travail* [= brancards] **1834**, Contre-cœur, ANQM, gr. A.-C. Duplessis, doc. 22 nov. — *Un berlingot avec une robe* [= fourrure dont on se sert l'hiver comme couverture de voyage] *et oreillé* **1836**, ib., doc. 18 janv. — *Un berlingau* **1839**, Longueuil, ANQM, gr. I. Hurteau, doc. 3 avril.

BOUGRINE subst f. (^{1})

HIST. — Apparu seulement dans les dernières décennies du Régime français (1re attestation 1741), BOUGRINE, qui désigne généralement un gros vêtement de dessus, chaud et plutôt lourd, est un dérivé québécois du français *bougran* « sorte de grosse toile » (sens attesté dès le m. fr.), lui-même issu de *Boukhara* « nom d'une ville du Turkestan, d'où était importée en Europe une étoffe plus fine que le bougran de nos jours » (BW^5 ; FEW 19, 36 a), et assez largement répandu au Québec du XVIIe s. au XIXe, peut-être au-delà. Le québécois *bougrine,* sans aucun lien avec l'expr. fr. du XVIe s. *chausses à la bougrine* « chausses à la mode des sodomites » (v. Huguet et Cotgrave ; de la même famille que le fr. *bougre,* v. FEW 1, 606-607, où cependant elle manque), doit être une formation analogique d'après des mots comme *câline, capine, crinoline,* etc. (sur le suff. *-ine* des mots désignant des vêtements ou des étoffes, v. Meyer-Lübke, *Hist. Gr. der franz. Spr.,* II², 1966, 71-72 ; Nyrop *Gram. hist.* III, 266, 3°). Cette dérivation a pu s'opérer d'autant plus facilement que *bougran* apparaît parfois sous forme de *bougr(a)in* dans les parlers de France d'une part (v. FEW, ainsi que Lacurne, GdfC, Cotgrave, etc. ; changement dû peut-être à une attraction paronymique de *bougrain* « déchet du grain », attesté déjà en m. fr. et encore vivant en Anjou et dans le Maine, v. FEW *volus* 14, 617 a), et que, d'autre part, en québécois, *ā* a tendance à se fermer en *ē* (v. JunPron 98 n. 8 a), de sorte qu'en Nouvelle-France, *bougran* devait s'entendre *bugrē,* et la forme *bougrine,* prononcée peut-être à son tour *bugrēn* ou *bugrèn* (on sait que *i* devant consonne nasale intervocalique était parfois prononcé *ē,* puis *è,* en québécois de jadis, v. JunPron 95-97 ; JunPMeun 75-76), pouvait être interprétée comme un féminin de *bougran.*

D'après les documents anciens, la *bougrine* était surtout en étoffe de laine — étoffe *du pays* (appelée aussi étoffe grise), droguet, ratine, bouracan (« sorte de grosse étoffe de laine »), calmande — mais aussi en indienne « sorte de toile de coton » ; elle pouvait être doublée et munie de capuchon ; on mentionne également des *petites bougrines* (sans doute plus courtes) et des *bougrines* plus habillées, à carreaux (*carreautées*), voire des *bougrines des dimanches.* C'était en général, et c'est toujours, un vêtement surtout pour la saison froide (pardessus, vareuse) ; exceptionnellement, il pouvait y avoir des *bougrines d'été* (doc. 1853, 1857 ; v. aussi, sous LITT., J.-B. Proulx, *L'enfant perdu ou retrouvé*).

En plus de ce sens premier de « vêtement de dessus » (sens 1°), le mot a fini par désigner, assez récemment d'ailleurs, d'autres articles en tissus chauds : « châle, long foulard » (sens 2°) et « couverture de cheval » (sens 3°). Du sens de « châle, long foulard » (2°), vêtement porté surtout par les vieilles femmes, est né, par métonymie, celui de « personne de caractère difficile, acariâtre (surtout une vieille femme) » (sens 4° ; au point de vue de la forme, la « proximité » de *bougrèse* « bougresse », v. Di et Gl, a pu faciliter le passage du nom de l'objet à celui de la personne, à moins que *bougrine* ne vienne de la déformation de *bougrèse*). De même, à partir de « couverture de cheval » (3°), on a créé, parallèlement, celui de « vieille jument usée » (sens 5°).

Bougrine paraît en recul actuellement ; d'ailleurs seul le sens 1° semble avoir été répandu dans tout le pays.

---

(1) Une première esquisse de cette étude a paru dans TraLiLi XII, 1 (1974), pp. 183-186.

Bougrine au sens 1° vit également en Acadie (Mass 1632, PoirAc 224, PoirGl) et en Louisiane (DitchyLouis) ; au sens 2°, à Brunswick aux Etats-Unis (Locke-Brunsw 167).

SE DÉBOUGRINER est analogique de *se décapoter* « enlever son *capot* ».

Autres dénominations de pardessus (pour les sens, voir les glossaires courants) : *blouse, cagoule, canadienne, cape, capot, cloque, coat, col, corvette, coupe-vent, froc, frockcoat, garibaldi, mackinaw, morning coat, parka, prince-albert, quatre-poches, rabat, surtout, trench,* etc.

Pron. *bugrin.* — Graphies *bougrine, bouguerine, boucrine, boudrine* (attraction paronymique de la famille de *boud(e)rie* ?).

1° Vêtement de dessus (pardessus, vareuse).

DOC. — *Façon de 2 bougrines qu'il luy a fait* **1741**, Montréal, ANQM, M-72-144, 10 mai, p. 249. — **1743**, ib., 26 juin, p. 528. — *Une bougrine de calmande a fleurs doublée de pluche* **1748**, Montréal, ANQM, XI, 1, vol. VIII, doc. 18 juin (inv. de biens). — *Bougrine de calemande* **1750**, Québec, ANQ,, PJN, n° 1944, doc. 25 juill. — **1757**, Québec, ANQ, PJN, n° 1871, doc. 9 nov. — *Une paire de culotte et une bougrine d'etoffe du pays* **1759**, Chambly, ANQM, gr. A. Grisé (cité dans SégCost 34). — *Unt capote de droguette, une vielle bougrine* **1769**, Beauport, ANQ, gr. P. Parent, doc. 8 nov. — *Avoir acomodé une boucrine d'indienne* **1770-71**, Québec, ASQ, Séminaire 152, n° 115. — **1776**, Québec, ib., n° 300 (deux attestations). — *Une bougrine d'indienne raccom[modée]* **1778**, non localisé, ASQ, Séminaire 120, n° 52. — *Une boucrine* **1779**, Neuville, ANQ, gr. B. Planté, doc. 12 août. — *Une bougrine etoffe du pais* **1781**, Sainte-Anne-de-la-Pocatière, ANQ, gr. L. Cazes, doc. 17 mars. —*Une bougrine doublé* **1781**, ib., doc. 29 mars. — *Un gilet ou bougrine de droguet* **1782**, Beauport, ANQ, gr. L. Miray, doc. 31 oct. — *Une bougrine et gilet d'indiéne et une pere de culot cotton* **1784**, Deschambault, ANQ, gr. J. Perrault, doc. 30 juin (v. l'exemple précédent où *gilet* est peut-être synonyme de *bougrine*). — **1784**, ib., doc. 2 août, **1787**, ib., doc. 4 juin (fréquent chez ce notaire). — **1787**, non loc., ASQ, Séminaire 120, n° 244, doc. 25 sept. — **1788**, ib., n° 160, doc. 26 juin. — *Une petite bougrine, une petite veste* **1788**, Québec, AJQ, gr. Ch. Voyer, doc. 22 juin (autre attestation dans ce doc.) ; même passage dans doc. 23 juill. **1788**. — **1789**, non loc., ASQ, Séminaire 121, n° 6, doc. 22 sept. — **1792**, Laprairie, ANQM, gr. I.-G. Bourassa, doc. 15 sept. — *Une bougrine d'étoffe du pais, un gilet étoffe grize* **1794**, Québec, AJQ, gr. A. Dumas, doc. 21 juill. — **1794**, Québec, AJQ, gr. J. Plante, doc. 17 nov. — **1795**, Montréal, ANQM, gr. J.-M. Mondelet fils, doc. 31 janv. — *Une bougrine de ratine* **1797**, Laprairie, ANQM, gr. I.-G. Bourassa, doc. 15 fév. — *Une bougrine d'étoffe du pays, tainte et foulés, doublé* **1797**, Sainte-Anne-de-la-Pocatière, ANQ, gr. A. Dionne, doc. 6 sept. (fréquent chez ce notaire). — *1 bougrine [...], un bastonnés [= bostonnais, sorte de vêtement]* **1798**, Sainte-Anne-de-la-Pocatière, ANQ, gr. L. Cazes, doc.

8 fév. (fréquent chez ce not.). — *Une bougrine d'etoffe croisé* **1799** Château-Richer, AJQ, gr. B. Faribault, doc. 12 mars. — *Une bougrine de droyet* [= droguet] **1799**, ib., doc. 13 mars. — **1810**, Loretteville, AJQ, gr. D. Lefrançois, doc. 10 nov. — **1831**, ib., doc. 20 juill. — *Un gilet d'étoffe et une bougrine de bouragan* **1837**, Laprairie, ANQM, gr. J.-B. Varin, doc. 9 nov. — **1838**, ib., doc. 17 août. — **1839**, Montréal, ANQM, gr. J. Belle, doc. 23-26 sept. — **1844**, Saint-Félix-de-Valois, ANQM, gr. F. Chénier, doc. 9 août. — **1845**, Rigaud, ANQM, gr. L. Adams, doc. 2-3 sept. — *Trois capeaux & deux bougrines d'étoffe grise* **1848**, Longueuil, ANQM, gr. I. Hurteau, doc. 9 oct. — *Une bougrine de laine carotté* [= à carreaux] **1848**, ib., doc. 11 oct. — *Une bougrine noire d'été* **1853**, Montréal, ANQM, gr. L.-Th. Chagnon, doc. 14 mars. — *Une bougrine d'étoffe du pays* [...] *et une bougrine d'été* **1857**, L'Assomption, ANQ, AP-P 1592-P (doc. signé O'Brien). — *Bouguerine de bouragan gri* non daté, Contrecœur, ANQ, AP-P 675-D.

JOURN. — *Bougrine d'un brun noir et des grandes culotes* **1790**, *Gazette de Québec*, 28 oct. [Dg]. — **1879**, *Le vrai Canard*, 25 oct., p. 2, col. 2 ; ib., col. 4. — **1880**, ib., 10 janv., p. 1, col. 2. — *Bougrine du dimanche* **1906**, *La Presse*, 5 janv., p. 4 [Dg].

LITT. — *C'était dans l'été, le 7 de juillet 1845* [...] *Nous rentrâmes à la maison, mon petit frère et moi, revenant des framboises* [...] *Je demandai une beurrée à maman* [...] *Elle me dit d'attendre un peu* [...] *Je me trouvai fâché, j'ôtai ma petite bougrine, et je la jetai par terre.* **1892** (1924), J.-B. Proulx, *L'enfant perdu et retrouvé ou Pierre Cholet*, 20 [l'auteur ajoute en note : *En Canada on emploie ce mot bougrine, à peu près dans le même sens que redingote. Il vient, sans doute, de bougran, toile forte et gommée qui aurait pu d'abord servir à fabriquer ce genre d'habit*]. — [...] *ôte donc ces grains de mil qu'il y a sur ta bougrine* [...] **1895**, Testard de Montigny, *La colonisation*, 136 [Dg]. — [...] *on aime toujours à se rappeler, c'pas* [= n'est-ce pas], *qu'un Canayen a d'autre chose que l'âme d'un chien dans le moule de sa bougrine* [...] **1900** (1974), L. Fréchette, *Contes I. La Noël au Canada*, 149. — **1900** (1974), L. Fréchette, *Contes de Jos Violon*, 54 (*Coq Pomerleau*). — **1904** (1973), R. Girard, *Marie-Calumet*, 147. — **1919**, Marie-Victorin, *Récits Laurentiens*, 85. — **1928**, L. de Montigny, *Le bouquet de Mélusine*, 96. — *Bougrine des dimanches* **1930**, A. Nantel, *A la hache*, 196. — *Ils sont debout, montrant le poil de leur poitrine Par l'entrebâillement du col de leur bougrine* **1930** (1948), A. Desrochers, *A l'ombre de l'Orford*, 44. — *Ce soir-là, il* [= Menaud] *fixa des yeux étranges sur Marie, repoussa sa soupe, s'en alla dans la chambre à Joson, prit sa bougrine et, son feutre sur les yeux, sortit sans parler.* **1937** (1967), F.-A. Savard, *Menaud, maître-draveur*, 64 ; autre ex. 98. — **1942** (1972), A. Laberge, *La fin du voyage*, dans G. Bessette, *Anth. d'A. Laberge*, 185. — **1945**, L. de Montigny, *Au pays de Québec*, 48. — **1948** (1968), F.-A. Savard, *La Minuit*, 130 (v. aussi la *Liste de quelques termes régionaux*,

173). — **1958**, G. Bessette, *La bagarre* 12 ; 13. — *Il avançait, vêtu de sa bougrine à carreaux, en bottes de bûcheron, au bec sa pipe pansue, sur l'épaule sa grande faux, cependant que de la poche arrière de son pantalon dépassait la pierre à aiguiser*, **1972**, G. Roy, *Cet été qui chantait*, 109. — **1975**, P. Châtillon, *Le fou*, 107 (le terme *canadienne* 106 employé dans le récit, *bougrine* dans le dialogue).

ÉT. — **1950**, MUrsLav 256 ; 329.

ENQ., LITT. OR. — Avant **1930**, ancien fichier de la SPFC [« Charlevoix 2, Lac-Saint-Jean 2, Montmorency 1, Québec (v.) 8, Champlain 2, Trois-Rivières 1, Saint-Maurice 1, Maskinongé 2, Berthier 2, Montcalm 1, Terrebonne 1, Deux-Montagnes 1, Argenteuil 1, Labelle 1, Ottawa 1, Prescott 1, Beauharnois 1, Châteauguay 1, Iberville 3, Rouville 1, Laprairie 1, Laval 1, Jacques-Cartier 1, Hochelaga 1, Verchères 6, Richelieu 8, Saint-Hyacinthe 3, Bagot 2, Missisquoi 1, Sherbrooke 2, Arthabaska 3, Nicolet 2, Lotbinière 4, Beauce 1, Dorchester 1, Lévis 2, Bellechasse 2, Montmagny 1, Kamouraska 1, Témiscouata 6, Rimouski 1, Gaspé 1 », Dg]. — **1972**, O. Légaré, *Les chansons d'Ovila Légaré*, 118. — **1973**, Château-Richer. — **1973**, Saint-Raphaël. — *Fait frète à matin, tu f'rais aussi ben de mettre ta bougrine.* **1973**, Rimouski. — **1974**, Québec (vx et ironique). — *Avec une bonne bougrine, on ne gelait pas.* **1974**, Charlesbourg [déf. de l'enquêteur : « c'est un vêtement de haut de corps en laine, dont les manches étaient souvent en *toile du pays* »]. — *Mets ta bougrine, son père, à souer on sort.* **1974**, Beauce. — **1974**, Montmagny. — **1974**, Princeville (vx). — **1974**, Saint-Jacques (Montcalm) (vx). — **1975**, LavSagE (connu des vieux). — *La bougrine était une espèce de coat avec un capuchon, comme un coat de sauvage.* **1975**, rég. de Rimouski (vx).

BIBL. — Du ; GourmCan 250 a ; Cl ; Rinfr ; BPFC III (1904-05), 184 ; Di ; ClInv ; Gl (aussi *boudrine*) ; MUrsLav 387 b ; LeBidLex 117 ; ChantChron 150 ; Barb² 187 ; Bél² ; JunPron 151 ; LavSag 183 n° 57 ; StrakaMen 289 ; JunBougr 183-186 ; JunBell dans TraLiQ 1 (1975), 154 ; PoirAc 224 ; PoirGl ; Mass 1632 ; DitchyLouis.

2° Châle, grand foulard.

ENQ. — *On voyait toujours les grands-mères avec leur bougrine.* **1973**, Beauport. — *Une bougrine, c'est un châle en laine, fait au métier, porté par les femmes dans la maison.* **1973**, Saint-Jean (Ile d'Orléans). — *La bougrine était une espèce de châle ou de grand foulard, large d'une dizaine de pouces, de couleur foncée (gris ou brun), surtout pour les vieilles ; elle était enroulée autour du cou, un bout dépassant d'un côté, l'autre de l'autre.* **1975**, Rimouski.

BIBL. — LockeBrunsw 167.

3º Couverture de cheval.

ENQ. — *On r'couvrait le cheval d'une bougrine en temps de pluie.*
1974, Arvida.

4º Personne de caractère difficile, acariâtre (surtout une vieille
femme).

ENQ. — **1975**, rég. de Rimouski (vx).

5º Vieille jument usée (vx).

ENQ. — *Une bougrine, c'est une vieille jument maganée* [= usée],
un piton. **1975**, rég. de Rimouski.

6º Enfant turbulente, agitée.

ENQ. — *Arrête, ma petite bougrine !* **1975**, LavSagE.

● SE DÉBOUGRINER v. pron.

Enlever sa *bougrine.*

ÉT. — *« Bougrine » a donné naissance à un savoureux canadia-*
nisme : « se débougriner », c'est-à-dire enlever sa « bougrine », son
manteau. **1956**, ChantChron 150.

CÂLINE subst. f., CÂLINETTE subst. f.

HIST. — CALINE et son dim. CALINETTE sont des dérivés du m. fr. et fr. m. cale « bonnet plat que portaient les femmes de basse condition, les paysannes » ; ce mot d'origine francique (*skala « écaille, coquille ») (1) est considéré en France, depuis Widerhold 1675, comme régional et, plus spécialement, picard et champenois (FEW 17, 79 a). Câline « bonnet de femme » (sur la dérivation des mots désignant des vêtements et des étoffes à l'aide du suffixe -ine voir ci-dessus, à propos de bougrine) est toujours bien vivant en galloroman d'oïl, notamment dans l'Ouest, dans le Centre et dans le Nord-Ouest (sauf en Normandie) (FEW 17, 81 ; à ajouter une attestation relevée en Sologne, avec le sens de « fichu qui s'accroche sous le menton avec des brides », qui est rangée à tort sous *calina « chaleur » FEW 2, 93 a).

En québécois, câline (de même que câlinette) ne semble apparaître que dans la première moitié du XVIIIᵉ s. (câline dep. 1748, câlinette dep. 1722 [graphie colinette]) et désigne une coiffe féminine, qui peut être nouée sous le menton (sens 1°), blanche ou en couleur, taillée dans diverses étoffes plus ou moins fines (coton, pékin, indienne, basin, mousseline, v. les DOC. cités ci-dessous ; en lin fin, avec volants et dentelles, v. ÉT., DoyBeauce ; en toile fine, ib., V. Tremblay Saguenay), parfois en paille (voir LITT., Marie-Calumet). Le sens de « bonnet de nuit » (sens 2°), qu'on connaît en Saintonge (Seudre-et-Seugne) et dans le Centre (Vendôme) (FEW 17, 81 a), est beaucoup plus rare en québécois et semble plus spécialement circonscrit à la région du Saguenay (d'après l'état actuel de notre documentation). Aujourd'hui, et depuis déjà la fin du XIXᵉ s., câline, même au sens 1°, est senti comme archaïque et disparaît avec l'objet qu'il désigne (v. Cl et Di).

Le diminutif CALINETTE, qui est aussi galloroman, pose un problème d'étymologie. Dans le FEW, il est classé sous trois étymons différents : francique *skala 17, 81 b (Centre câlinette « bonnet à brides », Franche-Comté kōlinet « bonnet de coton »), lat. collare « collier » 2, 894 b (Bourgogne colinette « collerette ») et surtout prénom Nicolaus 7, 110 b où figure la majeure partie des relevés (fr. m. colinette f. « cornette de nuit pour femmes » Trévoux 1771, Ardennes « bonnet », flandr. « bonnet de nuit pour femmes », Nord et Picardie « bonnet », Picardie « bonnet de nuit pour femmes », Picardie coulinette « id. », Normandie, Saintonge, Champagne colinette « id. », etc.). Aux matériaux recueillis par Wartburg, il faut ajouter les indications que fournissent divers dictionnaires français postérieurs à Trévoux 1771, par ex. Littré, Larousse 1960 (vx), Robert, GLLF (vx), etc. ; ces dictionnaires qui donnent uniformément la graphie colinette et définissent le mot par « coiffe de femme, servant de bonnet de nuit », indiquent tous comme étymon le nom propre Colin (fém. Colinette), rattachant aussi ce mot, comme le fait Wartburg pour la majorité de ses attestations, à Nicolaus (Colin dérive de Nicolas par aphérèse). Or, tous ces matériaux sont à ranger en réalité sous le francique *skala. Câlinette ne peut que dériver de caline, tandis que la forme colinette — et par la suite aussi coline pour câline (les graphies avec o sont plus fréquentes en québécois ancien pour câlinette que pour câline) — loin de refléter une modification phonétique (v. JunPron 52), est une étymologie populaire ; on comprend aisément que la

---

(1) Les mots de la famille calotte « casquette » se rattachent au même étymon et pourront être regroupés avec câline et ses dérivés dans le TLFQ.

forme *calinette* ait pu être confondue, dans les parlers populaires, avec son quasi-homophone *Colinette,* d'autant plus qu'une influence des représentants de *collare* « collier » (par ex. *collerette*) et de *collum* « cou » a pu jouer également en faveur de ce rapprochement.

En québécois, *câlinette* a conservé le sens de « bonnet de nuit pour femmes », qui était celui du français général et de la plupart des dialectes, mais les documents anciens, qui sont les seuls à nous en fournir des attestations, ne permettent pas toujours de distinguer entre ce sens et celui d'un simple diminutif de *câline.* En revanche, ils nous apprennent que la *câlinette* était un article plus fin que la *câline,* généralement en taffetas ou en mousseline, et garni de dentelle (v. surtout *colinette de Paris . . . garni[e] de dentelle* 1745). A partir de la fin du XVIIIe siècle, on ne trouve plus d'attestation de ce mot dans les documents d'archives et, jusqu'à présent, nous ne l'avons rencontré ni dans les textes littéraires, ni dans les récits populaires. Le mot semble avoir vieilli comme en fr., et même plus tôt, et il est sans doute mort aujourd'hui.

CALIN subst. m. « esp. de coiffe » est un mot poitevin (FEW 17, 81 b). Les deux uniques attestations de ce mot au Québec viennent de documents émanant d'un même notaire (Sainte-Anne-de-la-Pocatière, 1798 et 1801) et ne permettent pas d'en préciser le sens ; mais comme, dans ces énumérations des objets notariés, il figure les deux fois à côté de *câline,* il s'agit visiblement d'un article vestimentaire différent de ce dernier.

Les anciennes attestations québécoises aussi bien de *câline* que de *câlinette* et de *calin* démontrent que, dans les dialectes d'oïl d'où ces mots sont venus en Nouvelle-France, mais où ils n'ont été relevés jusqu'à présent qu'à l'époque moderne, ils étaient vivants aux XVIIe et XVIIIe s.

En dehors du Québec, seul *câline* (sens 1° et 2°) vit toujours en acadien (Mass 1677 ; PoirAc 223 ; PoirGl) et en louisianais (DitchyLouis).

Quelques autres dénominations de coiffes féminines (pour la déf., cf. les glossaires courants) : *bagnolette, bonnet-boudoir, bonnette, camail, capiche, capine, capuche, coiffe à capuchon, coqueluchon, grosse-tête, tarloune, tête, thérèse, tourloute, tourmaline,* etc.

Pron. *kálin, kòlin.* — Graphies *câline, coline, colline, caline, calline, calinne, qualine, câlène* (acad.).

1° Espèce de coiffe féminine, qui peut être nouée sous le menton [voir le dessin dans DoyBeauce 117].

DOC. — *Item, deux chemises à brassière, une méchante caline* [. . .] **1748**, Montréal, ANQ, gr. A. Foucher, doc. 12 juill. — *Deux caline* **1749**, Saint-Joseph (Beauce), ANQ, PJN, n° 2458, doc. 7 juill. — *Deux calines* **1751**, Château-Richer, ANQ, gr. A. Crespin père, doc. 24 mai. — *Deux calines de cotton* **1751**, Beauport, ANQ, PJN, n° 1622, doc. 16 déc. — *Troix caline* **1752**, Laprairie, ANQM, gr. A. Souste, doc. 18 sept. — *Une caline et un mouchoir de poche* **1756**, Québec, ANQ, AN, doc. 8 oct. — *Une caline et coef a colet* **1756**, Les Becquets, ANQ, PJN, n° 2524, doc. 25 oct. — *Trois calines Ib.* — **1780**, Sainte-Anne-de-la-Pocatière, ANQ, gr. L. Cazes, doc. 5 juin (à deux reprises). — *Caline de pecquint* **1783**, Château-Richer, ANQ, gr. A. Crespin fils, doc. 22 fév. — **1785**, Québec, AJQ, gr. A. Dumas, doc. 30 mars. — *Deux calines, trois fontanges* [= espèce de ruban qui rattache les cheveux et dont les nœuds retombent sur le front, v. FEW 3, 698a] **1785**, Québec, ANQ, AN, doc. 30 mars. — *Un mantelete et caline* **1786**, Deschambault, ANQ, gr. J. Perrault, doc. 2 mars. — *Deux calinnes d'indienne* **1786**, Charlesbourg, ANQ, AN, doc. 5 avril. — *Six qualines et trois bonnait* **1788**, ib., doc. 2 avril. — *Une paire de bas de laine, deux calines, deux coeffes* **1790**, Laprairie, ANQM gr. I.-G. Bourassa, doc. 26 août. — *Deux calines et deux mouchoirs* **1792**, ib., doc. 28 août (fréquent chez ce notaire). — *Une paire de chosset et une caline* **1797**, Sainte-Anne-de-la-Pocatière, ANQ, gr. A. Dionne, doc. 17 juin. — *Une caline, une evantaille et gallons* Ib., doc. 3 sept. — *Une coêffe de mousseline et une caline d'indienne* ib., doc. 22 sept. (très fréquent chez ce notaire). — *Quatre callines blanches* **1798**, Montréal, ANQM, gr. J.-M. Mondelet, doc. 5 mars. — *Deux coline* **1799**, Sainte-Anne-de-la-Pocatière, ANQ, gr. A. Dionne, doc. 14 janv. — *Deux colines* ib. — *Deux vieilles calines dix sols* **1801**, Montréal, ANQM, gr. Th. Barron, doc. 2 fév. — *Six calines de mousseline* **1803** (1947), Lotbinière, dans E.-Z. Massicotte, *Deux inventaires de costumes féminins*, AF 2, 143. — *Huit vieilles calines avec un évantail* **1807**, Saint-Vincent-de-Paul (rég. de Montréal), ANQM, gr. J.-B. Constantin, doc. 29 déc. — *Item, quatre calines d'indienne prisées et estimées ensemble trente sols* **1808**, Charlesbourg,, ANQ, AP-P 742-F (signé Siméon Lelièvre), 25 juin. — *4 calines de bazin* **1810**, Montréal, ANQM, gr. Ch. Huot, doc. 15 oct. — *Un lot de calines à coeffe* [= coiffer ?] *adjugés à Jean-Louis Crotteau à quatorze sous* **1811**, Saint-Antoine-de-Tilly, AJQ, gr. L. Guay, doc. 5 mars. — *Deux calines bazin et toile fine dix sols* **1812**, Contrecœur, ANQM, gr. A.-C. Duplessis, doc. 24 juill. — *Cinq câlines et deux dickier* [= angl. *dickey* « plastron-chemisette »] *ensemble six francs* **1818**, Montréal, ANQM, gr. Th. Barron, doc. 4 avril. — *Douze câlines de coton blanc* **1820**, Montréal, ANQM, gr. Th. Bedouin, doc. 23 déc. — *Six coeffes et une caline prisé un chelin* **1822**, Loretteville, AJQ, gr. D. Lefrançois, doc. 1er juill. — **1832**, Vaudreuil, gr. Y.-F. Charlebois, doc. 14 sept. — *Deux collines* **1833**, Montréal, ANQM, gr. J. Belle, doc. 18-19 nov. — **1834** Québec, AJQ, gr. E. Tessier, doc. 12 déc. — *Trois calines* **1836**, Montréal, ANQM, gr. Et. Guy, doc. 16 fév. — **1838**, Lévis, ANQ, AP-P 908-G (signé Guay), 4 août. — *Cinq colines, trois livres quinze sous* **1845**, Rigaud, ANQM, gr. L. Adams, doc. 16 août. — *Une manne avec chapeaux de femme, vieilles calines & quelques vieux morceaux de linges* **1851**, Québec, AJQ, gr. Ph. Huot, doc. 11 août. — *Trois câlines estimées à quatre chelins* **1867**, Québec, AJQ, gr. G. Larue, doc. 7 fév.

LITT. — [...] *je vous jure que je vous trouve encore plus aimable avec votre petit mantelet, votre grande câline et votre jupe de droguet, qu'avec votre belle robe à la mode* [...] (1846) 1853, P.-J.-O. Chauveau,

Charles Guérin, 133 ; autre ex. 113. — *Un mantelet d'indienne, un jupon bleu d'étoffe du pays et une câline propre sur la tête, c'est là toute sa toilette.* **1860** (1876), H.-R. Casgrain, *Légendes canadiennes*, 37. — [...] *ma bonne mère paraissait sur le seuil avec sa câline de toile blanche sur la tête* [...] **1874,** Faucher de Saint-Maurice, *A la brunante*, 33 [Dg]. — *Y avait pas cinq minutes qu'on était arrivés, que tout le monde était parti sur les gigues simples, les reels à quatre, les cotillons, les voleuses, pi les harlapattes* [déform. de l'angl. *horn-pipe* « cornemuse », « sorte de danse écossaise »]. *Ça frottait, les enfants, que les semelles en faisaient du feu, et que les jupes de droguet pi les câlines en frisaient, je vous mens pas, comme des flammèches.* **1902** (1974), L. Fréchette, *Contes de Jos Violon,* 87 (conte : *Le diable des Forges*). — *Marie Calumet, aidée de Suzon, avait enlevé sa câline de paille noire tressée, garnie de fleurs en coton jaune citron et rouge sang. Cette coiffure était retenue sous le menton par de larges rubans de satinette blanchâtre.* **1904** (1973), R. Girard, *Marie Calumet*, 33 ; autres ex. 56 et 121. — *Plusieurs fois, pendant la journée, la grand'mère, derrière sa fenêtre, avait arrêté son rouet, et après un coup de pouce à la câline, la main en abat-jour devant les yeux, elle avait suivi du regard les mouvements du moulin.* **1918** (1945), Frère Gilles, *Les choses qui s'en vont...,* 65.

ÉT. — *3 câlines de coton* **1861-62** (1968), Ch.-H.-Ph. Gauldrée-Boilleau, *Paysan de Saint-Irénée de Charlevoix en 1861 et 1862,* dans P. Savard, *Paysans et ouvriers québécois d'autrefois,* 38. — *3 câlines blanches,* ib. 39 ; 55 (à deux reprises). — *La câline, taillée dans un coupon de lin fin, est presque aérienne avec ses volants et ses applications de dentelles. A peine grande comme la main, elle semble se poser sur la tête comme un papillon aux multiples ailes.* **1946,** DoyBeauce 117 (voir les dessins). — *A l'intérieur, les femmes âgées portaient un bonnet de toile fine qu'on appelait la « câline ».* **1968,** Victor Tremblay, *Histoire du Saguenay,* 425.

Acad. : [...] *les femmes* [des Iles-de-la-Madeleine] *ne portent plus, le dimanche, la câlène (coiffe) d'autrefois.* **1929,** G. Nestler-Tricoche, *Terre Neuve et alentours,* 58 (cité d'après Mass 1677).

ENQ., LITT. OR. — *Mouman s'en vient, sa câline drète à pic sur la tête* [...] **1915** (1917), Sainte-Anne-de-Kamouraska, Ch.-M. Barbeau, *Contes populaires canadiens (seconde série),* dans JAF 30, 40 ; autre ex. 42. — **1973,** rég. de Princeville (vx). — **1975,** LavSagE (mot connu).

BIBL. — Du ; GourmCan 250 a ; Cl [« un des derniers vestiges des anciennes coiffures féminines si pittoresques du temps du régime français »] ; Rinfr ; H. Bentzon, *Nouvelle-France et Nouvelle-Angleterre,* 87 (cité dans DgBbg) ; Di (« La mode semble en vouloir disparaître. ») ; JutrMais dans BPFC XI (1912-13), 324 ; Gl ; Corr I n° 28 ; PoirAc 223 ; HubLfrIM 65 ; PoirGl ; Mass 1677 ; DitchyLouis.

2° Bonnet de nuit.

ÉT. — **1972**, LavSag 186 n° 157. — **1962**, Mass 1677 (attesté à quelques pts acadiens).

● CÂLINETTE subst. f.

Graphies *calinette, calinnette, colinette, colinete, collinette, collinete, colinet, collinet, quolinet* (les trois dernières graphies s'expliquent par le fait qu'en québécois le *t* final, jadis appuyé, continue en général à être prononcé). La graphie *â* avec accent circonflexe n'a pas été relevée, jusqu'à présent, dans les textes québécois.

Bonnet de nuit (dans certains cas, peut-être, sens 1° de *câline*, cf. ci-dessus, hist.).

DOC. — *Une colinette de tafetas* **1722**, Champlain, AJTR, gr. D. Normandin, doc. 18 juin. — *Item, un mantelait aveq six colinette* **1726**, Batiscan, AJTR, gr. Fr. Trottain, doc. 27 avril. — [. . .] *tant beguin que quolinet, le tout a enfant* **1730**, Beauport, ANQ, gr. N. Duprac, doc. 10 juill. — *Quatre colinettes demie usée a douze sols la pièce* **1731**, Prairie-Saint-Lambert, dans SégCost 230. — *Trente-six collinettes* **1732**, Montréal, ANQ, PJN, n° 963, doc. 12 juill. — *Quatre colinettes de mouselines garny de dantelle* **1733**, Québec, ANQ, gr. Fr. Rageot, doc. 3 mars. — *Iteme, deux piece de linge de teste tante en collinete que coiffe uni estimé l'un portant l'autre, fait trante-deux livre* [. . .] **1745**, Batiscan, AJTR, gr. J. Rouillard, doc. 22 juin. — *Iteme, deux douzene et demi de colinette de Paris* [. . .] *guarni de dantelle* ib. — *Item, six collinettes avec un papier d'epingles* **1749**, Montréal, ANQM, gr. A. Foucher, doc. 3 juill. — *Cinq paire de collinette* **1750**, Laprairie, ANQM, gr. A. Souste, doc. 27 mai. — *Troix paire de collinettes neuve* Ib. — *Une paire de collinette* Ib. — *12 collinets tan bonne que mauvaise* **1750**, Montréal, dans SégCost 230. — *Collinet* **1751**, Pointe-aux-Trembles, dans SégCost 230. — *Trois colinet garnie de dantel* Ib. — *Cinq colinettes* **1753**, Montréal, ANQM, gr. A. Foucher, doc. 10 fév. — *Dix vielles calinnettes et un mouchoir* **1755**, rég. de Montmagny, ANQ, PJN, n° 1769, doc. 30 déc. — *Colinettes a dentelle* **1756**, Québec, ANQ, gr. L. de Courville, doc. 3 juill. — *Six vielle calinetes* **1756**, Les Becquets, ANQ, PJN, n° 2524, doc. 25 oct. — *Morceaux de calinettes* **1758**, Ancienne-Lorette, ANQ, gr. J.-B. Panet, doc. 11 fév. — *Quatre paires d'colinettes* **1763**, Pointe-Claire, ANQM, gr. L.-J. Soupras, doc 28 mai. — *Huit calinetes, douce* [= douze] *beguines* **1784**, Beauport, ANQ, gr. L. Miray, doc. 16 janv.

BIBL. — JunPron 52 (donne des attestations anciennes).

● CALIN subst. m.

Espèce de coiffe, différente de la *câline*.

DOC. — *Un mouchoir, une caline et un calin* **1798**, Sainte-Anne-de-la-Pocatière, ANQ, gr. A. Dionne, doc. 29 janv. — *1 caline et calin* **1801**, ib., doc. 23 mars.

CARREAU subst. m., CARREAUTÉ adj. (^{1})

HIST. — Du latin populaire *quadrellus,* dérivé du lat. class. *quadrus* « carré » (subst.). En plus des divers sens qu'il a en fr. gén. d'aujourd'hui et dont la plupart sont aussi québécois, le subst. CARREAU a eu au Québec, ou a toujours, d'autres acceptions qui ne sont pas actuellement connues en France, mais dont la majorité sont vraisemblablement d'origine galloromane. Dès le lat., et puis en Gaule, ce subst. pouvait désigner différents objets de forme carrée, par ex. un morceau carré de bois, d'où « planche de parquet » (fr. m. depuis Corneille 1694, auj. vieilli) ou « planche » en général (sens dial. et rég., notamment dans le Nord-Ouest, l'Ouest et le Centre, FEW 2, 1402 a, b) ; de là viennent d'une part, par métonymie, l'acception « plancher » (sens 1°), relevée dans l'Ille-et-Vilaine (FEW 2, 1402 b), voire « partie de la remise où l'on emmagasine l'avoine » (sens 2° ; sans doute par l'intermédiaire de « plancher » ; v. en bourbonnais « tapis de blé, dans l'aire, formé de 15 gerbes », FEW 2, 1403 b-1404 a), et, d'autre part, celle de « planche mobile d'une table à rallonges » (CARREAU EN TABLETTE, 3°) que nous n'avons pas retrouvée dans les dictionnaires français.

Au sens de « vitre, rectangle de verre fixé dans un châssis de fenêtre », le mot est français depuis le début du XIVe siècle (FEW ib.), mais les expressions CARREAU DE VERRE et CARREAU DE VITRE (4°), bien qu'elles figurent encore chez Littré, ne sont pas habituelles en France (v. Littré, Robert, PRobert). Le sens de « plaque de bois qui remplace un carreau dans une croisée » (5°), que Wartburg n'a pas relevé dans les parlers de France, s'explique aussi par la forme de l'objet, ou bien c'est un emploi métaphorique de *carreau* « vitre ». Les sens 6° « imposte », 7° « vasistas » et 8° « soupirail » viennent sans doute eux aussi de la forme carrée que peuvent avoir ces ouvertures, à moins qu'il ne s'agisse d'un emploi métonymique du mot ; on a bien relevé *carreau* au sens de « fenêtre » en Normandie (FEW 2, 1402 b), et dans le langage courant, on entend en France indifféremment *laver* (ou *faire*) *les vitres* ou *les carreaux,* même à propos des fenêtres qui n'ont pas de carreaux au sens propre du mot.

D'autres objets de forme carrée peuvent être désignés par *carreau.* Ainsi, en québécois, « coussin carré pour s'asseoir ou s'agenouiller » (sens 9° ; de même en fr., depuis le moyen âge, mais aujourd'hui vieilli, FEW 2, 1403 a ; PRobert) ; « grosse lime carrée » (sens 10°, qui est toujours fr., cf. Rob ou GLLF, et cela depuis Furetière 1690, cf. FEW 2, 1402 b ; l'intérêt de notre première attestation, de 1676, consiste en ce qu'elle fait reculer l'ancienneté de ce sens en français, tandis que les suivantes témoignent de sa vitalité à la fin du XVIIe s.) ; « morceau carré de viande de porc » (sens 11°, non relevé dans les parlers de France par le FEW ; mais *carré de porc*).

Une « sorte de jeu de marelle » (sens 12°) s'appelle *carreau* parce qu'on joue sur des dessins carrés tracés au sol ; en fr. *franc du carreau,* depuis 1508 à Académie 1694, ou *franc-carreau,* de Trévoux 1704 au DG (FEW 2, 1403 b ; Huguet).

Le composé PASSE-CARREAU dont l'unique attestation ne nous permet pas de préciser le sens, mais qui semble désigner une sorte de clé, pourrait être

---

(1) Une première version de cet article a été publiée dans *Travaux de linguistique québécoise,* t. I, 1975, pp. 19-34.

rapproché, si cette signification se confirme, du fr. argotique *carreau* « fausse clé » (dérivé du sens « grosse lime carrée » ?) (FEW 2, 1404 a).

A propos de CARRELET « petite lime plate », diminutif de *carreau* au sens de « grosse lime », il y a lieu de noter que nos attestations (1664, 1705, 1746) sont antérieures à la première attestation du mot relevée en France par le FEW 2, 1402 b, dans l'Encyclopédie (1751), et que les autres acceptions techniques que ce mot a en fr. actuel, et qui remontent en général au XVIIᵉ s., sont fréquemment attestées, elles aussi, dans les documents québécois anciens.

Les trois sens de CARRELAGE que nous avons rencontrés, tous les trois d'ailleurs dans des textes modernes, sont des emplois métaphoriques du mot au sens français de « pavage, revêtement fait de carreaux ».

C'est sur le subst. *carreau* au sens français de « dessin de forme carrée » (dep. Furetière 1690) qu'on a formé un verbe CARREAUTER « munir de carreaux », sans doute par analogie des couples subst. -*o(t)* : verbe -*oter* (sur la productivité du suffixe -*oter* à partir du XVIᵉ s., v. B. Hasselrot, *Etudes sur la formation diminutive dans les langues romanes*, 1957, 93 sqq.), d'où le participe passé CARREAUTÉ, devenu adjectif « à carreaux », voire substantif (objet muni de carreaux), et le subst. CARREAUTAGE (action de faire des carreaux, puis résultat de cette action). La plupart de ces dérivés sont sûrement d'origine gallo-romane, car ils sont attestés en France, mais rarement, et uniquement à l'époque moderne : le verbe dans le Bas-Maine au sens de « faire ou tisser des carreaux, de petits dessins carrés, dans une pièce d'étoffe » (*kàryáóté*, Dottin *Bas-Maine*, 280 a, cité par FEW 2, 1403 b) et en Poitou au sens de « couper les légumes en petits morceaux » (*kàròté*, v. tr., relevé par Mlle Brigitte Horiot, coauteur de l'ALO, qui a bien voulu nous communiquer ce renseignement : par ex. dans le Sud des Deux-Sèvres *carreauter les légumes pour la soupe*) ; le subst. *carreautage* « division en carrés réguliers d'un dessin d'étoffe », en fr. m. depuis Larousse 1867 (FEW 2, 1403 b ; encore dans Larousse 1960, mais non dans le Robert) (cp. aussi les dérivés du fr. *barreau* : fr. *barroter* « remplir la cale d'un bâtiment jusqu'aux barrots » [Littré, Robert, FEW 1, 256 b] et surtout norm. *barrottage* « treillis pour empêcher de passer les plus petits animaux » [Delboulle *Yères*, cité dans le FEW, ib.]). D'autre part, en fr. québécois, le verbe *carreauter* n'apparaît dans les textes qu'à partir de 1888 (au sens de « quadriller du papier, une carte » ; les autres acceptions, encore plus tardives, sont surtout de la langue parlée) et le subst. *carreautage* seulement en 1926, tandis que l'adj. *carreauté* « muni de carreaux » (à propos d'un tissu, d'un vêtement, etc.) est attesté fréquemment et sans interruption depuis 1779 et le subst. *carreauté* « tissu à carreaux » depuis 1836 ; aussi pourrait-on se demander si l'on n'a pas formé, sur *carreau* « dessin », directement l'adj. *carreauté* « à carreaux », sans passer par un verbe *carreauter* « tracer, tisser des carreaux dans un tissu », et si celui-ci n'est pas une formation ultérieure, tardive, sur l'adjectif (du moins en québécois, car en France, l'adjectif ne semble pas avoir existé). Il est cependant peu probable qu'il en ait été ainsi. De même, l'hypothèse d'un calque sur l'angl. *chequered* « à carreaux », que les vendeurs anglais devaient employer dans leurs rapports commerciaux avec la population francophone pour désigner les étoffes à carreaux, ne paraît par vraisemblable étant donné la différence formelle et sémantique entre les mots de base des deux dérivés, anglais et québécois : *check* « échec » et *carreau*. La différence chronologique entre l'apparition tardive du verbe et celle, de beaucoup plus ancienne, du participe-adjectif s'explique sans doute tout autrement. On aura remarqué que l'adj. *carreauté* était apparu, dans les documents québécois, une vingtaine d'années après la conquête anglaise et qu'il s'était rapidement répandu pour désigner les tissus à carreaux que le commerce avec l'Angleterre commençait à introduire, à l'époque, dans la colonie (v. JunInv 214 ; v. aussi le témoignage de Gingr 1880 : « Mot créé dans le pays pour désigner les étoffes à carreaux. On va même jusqu'à dire 'des carreautés' » ; dans l'éd. de 1867, cette remarque ne figurait pas encore). Or, le verbe *carreauter*, avec son part. passé employé comme adjectif, apporté probablement en Nouvelle-France, sous l'Ancien Régime, par les colons bas-manceaux et poitevins, devait exister dans la langue du pays, mais il ne faisait que vivoter, sans nulle occasion de se manifester par écrit (parfois, on rencontre, sous l'Ancien Régime, l'expression *à carreaux*, v. ci-dessous *carreauté* adj. 1°), et c'est l'invasion du marché par un nouveau produit commercial d'origine anglaise qui a redonné vie (sur ce sujet, v. Juneau, RLiR 35, 1971, 388-392, et TraLiLi X, 1, 1972, 212, s.v. *bole*) au moins à l'adjectif dont on a brusquement senti le besoin pour désigner cette réalité nouvelle et envahissante. L'action de tisser des carreaux dans une étoffe ne demandait pas une dénomination spéciale : ces étoffes ne se fabriquaient pas dans le pays, et de toute façon, les documents dont on dispose, vu leur caractère, sont relativement pauvres en verbes ; ce n'est donc que bien plus tard, lorsqu'on aura commencé à tisser des étoffes à carreaux dans le pays même, et que le verbe aura pris aussi, par métaphore, quelques autres acceptions, que celui-ci apparaîtra par écrit.

Pour ce qui est de l'histoire sémantique du verbe CARREAUTER, il est évident que le sens 1° « tracer ou tisser des carreaux dans une pièce d'étoffe, une ceinture, etc. » est le sens primitif ; c'est lui qui existe toujours dans le Bas-Maine, v. ci-dessus. Mais on peut aussi dessiner des carreaux — *carreauter* — sur d'autres supports, sur le papier (sens 2°) ou sur un champ (sens 3°), ou encore fabriquer des surfaces à carreaux en tressant du jonc (sens 4°) ou en assemblant des morceaux d'étoffe (sens 5°) ; de même, le vieillissement dessine sur le visage des rides rappelant des carreaux, d'où le sens de « vieillir, rider » (sens 6°). Ces emplois métaphoriques du verbe semblent proprement québécois. Tout au contraire, à la base du sens 7° « couper les légumes en petits morceaux », se trouve l'image, non pas de l'assemblage, mais d'un petit objet carré obtenu par le découpage d'un objet unique, et l'origine galloromane de cette acception est confirmée par son existence en Poitou (v. ci-dessus).

Les sens de l'adjectif CARREAUTÉ sont dans l'ensemble parallèles à ceux du verbe. Au départ, il s'agit toujours d'étoffes à carreaux (sens 1° : toile, coton, soie, mousseline, etc. ; chemises, jupons, jupes, tabliers, pantalons, blouses, vareuses, mouchoirs, mitaines « moufles » ; rideaux, couvertures de lit ; à l'époque contemporaine, les vêtements *carreautés* sont plutôt des vêtements de travail, de fabrication grossière, v. l'exemple de Château-Richer sous ENQ., LITT. OR.). Par analogie, une couche de crépi peut être *carreautée*, sens 2°. Puis, *carreauté* s'applique à des objets constitués de carreaux : fenêtre (3°), plafond (4°), ou fabriqués par le tressage (5° *clôture* ou *broche carreautée*). Le sens 6° (*légumes carreautés* « coupés en petits morceaux ») correspond au sens 7° du verbe. L'emploi de l'adjectif dans le juron québécois *hostie carreautée !* (ou *étole carreautée !*), sens 7°, vient probablement de ce que l'adjectif prend un sens dépréciatif en désignant des vêtements grossièrement fabriqués (v. ci-dessus). Le sens 8° se comprend assez aisément ; les deux principaux partis politiques, désignés généralement par les noms de « bleu » et de « rouge », peuvent être comparés symboliquement à des carreaux de couleur, et celui qui n'appartient sincèrement ni à l'un ni à l'autre, est *carreauté*, marqué de carreaux des deux espèces ; par ext. le mot a été appliqué à toute personne qui n'est pas stable dans un parti politique. Le sens 9° « qui est forcé (en parlant d'un sourire) » procède, semble-t-il, d'une image semblable : le visage n'est ni sérieux ni franchement souriant. Il existe toutefois l'expression *sourire carré* (*Il avait un sourire carré et ses yeux se ternissaient d'angoisse.* R. Lemelin, *Les Plouffe* 266), qui a le même sens, mais procède d'une image différente (de même *gueule carrée*), et l'expression SOURIRE CARREAUTÉ, relevée chez J.-M. Poupart, peut en être une simple déformation.

Dans les années 1830, l'adjectif est devenu substantif CARREAUTÉ m. pour désigner les tissus à carreaux (sens 1° ; v. ci-dessus la remarque de Gingr 1880) ; le sens 2° « manteau à carreaux » n'existe probablement que dans la chanson folklorique *Le Bal chez Boulé* où, dans l'une des versions assez répandue, *carreauté* a été substitué à *capot barré* « manteau rayé ». De là ce substantif a pris par métonymie le sens de « dessin à carreaux » lui-même, tel qu'il apparaît soit sur une étoffe ou un linoléum (sens 3°), soit sur la surface de la partie tressée d'une chaise (sens 4°). Le sens 5° « morceaux d'un objet découpé » se rattache aux sens 7° du verbe *carreauter* et 6° de l'adj. *carreauté*, mais dans notre unique exemple, il s'applique au savon, et non aux légumes.

Le subst. CARREAUTAGE, dérivé du verbe *carreauter*, qui semble avoir perdu le sens d'action (sauf sous 5°), est un synonyme du subst. *carreauté* dans ses deux principales acceptions ; « tissu a carreaux » (1°) et « dessins à carreaux », soit sur une étoffe (2°), soit sur du papier (3°), soit sur un autre objet (4°) ; ici encore, le sens 5° « découpage du savon » se rattache, comme le sens 5° du subst. *carreauté*, au sens 7° du verbe et au sens 6° de l'adjectif. De toutes ces acceptions, celle de « dessin d'étoffe en forme de carreaux » est la seule qu'on puisse relever en France (Larousse 1867-1960, v. ci-dessus).

A l'extérieur du Québec, cette famille ne semble pas avoir été aussi féconde. Mais on relève : *carreau* « sorte de jeu de marelle » (sens 12°) en acadien (Mass 1855) ; deux acceptions du mot, que nous n'avons pas recueillies au Québec, en louisianais : *carreaux* « petits morceaux d'étoffe, rognures que les petites filles recueillent pour confectionner des habillements pour leurs catins [= poupées] » et *carreau de terre* « quatorze arpents carrés » (DitchyLouis) ; *passer au carlet* « battre, fustiger » en louisianais (DitchyLouis ; à rapprocher du fr. *carrelet* « sorte d'épée » [v. par ex. Littré] ?) ; *carreauté* adj. « à carreaux » (sens 1°) en acadien (Mass 1064, PoirGl et les ex. littéraires sous LITT.) et en franco-américain de Sainte-Geneviève, Missouri (DorrMiss) ; *bouchure, clôture carreautée* (sens 5°) en acadien (Mass 641) ; *carreauté* subst. « tissu à carreaux » en acadien (GeddChal 199, n° 103).

CONCLUSION. — L'existence de cette famille de mots en québécois et, plus spécialement, les anciennes attestations de l'adjectif, qui remontent au dernier quart du XVIIIe s., permettent de faire remonter aussi dans le passé, au moins jusqu'au XVIIIe siècle, sinon plus haut, l'existence du verbe *carreauter* (voire celle de certains de ses dérivés) dans les parlers français de l'Ouest où seules les enquêtes de Dottin et celles d'aujourd'hui l'ont relevé ; peut-être le subst. *carreautage* du Larousse a-t-il lui-même des ancêtres plus lointains dans la langue générale. En Nouvelle-France, ensuite, au cours des deux siècles qui ont suivi la conquête anglaise, chacun des membres de cette famille, sans excepter le subst. de base *carreau*, a pris, en plus des sens hérités, des sens nouveaux, de sorte que, dans le parler québécois d'aujourd'hui, ils recouvrent un champ sémantique relativement étendu. Plusieurs de ces sens — nous l'avons constaté — peuvent être considérés de façon assez sûre comme spécifiquement québécois ; mais, étant donné qu'on ne connaît pas suffisamment le passé des vocabulaires dialectaux de France, il serait hasardeux de vouloir trancher, pour chaque sens québécois, la question à savoir s'il a été importé de la métropole ou créé sur place.

Autres adjectifs de sens analogues : *barré, caille, fléché, fleuré, lisonné, mataché, moustaché, picoté, pivelé, tapiné,* etc.

Pron. *kàró, káró, kåró.* — Graphies *carreau, careau, câreau, quarreau, carrau, caro, carot.*

1° *Peut-être* plancher (le sens 3° est possible).

DOC. — *Un lot de bois de chaine* [= chêne] *un sol* [...], *un lot* [de] *planche à carreau un sol* [...], *un établi quatre sols* [...] **1827,** Lévis, ANQ, AP - P 908 - G, doc. 23 juill.

2° Partie de la remise où l'on emmagasine l'avoine.

BIBL. — LavSag 83 n° 82 ; MassLexIG 98 et 164.

3° *carreau en tablette* : probabl. planche mobile d'une table à rallonges (généralement *panneau* en québécois).

DOC. — *Item, une table de bois de pin, garnie de quinze carreaux en tablettes, prisée* [et] *estimée quatre livres dix sols* **1751,** Québec. ANQ, AP - P 465 - C, doc. 31 août.

4° *carreau de verre,* ∽ *de vitre* : carreau, rectangle ou carré de verre pour remplir les intervalles vides d'une croisée.

DOC. —*Avoir fourny 30 carreaux de verre à 6 s[ols] piece* **1689,** Québec, ASQ, C - 4, 201. — *110 carreaux de verre* **1690,** ib., 141. — *4 carreaux de verre* **1691,** ib., 194. — *Cent petits carreaux de verre* **1694,** Québec, ANQ, gr. L. Chambalon, doc. 19 juill., 8. — *Deux cens cinquante quarreaux de verre* **1695,** ib., doc. 10 mai, 55. — *100 carraux de verre* **1716,** Québec, ASQ, C - 5, 337. — *Cinq cens carreaux de verres* **1726,** ib., C - 7, 101.

15 carreaux de vitre **1691,** Québec, ASQ, C - 4, 143. — *Soixante petits carreaux de vitre* **1695,** Québec, ANQ, gr. L. Chambalon, doc. 10 mai, 44. — *24 carreaux de vitres* **1697,** Québec, ASQ, C - 4, 568. — *42 carreaux de vitres* **1708,** ib., C - 12, 300. — *Quarantte-huit caros de vistre* **1724,** Montréal, ANQM, gr. Fr. Coron, doc. 23 sept.

LITT. — *C'était une cabane d'environ vingt pieds carrés, sans autre lumière qu'un carreau de vitre au sud-ouest* **1837** (1968), Ph. Aubert de Gaspé fils, *Le chercheur de trésors,* 66.

5° Plaque de bois pour remplacer un carreau dans une croisée.

DOC. — *Pour environ une journée de temps que Thiery a employée à oster les vitres du chassis de desus l'œuvre de la chapelle et a y mettre des careaux de bois et les coller* **1691**, Québec, ASQ, C - 4, 201.

BIBL. — Gl ; Bél².

6° Imposte, partie supérieure, fixe ou mobile, d'une porte, d'une fenêtre.

BIBL. — Di ; Gl ; Bél².

7° Vasistas.

BIBL. — Rinfr ; BlanchDict¹ ; Gl ; Bél².

8° Soupirail.

BIBL. — Di ; Gl ; Bél².

9° Coussin carré pour s'asseoir ou se mettre à genoux (on emploie plutôt *carré* en québécois actuel, v. par ex. MartBerc 168).

DOC. — *Un fauteuil de bois de merisier tourné, garny de lenne, avec un carreau de plume* **1702**, Québec, ANQ, gr. Fl. De La Cetière, doc. 12 avril, 5.

ÉT. — *Au XVIIe s., désigne* [...] *un coussin : une chaise avec son carreau* **1974**, GenObj 74.

LITT. — *Mais, disent les relations du temps, M. de Tracy, quoique malade et affaibli de fièvre, se mit à genoux sur le pavé sans vouloir même se servir du carreau qui lui était offert.* **1873** (1972), Joseph Marmette, *Le chevalier de Mornac,* 237.

10° Grosse lime carrée servant à dégrossir.

DOC. — *Un tissonnier, une tranche sur bilhot et un scizeau a clous, un carreau, une rappe, une lime platte et sept au[tr]es limes tant grandes que petites* **1676**, Montréal, ANQM, gr. A. Adhémar, doc. 22 fév., FS. — *Cinq paires de tenailles* [...], *un carreau.* **1682**, ib., FS. — **1691**, ib., doc. 9-10 fév., FS. — *Un carreau et deux lismes* **1703**, Beaupré, ANQ, gr. Et. Jacob, doc. 15 oct. — *Deux rapes avec un carreau et une lime platte* **1707**, Québec, ANQ, gr. P. Rivet, doc. 19 déc. — *Deux paires de tenailles a vicé, un careau* **1757**, Chambly, ANQM, gr. A. Grisé, doc. 22 nov., FS.

→ *carrelet* 1°.

11° Morceau carré (de viande de porc).

ÉT. — *Un carreau de lard* **1909**, Di ; *câreau* **1930**, Gl.

ENQ. — *káro* « gros morceau de lard » Saint-Esprit (Montcalm) [Dg].

12° Sorte de jeu de marelle.

LITT. — *Il tourne sur lui-même comme il fait si souvent, on dirait cette fois un gamin qui joue aux carreaux sur le trottoir.* **1964**, Cl. Jasmin, *Blues pour un homme averti*, 38 [Dg].

BIBL. — DoyBeauce 163 (décrit le jeu) ; LavSag 210 n° 23 (aussi *jouer aux carrés*) ; Mass 1855.

● PASSE-CARREAU subst. m.

Sorte de clef ? [Il est possible aussi qu'il s'agisse du sens fr. « planche à bouts arrondis que le tailleur passe sous la partie du vêtement qu'il repasse au carreau », attesté dep. Enc. 1765, v. Rob.]

DOC. — *Un passe-carreau et une clef de couchette* [= lit-alcôve ?] **1836**, Montréal, ANQM, gr. Th. Bedouin, doc. 29 sept.

● CARRELET subst. m.

Graphies *carrelet, quarrelet, carlet, carlais, carrollet* (sous l'infl. de *carreau*).

1° Petite lime plate (plus petite que le *carreau*).

DOC. — *Deux limes douses, un quarrelet et demye-ronde* **1664**, Montréal, ANQM, gr. B. Basset, doc. 1er mai, FS. — *Une lime douce et quarrelet bastarde* [sic ; appliqué à une lime ni douce ni rude, v. FEW 15, 1, 73] Ib. — *Une forge servant au mestier de taillandier consistant* [...] *en un gro carrolet* [...] **1705**, Montréal, ANQM, gr. A. Adhémar, doc. 2 déc., FS [Séguin a laissé tomber des éléments importants du texte]. — *6 carlais* [...], *6 d[it]o a lame plate* **1746**, Montréal, ANQM, Lemoine Monière, Brouillard, juin, p. 786. — *6 dards a chats* [...], *6 carlais plats* Ib., 1er juill., p. 792. — *Un compas, une equiere, une vrille* [...], *un carrelet* **1754**, Pointe-Claire, ANQM, gr. D. Desmarets, doc. 22 fév., FS.

→ *carreau* 10°.

2° *ciseaux carrelets* : ciseaux dentelés ? ciseaux à tranchant quadrangulaire ?

DOC. — *Trente pers* [= paires] *sizeaux carlets* **1702**, Québec, ANQ, gr. Fl. De La Cetière, doc. 3 oct., p. 46.

● CARRELAGE subst. m.

1° Division d'une terre (en champs).

LITT. — *Au-delà, le carrelage des champs reprend pour venir buter sur la haie rousse des aulnes dont les déchirures laissent percer le miroitement métallique de la rivière.* **1938** (1971), Ringuet, *Trente arpents*, 36.

2° Carreaux, dessins de forme carrée sur une étoffe.

LITT. — *Chemise rouge et noir à carrelage* **1930** (1948), A. Desrochers, *A l'ombre de l'Orford,* 96 (employé peut-être pour les besoins de la rime).

3° Châssis vitré d'une fenêtre et formé de petits carreaux.

LITT. — *Trois silhouettes se berçaient derrière le carrelage dont les ouvertures laissaient filtrer la fumée bleue des pipes et les reflets verts des soutanes.* **1948** (1968), R. Lemelin, *Les Plouffe,* 85.

ÉT. — *Deux ou trois carreaux de verre sur la longueur laissaient entrer un peu de lumière. Des chevilles de bois retenaient les vitres au* « *carrelage* » (déf. en note par « carré ») **1973**, LaflCour 199.

● CARREAUTER v.

Pron. *kàròté, káròté.* — Graphies *carreauter, carrauter, carotter.*

1° *V. tr.* Tracer ou tisser des carreaux (dans une pièce d'étoffe, une ceinture, etc.).

ÉT., TEXTE TECHN. — *Carreauter une étoffe* **1930**, Gl. — *Pour établir un dessin, c'est-à-dire flécher les flèches ou carreauter* [il faut sans doute comprendre « ou les 'carreauter' »] *(quadriller une couleur dans les flèches), il fallait prendre à la fois six brins d'une couleur et six d'une autre, et les placer les unes au-dessus, dans la trame, et les autres, en-dessous. Ce procédé dans le tressage les faisait émerger tour à tour.* **1945** (1973), M. Barbeau, *Ceinture fléchée,* 21. — **1971**, Bél².

→ *carreauté* adj. 1° ; *carreauté* subst. m. 1°, 2° et 3° ; *carreautage* 1° et 2°.

2° *V. tr.* Quadrilller (du papier, une carte, ou toute autre surface).

LITT. — *C'était une petite carte géographique qui n'était pas même carrautée d'une longitude et d'une latitude.* **1888**, E. Myrand, *Fête de Noël sous Jacques Cartier* (cité par Cl sans référence).

ÉT. — **1894**, Cl. — *Carreauter du papier* **1930**, Gl.

LITT. OR. — *J'commence à courir tout ce que i a* [= qu'il y a] *de maisons pi i leu fait toutes deux croix* [. . .] *et pi i káròt une partie de la ville avec toutes des croix.* **1948**, Clermont (Charlevoix), AF, coll. Lacourcière-Savard, n° 469 [le dessin des deux croix donne l'impression d'un quadrillage].

→ *carreautage* 3°.

3° *V. tr.* Tracer des sillons dans un sens puis dans l'autre afin de faire des carrés (pour semer des pommes de terre).

ENQ. — *Carreauter un champ pour semer des patates.* **1973**, Sainte-

Blandine (Rimouski) [témoin sexagénaire qui aurait appris le mot dans cette localité qu'il a quittée vers l'âge de vingt ans].

4° *V. tr.* Tresser le siège d'une chaise.

ÉT. — *Carreauter les chaises* **1970**, SoltBerth 45.

ENQ. — *Carreauter une chaise* **1973**, Sainte-Blandine [Rimouski ; même remarque que sous 3° à propos du témoin].

5° *V. tr.* Fabriquer avec des carreaux (par ex. un couvre-lit).

ENQ. — *Carreauter un couvre-pied, un tapis* **1973**, Saint-Augustin (fréquent).

6° *V. intr.* Vieillir, rider.

ÉT. — *Je suis en train de carotter, je plisse sur le long et le travers.* **1970**, Barb² 189 (aussi dans l'éd. de 1963, 112).

7° *V. tr.* Couper en petits morceaux (les légumes).

ENQ. — *Carreauter des patates, des carottes* **1973**, Saint-Ferréol (fréquent).

→ *carreauté* adj. 6°.

● CARREAUTÉ adj.

Pron. *káròté, kàròté.* — Graphies *carreauté, carrauté, carauté, carotté, carroté, carrotté, caroté, quarotté, corrotté.*

1° A carreaux (d'un tissu, d'un vêtement, etc.).

DOC. — [Mouchoir] *carrotté* **1779**, Neuville, ANQ, gr. B. Planté, doc. 16 mars. — *Une jupe d'etof blang* [sic] *et une d'etof carotés* **1786**, Beauport, ANQ, gr. L. Miray, doc. 19 juin. — *Un jupon caroté* **1787**, ib., doc. 25 août. — *Mousseline carotté* **1791**, Québec, AJQ, gr. J. Plante, doc. 20 mai (deux fois dans ce doc.). — *4 verge mouseline caroté* **1798**, Sainte-Anne-de-la-Pocatière, ANQ, gr. L. Cazes, doc. 26 janv. — *4 chemises toile caroté* ib. — *Mouseline caroté* ib., doc. 5 fév. — *2 chemise caroté* ib. — *Mouseline carotté* ib., gr. A. Dionne, doc. 23-24 fév. — *Cotton blanc et quarotté pour doublure* **1810**, Québec, AUQ, Journal 4, mars 378. — *Cotton carotté pour tabliers* ib., avril, 379. — *4 verg[e]s toile grise et 1 1/2 d[it]o carottée* ib., nov., 401. — *Mouselinne carotté* **1812**, Québec, ASQ, Séminaire 121, n° 380. — *3 verges cotton caroté* **1814**, Lotbinière, ANQ, AP - P 1231 - L, p. 9. — *Vingt-cinq verges de cotton carotté rouge* **1824**, Montréal, ANQM, doc. 13 fév. — *Cotton carotée* **1830**, Montréal, ANQM, gr. J. Belle, doc. 7 août. — *318 verges de coton carreautés* **1830**, Québec, AMHDQ, Dépenses gén. pour la bâtisse des salles 1816-26. — *Coton carreauté* **1832**, ib., Rec. et dép. de la communauté, 9, p. 49. — *Cotton jaune carreauté* **1833**, Montréal, ANQM, gr. J. Belle, doc. 26 mars (fréquent chez ce notaire). — *Un* *mouchoir de soie carotté* **1836**, Montréal, ANQM, gr. Et. Guy, doc. 16 fév. — *24 mouchoirs carrotté* **1837**, Québec, AUQ, Journal, doc. 20 fév. — *235 verges de coton carroté et barré* [rayé] ib. — *4 d[i]to* [= pièces] *de gingham* [= espèce de tissu] *carotté* **1842**, ib., Journal 10, juin, 20. — *1 pièce de malmole* [= esp. de tissu] *fleurie* [...] *6 d[i]to d[i]to carautée* **1843**, ib., juin, 120. — *58 verges de coton carreauté à 18 sols* **1845**, Québec, AMHDQ, Rec. et dép. de l'hôpital, fév. — *Etoffe carottée, batiste* **1845**, Québec, AUQ, Journal 12, nov., 44. — *Malmolle carotée* **1846**, ib., avril, 80. — *2 pieces de jaconette* [= esp. de tissu] *caroté* ib., mai, 86. — *Soie careauté* **1846**, Rigaud, ANQM, gr. L. Adams, doc. 7-13 juill. (à plusieurs reprises dans ce doc.). — *24 verges de toile carottée* **1847**, Québec, AUQ, Journal 13, juill., 50. — *Mousseline corrotté* **1851**, ib., juin, 66. — *Malmolle carottée* **1854**, ib., Journal 17, juin, 114 (très fréquent dans ce texte). — *Une couverture de lit carreautée* **1856**, Québec, AJQ, gr. G. Larue, doc. 25 avril. — *Un jupon de coton blanc piqué et deux tabliers d'indienne carreauté rouges* **1859**, Montréal, ANQM, gr. C.-C. Spénard. — *C'est encore le pantalon carotté par carreaux verts et noirs* **1865**, Procès 5 (*Le procès de Barreau*, Ottawa, 1865), 14. — *Une chemise de laine carreautée* **1869**, La Malbaie, Procès 8 (*Procès d'Eugène Poitras convaincu du meurtre de J.-B. Ouellet*, Québec, Impr. de l'Evénement 1869), p. 9 (autres exemples pp. 14, 18, 22, 23, 27). — *Les plaids écossais, carreautés de couleurs vives* **1891**, E. Petitot, *Autour du Grand Lac des Esclaves*, 133.

JOURN. — *Toiles carrautés* **1785**, Gazette de Québec, 11 août, p. 2 [Dg]. — *Ses pantalons en tweed carreauté retombaient sur une botte en cuir à patente* [cuir verni] *avec tiges en maroquin vert* **1879**, Le vrai Canard, 27 déc., p. 2, col. 1.

LITT. — *Elle ouvrit donc son sac de voyage, et étendit sur ses genoux un grand mouchoir carreauté rouge et blanc* **1904**, R. Girard, *Marie-Calumet*, 289 [dans les éd. de 1946, chez Serge Brousseau, 211, et de 1973, Nénuphar, 117, remplacé par un *grand mouchoir ramagé*]. — *Blouse en étoffe carreautée* **1906** (1915), E. Bilodeau, *Un Canadien errant...*, 22. — **1918**, Frère Gilles, *Les choses qui s'en vont...*, 31. — *Sorti de ses langes ou du châle de laine grise, dans lequel il a été transporté* [...], *le violon est dépouillé de son fin linceul de coton carreauté pour être mis d'accord* **1926** (1931), G. Bouchard, *Vieilles choses, vieilles gens*, 99. — *Grand mouchoir carreauté* Ib., 126. — *Elle sortit alors le capot d'étoffe grise, la ceinture, les mitaines carreautées de rouge et de noir, la crémone... « Il va faire vilain », dit-elle.* **1937** (1967), F.-A. Savard, *Menaud maître-draveur*, 118. — *A treize ans, elle s'était laissé courtiser par des gars du rang qui venaient faire un bout de veillée, en bottes et en chemise carreautée.* **1946** (1962), M. Trudel, *Vézine*, 66. — *Blouse carreautée* **1947**, F. Leclerc, *Pieds nus dans l'aube*, 63. — *Il me semble de le* [= le Survenant] *voir, sur le seuil de la porte, avec sa tête rouge, et toujours époitraillé dans sa vareuse carreautée.* **1947** (1971),

G. Guèvremont, *Marie-Didace*, 67. — *Un groupe de bûcherons, en bottes de cuir et vêtus de chemises carreautées, grimpaient la côte du Palais* ... **1952** (1973), R. Lemelin, *Pierre le Magnifique*, 149. — *Pantalons carreautés* **1955**, F. Leclerc, *Moi, mes souliers* ..., 194. — *Chemise carreautée* **1959** (1966), J.-R. Rémillard, *Sonnets archaïques pour ceux qui verront l'indépendance*, 52. — *Une chemise carottée rouge et noire* **1972**, G. Godbout, *D'amour, P.Q.*, 80.

Acadie : *Jupe carottée* **1974**, Ant. Maillet, *La Sagouine*, 53. — *Défaisant le nouc* [= nœud] *de son mouchoué carroté rouge, elle le louta* [= ôta] *et une longue tégnasse noire lui descendit sur les épaules, pis vola dans les airs* [...] **1974**, R. Brun, *La Mariecomo*, 117.

ÉT., TEXTES TECHN. — *J'ai fait ma jeunesse avec un habit que mouman avait fait au métier, en étoffe carreautée.* **1946**, V. Tremblay, *Les dires des vieillards*, dans AF, 1, 125. — *A l'Ile-aux-Coudres, on trouve un tablier en toile carreautée bleu ou rouge, avec biais de velours aux entournures et à l'encolure.* **1947**, DoyCharl 186. — **1951**, MUrsLav 139. — *Les femmes plus jeunes portent des jupes carreautées rouge et jaune ou rouge et gris* [...] *Dans la maison, la femme porte un tablier de toile du pays, de couleur naturelle en lin neuf, ou en coton carreauté, avec des étoiles ou des points de croix dans les carreaux.* **1960**, DawsIO, 70 ; autres exemples 67, 68 et 72.

ENQ., LITT. OR. : *Marie-Madeleine, Ton p'tit jupon de laine, Ta p'tit' jup' carreautée, Ton p'tit jupon piqué* (refrain très connu). **1947**, DoyCharl 187 (voir aussi 1956, R. Scott Young, *Vieilles chansons de Nouvelle-France*, 57). — *Une chemise carreautée* **1974**, Saint-Augustin. — *Nous autres, jamais qu'on aurait été en ville avec nos frocs* [= blouses de travail] *carreautées ; on gardait ça pour aller bûcher* **1974**, Château-Richer. — *Mon ceinturon fléché, ma tuque picotée et ma chemise carreautée.* **1974**, Rimouski. — **1975**, LavSagE. — [Général au Québec].

[L'expr. fr. *à carreaux* (*carreau* « dessin de forme carrée, par ex. sur une étoffe » est attesté en français depuis Furetière 1690, v. FEW 2, 1403 b) est cependant connue en québécois de jadis et d'aujourd'hui : *Toille a carreaux* 1694, Québec, ANQ, gr. L. Chambalon, doc. 20 juill. — *Tapisserie a carreaux* 1703, ib., doc. 27 janv., p. 49. — *Toille a careaux* 1703, Québec, ANQ, gr. Fl. De La Cetière, doc. 15 fév. — *Tapy anglois a carreaux* 1703, Québec, ANQ, gr. L. Chambalon, doc. 21 avril, p. 9. — *Toille a carreau* 1718, Montréal, ANQM, gr. A. Adhémar, doc. 7 janv. — *Toille a carreaux* 1732, Berthier, ANQM, XI, 1, Inv. de biens, 23 janv. — *Toile a carreau* 1740, Montréal, ANQM, Lemoine Monière, Brouillard, p. 186, 9 nov. — *Cotton a carreaux* 1743, Montréal, ANQM, XI, 1, Inv. de biens, 29 juill. — *Toille à carreaux,* 1744, ib., 6 juill. — *Toile a careau* 1769, Québec, ANQ, PJN, n° 16. — *Toile a carot* 1769, Québec, AUQ, Journal 2, 437. — *Toile à carraux* 1775, ib., 467. — *Toile à carreau* 1779, Montréal, ASSSM, Livres de comptes III, 15 déc. — *Rideaux à carreau* 1797, Montréal, ASSSM, Inv. de biens I, janv. — *Cotton a carreau* 1805, ib., Livres de comptes VII H, 6 déc. — *Coton a careau* 1821, ib., Livres de comptes IX C, oct. — *Courte-pointe blanche, et à carreaux bleus* 1860 (1875), H.-R. Casgrain, *Légendes canadiennes (Le tableau de la Rivière-Ouelle)*, 10. — *Courtepointe à carreaux* 1938 (1971), Ringuet, *Trente arpents*, 48. — *Chemises à carreaux* 1948 (1968), R. Lemelin, *La famille Plouffe*, 300. — *Veste à carreaux* 1952 (1973), R. Lemelin, *Pierre le Magnifique*, 91. — *Bougrine à carreaux* 1972, G. Roy, *Cet été qui chantait*, 109.]

BIBL. — Gingr 1880 ; LegLFr 22 ; Cl (*carrauté*) ; Rinfr ; Di ; ClInv ; Gl ; FEW 2, 1403 b [*carroté*, mais ni Cl ni le Gl, dépouillés par Wartburg, ne donnent cette graphie] ; BlanchDict[7] ; Tur 67 b ; VinDict (s.v. *carreau*) ; DagDict (s.v. *carreau*) ; Barb[2] 189 ; Bél[2] ; JunInv 214 ; LavSag 182 n° 31 ; StrakaMen 290 ; MassLexIG 76 n. 10 ; PoirGl ; Mass 1064 ; DorrMiss (*carrauté*).

→ *carreauter* 1° ; *carreauté* subst. m. 1°, 2° et 3° ; *carreautage* 1° et 2°.

2° *crépi carreauté* : couche de crépi posée de façon à donner l'impression d'une surface divisée en carreaux (par opp. à *crépi glacé* « uni »).

DOC. — *Le fond des niches sera en crépis glacé. Les trous de boulins seront fermés, et toute la maçonne, tant de l'église que de la sacristie, sera crépie en dedans par une seule couche carottée.* 1859, Saint-Guillaume (Yamaska), doc. 29 déc., IBCQ.

3° *fenêtre carreautée, vitre* ⌢ : fenêtre à carreaux.

ENQ. — *Fenêtre carreautée* 1973, Sainte-Croix (Lotbinière). — *Une vieille maison aux vitres carreautées* 1973, Dolbeau.

4° *plafond carreauté* : plafond à caissons.

BIBL. — Rinfr.

5° *Broche* [= fil] *carreautée, clôture* ⌢, *fil* ⌢ : treillage en fil de fer.

— *broche carreautée*

ÉT. — 1972, LavSag 68 n° 84. — 1974, MassLexIG 25 n. 11.

ENQ. — *La route sera clôturée avec de la broche carreautée de sept brins*, 1973, Beauceville. — 1973, Saint-Raymond. — *Il prenait d'la broche à clôturé, vous savez, une espèce de broche carreautée*, 1974, Princeville.

— *clôture carreautée*

ÉT. — 1974, MassLexIG 25 n. 12.

ENQ. — 1974, Saint-Augustin.

6 *

— *fil carreauté*

ENQ. — **1973**, Saint-Augustin.

BIBL. (pour l'ensemble de 5°) — LavSag 68 n° 84 ; MassLexIG 25 n. 11-12 ; Mass 641 (*bouchure carreautée, clôture* ⌣).

6° *légumes carreautées* : légumes coupés en petits morceaux.

ENQ. — **1973**, Saint-Ferréol (fréquent).

→ *carreauter* 7°.

7° *étole carreautée, hostie* ⌣ (jurons).

ÉT. — **1973**, PichJur 292 (région de Québec ; cp. *hostie picotée*, p. 341). — *Ce n'est que lorsqu'il se fâchera lui-même, que tout ira mal, que le Québécois injuriera le ciel et qu'il « sortira tout ce qu'il y a dans l'église et dans les cieux ». Sa faculté d'invention ne connaît alors plus de bornes. Commençant par les « hosties carreautées » et passant par les « tabernacles de tôle », il ira jusqu'à « chier sur les quatre poteaux du ciel ».* **1974**, M. Rioux, *Les Québécois*, 46.

8° Qui change facilement de parti politique, qui n'est pas stable en politique.

JOURN. — *Ils sont carreautés. Ils s'appellent le parti démissionniste ; ils passent leur temps à démissionner les uns après les autres.* **1920**, *La Presse*, 13 mars, p. 12 [Dg].

LITT. — *Ça fait pas un' gross' différence qu'on soit bleu* [= du partie conservateur], *rouge* [= du parti libéral] *ou carreauté ; la chos' qu'a d'la vraie importance, c'est d'élir' des bons députés.* **1961**, E. Coderre, *J'parle tout seul quand Jean Narrache*, 87 [cp. *câille* « id. », à côté du sens plus général de « blanc tacheté de noir ou de fauve », v. Gl.]

9° Qui est forcé (en parlant d'un sourire).

LITT. — *Que je te repogne, mon hostie d'escogriffe aux grands doigts secs de tête enflée, que je te repogne à en fesser un d'eux autres, pis tu vas entendre parler de moi* [...] *Viens, mon ti gars, viens voir Man* [= Maman], *y est pas fin, lui... Maurice rougit, le sourire un brin carreauté.* **1974**, J.-M. Poupart, *C'est pas donné à tout le monde d'avoir une belle mort*, 97.

● CARREAUTÉ subst. m.

Pron. *kàròté, kárôté.* — Graphies *carreauté, carauté, caraûté, carotté, carrottée.*

1° Tissu à carreaux.

DOC. — *Un manteau de carrottée quatre francs* **1836**, Chambly, ANQM, gr. J. Porlier, doc. 26 janv. — *1 piece de carotté* [...£] *1, 18, 7 1/2* **1845**, Québec, AUQ, Journal 12, juin, 2. — *Payé pour une pieces* *de carotté* [. . . £] *4, 13, 6* **1854**, ib., Journal 17, oct., 144. — *14 verges de carotté* ib., 146. — *15 1/2 verges de carotté* ib., nov., 156. — *12 verges de carotté* ib., déc., 160. — *2 pieces de carotté* **1855**, ib., mai, 198. — *1 paire de mitaine* [. . .] *1 1/2 verje* [de] *carauté* [. . .] **1857**, Saint-François (Beauce), ANQ, AP - P 207 - B. — *1 1/2 verjes* [de] *batiste blus* [. . .], *5 verjes* [de] *coton blus* [. . .], *1 1/2 verje* [de] *caraûté* [. . .], *4 verjes* [de] *coubourg gris* [. . .] ib.

ENQ. — *Cette année, le carreauté est bien à la mode.* **1973**, Rimouski.

BIBL. — Gingr 1880 ; JutrMét 227 ; GeddChal 199 n° 103.

→ *carreauté* adj. 1° ; *carreauter* 1° ; *carreauté* subst. m. 2° et 3° ; *carreautage* 1° et 2°.

2° Manteau à carreaux.

LITT. OR. — *Mit sa bell' veste rouge et son carreauté* **1927** (1949), Lac-Sainte-Marie (Vallée de la Gatineau), O. Brien, *Le bal chez Boulé, Boulé's Hop,* dans J. Murray Gibbon, *Canadian Folk Songs. . .,* 90-93. — **1928**, *Canadian Folk Song and Handicraft Festival,* Château Frontenac, Québec, Premier concert, Jeudi soir, 24 mai, p. 3. — **1934**, E.-Z. Massicotte, *Nos chansons populaires,* 12. — **1954**, E. Fulton Fowke, *Folk Songs of Canada,* 108-109. — **1955**, *Les Troubadours neufs du Québec,* dans *Je chante,* 20-21. — **1957**, E. Fulton Fowke, *Folk Songs of Quebec,* 78-79. Toutes ces références proviennent de l'ouvrage de C. Laforte, *La chanson folklorique et les écrivains du XIXe siècle (en France et au Québec),* 123-124. Il s'agit d'une des nombreuses versions du *Bal chez Boulé,* où *carreauté* remplace *capot barré,* v. l'historique.

→ *carreauté* adj. 1° ; *carreauter* 1° ; *carreauté* subst. m. 1° et 3° ; *carreautage* 1° et 2°.

3° Dessin à carreaux d'une étoffe, d'un linoléum.

ENQ. — *Le carreauté de sa robe est très beau, les carreaux n'en sont ni trop grands ni trop petits, c'est tout simplement beau.* **1973**, Saint-Romuald. — *Tisser un tapis en carreauté.* **1973**, Saint-Ferréol. — *Ce prélart* [= linoléum] *a un beau carreauté.* **1973**, Château-Richer.

→ *carreauté* adj. 1° ; *carreauter* 1° ; *carreauté* subst. m. 1° et 2° ; *carreautage* 1° et 2°.

4° Dessin à carreaux obtenus par le tressage (d'une chaise, etc.), par l'entrecroisement de lattes formant claire-voie, etc.

ENQ. — *Un carreauté, c'est un tressage présentant comme motifs des carreaux,* **1973**, Saint-Ferréol. — *Un carreauté pour faire sécher des fèves* [= haricots], *pour égoutter des chaudières* [= seaux], *quand on cabane* [dans la sucrerie]. **1974**, Sainte-Clothilde (Beauce).

→ *carreauter* 4°.

5° Morceau carré (en parlant du savon découpé), dans le syntagme *tailler en carreauté.*

ENQ. — *Quand le savon est pris en pain, on taille ça en carreauté.* **1973**, Ile-aux-Grues.

→ *carreautage* 5°.

● CARREAUTAGE subst. m.

(Pron. *kàròtàj, kåròtàj.* — Graphie *carreautage.*)

1° Tissu à carreaux.

ENQ. — *Du carreautage, c'est du linge carreauté.* **1973**, Saint-Augustin. — *Elle n'aime pas les couleurs de ce carreautage.* **1973**, Québec.

→ *carreauté* adj. 1° ; *carreauter* 1° ; *carreauté* subst. m. 1°, 2° et 3° ; *carreautage* 2°.

2° Ensemble des dessins à carreaux d'une étoffe, d'un tapis, etc.

LITT. — *Un grand mouchoir au carreautage rouge défend la nuque.* **1926** (1931), G. Bouchard, *Vieilles choses, vieilles gens,* 133.

ENQ. — *Le carreautage de ce tissu est trop gros.* **1973**, Sainte-Marguerite-Marie (Matapédia). — *Un tapis, un couvre-pied en carreautage.* **1973**, Saint-Augustin.

BIBL. — Di ; Bél².

→ *carreauté* adj. 1° ; *carreauter* 1° ; *carreauté* subst. m. 1°, 2° et 3° ; *carreautage* 1°.

3° Quadrillage (du papier).

LITT. — *La dernière ligne : 1 set* [= ensemble] *de broches à tricoter, trois deniers ; ça crève les yeux ; les petites barres, c'est les broches, et le carreautage c'est l'tricot* [il s'agit d'un rébus]. **1932**, E. Grignon, *Quarante ans sur le bout du banc,* 83.

→ *carreauter* 2°.

4° Dessin à carreaux sur d'autres objets, dans l'expr. *faire du carreautage :* représenter un dessin à carreaux, donner l'impression d'un tel dessin (en parlant des lattes d'un perron).

ENQ. — *Les lattes sous la galerie* [balcon] *font du carreautage.* **1973** Cap-Chat (Gaspésie).

5° Découpage du savon.

ENQ. — *Le carreautage du savon* **1973**, Ile-aux-Grues.

→ *carreauté* subst. m. 5°.

CLOQUE subst. f. (¹)

HIST. — Mot propagé au Québec après la conquête (1ʳᵉ attestation 1779) sous l'influence de l'anglais *cloak* « manteau (en général) » ; les graphies *cloak* et *clock* trahissent cette influence jusque dans l'orthographe. Toutefois, la prononciation avec *ò* ouvert (dans les mots d'emprunt, le québécois substitue généralement *ó* fermé à la diphtongue anglaise *óu*, par ex. *boat* prononcé *bót*, v. GendrAdstr 36), le genre féminin et l'existence du mot en galloroman (a.fr. et m.fr. *cloche* « manteau de voyage tombant jusqu'aux pieds », a. flandr. et a. pic. *cloke* « id. », Jersey *clioque* « manteau », Guernesey *clôque* « id. » ; en outre, pic. *cloque* « gros jupon de dessous d'étoffe raide, étroit par le haut et large par le bas » ; FEW *clocca* « cloche » 2, 791 b-792 a ; c'est du français que le mot a pénétré outre-Manche dès le moyen anglais, FEW 2, 792 b n. 4) prouvent qu'il s'agit, non pas d'un emprunt à l'anglais, mais, comme dans bien des cas, d'une reviviscence d'un mot galloroman sous l'influence du commerce avec l'Angleterre et de la langue du conquérant (v. JunRev 388-390).

Le mot désigne, d'après les contextes relevés et d'après les lexicographes, une espèce de manteau d'homme ou de femme, plus ou moins long et destiné à protéger contre l'intempérie (*cf. cloque de craint-rien*, 1821) ; fait généralement en étoffe de laine (étoffe du pays, camelot, etc.) ou en drap (gris, grisâtre, brun, viné, bleu), mais aussi parfois en peau de « chat sauvage » (= raton laveur), ce vêtement était différent de la *bougrine* et du *surtout*, et avait plutôt, du moins au début, la forme d'une cape (cf. *cape ou cloque du donateur*, 1797) ou d'un *capot* (cf. A. Hébert, *Kamouraska*, 204 et 208, et les doc. 1839 dont elle s'est inspirée, où les deux termes sont synonymes ; v. aussi *un capot de craint-rien* G. Boucher de Boucherville, *Une de perdue, deux de trouvées*, 367) — d'où son nom de *cloque* « cloche » — et pouvait être muni d'un capuchon. Vêtement habituel, semble-t-il, des paysans, la *cloque* désignait aussi la capote militaire (v. doc. 1864, Gl et Bél²). Le mot est actuellement, avec l'objet qu'il désignait, en voie de disparition.

Les parlers acadiens ne semblent pas l'avoir connu.

Le dérivé ENCLOQUER, analogique *d'emmitoufler, envelopper, encapoter*, etc., semble avoir eu une vie éphémère. Quant à DÉCLOQUER, d'après *développer, décapoter*, etc., il n'a pas vécu longtemps non plus.

Pour d'autres dénominations de pardessus, voir ci-dessus, p. 149, s.v. *bougrine*.

Pron. *klòk*. — Graphies *cloque, clocque, clocq, clock, cloak, cloc, clouque*.

Sorte de long manteau d'homme ou de femme (qui pouvait ne pas avoir de manches, et être muni d'un capuchon).

DOC. — *Du 28, faitte une cloque a M[onsieu]r Bedard, façon* **1779**, Québec, ASQ, Séminaire 120, n° 126, doc. 26 août. — *Une clocq demy usé* **1783**, Sainte-Anne-de-la-Pocatière, ANQ, gr. L. Cazes, doc. 8 janv. — *Une vieille clock doublé* Ib. — *Une cloque d'étoffe du pays* **1789**,

---

(1) Une première esquisse de cet article a paru dans la *RLiR*, t. 35, 1971, pp. 388-390.

Neuville, ANQ, gr. F.-X. Larue, doc. 19-20 janv. — *Une grosse cloque*
1797, Québec, ANQ, AN, doc. 6 fév. — *La cape ou cloque du donateur*
1797, Sainte-Anne-de-la-Pocatière, ANQ, gr. A. Dionne, doc. 8 oct. —
1798, Sainte-Anne-de-la-Pocatière, ANQ, gr. L. Cazes, doc. 26 janv. —
1798, ib., doc. 5 fév. — *Une cloque de cameleau* [= esp. de tissu] **1798**,
Sainte-Anne-de-la-Pocatière, ANQ, gr. A. Dionne, doc. 22-23 fév. —
1 cloque de cameleau **1798**, ib., doc. 26-27 fév. — **1798**, Sainte-Anne-de-
la-Pocatière, ANQ, gr. L. Cazes, doc. 6 avril. — *Façon des camailles,*
cloques **1798**, Québec, ASQ, Séminaire 121, n° 56. — *Une rodingotte et*
une cloque draps **1799**, Sainte-Anne-de-la-Pocatière, ANQ, gr. A.
Dionne, doc. 11-12 janv., p. 16. — *1 cloque d'étoffe du pays* **1799**, ib.,
doc. 21 oct. — *Une cloque de chat* [= « chat sauvage », c'est-à-dire raton
laveur] **1800**, Québec, ANQ, AP - P 182 - B, doc. 21 mai. — *1 cloque en*
peau de chat Ib., doc. 23 mai. — *Cloque de camelot* Ib. — *1 cloque*
camelot blanc **1800**, Sainte-Anne-de-la-Pocatière, ANQ, gr. A. Dionne,
doc. 22 juill. — *1 clouque camelot* Ib., doc. 23 juill. ; ib., doc. 22-24 sept.
— *1 vieille clock de camelot* **1800**, Montréal, ANQM, gr. Th. Barron,
doc. 6 oct. — *Item, une cloque de camelot* **1800**, Laprairie, ANQM, gr.
I.-G. Bourassa, doc. 11 oct. — *Une cloque de camelo* **1801**, ib., doc.
8 janv. — *1 cloque d'hiver* **1801**, Montréal, ASSSM, Livre de comptes
IV A, mars. — *1 thérèse* [= esp. de coiffure de femme] *et une cloque*
de cameleau **1801**, Sainte-Anne-de-la-Pocatière, ANQ, gr. A. Dionne,
doc. 4 sept. — **1802**, ib., doc. 23 juin. — *1 cloque whitney* [= angl.
witney] Ib., doc. 16-17 juill. — *1 cloque bleu* **1803**, ib., doc. 20 sept. —
Une cloque drap gris **1803**, Laprairie, ANQM, gr. I.-G. Bourassa, doc.
15 fév. — *Une cloque vingt livres* **1803**, Chambly, ANQM, gr. R. Boileau, doc. 28 nov. — *Une cloque d'homme prisée dix-huit francs* **1805**,
Montréal, ANQM, gr. T. Barron, doc. 5 nov. — *Item, une cloque avec*
une jupe, le tout prisé ensemble un écu **1808**, Charlesbourg, ANQ, AP -
P 742 - F, doc. 25 juin (signé Siméon Lelièvre). — *Un camail, une*
clocque **1810**, Montréal, ASSSM, Livre de comptes VIII C, nov. **1811**,
Québec, ASQ, Séminaire 121, n° 338, doc. 27 mai (à trois reprises dans
ce doc.). — *Trois paires de culottes, deux habits, une vieille clocque et*
une robe de femme prisés ensemble treize chelins **1819**, Montréal,
ANQM, gr. Th. Bedouin, doc. 14 oct. — *Une cloque de drap brun* **1820**,
Montréal, ANQM, gr. Ch. Huot, doc. 12 sept. — *Une clocque de crin-*
rien [= *craint-rien*, v. ci-dessous, sous LITT., le passage de Boucher
de Boucherville], *cinq chelins* **1821**, Montréal, ANQM, gr. Th. Bedouin,
doc. 23 janv. — *1 cloque d'étoffe* [. . .], *1 cloque de drap* **1821**, Montréal,
ANQM, gr. A. Pinet, doc. 12 mars. — *Une cloque de drap* **1821**, Saint-
Gilles (Lotbinière), AJQ, gr. A. Côté, doc. 21 juin. — *Un habillement*
de drap et une cloque de drap **1824**, Loretteville, AJQ, gr. D. Lefrançois, doc. 20 janv. — *Une clock* **1833**, Ancienne-Lorette, ANQ, AN, doc.
26 juin. — *Une cloque de femme, un écu* **1834**, Contrecœur, ANQM,
gr. A.-C. Duplessis, doc. 10 sept. — [. . .] *un mouchoir de poche chaque*
année, une cloque de bonne étoffe du pays tous les quatre ans, un

casque une fois pour toujours [...] **1838**, Lévis, ANQ, AP - P 908 - G, doc. 4 août (signé Guay). — *Un homme étranger d'une taille moyenne, ayant le teint brun, une cloque grise, une casquette de drap bleue, bordée en pelleterie, me demanda où demeurait madame Taché, seigneuresse de cette paroisse* **1839**, Kamouraska, ANQ, AP - G 107, n° 24, 13 fév. [il s'agit ici du témoignage de Louis Deblois, 14 ans, un des nombreux témoins au procès du meurtrier du seigneur de Kamouraska, dont A. Hébert s'est inspirée pour son roman ; certains témoins utilisent le mot *cloque* pour désigner le manteau du docteur Holmes, le meurtrier, d'autres *capot*, certains enfin *redingote* ; nous donnons toutes ces attestations qui sont d'autant plus intéressantes qu'A. Hébert a aussi employé *cloque* et *capot* selon les témoins, v. LITT. ci-dessous] ; *Il avoit une cloque d'étoffe grisatre, plus blanche que l'étoffe de nos endroits.* **1839**, Sainte-Anne-de-la-Pocatière, ib., n° 48, 16 fév. (Louis Clermont, aubergiste) ; *Un étranger vêtu d'une cloque d'etoffe grisatre ou blanchatre, plus blanche que l'etoffe ordinaire du pays qui se fait ici, il avoit un capuchon brun ou noir, un casque ou casquette de drap bleu* **1839**, Rivière-Ouelle, ib., n° 52, 16 fév. (Charles-Hilaire Têtu, « écuyer ») ; *Il avoit une cloque grisâtre avec un capuchon noir* **1839**, Rivière-Ouelle, ib., n° 53, 16 fév. (J.-Bte Saintonge, « engagé » de P. Bouchard, aubergiste de Rivière-Ouelle) ; *Une cloque grisâtre* **1839**, Kamouraska, ib., n° 54, 16 fév. (Vincent Tremblay) [mais *capot d'étoffe grise* est employé par Elie Michaud, cultivateur de Kamouraska (n° 26, 13 fév.) ; *capot* (ms. *copot*) *d'étoffe grise* par Honoré Voisine, cultivateur de Kamouraska (n° 28, 13 fév.) ; *capot gris* par la femme de l'aubergiste James Wood de Kamouraska (n° 30, 14 fév.) ; *capot gris* par Louis Clermont, aubergiste de Sainte-Anne-de-la-Pocatière, qui utilise également *cloque*, v. ci-dessus (n° 48, 16 fév.) ; *capot d'étoffe grise* par J. Ouellet, « journalier » de Sainte-Anne-de-la-Pocatière (n° 50, 16 fév.) ; *capot d'étoffe grise claire* par P. Crédit de Sorel, « engagé » du docteur Holmes, meurtrier (n° 58, 21 fév.) ; aussi *redingotte* et *capot ou redingotte d'une etoffe blanchâtre qui m'a paru comme l'étoffe du pays d'en haut* par la femme de l'aubergiste L. Clermont de Sainte-Anne-de-la-Pocatière (n° 49, 16 fév.) ; *redingotte blanchâtre comme d'etoffe du pays de par en haut* par Bruno Boucher de Rivière-Ouelle (n° 51, 16 fév.) ; *redingotte d'etoffe grise claire* par l'aubergiste de Saint-Roch-des-Aulnaies (n° 56, 17 fév.)]. — *Une clock, deux piastres* **1842**, Berthier, ANQM, gr. J.-E.-G. Coutu, doc. 14 mars. — *Une cloque de drap viné* **1845** Rigaud, ANQM, gr. L. Adams, doc. 12 août. — *L'etoffe d'une cloque, un jupon & un lot d'étoffe, sept francs* **1846**, Varennes, ANQM, gr. M.-A. Girard, doc. 20 juin. — *Trois manteaux & une cloque de drap, le tout estimé à cinq piastres.* **1851**, Québec, AJQ, gr. Ph. Huot, doc. 11 août. — *Payé pour réparer la cloak* [souligné dans le ms.] *du bédeau* [...] **1862**, Saint-Vallier (Bellechasse) APSV, RA, doc. 12 janv., p. 54. — « [...] *faudra-t-il, qu'entouré de l'éclat militaire, son ami aille briser ses chaines, déchirer ses guirlandes de fleurs, le revêtir de sa cloque* [souligné dans le ms.] *et le rappeler à la gloire, vous m'en demanderez des nouvelles ?* » **1864**, Sainte-Martine, ANQ, AP - P 1904, doc. 22 déc.

LITT. — *Les cloques, les casques, les raquettes, les outils, les fusils, les pièges, le violon de Fifi Labranche, le damier à Bram Couture, exétera, exétera !* **1905** (1974), L. Fréchette, *Contes de Jos Violon*, 110 (*Les lutins*). — *Cette étoffe bleue ou grison, envoyée au moulin-à-cardes pour être pressée et foulée avec soin, devait habiller le cultivateur et ses garçons, depuis les culottes à bavaloises jusqu'à la cloque à capuchon inclusivement.* **1918** (1945), Frères Gilles, *Les choses qui s'en vont . . .*, 28. — *Les hommes, la cloque sous le bras, arrivaient les premiers.* Ib., 108. — *Montour demeure impassible ; il se débarrasse d'une lourde cloque, de ses mitaines et de son casque ; il se frotte les mains au-dessus de la flamme, allume sa pipe.* **1938** (1967). L.-P. Desrosiers, *Les engagés du Grand Portage*, 119. — *Un petit capuchon noir, une cloque en étoffe du pays d'en haut, un surtout bleu foncé de pilote* [. . .] **1970**, A. Hébert, *Kamouraska*, 208 [mais *manteau* p. 201, et *capot* p. 204, pour désigner le même vêtement ; *manteau* est employé dans le récit, tandis que *cloque* et *capot*, pris dans des pièces d'archives, v. ci-dessus, le sont dans le dialogue, chacun par un autre personnage].

ÉT. — *Cloque* [. . .] *Long pardessus d'hiver, et en particulier celui connu sous le nom de ulster.* **1894**, Cl. — *Cloque* [. . .] *Capote militaire, manteau* **1930**, Gl. — *Une cloque de soldat* **1971**, Bél² [définit « capote militaire » ; donne aussi le sens plus général de « pardessus »].

ENQ. — *klòk* « pardessus d'hiver » **1960**, Saint-Narcisse (Champlain) [vx ; Dg]. — *Des belles cloques en étoffe* **1966**, Portneuf [Dg]. — *klòk* « pardessus, manteau » **1966**, Saint-Esprit (Montcalm) [Dg]. — *Ma mère sortait rarement sauf pour la messe le dimanche. Elle mettait sa bougrine ou sa cloque.* **1974**, Montmagny. — *Regarde-moi z'y* [= lui] *donc la cloque qu'il a sus le dos !* **1975**, LavSagE.

BIBL. — Cl ; Rinfr ; ParGl (cité dans DgBibl n° 331) ; BPFC IV (1905-06), 229 ; Di ; JutrMais dans BPFC X (1911-12), 266 ; ClInv ; RivEt 54 ; BPFC XIII (1914-15), 245 ; GeoffrII 144-146 ; Corr I n° 22 ; Gl ; BlanchDict⁷ ; GendrAdstr 36 ; Bél² ; JunRev 388-390 ; JunInv 215 ; LavSag 182 n° 49.

⬤ ENCLOQUER v. tr.
    Pron. āklòké.
    Habiller chaudement.
    ÉT. — **1909-1910**, BPFC VIII, 63. — **1930**, Gl.

⬤ DÉCLOQUER
    1° V. tr. Enlever la cloque. **1909**, Di.
    2° V. pron. Enlever sa cloque. **1909**, Di.

CORDEROI, CORDUROI subst. m.

HIST. — De l'anglais *corduroy* « velours côtelé », qui n'est pourtant attesté que depuis 1787 (OEDSh 1968), ce mot apparaît en québécois dès 1786. Les plus anciennes attestations sont avec *-de-* : CORDEROY, CORDEROI(S), forme populaire qui s'est par la suite réduite quelquefois en *cordroy*, voire *corroÿ*, tandis que CORDUROI, avec *-du-*, est un rapprochement assez récent de la forme anglaise du mot. Les expressions *corps du roi* (ou ~ *de roi*) m. et *corde du roi* (ou ~ *de roi*) f. sont des étymologies populaires évidentes. Les graphies *corroÿ* et *cors de roÿ*, avec *y* surmonté d'un tréma, indiquent peut-être qu'en québécois ancien le mot se prononçait parfois à l'anglaise.

Tout récemment, *corduroy* au sens technique de « velours à côtes utilisé dans les installations de lavage d'alluvions aurifères pour retenir les paillettes d'or au fond des sluices » a pénétré en fr., mais c'est un emprunt direct à l'anglais (v. Larousse 1960 et Larousse 1965) qui est sans aucun rapport avec le mot québécois. De même le fr. *duroi* ou *durois* « tissu de laine lisse, ras et sec, plus serré que la tamise dont il se rapproche, et utilisé pour la confection des vêtements ('vieux ; le *duroi* a pris naissance en Angleterre à la fin du 17e et au début du 18e s.') », relevé par le FEW dans Larousse 1870 et rangé parmi les mots d'origine obscure (21, 549 b, s.v. *étoffe de laine*), mais qui est à rattacher à l'angl. *duroy* « id. » (attesté de 1619 à 1807), est sans lien avec *corduroy* (v. OEDSh 1968 : « Not the same as *corduroy* ») et, par conséquent, avec le mot québécois.

L'expression CHEMIN EN CORDEROI ou CHEMIN CORDUROY « mauvais chemin garni transversalement de fascines, de troncs d'arbres, pour qu'il soit praticable », connue aussi bien au Québec qu'en Acadie (*chemin de corduroi*, v. PoirAc 253, PoirGl), est à son tour un calque de l'anglo-canadien *corduroy road* (dep. 1829 DictCan ; v. aussi ib. *corduroy bridge* « id. » dep. 1792 ; *corduroy* « id. » dep. 1861 ; etc.), ou de l'anglo-américain *corduroy road* « id. » (v. OEDSh 1968, et DictAmer).

Pron. *kòrdérwà, kòrdérwè, kòrdurwà.* — Graphies *corderoi, corderois, corderoy, carderoy, cordroy, corroÿ, corps de roi, corps de roy, corp de roy, cors de roÿ, cor de roi, corde de roi, corde du roy, corde roy, corduroi, corduroy.*

Velours côtelé.

DOC. — *Une pere de culotte de corps de roy* **1786**, Beauport, ANQ, gr. L. Miray, doc. 4 avril. — *Deux verge et demi de corde roy* [sic] **1787**, non loc., ASQ, Séminaire 120, n° 244, doc. 25 sept. — *Une paire culotte corde du roy* **1788**, Québec, AJQ, gr. Ch. Voyer, doc. 22 juill., ; même contexte, id., doc. 23 juill. — *Item, une ceinture et une paire de culotte de corderois* **1792**, Laprairie, ANQM, gr. I.-G. Bourassa, doc. 15 sept. — *2 3/4 verges corderoy* **1792**, Québec, AJQ, gr. J. Plante, doc. 29. oct. — *Payé pour 4 verges de coton noir et un 1/4 de corps de roy ... 9 ££, 2 s.* **1795**, Québec, AUQ, Journal 3, nov., 386. — *Corps de roy* **1796**, Montréal, ASSSM, Livre de comptes IX A, janv. — *Culote de corps de roi*

1796, Lévis, ANQ, gr. L. Miray, doc. 14 sept. — *Une paire de culotte de carderoy* **1797**, Château-Richer, AJQ, gr. B. Faribault, doc. 17 juill. — *Deux vielle paire de culotte de carderoy & futaine* Ib. (fréquent chez ce notaire). — *Culotte de corderoy* Ib., doc. 18 juill. — *Corderoy* **1797**, Montréal, ASSSM, Livre de comptes IX A, nov. — *Pour 43 aulnes corderoi noir fin* Ib., déc. — *Culotte cors de roÿ* **1798**, Sainte-Anne-de-la-Pocatière, ANQ, gr. L. Cazes, doc. 26 janv. (fréquent chez ce notaire). — *Culotte corroÿ* Ib., doc. 5 fév. — *Corps de roy* **1798**, Sainte-Anne-de-la-Pocatière, ANQ, gr. A. Dionne, doc. 22-23 fév. ; aussi id., doc. 23-24 fév. — *4 1/3 verges corderois* **1798**, Québec, AJQ, gr. M. Berthelot, doc. 15 mars. — *10 1/2 v[erges] corderois en 7 couppons* Ib. — *Culotte de corp de roy* **1798**, Sainte-Anne-de-la-Pocatière, ANQ, gr. A. Dionne, doc. 10 août ; aussi id., doc. 17 août. — *Une verge 3/4 de corps de roy* **1800**, Québec, AUQ, journal 3, juill., 438. — **1801**, Montréal, ASSSM, Livre de comptes IV A, janv. — *1 paire culot cordroy* **1801**, Sainte-Anne-de-la-Pocatière, ANQ, gr. A. Dionne, doc. 25 mars. — *Corps de roy* **1802**, ib., doc. 24 avril (fréquent chez ce notaire). — *Une paire grandes culottes de corps de roy, quatre francs* **1803**, Montréal, ANQM, gr. Th. Barron, doc. 24 oct. — **1806**, Montréal, ASSSM, Livre de comptes IV A. — *Corderoy* **1807**, Québec, ASQ, Séminaire 121, n° 141, doc. 29 déc. — *Une piece cor de roi* **1811**, Montréal, ASSSM, Livre de comptes VIII D, janv. — *Cent quatre-vingt-douze verges et demie de corderoi à un chelin et huit deniers la verge, seize livres dix deniers* **1819**, Québec, ASQ, Séminaire 121, n° 141, doc. 23 janv. — *Quatre aunes de corderoy pour culotte pour le pupil* **1835**, Montréal, ANQM, gr. Et. Guy, doc. 9 sept. — *Pantalon de corderoy gris de fer* **1889**, E. Petitot, *Quinze ans sous le cercle polaire*, 68.

JOURN. — *Culotte de corderoy* **1791**, *La Gazette de Montréal*, 6 oct., p. 4 [Dg].

LITT. — *Il s'est acheté un veston de corduroi, une aubaine, vingt-trois piastres.* **1964**, A. Major, *Le cabochon*, 109. — *Ti-Franc la Patate Portait autrefois Une bien belle cravate Habit de corduroy Pour une belle voisine Qu'était sa cousine [...]* **1967**, G. Vigneault, *Les gens de mon pays*, 58. — *[...] m'as mettre mes culottes brunes en corderoi, pis ma chemise verte...* **1973**, J.-M. Poupart, *Chère Touffe, c'est plein plein de fautes dans ta lettre d'amour*, 63.

ENQ. — *Vieux pantalon en corduroi*, **1974**, *Consommateur averti*, 2 oct. (émission télévisée de Radio-Canada). — **1975**, LavSagE (vaguement connu). — *Corderoi* **1975**, (le mot est généralement connu en québécois actuel, le plus souvent sous cette forme).

BIB. — Di ; Gl (*corde de roi*, s.v. *corde*) ; RoussAdd ; Corr I n° 27 ; BlanchDict[7] ; ChantChron 149 ; Tur 84 a ; DgDict ; JunAngl 34 ; Barb[2] 120 ; Bél[2] (indique subst. f.) ; JunInv 215 ; Colpr 130 (« m. ou f. ? »).

● CHEMIN EN CORDEROI (ou var.)

1º Mauvais chemin garni transversalement de fascines, de troncs d'arbres, pour qu'il soit praticable.

LITT. — [...] *un chemin corduroy, composé de troncs d'arbres placés à côté les uns des autres et recouverts d'un peu de terre.* **1931** (1943), L.-P. Desrosiers, *Nord-Sud,* 138.

ÉT. — **1930**, Gl. — **1972**, LavSag 11 nº 237.

BIBL. — Gl ; RoussAdd ; Corr I nº 5 ; HudFor (*chemin corderoi,* ⌣ *corduroy*) ; DgDict ; Bél² ; LavSag 11 nº 237 ; PoirAc 253 (*chemin de corduroi*) ; PoirGl (*chemin de corderoi*).

2º Mauvais chemin, en planche à laver.

ÉT. — **1971**, Bél².

DRIGAIL subst. m. (parfois f. ; souvent pl.) ([1])

HIST. — DRIGAIL, qui s'est répandu en Nouvelle-France assez tardivement, semble-t-il, mais encore sous le Régime français (la première attestation est du Père Potier en 1744), est d'origine galloromane. En France, il n'a jamais appartenu à la langue générale, mais uniquement aux dialectes, et son aire s'étend dans l'Ouest, depuis le Maine et la Bretagne française jusqu'à la Saintonge. Les nombreuses attestations de *drigail* (sous différentes formes phonétiques) et de ses dérivés, qui ont été relevées dans cette aire, ont toutes des acceptions très proches des deux acceptions de base du mot québécois (sens 1° et 2°) : poit. *drigail* m. « mobilier d'une ferme » (Drouhet, XVIIᵉ s.), Elle (Poitou) *drigaly* « objets de ménage », aun. *drigail* « attirail » (FEW 22, 2, 86 a, sous « outil ») ; poit. *drigay* « vieux outils » (ALO 141, pts 54, 69, 70) ; Anjou, Vienne, D.-Sèvres *adrigail* « les diverses pièces qui servent à un même objet, à une entreprise » et *adrigailler* « v. tr. préparer ce dont on a besoin pour qch ; v. pron. se préparer » (FEW *l. c.*) ; poit. *drigail* m. « tout ce qui compose le mobilier et la garde-robe, attirail, encombrement », h.-manc. *adrigails* pl. « objets hétéroclites » (FEW 23, 26 a, sous « mobilier ») ; Seudre-et-Seugne (Char.-Mar.) *trigail* m. sg. « bagage », Jonzac (Char.-Mar.) *drigail* « id. » (FEW 23, 110 b, sous « bagage » ; v. aussi wall. *attricayes* « bagage », forme isolée géographiquement et certainement à ne pas confondre avec les mots de la famille de *drigail*) ; Nantes *drigaile* f. « objets sans valeur et un peu encombrants » (FEW 23, 214 b, sous « sans valeur, bagatelle, sans importance ») ; Nantes *drigailles* pl. « vieux restes sans valeur » (FEW 23, 234 b, sous « reste ») ; Loches (Touraine) *drigage* m. « choses mêlées » (FEW 23, 261 a, sous « mélange ») ; saint. *mardrigail* m. « vêtement dont on s'affuble, dans les classes pauvres, quelque peu loqueteux et déchiré » et Jonzac *se mardrigailler* v. pron. « se déguiser à l'occasion du carnaval » (FEW 21, 515 a, sous « tas »). Wartburg a classé ces matériaux parmi les mots d'origine obscure, mais il est vraisemblable qu'à la base de *drigail* et de toutes les formes que nous venons de réunir, se trouve un croisement entre le mot fr. *attirail* (FEW 17, 326 b), ce qui expliquerait le *a-* initial d'*adrigail* et de son dérivé *adrigailler,* et le mot dialectal *drigue* « diarrhée », d'où la coloration souvent péjorative de *drigail.* Certes, *drigue* ou *drille,* du m. néerl. *drillen* « se mouvoir de façon violente » (FEW 15, 2, 71 a, où l'on trouvera, n. 1, une explication de *g* qui alterne avec *y*), a surtout été relevé dans le Nord-Ouest et dans le Centre (Calvados *driy* f. « diarrhée », Cher *driy,* Centre, Berry *drille, driy,* etc.), mais il vit aussi en Anjou (Segré *drigue*), à Nantes (*drille*) et dans le Bas-Maine (*driy* et *drig*), et c'est dans cette aire qu'a dû se produire le croisement entre les deux mots. Il est peu probable qu'il y ait eu une intervention du m. fr. et fr. m. *drille* f. « lambeau de chiffon » (dep. 1371), qui vient du moyen néerlandais (*drille* FEW 15, 2, 69 b-70 a) et continue à être employé dans de très nombreux patois au sens de « guenille, chiffon » (ib.), car en français ce mot n'apparaît jamais avec *-g-,* et pour ce qui est de ses formes dialectales, elles sont surtout localisées dans l'Est. Il convient cependant de rapprocher de nos formes le saint. *brigaille* « choses sans valeur ... » (Musset 1, 500) et le gasc. *brigaille, brigailho, bricaillo,* etc., de sens à peu près identiques, et dérivés de l'occitan de l'Ouest *brigo* (ou *brico,* etc.) « parcelle, débris, miette, etc. » (FEW *brisare* 1, 534 a ; il y aurait eu influence des représentants de *mica*) ; il a certainement

---

(1) Une première esquisse de cet article a paru dans ZrP, t. 88, 1972, pp. 173-174 ; v. aussi notre note sur ce mot dans RLiR, t. 38, 1974, p. 367.

pu y avoir des contacts entre les deux familles, notamment en Saintonge (il n'est toutefois pas possible de rattacher *drigail* et ses dérivés à cette famille, car alors le *d-* de *drigail* resterait inexpliqué). Les formes *mardrigail* et *se mardrigailler*, qui n'intéressent d'ailleurs pas le français québécois, sont sans doute composées de *mardi* [*gras*] et *drigail* (v. le sens du verbe à Jonzac) ou, peut-être, de *merde* (prononcé *marde*, v. FEW *merda*) et *drigail*.

Le mot québécois vient sans aucun doute de l'aire poitevino-saintongaise où *drigail* est particulièrement répandu jusqu'à présent, mais à l'exception d'une seule attestation chez le Poitevin Drouhet, qui remonte au XVIIe siècle, les autres relevés du mot sont en France de date récente, tandis qu'en Nouvelle-France ce mot est, depuis sa première apparition en 1744, fréquemment attesté au cours des XVIIIe et XIXe siècles et ces attestations, tout en démontrant sa vitalité dans l'aire en question à l'époque de l'exode des colons, comblent la lacune de la documentation entre le premier témoignage fourni par Drouhet et les relevés modernes. C'est avec ses deux premières acceptions québécoises — « ensemble d'objets de ménage, de meubles, d'outils, de choses sans valeur » (sens 1°) et « attirail de pêche, de chasse, etc. » (sens 2°) — que le mot a été importé de France. En revanche, les sens 3° « viscères des animaux » et 4° « sexe de l'homme » sont sans doute des innovations québécoises.

A côté de *drigail*, on rencontre assez fréquemment, depuis 1754, la forme DRIGAILLE(S) qui indique peut-être qu'il s'agit d'un féminin (d'où aussi *drigail* au fém.), laquelle forme est également connue en France (Nantes *drigaile, drigailles* FEW 23, 214 b et 234 b ; v. ci-dessus).

Pour ce qui est des variantes phonétiques du mot québécois, elles s'expliquent aisément. Le *é* de *drégail*, forme attestée depuis 1800 et très répandue en québécois, mais inconnue des parlers de France, provient peut-être de *gréement* qui a aussi, au Québec, le sens d'« attirail » et s'est précisément généralisée quelques décennies après la conquête. De même les variantes relativement récentes *grégail, grédaille*, etc., sont dues peut-être à l'attraction de ce mot. L'absence de *-g-* dans *drialle* (doc. 1784) peut s'expliquer par le relâchement de *g* en *y* (JunPron 132) ou comme un résultat du croisement d'*attirail* avec *drille* (v. ci-dessus) et non *drigue*. Enfin, les graphies *drigal* et *drigal(l)e* (doc. 1781, 1784, 1800) peuvent refléter la forme *drigail* ou *drigaille* (le graphème *-ll-* peut représenter le phonème *y*) ou la pron. *drigàl*, qui semble avoir été connue du québécois (v. GeoffrIII 174-175) et qui pourrait venir d'une substitution du suff. *-al* à *-ail*, phénomène fréquent en galloroman (dû au pluriel parfois identique en *-aux*) et dont on décèle des traces en québécois (v. JunPron 263). *Drigague* ou *drégague* (doc. 1805, 1840) est un hypercorrectisme subséquent au relâchement de *g* en *y* dans certaines conditions (v. JunPron 133-134). DRIG[U]ETTE (à propos de *g* devant *e* avec la valeur de *g*, v. JunPron 146 n. 5 ; JunPMeun 82 n. 31) vient d'une subst. du suff. diminutif *-ette* (ou *-et* avec pron. du *t* final, phénomène courant en québécois) à *-ail*, peut-être sous l'influence du mot *paquet* (pron. *pàkèt*) dans « paquet de *drigail* », syntagme fréquent dans les doc. d'archives (v. ci-dessous).

RODRIGAILS est issu peut-être d'un croisement de *drigail* avec *remise, remiser*, pron. souvent *òrmiz, òrmizé* en québécois.

Drigail, au sens 1°, vit en acadien (PoirGl, *adrigail*), en franco-ontarien (LemVieux 1, 299 a), en louisianais (DitchyLouis, ReadLouis 36, McDermMiss).

Autres dénominations étroitement apparentées sur le plan sémantique: *accoutrement, affaire, affût(s), agrès, agrès et apparaux, amanchage(s), amanchure(s), antiquité(s), apichimon, apparaux, bagosse, barouche(s), barouine, bastringue, bebelle, bebellerie(s), bibelot, butin, chibagne, chipoterie, chose, cossin, gabari, gabat, goudriole, gréement, (h)aria, (h)aridelle, manivolle, pénille, ramasserie(s), réguine,* etc.

Pron. *drigày, drigây, drégày, grégày, dràgày, trégày.* — Graphies *drigail, drigaille, drigâille, drigague, drigal, drigalle, drigale, drégail, drégaye, drégaille, dregaille, drégague, dégrail, dagrail, grédaille* (propre au pays de Charlevoix selon M. Barbeau), *grégail, trégail, adrigail* (acadien).

1º Objets pêle-mêle, bagages, biens personnels, etc., généralement de peu de valeur.

DOC. — *Une cassette ovalle de bois de frêne dans laquelle s'est trouvée en linge a femme et autres drigailles* [. . .] **1754**, Pointe-Claire, FS, doc. 16 fév. — [. . .] *quantitée de roüx férée, dés chaine, dés afus de canon ét otre drigalle* [. . .] **1755** (1952), *Papiers Contrecœur* (éd. par F. Grenier), 404 [Dg]. — [. . .] *huit pirogue* [. . .] *chargér de roux ét de chésne de fair ét ôtre drigaille* [. . .] Ib. 424 [Dg]. — *Pour de petits drigail prisé* [. . .] **1779**, Neuville, ANQ, gr. B. Planté, doc. 15 avril. — *Unze bouteilles, un fer a flasqué* [= repasser] *et quelequ'autre drigail* **1780**, ib., doc. 3 avril. — *Pour drigaille adjugé* [. . .] **1780**, Sainte-Anne-de-la-Pocatière, ANQ, gr. L. Cazes, doc. 17 oct. — *Une saliere avec d'autre drigaille* Ib. — *Bas, sinture et autres drigales* **1781**, ib., doc. 23 juill. — *Un paneau* [= coussinet de selle] *avec un paquet d'autre drigail* **1781**, Neuville, ANQ, gr. B. Planté, doc. 10 déc. — *Un paquet d'autre drigail* Ib., doc. 12 déc. — *Une tasse d'etain et autres drigaille avec* [= également] **1782**, Sainte-Anne-de-la-Pocatière, ANQ, gr. L. Cazes, doc. 14 fév. — *Des drigaille prisé trois sols* **1782**, Château-Richer, ANQ, gr. A. Crépin fils, doc. 20 déc. — *Hache et drigail* **1783**, ib., doc. 17 nov. — *Des drigailles de bois de roue* Ib. — *Un harnois vieux et drigalles* **1784**, ib., doc. 21 avril. — *Des drigailles de ferailles* Ib., doc. 21 juill. — *Des drigailles d'atelage* Ib. — *Drialle de harnois* (pour l'absence de *g* v. hist.) Ib., doc. 27 juill. — *Des drigaille de harnois* Ib., doc. 3 août (fréquent chez ce notaire). — *Une boette drigailles trente-huit sols* **1794**, Québec, AJQ, gr. A. Dumas, doc. 11 mars. — *De la drigaille sur une tablette haute, deux shillings* Ib., doc. 28 mars (pour le genre, v. hist. ; à noter l'emploi rare du partitif). — *En drigaille dans le grenier* **1798**, Sainte-Anne-de-la-Pocatière, ANQ, gr. L. Cazes, doc. 6 avril. — *Tetiere* [= théière] *et autres drigailles* Ib. (fréquent chez ce notaire). — *Une gargouce et drégailles* (pour le *é*, voir hist.) **1800**, Sainte-Anne-de-la-Pocatière, ANQ, gr. A. Dionne, doc. 7-9 juin. — *Un bidon d'écorses et drégailles* Ib. — *1 caseaus* [= petit contenant carré ou rectangulaire fait de bois mince ou d'écorce de « bouleau »] *et drigalle* Ib., doc. 30 juill. — *Drigalles, 2 crampe de fer* Ib. — *1 caisse et drigaille* **1801**, ib., doc.

22 juin. — *1 boëte et drégailles* Ib., doc. 4 sept. — *1 moc* [= sorte de pot], *1 boete de bois et drigaille* Ib., doc. 21 déc. — *1 boète et drégaille* **1802**, ib., doc. 21 juin. — *1 boucault* [= probabl. tonneau] *et drigaille* Ib., doc. 27 juill. — *1 cassette et drégailles* Ib., doc. 20 août. — *3 ouragan* [= sorte de contenant], *un cassot et un plat avec drégaille* Ib., doc. 15 nov. — *Un paquet de drigague* [pour la forme, v. hist.] **1805**, Lévis, ANQ, gr. L. Miray, doc. 4 mars. — *Item, 1 quart & drégaille* **1821**, Montréal, ANQM, gr. A. Pinet, doc. 12 mars. — *Trois casot* [= casseaux] *& dregaille* Ib., doc. 24 mars. — *Une poche de dregaille* Ib., doc. 5 avril. — *Un lot de drégail, cinq sols* **1834**, Contrecœur, ANQM, gr. A.-C. Duplessis, doc. 18 oct. — *Un écu pour un paquais de drégague* **1840**, Montréal, ANQM, gr. L.-S. Martin, doc. 27 fév.

LITT. — *Ces canots portaient vingt personnes et plus, chacun avec les provisions du voyage et un gros drigail* [note : *Mot populaire qui signifie un amas de meubles, ustensiles, armes, bagages, formant un tout fort embarrassant.*] : *à voir cet équipement-là, tous les voyageurs étaient bien contents de ce qu'on n'avait pas voulu prendre de Canadiens pour former les équipages.* **1863** (1946) J.-Ch. Taché, *Forestiers et voyageurs*, 200. — *Vers les 4 heures, par là, on voyait descendre les grand' chârettes avec tout leur drégail.* **1918** (1945), Frère Gilles, *Les choses qui s'en vont...*, 94 — *Les uns demeurèrent, les autres partirent avec leur drigail.* **1930**, H. Bernard, *La ferme des pins*, 114 [Dg]. — *Ton missel ! J't'avais dit de pas l'mette dans ta poche* [...] *J'vas la faire plus p'tite : Comme ça tu mettras moins de drigailles dedans.* **1966**, Cl. Mailly, *Le cortège*, 86.

ÉT. — *J'avais un buterfiel* [= cadran solaire] *et il fut brûlé avec tout mon drigail, i.e. meubles... mon train.* **1744** (1905-06), Ile-aux-Bois-Blanc (rég. de Détroit), Potier BPFC IV, 104 b. — *Il prit son paqueton et tout son drigail (i.e. bagage) et fricassa le camp.* Ib., 147. — *Gredailles. — Objets, ustensiles, bagage. Ex. :* « *Il jette tout son gredaille au pied de l'arbre.* » *Nous avons peut-être aussi entendu :* « *Des petites gredailles.* » **1917**, BarbGourg 198 [passage repris en 1934 dans *Au cœur de Québec*, p. 59, avec cependant *gredailles* au m. pl. : *Des petits gredailles.*] — *Drigaille m. sg.* **1972** (1975), H. Grenon, *Nos p'tites joies d'autrefois*, 64 ; 97.

ENQ., LITT. OR. — *Dregail* **1973**, Saint-Victor (Beauce) (vx). — *Oubliez pas votre dégrail* [sic] *avant de partir.* **1974**, Sainte-Marguerite-Marie (Matapédia). — *Drégail,* **1974**, Fahrnam. — *Ramasse ton drigail, dépêche-toué.* **1974**, Saint-Jacques (Montcalm).

Franco-ontarien : *Lâ, i' di', à c'tte heure, on vâ laisser not' drigail 'écitte ! J' di', on n'ést pâs pour traîné', i' dit, c'tte gross' pâillass'-là, i' dit, dan 'a ville !* **1955** (1973), LemVieux 1, 242.

BIBL. — Potier BPFC III (1905-06), 104 b ; 147 a ; Viger BPFC VIII

(1909-10), 185 b (*drigaille*) ; Du ; Cl ; ChambDialCan 136, 139 ; BPFC VII (1908-09), 270 (*drégail, dragail, grégail, trégail*) ; 271 (*drigaille, drigâille*) ; Di (*drégaille, drégaye, drigail*) ; BPFC XI (1912-13), 127 (*grégail*) ; ClInv ; BarbGourg 198 ; GeoffrIII 174-175 (*drigail, drigal*) ; Gl (*dragail, drégail, drigail, grégail, trégail*) ; BlanchDict[7] (*drigaille*) ; MartFrCan 129 ; Tur 84 a (*drigaille*) ; Barb[2] 43 (*drigaille* ; donne le genre fém.) ; Bél[2] [*dragail, drégail* et *drigail* ; les trois formes sont rangées maladroitement sous *dragail* qui est la moins fréquente] ; FEW 23, 229 a, s.v. *tas* ; JunPron 132 ; JunDrig dans ZrP 88[1] (1972), 173-174 ; PoirGl [*adrigail* ; « Les Canadiens (= Québécois) disent *drigail* au lieu d'*adrigail* »] ; LemVieux 1, 299 a (considère le mot comme un angl. !) ; DitchyLouis (*drigail(s), la drigaille*) ; ReadLouis 36 ; McDermMiss.

2° Attirail de pêche, de chasse, d'une ferme, etc. (la distinction n'est pas toujours facile à établir entre ce sens et le sens 1°).

LITT. — *Tout le drégail de la sucrerie* **1918** (1945), Frère Gilles, *Les choses qui s'en vont...*, 60. — **1928**, L. de Montigny, *Le bouquet de Mélusine*, 96 (à deux reprises). — *Il demanda à Marie ses paquets de fil de laiton, sa drogue à renards, s'entoura de tout ce drégail, tel un enfant de ses jouets.* **1937** (1967), F.-A. Savard, *Menaud maître-draveur*, 113. — *Il s'y ajoutait une sorte d'appentis où garder au sec le bois de chauffage, une hache et une sciotte* [= sorte de scie], *des avirons, des pièges, tout le drigail, selon l'expression de Cardinal, nécessaire à l'homme qui se débrouille en forêt.* **1951** (1961), H. Bernard, *Les jours sont longs*, 15.

ÉT. — **1913** ClInv. — *Si, avec tout ce drigail, celui-là ne tue rien... ou ne se tue pas, il sera ben malchanceux.* **1927**, GeoffrIII, 174. — *Il s'agit de « Trois harpon », de «Trois filets a pescher» et d'« Unne ligne a pescher maurue ».* Ce « *drégail* » *vaudrait trente-six livres.* **1967**, SégCiv 405. — *drigày* « attirail de pêche » **1972**, JunDrig 174 (relevé à Québec).

BIBL. — ClInv ; GeoffrIII 174 ; BlanchDict[7] (*drigaille*) ; MartFrCan 129 ; Tur 41 a (*drigaille*) ; JunDrig dans ZrP 88[1] (1972), 174 ; StrakaMen 293-294.

3° Viscères des animaux, des poissons.

ÉT. — *drigày* **1972**, JunDrig dans ZrP 88, 174 [relevé à Saint-Casimir de Portneuf ; le genre et le nombre ne sont malheureusement pas indiqués].

ENQ. — *drégáy* (s. m.) : *tripailles du poisson* **1966**, Sainte-Monique (Nicolet) [Dg].

4° Sexe de l'homme.

ÉT. — *La driguaille* (sic) **1974**, LapMam 39 (cp. *le gréement, la patente, l'affaire*, etc., id. 37).

● *DRIGUETTE subst. (genre ?)

Objets pêle-mêle, de peu de valeur.

DOC. — *1 paquet [de] drigette et 1 petit trés* [= trait] *[de] vache marine* **1800,** Sainte-Anne-de-la-Pocatière, ANQ, gr. A. Dionne, doc. 30 juill.

● TIROIR A RODRIGAILS

Tiroir de la machine à coudre où l'on range les menus objets servant à la couture (fil, aiguilles, boutons, etc.).

ENQ. — **1973,** rég. de Joliette.

FIEN(S) subst. m.

HIST. — Issu du lat. *fĭmus* « fumier » (lat. pop. **fĕmus,* d'après *stercus*), FIENS a vécu en a.fr. et jusqu'au XVIe s. (mentionné encore comme régional, avec la graphie *fient,* dans plusieurs dictionnaires français des XVIIe et XVIIIe s.), mais a été évincé par *fumier* (attesté dep. l'a.fr. ; lat. pop. **femarium* « tas de fumier », dér. de **fĕmus*) et ne continue à vivre çà et là dans des dialectes d'oïl, notamment dans le Nord-Ouest, l'Ouest et le Centre ; c'est toujours le mot usuel dans la majeure partie de l'aire occitane (v. FEW 3, 544 b et 548 b n. 1 ; BW[5] s.v. *fumier ;* ALF 618 ; ALIFO 23).

En Nouvelle-France, ce mot n'est attesté que sporadiquement et seulement sous le Régime français ; il ne semble pas avoir été adopté par la langue du pays, le québécois utilisant d'habitude, et dès le début, le terme *fumier.* La graphie *fiant* ou *fient,* avec *-t,* correspond à celle des dictionnaires fr. de l'époque (v. ci-dessus).

FRIND « fumier », relevé deux fois dans les actes d'un même notaire (1724, 1725 ; Duprac, qui était né en Nouvelle-France), est une forme obscure. Peut-on y voir une contamination de *fyē* (pron. plus fréquente dans les patois fr. que *fyã,* v. ALF et FEW) par *e(s)train* « paille (de litière) » ? Ce mot, attesté en fr. depuis le moyen âge jusqu'à Trévoux 1752 et toujours vivant dans bon nombre de patois, notamment dans le Nord-Ouest et en picardo-wallon (v. FEW *stramen* 12, 285 a), n'a pourtant pas été relevé en québécois.

Graphies *fiens, fien, fient, fiant.*

Fumier.

DOC. — *Un crocq a fien, une fourche de fer* **1664**, Beauport, ANQ, gr. P. Vachon, doc. 19 août. — *Deux fourches de fer a fiens* **1666**, Québec, ANQ, gr. P. Duquet, doc. 12 juill. — *Une tille, deux serpes, un crocq a fien, deux feree a faire fossés, une tranche, un picq a piere* **1672**, Beauport, ANQ, gr. P. Vachon, doc. 14 avril. — *Un crocq a fien avec la fourche ausy a fien* **1673**, ib., doc. 19 juin. — *Une fourche et crocq a fien* **1674**, ib., doc. 18 janv. — *Une fourche a fian avecq un crocq aussy a fian avecq un brocq ou fourche de fer a charger des jerbes de bled* **1677**, ib., doc. 2 juill. — *Un croc a fien et une fourche aussy a fien* Ib., doc. 19 nov. — *Un viel croc a fien estimé a vingt solz* **1684**, ib., doc. 12 août. — *Deux pioche & un crocque a fiant* **1688**, ib., doc. 7 avril. — *Unt croque a fient* **1763**, Beauport, ANQ, gr. P. Parent, doc. 20 janv.

● **FRIND** subst. m. (?)

Fumier.

DOC. — *Un croque a frind* **1724**, Beauport, ANQ, gr. N. Duprac, doc. 31 mars. — *Un croque a frind* **1725**, ib., doc. 12 avril.

GUIDOUNE subst. f. ([1])

HIST. — Ce mot est probabl. à rattacher au germanique *waizda-, fr. guède, d'où viennent non seulement Jers. guédonnée f. « satiété », Blain guede f. « chienne en chaleur », Chatbr. « id., femme de mœurs faciles », Blain guedille « troupe de chiens suivant une chienne en chaleur », Chatbr. guedier m. « homme paillard », etc. (FEW 17, 471 b-472 a), mais aussi le mot argotique de Paris guedole f. « fille de mauvaises mœurs », Denneville guédolle « femme de mauvaise vie » (rangés à tort parmi les matériaux d'origine obscure dans le FEW 21, 505 a, v. JunFEW dans RLiR 38, 1974, 305) et Andelis guédelle « femme facile » (FEW god- 4, 185 a ; à classer aussi sous *waizda-). Les mots issus de *waizda- « guède » ont dû subir l'influence de ceux de la famille de god-, « cri d'appel à l'adresse d'animaux », parmi lesquels toute une série de termes désignent des animaux comme le cochon, le taureau, la vache, etc., ou servent de dénominations dépréciatives des personnes, et c'est ainsi qu'on peut s'expliquer l'emploi de guéder « saturer (une étoffe) avec la guède » au sens de « repaître, rassasier », puis les significations érotiques de guède à Blain et à Chatbr. et des dérivés guedole, guédelle à Paris et ailleurs (de même, une interférence sémantique des descendants du gaulois *wadana- « eau », comme guéner « mouiller, imbiber d'eau », « se salir », etc., dans les patois du Nord-Ouest et du Centre, ou fr. guenille, guenon, etc. — v. FEW 14, 111 et suiv. — est tout à fait vraisemblable). A cette liste de termes désignant la « femme de mauvaise vie » s'ajoute encore la dénomination Aceline la guedonne qui figure dans le Livre de la taille de Paris, L'an 1297 (publié par K. Michaëlsson, 1962, 72) et où guedonne, identique au mot québécois, est un surnom signifiant très probablement « femme de mauvaise vie » (cp. Dame Estienne la crotee 178, Emeline la crasse 333, Isabel la boiteuse 300, Oudart la sourde 305, ou encore Elyot le ribaut 263, etc., dans Le livre de la taille de Paris, L'an 1296, éd. Michaëlsson, 1958 ; certes, ladite Aceline de l'an 1297 pouvait être une « teinturière en guède », mais ce sens de guedonne n'est nulle part attesté en a.fr., v. Gdf, TL, FEW).

Ainsi, le mot québécois GUIDOUNE, avec son sens de « prostituée, putain », est assurément d'origine galloromane, bien qu'il soit attesté seulement à une époque assez récente (la première fois, semble-t-il, dans une chanson répandue vers 1927, v. ENQ.). C'est le mot le plus courant pour désigner la prostituée au Québec.

La prononciation -un du suffixe -oune, non seulement dans guidoune, mais aussi dans d'autres mots québécois comme bidoune, bisoune, minoune, pitoune, etc. (qui appartiennent eux aussi au vocabulaire érotique), peut s'expliquer comme un héritage des prononciations dialectales et de la prononciation populaire de l'Ile-de-France au XVIIe s. (Rosset, Les orig. de la pron. mod. étudiées au XVIIe s., 173-174 ; v. aussi JunPron 17 n. 9), mais o devant consonne nasale + voyelle n'est pas devenu u dans tous les mots québécois du fonds français (ni même dans tous ceux qui se terminent en -onne ; l'ensemble du problème est à étudier), et il est possible que, dans le cas de -oune des mots populaires, voire vulgaires, il y ait eu influence de l'anglais -oon (balloon « ballon », saloon « buvette », spittoon « crachoir » — québ. baloune, saloune, spitoune, etc.).

---

(1) Développement d'une note étymologique que nous avons publiée sur ce mot dans TraLiLi XII, 1, 1974, pp. 187-188.

Les prononciations étymologiques *gédun* ou *gèdun,* avec *é* ou *è,* semblent moins répandues que *guidoune,* v. JunGuid 187 ; toutefois, v. ci-dessous LavSagE, sous ENQ.

Les autres acceptions, moins courantes, sont des emplois imagés du mot de base et sont toutes, semble-t-il, des créations autochtones : le pl. *guidounes* au sens de « seins » (sens 2°) peut en être un emploi soit métonymique, soit métaphorique, tandis que les sens métaphoriques de « vieilles chaussures » (sens 3°), de « bottes de travail » (4°) et de « vieille embarcation (5°) procèdent de la comparaison entre une femme et un objet usés ; ceux de « grosse machine à transporter les billes de bois » (sens 6°) et de « grande tronçonneuse » (sens 7°), dont la motivation est tout aussi claire, reposent sur l'image d'une femme plantureuse. Comme beaucoup d'autres termes obscènes, *guidoune* s'emploie aussi comme juron (8°). Le sens de « pénis » (9°) est certainement le résultat d'une rencontre de *guidoune* et de *bidoune* « pénis » (v. ci-dessous).

En Acadie le mot vit avec sa première signification et avec le sens de « vieille embarcation » qui semble propre à cette région (nous ne l'avons pas rencontré au Québec). Dans le franco-américain de Lowell (Mass.) [*guedoune,* 1959 Dg] et de Lewiston (Maine), il a le sens de « pénis » : *Cet habit de bain-là est trop petit pour toi, ça te cache pas même la guidoune.* Dans le français de Lewiston, nous avons relevé aussi celui d'« ami, vieux camarade » dont nous n'avons aucune trace jusqu'à présent au Québec : *Voyons, guidoune, qu'est-ce que t'attends pour agir ?* ou encore : *Espèce de vieille guidoune, dépêche-toi donc !*

Les dérivés GUEDAILLE « jeune fille légère » (sens 1°), qui peut avoir aussi le sens fort de « prostituée » (sens 2°), et GUEDACHE « prostituée » viennent de la substitution de suffixes, *-aille* et *-ache* étant sentis comme des suffixes à valeur péjorative (en France, on a préféré d'autres suffixes, *-ole* et *-elle,* à côté de *-onne,* v. ci-dessus).

Sur la formation de GUEDON « prostituée », qui n'a pas été relevé non plus en France (v. FEW), a pu influer le subst. *guenon.* Toutefois, *guedon* dans l'expression *baiser en guedon* « attraper qn, posséder qn dans une affaire » (Viger 1810) est une erreur de lecture de l'éditeur (BPFC VIII, 1909-1910, 260 a) ; il faut plutôt lire *baiser en guedou,* et cette expression est à rattacher selon toute vraisemblance à la famille du fr. *gadoue* (v. FEW 23, 83).

Autres dénominations de la prostituée : *bidoune, cateau, courailleuse, délurée, forlaque, forlingue, maqueraude, picasse, sargaillonne, seineuse, strolle,* etc.

Pron. *gidun, gédun, gèdun.* — Graphies *guidoune, guidounne, guédoune, guedoune.*

1° Putain, fille de mauvaise vie ou de mœurs douteuses ; *par ext.* femme (t. d'insulte).

LITT. — *On est pas mal tout seuls au coin de la rue, étant donné qu'à Noël, même les guidounes* [déf. en note : « racoleuse »] *vont dans leurs familles.* **1948** (1968), G. Gélinas, *Tit-Coq,* 19. — **1960,** G. Gélinas, *Bousille et les justes,* 22 et 111 (gl.). — *Belle guidoune, va ! Eh oui ! t'as ben raison : pourquoi se casser la tête quand la vie est si simple ?* Ib.,

142. — **1964** (1968), J. Renaud, *Le cassé*, 91. — *Livier s'éleva contre ceux qui avaient abandonné leurs cartes pour suivre, bouche ouverte, le passage de l'étrangère.* — *Revenez-en. On dirait que vous voyez une apparition.* [...] *C'est seulement une guidoune, une pitoune plus grande que les autres.* **1965** (1969), J.-P. Fugère, *Les terres noires*, 62 [employé dans le style direct ; aussi *pitoune* (généralement dans le style direct) 32, 45, 60, 64, 87, mais *putain* 192 dans le récit ; *pitoune*, mot peut-être à rattacher au radical *pitt-*, v. FEW 8, 613 a, désigne habituellement en québécois le « bois à pulpe, coupé en billes de quatre pieds et de faible diamètre », et n'a pas généralement le sens de « prostituée » ; cependant il sert souvent à désigner une « grosse femme (péj.) » ; aussi le « sexe d'un jeune garçon »]. — « *Tu sais ben qui t'mariera pas jama. Ces gars-là* [...] *ç'a pas besoin d'une p'tite guidoune comme toi...* » — « *Hey là ! Appelle-moi pas ça...* » — « *Pourquoi pas. Tu l'es, une p'tite guidoune. Comme j'étais une p'tite guidoune. Mais plus smart, i'm'semble. Tu veux des belles choses. Ça prend d'l'argent et t'as pas d'patience, t'es paresseuse d'la gagner.* » **1966** Cl. Mailly, *Le cortège* 115-116 (aussi *putain* 116) ; autres ex. 81 (abrév. *gui...*), 125. — *Guidounne d'amour* [...] **1968**, A. Loiselet, *Le mal des anges*, 22 (mais *putain* 59). — *Reste donc dans ton monde pis laisse-nous donc tranquilles ! Maudite guidoune !* **1968** (1972), M. Tremblay, *Les belles sœurs*, 100. — **1969**, J. Vaillancourt, *Les Canadiens errants*, 73. — **1969**, J. Ferron, *Le ciel de Québec*, 105 [Dg]. — **1969**, V.-L. Beaulieu, *La nuitte de Malcomm Hudd*, 168, 169, 174 (mais *prostituée* 186). — **1970**, J. Ferron, *Cotnoir*, 38. — *Guédounes* **1973**, J.-M. Poupart, *Chère Touffe, c'est plein plein de fautes dans ta lettre d'amour*, 106. — **1974**, R. Plante, *La débarque*, 84 ; 85. — **1974**, A. Loiselet, *Le diable aux vaches*, 26. — **1974**, A. Major, *L'épouvantail*, 175. — **1974**, J. Barbeau, *Citrouille*, 46. — **1975**, A. Major, *L'épidémie*, 177. — **1975**, A. Major, *Une soirée en octobre*, 78.

Acad. : *Y a une guerre dans l'air. A l'approche des batailles, les premières à sentir l'armée en marche, c'est les guidounes. La Cruche a l'air de flairer quelque chose.* **1966** (1973), Ant. Maillet, *Les crasseux*, 17. — *Toutes les Catoune, pis les Pitoune, pis les Bessoune* [= sobriquets de prostituées] *du pays sont pas plusse excitées de ouère* [= voir] *passer une goélette qu c'tes guidounes de goélands...* **1973**, Ant. Maillet, *Gapi et Sullivan*, 29 (v. aussi ci-dessous sens 5°). — *Guédoune*, **1974**, R. Brun, *La Maricomo*, 76, 92, 124 (gl.).

JOURN. — [...] *si ce film est prétentieux et « plate » à mort, Anicée Alvina, Olga Georges-Picot et Mariane Egerickx sont, elles, loin d'être plates. Elles ont en outre un charme qu'on rarement les grosses g...* [abrév. fréquente] *des films de fesse.* **1974**, *Le Soleil*, 3 août, p. 48, col. 7.

ENQ., LITT. OR. — *La guédoune, tiens-toi bien. Sur la queue d'un maringouin, Pour aller en Amérique, Jouer de la musique.* vers **1927**, Québec [chanté par les élèves du Petit Séminaire de Québec ; rensei-

gnement fourni par L. Lacourcière]. — **1974**, Québec. — *gèdùn surtout,
gidùn plus rarement* **1975**, LavSagE. — [Général dans tout le Québec].

BIBL. — Barb² 208 ; Bél² ; LapMam 42 [aussi *guedoune*, graphié
gedoune par erreur ; donne plus d'une quinzaine de mots — en incluant
les mots français — qui servent à désigner une prostituée en québécois,
mais *guidoune* apparaît comme le plus fréquent] ; JunGuid 187-188 ;
Mass 1773 (*gédòn, gédun*).

→ *guedaille* sens 2°, *guedon, guedache.*

2° Pl. Seins.

ÉT. — **1970**, Barb² 208 ; aussi dans l'éd. de **1963**.

3° Pl. Vieilles chaussures, sandales.

ENQ. — *N'oublie pas de mettre tes guédounes quand tu prends ta
douche au pavillon Parent. C'est là qu'on attrape les verrues plantaires.*
1973 Louiseville. — *Guidounes, s.f. pl., « vieilles chaussures »* **1974**,
Saint-Léonard (Portneuf).

4° Bottes de travail.

ENQ. — **1974**, Sherbrooke [relevé auprès d'un témoin masculin de
18 ans, qui habite maintenant Charlesbourg]. — **1974**, Amos [fréquent
dans cette région].

5° *Acad.* Vieille embarcation.

LITT. (acad.) — *Ça fera ben vite trois jours que je vargerai sus
c'te carcasse... Si je veux pas y user le fond tout net, à ma guidoune...
faut la larguer à l'eau. Ça fait pas de bien à une dôré [= doris] de la
garder au sec une trop longue escouse [sic].* **1973**, Ant. Maillet, *Gapi et
Sullivan,* 60.

6° Machinerie lourde servant à transporter les billes de bois.

ENQ. — *As-tu vu la grosse guidoune qu'il y a là ?* **1973**, La Malbaie.

7° Grande tronçonneuse (dans les chantiers forestiers).

ENQ. — **1974**, Amos.

8° Juron.

ÉT. — *Saintes guidounes !* **1974**, LapMam 25 (écrit *gidounes* par
erreur). — *Guedoune !* Ib., 28 (écrit également *gedoune* par erreur).

9° Pénis (d'un bambin).

ENQ. — *Cache ta guedoune !* [à l'adresse d'un bambin] **1960**, Saint-
Narcisse (Champlain) [Dg].

● GUEDON subst. f.

Putain, fille de mauvaise vie ou de mœurs douteuses.

ÉT. — *Dans Charlevoix, on dit aussi une guedon.* **1974**, LapMam 42.

→ *guidoune* sens 1º, *guedaille* sens 1º, *guedache.*

● GUEDAILLE subst. f.

Pron. *gèdày, gèdáy, gèdåy.* — Graphies *guedaille, guédaye.*

1º Fille légère (plutôt jeune) sans être dépravée.

ÉT. — *Il est entré plusieurs petites guedailles au couvent cette année.* **1974**, JunGuid 187-188 (Saint-Raphaël, Bellechasse).

ENQ. — **1974**, rég. de Trois-Rivières. — *Des petites guedailles* **1975**, Tingwick. — *Elle est prête à marcher cette fille, elle a l'air guedaille.* **1975**, Sherbrooke. — *Mon Dieu, si je mets cela, il me semble que j'aurai l'air guedaille.* **1975**, Plessisville. [Le sens 2º n'est pas exclu ici].

2º Putain, fille de mauvaise vie ou de mœurs douteuses.

LITT. — *Toé aussi t'es jalouse parce que j'ai un club qui marche !* [...] *Ta boîte à guédayes, j'peux t'la faire fermer pis vite à part de ça* [...] **1972**, M. Tremblay, *Demain matin Montréal m'attend,* 80. — *Y l'ont obligé à s'maquiller ... y l'ont obligé à s'habiller comme une vraie guédaille ...* **1972**, J.-Cl. Germain, *Le roi des mises à bas prix,* 72.

ÉT. — **1974** JunGuid 187-188 (rég. de Québec).

→ *Guidoune* sens 1º, *guedon, guedache.*

● GUEDACHE

Pron. *gèdàє.*

Putain, fille de mœurs légères ou douteuses.

ÉT. — **1974**, JunGuid 187-188 (rég. de Québec).

→ *guidoune* sens 1º, *guedon, guedaille* sens 2º.

HAIM subst. m.

HIST. — Mot issu du lat. *hamus* « gond » et venu de France, où il était
habituel du XIIe s. à Trévoux 1771 sous la forme AIN, et de Rabelais à Bescherelle 1858, sous celle de HAIM (sous l'influence de la graphie latine), sporadiquement HAIN ; dans le DG, il figure encore avec la mention « vieilli et dialect. »,
et il vit toujours dans beaucoup de patois, notamment dans le Nord-Ouest,
l'Ouest et le Centre (v. FEW 4, 380 ; BW^5 s.v. *hameçon* ; ALF c. 682). Le fr.
hameçon, qui l'a supplanté dans la langue générale (attesté depuis le XIIe s.),
en est un dérivé fait sur le modèle de mots tels que *poinçon, écusson* (BW^5).

Au Québec, *haim* serait le mot ordinaire de la vallée du Saint-Laurent
(1re attestation : *ain* 1636), sauf dans la région montréalaise où *hameçon* serait
prédominant (déjà dans les documents anciens, semble-t-il, v. ci-dessous) ; dans
la péninsule gaspésienne, dans certaines régions de la Côte-Nord et dans les
parlers acadiens, on emploierait surtout le terme *croc* (d'après la carte sommaire de DgGéogr dans Xe *Congr. de ling. et philol. romanes*, t. III, carte 15 en
fin de vol.). Toutefois, *haim* est bien connu en acadien (d'après Mass 566, il
serait même beaucoup plus répandu que *croc* ; v. aussi PoirAc 202 ; PoirGl s.v.
ain), de même qu'à Brunswick dans le Maine (v. LockeBrunsw 187) et en
louisianais (DitchyLouis). — *Haim* vit également, jusqu'à présent, dans les
parlers français de la Réunion, de la Martinique et d'Haïti (v. Chaudenson
Réunion II, 890).

Pron. $\tilde{e}$, $\tilde{a}$, $n\tilde{e}$ [agglutination d'un *n-* de liaison provenant de l'article *un*]. — Graphies *haim, hain, ain, ein, hin, hein, in, han, an, naim,
nain*.

Hameçon.

DOC. — *Ligne à l'ain* **1636**, Sagard, *Histoire du Canada*, 137. —
Une centaine d'hains **1637**, JR, 12, 120. — *Un cent d'hains* **1639**, Québec,
ANQ, gr. M. Piraube, doc. 21 oct. — *3 douz[aines] d'ains a mollue* **1653**,
ib., doc. 25 sept. — *Ains* **1659**, ib., doc. 16 mai. — *Ains de barbus vers*
1675, Québec, ASQ, C-2, 11. — **1691**, Québec, ASQ, C-4, 251. — *100 ains
a truitte* Ib., 128. — *Cinquante ains a barbuë* **1693**, ib., 230 (fréquent
dans ce doc.). — *Ains a barbues* **1693**, Montréal, ANQM, gr. B. Basset,
doc. 1er déc., FS. — *Trois milliers d'ains a barbuë* **1695**, Québec, ANQ,
gr. L. Chambalon, doc. 10 mai, 38. — *Cinquante milliers d'ains a barbuë
rouillés* Ib., 52. — *Unze ains a moluë* **1697**, ib., doc. 29 mars, p. 16. —
Cinquante ains a barbuë Ib. ; aussi 17. — *Cinq cens ains a truitte* Ib. —
Cinq centz ains a barbue **1697**, Montréal, ANQM, gr. A. Adhémar, doc.
4 juill. — *Un cent d'ans* [sic] *a truitte* **1699**, Québec, ASQ, C-4, 687. —
Un milier d'ains a barbuë et a truittes **1702**, Québec, ANQ, gr. Fl. De
La Cetière, doc. 3 oct., 36. — *Une demie-barique d'ins a barbuë* Ib., 41.
— *Un millier d'ains a barbue* **1706**, Montréal, ANQM, gr. P. Raimbault,
doc. 1er déc. — *Onze cent cinquante petits ains a eplan* [= éperlan]
1717, Québec, ANQ, gr. P. Rivet, doc. 8 juin. — *Sept cent ains a truitte*
Ib. — *Des hains* **1718**, Québec, ASQ, C-5, 572. — *500 haims a barbue*
1748, JR, 70, 42. — *Un pacquet d'aines* [sic] *a macreau et a truittes* **1751**,

Québec, ANQ, AP - P 465 - C, 132. — *Cinquante hins a barbu* **1756**, Québec, ANQ, PJN, n° 1842, doc. 19 avril. — *Un paquet d'ins* **1790**, Lévis, ANQ, gr. L. Miray, doc. 8 juill. — *Un paquets d'ins a eturgeon* **1791**, ib., doc. 17 juin. — *Un paquet d'ains* **1798**, Sainte-Anne-de-la-Pocatière, ANQ, gr. A. Dionne, doc. 22-23 fév. — *1 paquet d'ains* Ib., doc. 26-27 fév. —*Des ains* **1801**, Québec, AMHGQ, Comptes 1799-1808, doc. 22 août. [L'absence du mot dans les documents d'archives au XIXe s. paraît fortuite.]

LITT. — *La ligne, semblable à celles dont on se sert pour la pêche à la morue, porte une cale de plomb, dont le poids varie selon la force des courants au milieu desquels on pêche ; de l'extrémité de cette cale partent deux avançons, armés chacun d'un gros haim ou croc.* **1863** (1946), J.-Ch. Taché, *Forestiers et voyageurs*, 44. — [...] *mon Arthur avait pris sa perche de ligne et était descendu dans la cave se quérir un petit morceau de lard pour appâter ses heins.* **1942**, D. Potvin, *Un ancien contait*, 63 ; autres ex. 26, 65. — *Le Chinois, j'ai envie de le gauler. Un autre con qui travaille pour se faire payer. Pensais l'avoir pris avec mon hain comme une truite.* **1973**, J.-J. Richard, *Centre-ville*, 84.

ÉT. — *La moitié de la population de Québec ignore ce que c'est qu'un hameçon et ne connaît que le [sic] hain.* **1880**, Du. — [...] *une courte ligne, munie d'un haim* [...] **1960**, DawsIO, 149. — *Hain* **1973**, LaflCour 294.

ENQ., LITT. OR. — [...] *l'enfant* [...] *prend sa ligne et ses ains, et s'en va pêcher dans la rivière.* **1915** (1916), Sainte-Anne (Kamouraska), Ch.-M. Barbeau, *Contes populaires canadiens*, dans JAF 29, 58. — *ain* **1916** (1919), Tadoussac, Ch.-M. Barbeau, *Contes populaires canadiens (troisième série)*, dans JAF 32, 139. — *On avait pas toujours des ans pour pêcher* [...] **1946**, Saint-Gédéon (Lac-Saint-Jean), V. Tremblay, *Les dires des vieillards*, dans AF 1, 125. — [...] *armé d'une branche solide de deux pieds, d'un petit hin et d'un ver, je m'amuse à crocheter de grosses carpes qui flairent dans le fond.* vers **1954**, rég. de Chicoutimi, JAD [abrév. du nom de l'auteur], *Mémoires d'un pêcheur*, 27 ; autres ex. 19, 26, 28, etc. — **1974**, Saint-Augustin. — **1974**, Château-Richer. — *On n'était pas riches. Pour pêcher, on se contentait des hains en arganeau.* **1974**, Charlesbourg. — **1975**, Saint-Ferréol. — *ã* **1975**, LavSagE.

Acad. : *Si ça continue, je finirons par manger nous-autres-même l'abouette* [= appât] *de nos ains ; par rapport que les poissons en voulont pus.* **1975**, Ant. Maillet, *Emmanuel à Joseph à Dâvit*, 13.

[Attestations du fr. *hameçon* : *Deux centz ameçons a barbue* **1697**, Montréal, ANQM, gr. A. Adhémar, doc. 24-25 mai, p. 17. — *250 ameçons a barbüe* **1748**, Montréal, ANQM, XI, 1, vol. VIII, doc. 18 juin. — *Six cents hommeçons* [sic] *à un chelin et demi le cent, neuf chelin* **1819**,

Montréal, ANQM, gr. Th. Bédouin, doc. 22 janv. — *Un papier d'hamme-çons* 1826, ib., doc. 13 déc. — Dans la littérature : 1877 (1975), Faucher de Saint-Maurice, *De tribord à bâbord*, 65. — 1948 (1968), R. Lemelin, *Les Plouffe*, 62. — 1951 (1961), H. Bernard, *Les jours sont longs*, 34 ; 35. — 1954, JAD, *Mémoires d'un pêcheur*, 22, 27, etc. (mais *hin* 19, 26, 27, 28, etc., v. ci-dessus). — 1969, M. Gagnon-Mahony, *Les morts-vivants*, 33. — 1970, J. Renaud, *En d'autres paysages*, 18. — 1970, P. Châtillon, *Le journal d'automne de Placide Mortel*, 81. — 1973, V.-L. Beaulieu, *Oh Miami Miami Miami* 220].

BIBL. — Potier BPFC IV (1905-06), 30 b ; Du ; Cl (*ain, haim* et *han* [pron. « particulière au bas de Québec »]) ; Rinfr ; Di (*ain*, défini par « haim, hameçon » [*haim* est jugé « français » dans plusieurs ouvrages lexicographiques au Québec] ; aussi *naim*) ; BPFC XI (1912-13), 368 ; Gl [aussi *an* et *nain*] ; DgAtl 179 ; DgGéogr cartes 8 et 15 ; FEW 4, 380 a ; DawsIO 177 b ; DgRech 159 ; Bél² (*haim, hain*) ; LavSag 62 n° 56 (*ã*) ; LaflCour 294 (*hain*) ; PoirAc 202 ; PoirGl (*haim, ain, aim, ein*) ; Mass 566 (donne quelques attestations anciennes) ; DitchyLouis ; Locke-Brunsw 187.

● HAIM DE FUSIL

Sorte de petit harpon lancé par un fusil (?).

DOC. — *Cent cinquante ains de fuzil* **1695**, Québec, ANQ, gr. L. Chambalon, doc. 10 mai, 155.

HOGNER, HOUIGNER, HOUINER, HIGNER, v. intr.

HIST. — Les quatre verbes réunis dans cet article, et qui sont souvent confondus par les lexicographes, résultent de rencontres de plusieurs (au moins cinq) familles de mots galloromans ; les croisements qui s'en suivirent se sont produits encore en France, antérieurement aux premiers établissements français en Amérique. Il est clair que HOGNER « gronder, grommeler », attesté au Québec dans une chanson populaire d'origine française (1917, Saint-Jérôme), qui remonte, semble-t-il, au moyen âge (*Le moine tremblant et la dame*, v. LacChFolkl 401-434), et une autre fois dans un texte littéraire du XIXe siècle (où de toute évidence il ne s'agit pas d'un emprunt au parler populaire), est d'origine galloromane : issu d'un croisement du fr. *honnir* (< francique **haunjan* « railler, insulter » ; déjà dans Roland) avec *grogner* (du lat. *grunnire* qui a donné d'abord *gronir*, puis *grogner* sous l'influence du fr. *groin*, v. BW[5] ; à noter le parallélisme avec *honir, hogner*), ce verbe faisait partie du vocabulaire du français commun du XIVe s. à Crespin 1637, puis a été repris par les dictionnaires, généralement avec la mention « populaire », de Trévoux 1752 à Académie 1878, et continue à vivre, avec le même sens ou des sens très voisins, dans tous les patois d'oïl (FEW 16, 183 b-184 a).

HOUIGNER, comme synonyme de *hogner*, est attesté en québécois uniquement dans la chanson populaire mentionnée ci-dessus, mais dans d'autres versions (relevées à partir de 1920 ; de même dans une version franco-ontarienne) ; l'une d'elle a été popularisée, sous le titre *Le Rapide-Blanc*, par un disque commercialisé en 1954. Le verbe y figure sous la forme camouflée : *Ah ! ouigne in hin in* (ou *Ouigne hein hein*, etc., v. ci-dessous LITT. OR.), sans doute pour *en ouignant-ant-ant*, c'est-à-dire « en grommelant ».

Dans une discussion assez vive autour de l'origine de ce mot (en 1960), L. Lacourcière s'approcha certainement le plus de la vérité en y voyant le verbe *hogner* (v. LacChFolkl ; les autres explications avancées relèvent de la pure fantaisie, v. ci-dessous les citations réunies sous ÉT.). En fait, *houigner*, qui est répandu sous diverses formes phonétiques dans tout le domaine d'oïl, à l'exception de la région poitevino-charentaise, ainsi qu'en francoprovençal, est rattaché par Wartburg au radical onomatopéique *win-* (v. FEW 14, 649), mais il est plus probable, à notre avis, que ce verbe est né de la rencontre des représentants de *win-* avec *hogner* ; les nombreuses formes avec *h-* initial, non étymologique, rangées par Wartburg sous *win-*, et, de l'autre côté, les formes patoises *hoigner, houigner,* qui figurent sous **haunjan* (on ne peut pas interpréter le *i* de ces formes modernes comme un *i* rappelant l'ancien graphème *ign, ingn* = ɲ), montrent en effet que les deux familles ont eu des contacts étroits.

Le sens 2° « pleurnicher, crier sans raison (en parlant des enfants) », relevé sous forme de *woingner* (ou *woigner*), uniquement par Dunn et par DitchyLouis, est également vivant en France dans les mêmes patois où *(h)ouigner* a le sens de « gronder, grommeler » (v. FEW). Le sens 3° « hennir (en parlant d'un cheval en colère) », connu dans certaines régions du Québec à l'heure actuelle et dû certainement à une influence sémantique du fr. *hennir* sur *(h)ouigner*, est attesté notamment dans les parlers du Nord-Ouest (FEW *win-* 14, 649 b).

HOUINER, avec le même sens que *(h)ouigner* 3°, c'est-à-dire « hennir (en parlant d'un cheval en colère) », mais avec *-n-*, est signalé en québécois de Dunn à Dionne et a aussi été relevé dans le fr. de la Louisiane (v. DitchyLouis) ; il provient probabl. d'un croisement non seulement sémantique, mais aussi phoné-tique, de *(h)ouigner* et du fr. *hennir* (du lat. *hinnire* ; le *h-* initial de *hennir* n'est peut-être pas d'origine expressive, comme on l'affirme généralement, cf. BW⁵ ou DDM, et pourrait venir de *houigner* ou *hogner*, donc du francique **haun-jan*) ; le résultat de ce double croisement apparaît dans le guernesiais *houinaïr* « hennir » (FEW sous *hinnire* 4, 427 b).

HIGNER « pleurnicher, crier sans raison (en parlant des enfants) », qui semble également d'origine normande (FEW *win-* 14, 649 a), doit être le résultat d'un croisement de *(h)ouigner* avec *chigner* (< francique **kînan* « tordre la bouche », v. FEW 16, 324 a). Consigné, lui aussi, dans Du, Cl et Di et relevé en Louisiane, il est apparemment sorti, aujourd'hui, de l'usage québécois.

Pron. *hòṇé.*

Gronder, grommeler.

LITT. — *Le peuple est ainsi fait qu'il hogne comme un chien.* **1860,** L.-Th. Groulx, *Epître à son Altesse Royale* [. . .], 31 [Dg].

LITT. OR. — *Quand le bonhomme revient du bois, mais il hognait* [. . .] **1917,** Saint-Jérôme, Musée National, coll. E.-Z. Massicotte, enreg. 951.

BIBL. — LacChFolkl 411-415 ; 429 (donne le passage de la chanson citée ci-dessus) ; Bél² (considère à tort le mot comme étant du français actuel).

→ *(h)ouigner* sens 1º.

⬤ (H)OUIGNER v. intr.

Pron. *wiṇe.* — Graphies *ouigner, woingner* [avec déformations], *woigner.*

1º Gronder, grommeler.

LITT. OR. — *Mais puis oui hein, mais voyons donc.* Chanson pop., vers **1920,** Maskinongé, AF, coll. Ad. Lambert, ms. nº 181. — *Il va frapper à la porte Ah ! ouigne in hin in* [pron. *à wiṇ ẽ hẽ ẽ*] ! *La bonne femme y a demandé Ce qu'il voulait-hait, ce qu'il souhaitait-hait,* — *Ah ! je voudrais, madame, j'voudrais bien entrer.* — *Ah ben ! a dit, entrez donc ben hardiment, Mon mari est au Rapide-Blanc.* **1954,** ver-sion de Mauricie (?), Oscar Thiffault et les As de la Gamme, *Le Rapide-Blanc,* Disque Apex français, nº 9-17084. — *Ouigne hein hein !* **1954,** version de Sacré-Cœur-de-Marie (Mégantic), AF, coll. L. Lacourcière, enreg. 1721. — *C'était un p'tit bonhomme, Ah pi ouignons.* **1958,** version de Saint-Pierre-les-Becquets (Nicolet), AF, coll. Frère L. Paquet, enreg. P 52. — *Et pis i' ouignait pis ouignait don'.* **1961,** version de Sainte-Agathe, AF, coll. R. Roy, enreg. 328.

Version franco-ontarienne : *Il fait ouignan ! il fait ouignan !* **1961,** Lac MacFarlane, AF, coll. G. Lemieux, ms. 1561.

ÉT. — Commentaires de journaux de la version de 1954, popularisée par le disque « Le Rapide-Blanc » : *L'étymologie même du terme joual s'apparente à hennissement* [!] *qui sert de refrain à la chanson du* « *Rapide-Blanc* ». (*Vous vous rappelez ?* « *Ah, oui gnan an an* . . . »). **1960**, Le Devoir, 6 sept., p. 4 (lettre de Pierre Tanguay, ingénieur) ; — *L'expression exacte de la ritournelle du Rapide-Blanc, c'est :* « *en voyageant* » [!]. *Bien prononcée, elle redonnera quelque dignité à ce refrain qui s'en trouvera ainsi honnêtement regaillardi.* **1960**, *Le Devoir*, 30 sept., p. 4 (lettre de Mme Fr. Gaudet-Smet) ; — [. . .] *Aouign' ahan* . . . **1960**, *Le Devoir*, 5 oct., p. 4 (titre d'un article signé Roger Dellois, agronome). — *L'exemple qui illustrera cette communication sur les caprices de la tradition orale m'a été suggéré par deux lettres récentes adressées au journal* « *Le Devoir* » *au sujet d'une certaine version de chanson populaire. Il s'agit d'une variante intitulée* « *le Rapide-Blanc* » *qui, depuis janvier 1954, a été diffusée surabondamment à travers tout le Canada au moyen d'un disque commercial* [. . .]. *Un vers en particulier, répété sous forme de refrain intérieur* [. . .], *a provoqué de vives réactions parmi les auditeurs. C'est le second,* « *Ah ! ouigne in hin, in !* » (à wiṇ ē hẽ ẽ), *dont les sons apparaissent assez insolites et le non sens, évident, au premier abord du moins. Repris avec verve, il fut certainement l'un des éléments de succès de la chanson, alors que chez de nombreuses personnes, il est devenu l'objet d'un mépris non déguisé. En tout cas les correspondants du* « *Devoir* » *l'ont condamné sans appel. L'un d'eux en a fait le signe incontestable de la langue dite joual* [. . .] **1960**, LacChFolkl 401-402.

BIBL. — LacChFolkl 401 et suiv. [plusieurs de nos attestations proviennent de cet article, pp. 402, 403, 410, 414 et 429].

→ *hogner*.

2° Pleurnicher, crier sans raison (en parlant des enfants).

ÉT. — *woingner* **1880**, Du. — Aussi *woigner* vers **1901** DitchyLouis.

→ *higner*.

3° Hennir (en parlant d'un cheval en colère).

ÉT. — **1972**, LavSag 109 n° 60. — **1974**, Ile-aux-Grues, MassLexIG, p. 255.

ENQ. — **1975**, LavSagE.

→ *houiner*.

● HOUINER v. intr.

Hennir (en parlant d'un cheval en colère).

ÉT. — **1880**, Du. — *Houiner v. n., Se dit du hennissement du cheval, et surtout du hennissement de colère que fait entendre un cheval vicieux.* **1894**, Cl. — **1909**, Di.

BIBL. — Du ; Cl ; Di ; LacChFolkl 434 (avec renvoi aux glossaires mentionnés) ; FEW 14, 649 b ; DitchyLouis.

→ *houigner* sens 3°.

● HIGNER v. intr.

Pleurnicher, crier sans raison (en parlant des enfants).

ÉT. — **1880**, Du. — **1913**, ClInv.

BIBL. — Du ; Cl ; Di ; ClInv ; LacChFolkl 434 (cite déjà la plupart de nos références) ; FEW 14, 649 b ; DitchyLouis.

→ *houigner* sens 2°.

MOQUE, MOGUE subst. f. (aussi *moc, mog* subst. f., parfois m.) (¹)

HIST. — Ce substantif apparaît fréquemment en québécois au cours du dernier quart du XVIIIᵉ s. (MOQUE à partir de 1776 ; MOGUE chez un seul notaire, 1779 ; MOC f. chez deux notaires seulement, à côté de *moque*, à partir de 1786 ; MOG m., une seule fois, 1802), mais uniquement, si l'on en juge d'après notre documentation, dans les régions de Québec et du Bas du Fleuve, et semble tomber en désuétude dès le début du XIXᵉ s., sauf en Acadie où le mot vit toujours (*mug* ou *mog* f., pron. *mòg*, DgChét ; *móg*, Mass 1279 ; *mogue* f., Chiasson *Chéticamp* ; v. aussi sous LITT. : Ant. Maillet, *Gapi et Sullivan*, et R. Brun, *La Maricomo*, où il est du genre masc.). Il s'agit d'un mot d'origine galloromane, qui se rencontre fréquemment sous la forme de *moque* ou *mogue* (f.), sur une étroite bande le long des côtes françaises depuis la Normandie jusqu'à la Gascogne (aussi à Boulogne dans le Pas-de-Calais), et qui désigne généralement un vase pour boire non métallique ; depuis la fin du XVIIIᵉ s. (dep. 1780 d'après Robert et PRobert ; dep. Boiste 1803 d'après le FEW), *moque* apparaît, comme régionalisme (du Nord-Ouest et de l'Ouest), dans les dictionnaires français, généralement avec le sens de « vase en fer-blanc pour mesurer certaines denrées ». Le FEW classe la majorité des attestations de *moque* et de *mogue* sous le néerlandais *mokke* « cruche, timbale », sans expliquer toutefois le -*g* final de la seconde des deux formes (16, 563 b), tandis que, sous l'étymon breton *môg* « feu » (20, 14), on en trouve d'autres : Nantes *mogue* f. « tasse cylindrique à anse, en grosse poterie vernissée allant au feu », *moque*, Gennes *mók* « bol ». En fait, il faut ranger toutes ces formes sous le néerl. *mokke* et voir, dans la forme *mogue*, une influence du breton *môg* (sans qu'on puisse écarter l'influence de l'angl. *mug* « timbale, pot, etc. », de la même famille que le néerlandais *mokke* et attesté dep. le XVIᵉ s., toujours avec -*g* final, v. OED VI, 745 c, qui le considère cependant comme étant d'origine obscure, et FEW 16, 563 b). Aux attestations fournies par le FEW, on ajoutera les relevés de l'ALO c. 211 « La tasse (pour goûter le vin) » et de Mass 1279.

Au Québec, il est bien possible que le mot ait bénéficié d'une reviviscence passagère à cause de l'angl. *mug*, d'où peut-être aussi les formes secondaires *mog* et *moc* ; en Acadie, région plus fortement anglicisée, le maintien de *mòg* (ou *móg*, toujours avec -*g* final) est à attribuer sûrement à l'influence de l'anglais. Le genre masc. de *mog* ou *moc*, assuré seulement en Acadie (au Québec, *petit mog* doc. 16-17 juill. 1802 peut représenter *petit[e] mog*), et qui est secondaire, est peut-être une conséquence de la modification de *mogue* (*moque*) en *mog* (*moc*).

L'existence de *moque* au Québec dès 1776 prouve que le mot était vivant en France dès avant sa première attestation qui ne remonte qu'à 1780 (v. ci-dessus). Le mot, sous forme de *moque*, vit aussi dans certains parlers franco-américains (DitchyLouis « calice, gobelet, tasse, vase à boire », DorrMiss, s.f., « a tin cup »), et sous forme de *moque*, dans les parlers créoles de l'Océan Indien et des Antilles (v. Chaudenson *Réunion* II, 812-813), ce qui est un indice sûr de son ancienneté ; on peut ainsi affirmer qu'il remonte au moins à la première moitié du XVIIIᵉ siècle.

---

(1) Une première esquisse de cet article a été publiée dans *Revue de linguistique romane*, t. 35, 1971, pp. 390-392.

Pron. [acad.] *mòg, móg* ; *mòk* n'est plus connu. — Graphies *moque, mocque, moc, mogue, mog, mug.*

Nom de divers vases qui servent à boire ou à mesurer.

DOC. — *Quatre pots de fayance, une moque de graye* **1776**, Québec, ANQ, gr. A. Saillant, doc. 5 août. — *Deux mocques prisé* [. . .] **1782**, Sainte-Anne-de-la-Pocatière, ANQ, gr. L. Cazes, doc. 4 fév. — *Une mocque adjugé* [. . .] Ib., doc. 5 fév. — *Une moque bien usé, une cuillere a pot* **1783**, ib., doc. 23 juill. — *Une moque avec un fromagié* Ib., doc. 11 sept. — *Une moque avec un fromagé* Ib., doc. 15 sept. — *Un chandelier, un fanal, avec une vieille moque* **1784**, ib., doc. 13 mars. — *Un fanail, un entonnoir, une moque et deux tasses* Ib., doc. 24 mars. — *Une moque de fer blang* **1785**, Beauport, ANQ, gr. L. Miray, doc. 17 août. — *Une tasse en moque* **1786**, Kamouraska, ANQ, gr. J. Collin, doc. 24 avril. — *Une moc de fer blang* **1786**, Beauport, ANQ, gr. L. Miray, doc. 27 mai. — *Deux caftiere, une moque, un couloir, un fanal et une tasse de fer blang* Ib., doc. 15 juill. — *Une bole et deux salieres de grais et une moc* **1788**, ib., doc. 12 fév. — *Un couloir, un fanal, une moc de chopine, un antonoir et une tasse de fer blang* **1791**, Lévis, ib., doc. 19 août. — *Une cuillé* [= cuillère] *a pot avec une mocque* **1793**, Sainte-Anne-de-la-Pocatière, ANQ, gr. L. Cazes, doc. 8 janv. — *Un pot ou moc d'un demiard* **1795**, Lévis, ANQ, gr. L. Miray, doc. 9 avril. — *Une moc vernie en fer blanc* Ib., doc. 24 juill. — *Moque et arousoir* **1798**, Sainte-Anne-de-la-Pocatière, ANQ, gr. L. Cazes, doc. 26 janv. — *1 moc* **1798**, Sainte-Anne-de-la-Pocatière, ANQ, gr. A. Dionne, doc. 28 fév. — *2 moc* Ib., doc. 28 fév. — *Deux mocques* **1798**, Sainte-Anne-de-la-Pocatière, ANQ, gr. L. Cazes, doc. 5 avril. — *Une moc* [. . .], *une tasse* **1798**, Sainte-Anne-de-la-Pocatière, ANQ, gr. A. Dionne, doc. 17 déc. — *Un lot de mogues adjugés* [. . .] **1799**, Québec, AJQ, gr. M. Berthelot, doc. 5 mars. — *Quatre mogues adjugés* [. . .] Ib. — *Trois moc en fer blanc prisés avec un couloir* **1799**, Lévis, ANQ, gr. L. Miray, doc. 12 août. — *1 moc* **1799**, Sainte-Anne-de-la-Pocatière, ANQ, gr. A. Dionne, doc. 7 oct. — *1 quart a eau* [. . .], *1 moc* **1800**, ib., doc. 22-24 sept. — *1 moque d'etain* **1801**, ib., doc. 21 mars. — *1 moc* [. . .], *2 porte-caraphe* Ib., doc. 22 juin. — *1 boëte bois, deux chandelles et une petite moque* Ib., doc. 4 sept. — *1 moc, 1 boete de bois et drigaille* [= objets de toutes sortes et de peu de valeur, v. ci-dessus, p. 180] Ib., doc. 21 déc. — *2 moc et une caffiere* **1802**, ib., doc. 21 juin. — *1 petite moc et une tasse* Ib. — *1 thépot* [= théyère], *un pot et petit mog* Ib., doc. 16-17 juill. — *1 sciaux* [= seau] *avec une moc* **1803**, ib., doc. 4 juin.

LITT. — Acad. : *T'en rapporteras un siau* [de coques « petites clams »] *à ta femme pour nourrir tes enfants et l'autre, tu charcheras à la vendre pour un mug de biére.* **1973**, Ant. Maillet, *Gapi et Sullivan*, 36. — *Un mog de biére d'épinette.* **1974**, R. Brun, *La Maricomo*, 36 ; autres ex. 16, 22, 37, 39, 78, 126 (gl.).

ÉT. — Acad. : *Mug (s.f.), Verre a boire avec anse, en fer-blanc ou en terre cuite.* **1961**, DgChét. — *Dans un coin, le banc des seaux d'eau, avec la mogue ou tasse commune pendue à un clou.* **1961**, A. Chiasson, *Chéticamp. Histoire et traditions acadiennes,* 46 [Dg]. — *móg* (f.) **1962**, Mass 1279 (relevé uniquement à Saint-Joseph de Westmorland, au sud du N.-B.). — [Dans Bél², il n'y a pas lieu de tenir compte de *moque* « gobelet de fer-blanc servant à mesurer ; sorte de bock en terre cuite vernissée », pris dans le Littré et indiqué comme français ; le mot ne vit plus en québécois.]

BIBL. — JunRev 390-392 (plusieurs attestations anciennes reprises ici) ; DorrMiss ; DitchyLouis.

7 *

PATAQUE, PATRAQUE subst. f.

HIST. — PATAQUE au sens de « mauvaise pendule » ou « mauvaise montre », que les lexicographes québécois rangent à tort parmi les dérivés sémantiques de *patate* « pomme de terre » (voir aussi *(faire) pataque*), est une déformation du fr. *patraque* (vx) « machine usée », « vieille montre détraquée » (v. PRobert). Ce mot, attesté en fr. depuis 1743, est « empr. du prov. *patraco*, qui désignait d'abord une monnaie usée de peu de valeur, empr. lui-même de l'Italie supérieure, où la forme *patraca* est née par déformation de l'esp. *pataca* » (mot d'origine obscure, v. BW⁵ s.v. *patraque* et *patard* ; v. aussi Corominas 3, 685 b-686 a « origen desconocido » ; ne figure pas encore au FEW, les matériaux relatifs au vocabulaire de l'horlogerie n'ayant pas paru). La déformation de *patraque* en *pataque* sans -*r*- (*patacle* chez le Père Potier, qui était Wallon, dès 1744) s'est produite en France dès 1598, lorsque ce mot avait encore le sens de « monnaie italienne » (*Matériaux pour l'histoire du vocabulaire français,* 2ᵉ série, vol. 10, 1976, 195 ; v. aussi Cotgr. 1611), soit sous l'influence de *patard* (nom d'une ancienne monnaie de peu de valeur, comme prov. *patraco*), soit tout simplement — et cela paraît plus vraisemblable — parce que *r* non seulement suivi, mais aussi précédé d'une consonne, notamment occlusive, était mal articulé et instable (v. Thurot II, 274 sqq., et Rosset 299).

La forme PATRAQUE n'est généralement pas connue en québécois, et son emploi au sens de « vieille voiture » (sens 1°) par G. Roy ne correspond pas à l'usage populaire ; c'est l'ancien sens français « machine usée ». Les acceptions « mauvaise pendule » (sens 2°) et « mauvaise montre » (sens 3°) sont aussi d'origine galloromane. Avec celle de « mauvaise pendule », le mot apparaît dès 1744 chez le Père Potier (*patacle*), mais il est rarement employé. En revanche, au sens de « mauvaise montre » ou « montre de peu de valeur », il est courant, et c'est de son emploi métaphorique que vient sans doute le sens de « cœur » (sens 4°) : comme la montre, le cœur fait entendre un « tic-tac » (les anciennes montres qui se portaient du côté du cœur, en reproduisaient d'ailleurs parfois la forme ; v. aussi l'image utilisée par les poètes : « [...] Tout ce qu'on m'a repris des roues de la poitrine Cette montre qui sonne l'heure sans arrêt [...] » P. Reverdy, *Main-d'œuvre,* éd. Mercure de France, 1964, 376 ; « *Tes trésors à toi n'ont pas de prix, tu les tiens maintenant dans ta main vide, près de ton horloge cardiaque qui tient mal le temps et te vole des secondes* P. Filion, *Sainte-bénite de sainte-bénite de mémère,* éd. Leméac, 1975, 97) ; l'expr. du fr. pop. *en avoir gros sur la patate* « en avoir gros sur le cœur », consignée dans les dictionnaires fr. contemporains (PRobert ; DFC ; v. aussi FEW 20, 57 b), et qui s'entend parfois aussi en québécois, paraît se rattacher elle-même plutôt à *pataque* « montre » qu'à *patate* « pomme de terre » comme on la rattache généralement.

Le sens 5° « crécelle », attesté uniquement en Acadie, est peut-être d'origine locale (Massignon ne l'a pas relevé dans les parlers de France) ; sans doute s'agit-il à l'origine d'un emploi métaphorique fondé sur la ressemblance entre le bruit d'une machine ou d'une vieille pendule usée et celui d'une crécelle.

L'expr. MONTRE-PATATE, sous la plume de l'écrivain Cl. Jasmin, ne semble pas connue du parler populaire.

Pour les variantes graphiques de *pataque*, voir l'historique de *patate* « pomme de terre ».

Pron. *pàtàk, pétak, pétàk, pàtàt, pètàt.* — Graphies *pataque, péta-que, petaque, patacle, patate, pètate.*

1° Machine usée ou de peu de valeur (rare).

LITT. — *Elle était aujourd'hui dans ses bons jours. Nick s'en débar-rasserait. C'était une bonne petite auto. Tout y était remis à neuf. Elle pouvait courir indéfiniment. Ainsi, Nick vendrait sa vieille patraque, et il décamperait ensuite* [...] **1950** (1957), G. Roy, *La Petite Poule d'Eau,* 144.

ÉT. — **1896,** Rinfr (aussi *pétaque*). — **1930,** Gl (aussi *petaque*).

2° Mauvaise pendule (rare).

ÉT. — *Je ne voulus pas de cette patacle, i.e. mauvaise horloge.* **1744** (1905-06), Potier BPFC IV, 64 b. — **1917-18,** BPFC XVI, 143. — **1930,** Gl (aussi *petaque*).

3° Mauvaise montre, ou de peu de valeur.

JOURN. — [...] *le cœur me toque comme une pataque dans un sabot.* **1879,** Le vrai Canard, p. 1, col. 4.

LITT. — [...] *remonter au coton* [= au bout] *sa vieille pétaque* [...] **1973,** J.-M. Poupart, *Chère Touffe c'est plein plein de fautes dans ta lettre d'amour,* 169. — *Qu'est-ce qu'elle vaut, ta patate?* [...] *J'ai gagné ça à l'Exposition Provinciale. Ça fait trois ans. Elle a jamais perdu une minute depuis ce temps-là.* **1975,** Jean Barbeau, *Une brosse,* 93.

ÉT. — *Cette montre n'est qu'une patraque, et non qu'une pétaque.* **1896,** Rinfr. — *pétak* **1972,** LavSag 3 n° 52.

ENQ., LITT. OR. — *Tique taque, Ma pétaque* **1934** (1948), Sainte-Anne-des-Monts, L. Lacourcière, *Comptines canadiennes,* dans AF 3, 137. — *Tic tac à ma pétaque* **1940** (1948), non loc., ib. — *Tique tac, ma pétaque* **1945** (1948), Beauceville, ib. — *Tique tac, ma patate* **1945** (1948), East-Angus, ib. — *Maudite pètate !* **1974,** Saint-Augustin. — *Il a jeté sa vieille patate.* **1974,** Beauce. — **1974,** Baie-Saint-Paul. — **1975,** LavSagE. — [Il s'agit d'un emploi qui paraît répandu à travers tout le Québec.]

BIBL. — Rinfr (aussi *pétaque*) ; Di (aussi *patacle*) ; BPFC XVI (1917-18), 143 ; Gl (aussi *petaque*) ; BlanchDict[7] ; Tur 89 a ; Bél[2] (aussi *pétaque*) ; LavSag 3 n° 52 (*pétak*).

4° Cœur.

LITT. — *Pas tellement bon pour ta tension artésienne* [= artérielle] *de te mettre dans des états semblables.* — *Faudrait franchement que je trouble pour penser à ménager ma pétaque* [...] **1974,** J.-M. Poupart, *C'est pas donné à tout le monde d'avoir une belle mort,* 35.

ENQ. — *La pétate* **1974,** Saint-Augustin. — *Un choc comme ça, ça fait pas de bien à la patate* **1975,** id. — [Semble connu partout au Québec.]

5° *Acad.* Crécelle.

ÉT. — *petràk, pétràk* (s.m.) **1962,** Mass 1814.

● MONTRE-PATATE subst. f.

Mauvaise montre, ou de peu de valeur.

LITT. — *La Solange aux lunettes fumées serre, sur sa poitrine plate, une pile de paperasses, a* [= elle] *porte une espèce de montre-patate accrochée au cou.* **1965,** Cl. Jasmin, *Pleure pas, Germaine,* 99 ; autre ex. 100 [il s'agit sans doute d'une création de l'auteur, v. hist.].

PATAQUE (FAIRE ∼)

HIST. — **FAIRE PATAQUE** n'est pas de la même famille que *patate* « pomme de terre » comme le croient généralement les lexicographes québécois, mais se rattache probablement à la base onomatopéique *patt-* qui a de très nombreux représentants dans les parlers galloromans ; certains d'entre eux, comme m. fr. *patac* « coup », gascon « id. » (FEW 8, 34 a), m. fr. *patac* m. « bruit désordonné », fr. m. *patatras* « onomatopée de la chute » (dep. 1651), pic. *faire patatrâ* « faire une chute », etc. (FEW 8, 45 b), rappellent l'expression québécoise qui, tout en étant peut-être de formation locale (elle n'est attestée, pour le moment, qu'à partir de la fin du XIXᵉ s.), semble dériver du sens m. fr. « bruit désordonné ». La confusion avec *patate* « pomme de terre » s'explique assez aisément par l'étymologie populaire (une chute malencontreuse, avec le bruit qu'elle peut produire, puis un coup manqué, voire un échec au sens moral, peuvent évoquer, dans l'imagination, la chute des pommes de terre qu'on déverse en désordre d'un sac sur le sol, et le bruit qui l'accompagne), et c'est celle-ci qui est, s'ajoutant à la ressemblance phonique des deux mots, à l'origine des formes *patate, petate* et *petaque* (v. aussi, sous *patate* « pomme de terre », les expressions *être* et *fourrer dans les patates* (ou *pataques*) où, sans doute, il y a eu également collision des deux mots).

Autres dénominations : *baiser la vieille, baiser sa grand-mère, se casser la gueule, casser sa pipe, chier, se cogner le nez, le diable chie sur qn !, s'effoirer, être fourré (net), se faire beurrer, faire de la merde, faire poche, foirer, frapper un nœud, se lécher, se lécher la palette, se lécher la patte, passer dans le beurre, prendre une bine, prendre une capuche, prendre une carpiche, prendre une chire, prendre une culbute, prendre une débarque* ...

Pron. *fér* [ou *fèr*] *pàtàk*, ∼ *pétàk*, ∼ *pétàk*, ∼ *pàtàt*, ∼ *pétàt*. — Graphies *faire pataque*, ∼ *pétaque*, ∼ *patate*, ∼ *pétate*.

Echouer, manquer son coup.

JOURN. — *Pour ne pas faire pataque il faut le coup d'œil sûr* (réclame pour des lunettes). **1881**, *Le vrai Canard*, 8 janv., p. 4, col. 2.

LITT. — [...] *et quand Ti-Jos. voyait des pêcheurs revenir les mains vides, il ne manquait pas de leur dire : « Vous avez fait pataque ? »* [l'auteur ajoute en note : « '*faire patate*', ou par corruption, '*faire pétaque*', expression populaire qui signifie : échouer, faillir, manquer son coup. »] **1930**, E. Grignon, *En guettant les ours*, 181-182.

ÉT. — **1917-18**, BPFC, XVI, 143. — *Si la toupie tombe sur le côté, on dit que le joueur « fait patate » et il est éliminé.* **1948**, DoyBeauce 3, 174. — *Faire pataque (manquer son coup).* **1950**, MUrsLav 160. — *fér pétàk* **1972**, LavSag 203 n° 77.

ENQ., LITT. OR. — *Fait(es) attention d(e) pas fair(e) pétate Avant d(e) partir pour le Klondyke !* vers **1910** (1919), Montréal, E.-Z. Massicotte et Ch.-M. Barbeau, *Chants populaires du Canada (Première série),* dans JAF 32, 88. — **1974**, Québec. — *Faire patate,* **1975**, Saint-Ferréol. — **1975**, LavSagE. — [Semble répandu dans toute la province].

BIBL. — BPFC XVI (1917-18), 143 ; GeoffrIII 83-85 (aussi *faire pétaque*) ; Gl (aussi *faire pétaque*) ; Barb² 56 ; 217 (*faire patate*) ; Bél² (aussi *faire pétaque*) ; LavSag 203 n° 77 (*fér pétàk*).

PATATE subst. f.

HIST. — Emprunté de l'arouak d'Haïti par l'espagnol (*batata* « convolvulus batatas », *patata* anc. « id. », auj. « pomme de terre ») et, de là, par le français, ce mot est connu en France, au sens de « patate douce (convolvulus batatas) », sous forme de *battate* dès 1519, puis *batade* de 1591 à 1619, et à partir de 1599, sous forme de PATATE (aussi *patade* 1599, *potade* Miege 1677 ; v. BW⁵ et FEW 20, 57 b, ainsi que Rolland *Flore* 8, 62, Arveiller 399, etc.). Le concept « pomme de terre » était exprimé alors — et continue à l'être jusqu'à présent — par l'expr. *pomme de terre,* attestée avec ce sens pour la première fois en 1754 (BW⁵, FEW 9, 155 b), mais à partir de 1769 (Valmont de Bomare), on relève aussi le terme PATATE qui « se dit quelquefois » comme synonyme populaire ou familier de *pomme de terre* (FEW 20, 57 b ; v. aussi les Larousse dep. 1874, le DFC, etc. ; le PRobert voit à tort dans cet emploi, qu'il ne date que de 1842, l'influence de l'angl. *potato*) ; *patate* au sens de « pomme de terre » est très largement répandu dans les dialectes de toute la partie occidentale de la France et dans ceux de l'Ile-de-France, du Centre, de la Champagne et de la Brie (FEW 20, 57 b-58 a ; BW⁵ ; Arveiller 398-402 ; ALF 1057 ; ALG 81 ; ALO 255 ; ALIFO 269 ; ALCe 279 ; ALCB 686).

En Nouvelle-France, on rencontre aussi au début, très sporadiquement d'ailleurs, l'expression *pomme de terre,* par ex. dans la correspondance d'Eliza-beth Bégon en 1749 (RAPQ, 1934-35, 212), dès avant la première attestation française (1754, v. ci-dessus), ou dans un document de 1758 (BRH, 1895, 46, v. Mass 790), ainsi que plus tard dans d'autres doc., en 1784, etc., mais cette expression n'a jamais pris racine dans le parler populaire du pays, et lorsque la culture de la pomme de terre s'y est développée après la conquête anglaise (sur cette culture, v. les témoignages cités sous JOURN., et celui de Kalm, relevé par Mass 790), c'est le terme *patate,* du français rural et populaire, qui — n'étant pas chargé ici du sens de « patate douce », légume qu'on ne connaissait pas dans le pays (seulement à l'époque moderne : *patate sucrée*) — est aussitôt devenu le terme courant à tous les niveaux de la langue (1ʳᵉ attestation en 1765, sinon en 1750, v. ci-dessous DOC., et de nombreuses autres par la suite), et l'est resté jusqu'à présent. Ce terme devait même être connu, avec ses variantes dialectales d'origine galloromane *pataque, pétate, pétaque,* dès le Régime fran-çais, puisque ces variantes, très répandues elles aussi jusqu'à aujourd'hui (plus populaires que *patate*) n'ont pas tardé à apparaître dans les documents écrits (1779, 1781, 1785, etc.) ; pas plus que dans l'emploi dialectal et populaire de *patate* au sens de « pomme de terre » en France, il n'y a donc aucune raison de voir dans le terme québécois, comme par ex. Colpron 68, un emprunt à l'anglais.

Les variantes en -*k* (wallon *pataque,* Ouest *pàtàk, patraque, pétraque,* etc., Centre *pàtàkè,* Est *patraque, pértèk,* etc., fr. du XIXᵉ s. *pataque,* 1825 *patraque*) peuvent s'expliquer par la dissimilation de *t - t* en *t - k* (FEW 20, 58 a), et dans l'Ouest en outre, où elles sont particulièrement fréquentes et où l'on trouve un -*k* phonétique dans des mots comme *kyuk* « clou », *muk* « mou », *nuk* « nœud », etc. (Pignon, *Evol. phon.,* 480), par l'incertitude qu'on devait en ressentir dans la répartition des -*k* en finale, mais aussi, sans doute, par le rapprochement qui pouvait s'opérer, dans les parlers paysans, entre *patate* et *patraque* « machine usée, objet détraqué », rapprochement dont semble témoigner également la pré-sence de -*r*- dans ces variantes. Une autre étymologie populaire — rapproche-ment avec les mots de la famille *peter, péter* (v. les nombreuses rencontres homonymiques entre cette famille, sous *peditum* FEW 8, 131 b et suiv., et celle de *batata* FEW 20, 57 b-58 a) — a dû faire naître les variantes avec -*è*- et -*é*- (*petate* et *pétate*, *petaque* et *pétaque*), qui sont surtout du Nord-Ouest et de l'Ouest et qui ont aussi survécu en québécois. La forme en -*ade,* qui apparaît parfois dans les documents québécois du XVIIIᵉ siècle (*patade* 1769, 1800), est l'ancienne forme française du mot, antérieure à 1677 (v. ci-dessus).

Le terme *patate* est suivi de différents compléments pour désigner différentes espèces de pommes de terre (PATATES COMMUNES 1784, PATATES JAUNES 1798, PATATES ROUGES 1798, PATATES DE SEMENCE 1833, etc.), notamment l'espèce précoce pour laquelle on a même plusieurs expressions : PATATES HATIVES (dep. 1836), PATATES D'AVANCE (Dionne), PATATES DE QUARANTE JOURS (Dionne, etc. ; cette dernière expression est localement employée dans SEMER DES ~ au sens fig. « se marier enceinte » LavSag). Etant donné l'importance que la pomme de terre a prise dans l'alimentation, c'est surtout dans le vocabulaire de la cuisine qu'on relève de nombreuses expressions formées avec *patate* et désignant les diverses manières de les préparer : PATATES A LA CACHETTE, ou EN-DESSOUS DU CHAUDRON, ou A LA GRIGNAUDE « pommes de terre en robe de chambre » (*grignaude* est à rattacher au francique **grinan* « faire une grimace », qui a donné : fr. m. *grigner* « goder, se crisper (d'une étoffe) » ; normand, briard, etc. « faire des faux plis » ; m. fr. *grigne* adj. « ridé » Cotgrave 1611 ; bourg. et Est en général *regrigné* « ridé (fruit, figure) » ; etc., v. FEW 16, 69 ; la pelure de la pomme de terre cuite dans la braise ou au four est d'habitude ridée) ; PETITES PATATES, ou PATATES A LA DINDE, ou PATATES ROTIES « pommes de terre sautées » ; PATATES DE MAITRESSE D'ÉCOLE, ou PATATES DE GRELETTE « pommes de terre cuites au four dans la graisse et très peu d'eau » (*grelette* peut-être de *gracilis* : Bret. fr. *grêle* « mal vêtu, d'un air misérable » ; manc., lyonn. « chétif »; norm. *greslettes* « petits gâteaux minces et secs » ; etc., v. FEW 4, 201 b-202 a ; les *patates de grelette* doivent être un plat plutôt frugal) ; PATATES JAUNES ou PATATES BRUNES « pommes de terre cuites dans le jus de viande de porc » ; PATATES A LA FLOUC (la déf. de LavSag est peu claire : « pommes de terre hachées, avec du lard salé fondu, grillé (on laisse bouillir et épaissir avec de la farine) » ; *flouc* de l'angl. *flukle* « chance, hasard, coup de veine » ?, mot connu en québécois, cf. Di, s.v. *flouke,* Gl et DgDict, s.v. *floux*) ; PATATES FRICASSÉES ou EN FRICASSÉE et PATATES A LA GRILLADE « lamelles ou petits carrés de pommes de terre cuites dans le jus des *grillades* (= tranches minces de lard salé et grillé) et un peu d'eau » ; toutes ces expressions, que les lexicographes québécois passent sous silence, ont été relevées dans la région du Saguenay (LavSag), mais leurs aires géographiques sont à établir ; seules les expr. *patates jaunes, patates brunes* et *patates fricassées* semblent connues partout, de même que PATATES PILÉES « purée de pommes de terre », PATATES FRITES (aussi *patates* tout court, v. ci-dessous) et PATATES CHIPS (de l'angl. *potato-chips*), termes qui figurent sur les menus de la plupart des restaurants du pays. On a aussi relevé des dictons : LES PATATES POURRIES PUENT « il y a anguille sous roche » et QUAND LES PATATES PRENNENT AU FOND EN CUISANT, C'EST DE LA VISITE.

Autres acceptions de *patate*. A l'époque moderne, on emploie couramment au Québec ce terme, sans préciser davantage, au sens restreint de « pommes frites », souvent sing. si l'on parle d'un plat ou d'une portion (sens 2°). Par différentes métaphores, le mot désigne aussi la « grosse bille qu'on vise ou qu'on essaie d'atteindre » (terme de jeu) (sens 3°) ; le nombril (PATATE DES

FESSES, sens 4° ; mais pourquoi ce complément ?) ; une personne niaise (cf.
fr. pop. *patate* « niais, rustre » dep. 1893, FEW 20, 58 a) dans l'expr. AVOIR
L'AIR PATATE (sens 5°) ; au pluriel, « une mauvaise situation » (mauvaise
situation financière) ou « erreur de jugement » dans les expr. FOURRER ou
ÊTRE DANS LES PATATES (sens 6°) et ÊTRE DANS LES PATATES (sens 7°),
que l'on peut d'ailleurs rapprocher de l'expr. *faire pataque* (ou *patate*) « manquer
son coup, échouer » (v. sous *pataque* ; cf. fr. pop. et québ. *tomber dans les pommes* « s'évanouir ») ; « une situation très désagréable » dans l'expr. PATATE
CHAUDE (sens 8°). L'image qui a donné naissance à l'expression TENIR UNE
PATATE « être très fort (au sujet du café) » (sens 9°, hapax, LaflCour 303) est
difficile à saisir.

PATATE SUCRÉE « patate douce (convolvulus batatas) », qui est un calque
québécois moderne de l'angl. *sweet potato,* et PATATES EN CHAPELET, nom
populaire de l'« apios d'Amérique », dont on ne connaît pas l'ancienneté, désignent, encore par métaphore, des tubercules comestibles semblables aux pommes de terre.

Les dérivés PATATIER « plat de pommes de terre » et « vendeur de pommes
de terre » et PATATIA « mauvais whisky de pommes de terre », puis « tout ce
qui est mauvais » sont aussi des formations québécoises.

Patate au sens de « pomme de terre », généralement avec ses variantes
pëtàt, pëtàk, etc., a pénétré dans les parlers acadiens (PoirAc 197 ; 214 ; 216 ;
236 ; 237 ; 242 ; 251 ; 252 ; 291 ; Mass 790) et dans des parlers français des
Etats-Unis (LockeBrunsw 190 ; McDermMiss ; DorrMiss). En franco-américain,
également, sous l'influence de l'angl. *Irish potato* « pomme de terre » : *patate*
« *Irish* » (DorrMiss), ainsi que *patate anglaise* (DitchyLouis ; McDermMiss ;
ReadLouis 145 ; DorrMiss) et *patate ronde* (ReadLouis 145 et DorrMiss). En
Louisiane, *patate jaune* désigne une variété de « patate douce » (ReadLouis 145).
Le dérivé *pataterie* « hutte où l'on sert les patates douces, ignames, etc. »,
inconnu au Québec, vit en louisianais (DitchyLouis).

Pron. *pàtàt, pétàt, pètàt, pëtàt, pàtàk, pétàk, pètàk, pëtàk.* — Graphies *patate, pattate, pétate, petate, pataque, pactaque, pétaque, petaque, patade.*

1° Pomme de terre.

DOC. — [...] *on y a de magnifiques orangers ; on y recueille de
l'indigo, du maïs en abondance, du riz, des patates, du coton, du tabac.*
1750 (1959), JR, t. 69, 210 [Dg ; il n'est pas sûr qu'il s'agisse ici de la
pomme de terre]. — *2 min[o]t de patate* **1765**, Québec, ASQ, C-11,
11 déc., p. 80. — *Des navets et patates* Ib., 13 janv., p. 97. — *Patattes et
navets* **1768**, Québec, ASQ, C-35, p. 173 ; ib., p. 172. — *Deux minots de
patade* **1769**, Beauport, ANQ, gr. P. Parent, doc. 11 oct. — *Païé des
patates ... 29 ££, 11 s.* **1769**, Québec, AUQ, Journal 2, nov., 438. — *Des
pattates* **1770**, ib., nov., 442. — **1773**, Sainte-Marie (Beauce), ANQ, gr.
L. Miray, doc. 22 sept. — *Des patates et des navots* **1775**, Québec, AUQ,
Journal 2, nov., 468 (régulier dans ce doc.). — *Le clos au patates* **1779**,
Neuville, ANQ, gr. B. Planté, doc. 3 fév. — *Des pétaque* Ib., doc.
19 juill. (à deux reprises dans ce doc.). — *Un cirquit* [= circuit] *de*

patates Ib., doc. 19 août. — **1780**, Sainte-Anne-de-la-Pocatière, ANQ, gr. L. Cazes, doc. 16 oct. — *Un mino de pactaque* **1781**, Neuville, ANQ, gr. B. Planté, doc. 15 janv. (fréquent dans ce doc.). — *Sept minots de patates a mangé* Ib., doc. 10 déc. — *Païé pour 9 minots de patates communes... 14 ££, 8 s.* **1784**, Québec, AUQ, Journal 3, fév., 282 [régulier dans ce doc. ; *pomme de terre* également fréquent dans le Journal]. — **1785**, Sainte-Croix, ANQ, gr. J. Cadet, doc. 5 fév. — *Des pataque* **1785**, Deschambault, ANQ, gr. J. Perrault, doc. 25 avril. — **1786**, Charlesbourg, ANQ, AN, doc. 5 avril. — **1788**, Neuville, ANQ, gr. F.-X. Larue, doc. 10-11 nov. — **1789**, Québec, AJQ, gr. Ch. Voyer, doc. 28 fév. — *6 poches* [= sacs] *de patates* **1794**, Montréal, ASSSM, Livre de comptes V A, 28 fév. — **1795**, Montréal, ASSSM, Régie I, nov. — **1796**, Montréal, ANQM, gr. J.-M. Mondelet, doc. 8 oct. — *Deux minots de patate et deux minots de navets mélés de choux de Sciam* **1797**, Sainte-Anne-de-la-Pocatière, ANQ, gr. A. Dionne, doc. 13 nov. (fréquent chez ce notaire). — *Païée pour un minot de pattates jaune* [...] **1798**, Québec, AMHGQ, Comptes 1780-97, 7 sept. — *Sept minots de pattates rouge* Ib., 8 nov. [il s'agit sans doute d'une variété de pomme de terre, par opposition à la *patate jaune* (v. l'ex. précédent) qui doit désigner la pomme de terre ordinaire]. — *Champs de patade* **1800**, Sainte-Anne-de-la-Pocatière, ANQ, gr. A. Dionne, doc. 23 juill. — **1801**, Montréal, ASSSM, Régie II, déc. — **1811**, ib., Régie III, oct. — **1814**, Québec, AUQ, Journal 4, fév., 425. — *Un champ de patates contenant la semence de cinq ou six minots* **1818**, Sainte-Geneviève, ANQM, gr. A. Jobin, doc. 28 sept. — **1819**, Montréal, ASSSM, Régie IV. — **1820**, Québec, AUQ, Journal 5, janv., 311. — **1820**, Montréal ANQM, gr. Th. Bedouin, doc. 18 juill. (fréquent chez ce notaire). — **1827**, Rigaud, ANQM, gr. M.-G. Baret, doc. 14 nov. — **1831**, Montréal, ANQM, gr. J. Belle, doc. 16 mars. — **1832**, Vaudreuil, ANQM, gr. H.-F. Charlebois, doc. 2 avril. — *28 minots de patates de semence* **1833**, Québec, ASQ, C-31, 6 juin, p. 322. — **1838**, Québec, AUQ, Journal 7, oct., 58. — *Patatte* **1840**, Rigaud, ANQM, gr. L. Adams (fréquent chez ce notaire). — **1850** (1973), *Lettres des nouvelles missions du Canada* (publ. par L. Cadieux), 631. — **1852**, Kamouraska, Procès 6, p. 3. — *12 minots de petate* **1852**, ANQ, AP-P 1284, doc. 13 déc. — *2 minod petaque* **1852-53**, Sainte-Marie (Beauce), ANQ, AP-G 386, 57. — **1854**, Québec, Procès 7, p. 11. — *Petates* **1854**, Sainte-Flavie (Rimouski), ANQ, AN, doc. 23 mai. — **1869**, Québec, AUQ, Journal 21, mai, 91. — **1876**, ib., Journal 23, sept., 92. — *6 m[ino]ts patates* vers **1920**, Isle-Verte, ATLFQ, Livre de comptes d'un marchand de l'Isle-Verte, 44 b. — *2 paniés et petates* **1929**, ib., 447 a.

JOURN. — [...] *les patates, oignons, navets et autres légumes de cette espèce se vendront par boisseau comblé* [...] **1765**, *Gazette de Québec*, 16 mai, p. 3 [Dg]. — *Les patates n'ont été introduites en Canada qu'après la Conquête en 1760 ; et tous en font maintenant en abondance. La quantité qu'on en sème tous les ans, a été portée en quadruple depuis 1816 ; parce qu'elles ont été presque l'unique ressource de cette année* *de disette. On fait maintenant un usage presque général de la charrue pour la culture des patates ; mais on fait encore les rangs trop près les uns des autres : souvent on ne laisse entre eux qu'un espace d'environ dix-huit pouces tandis qu'il devrait y en avoir au moins vingt-huit à trente ; et on n'espace les patates dans les rangs que de trois ou quatre pouces tandis qu'ils devroit y en avoir au moins de huit ou douze pouces, qu'il leur faudroit...* **1819**, La Gazette de Québec, 2 août (cité dans F. Ouellet, Histoire économique et sociale du Québec : 1760-1850 I, 257).

— *L'introduction de la patate en cette province a plus augmenté depuis trente ans, la production annuelle de nourriture pour l'homme, qu'on auroit d'abord cru facilement. Elle a aussi contribué beaucoup à augmenter celle des animaux ; quoique la culture de cette plante n'ait pas encore, à beaucoup près acquis l'étendue et le degré de perfection dont elle est susceptible comme on le voit par la cherté des patates, relativement aux autres denrées plus grande ici que dans la métropole.* **1821**, La Gazette de Québec, 29 mars (cité dans F. Ouellet, ouvr. c., 257 ; cet ouvrage donne de nombreuses attestations de *patate* dans des doc. du XIXe s., v. l'index au vol. II, p. 621 b). — *Pataques* **1879**, Le vrai Canard, 20 déc., p. 1, col. 4.

LITT. — *Un plat de patates et un autre d'échalottes* **1838**, N. Aubin, *Le bal ou L'homme propose et la femme dispose*, dans *Le Fantasque*, 7 juill. — *Fournils ou caves à patates* **1846** (1853), P.-J.-O. Chauveau, *Charles Guérin*, 5 ; autre ex. 124. — *Un baril de patates* **1849** (1973), G. Boucher de Boucherville, *Une de perdue, deux de trouvées*, 452. — *[...] orge, seigle, avoine, pois et patates [...]* **1862** (1932) A. Gérin-Lajoie, *Jean Rivard*, 135 ; autres ex. 71, 87, 132, 133. — *[...] excepté quelques têtes d'anguilles et quelques pelures de patates gelées, que nous trouvâmes dans le sable, nous n'eûmes pas d'autre nourrriture.* **1864** (1963), Ph. Aubert de Gaspé, *Les anciens Canadiens*, 321. — *[...] sous les décombres de la cave à patates de Joseph Letellier* **1878** (1972), P. Le May, *Picounoc le maudit*, 31. — *Ah ! mon cher ami, si je pouvais rencontrer la fille engagère rêvée. [...] Je ne mangerais plus [...] des patates qui, trois cent soixante fois pas année, prennent au fond de la marmitte [...]* **1904** (1973), R. Girard, *Marie-Calumet*, 22. — *Oh ! ben, alors, m'sieu le curé, s'excusa la ménagère en se sauvant dans la cuisine, j'vous d'mande ben pardon si j'vous fais manger des pataques brûlées.* Ib., 58 [on remarquera que *pataque* est employé par la ménagère du curé et *patate* par le curé lui-même ; v. aussi ci-dessous les renvois à Ringuet]. — *Et même dans les chantiers, à cette heure, ils sont nourris pareil comme dans les hôtels, avec de la viande et des patates tout l'hiver.* **1916** (1965), L. Hémon, *Maria Chapdelaine*, 68. — *Apportez-moi deux poches [= sacs] de patates, et j'vous donnerai une bonne paire de bottines [...]* **1918** (1972), A. Laberge, *La Scouine*, 102. — **1931** (1943), L.-P. Desrosiers, *Nord-Sud*, 28 et 67 [mais *pomme de terre*, pp. 27 et 67, employé juste avant *patate* avec le souci évident de faire comprendre ce mot]. — **1933** (1972), Cl.-H. Grignon,

Un homme et son péché, 14 ; 20 ; 46 ; 56 ; 100 ; 113 ; 145. — **1937** (1967), F.-A. Savard, *Menaud maître-draveur*, 63. — *Pétaque* **1938** (1965), Ringuet, *Trente arpents*, 14 ; 40 ; 63 ; 74 ; mais *patate* 28 ; 283 [aussi *pomme de terre* 102 ; Ringuet emploie *pétaque* dans le dialogue et *patate* ou *pomme de terre* dans le récit ; voir ci-dessus les citations de R. Girard]. — **1944** (1967), R. Lemelin, *Au pied de la pente douce*, 131. — *Nos patates fleurissent, une vraie bénédiction.* **1945** (1974), G. Guèvremont, *Le Survenant*, 33 ; autre ex. 120. — **1950** (1957), G. Roy, *La Petite Poule d'Eau*, 185. — **1959**, F.-A. Savard, *Le Barachois*, 86. — **1966**, Cl. Mailly, *Le cortège*, 22 ; 24 (mais *pomme de terre* 20). — *Pétates* **1968** (1972), M. Tremblay, *Les belles sœurs*, 39. — *Pétates* **1969** (1973), Y. Deschamps, *Monologues*, 46. — **1970**, V.-L. Beaulieu, *Jos Connaissant* 53 ; 238 ; 242. — *Toute s'qui m'manque s't'une ptite boucque* [= boucle] *autour du cou pis j'aurais d'l'air d'une vrai* [sic] *poche de pétates...* **1972**, J.-Cl. Germain, *Si les Sansoucis s'en soucient, ces Sansoucis-ci s'en soucieront-ils ?*, 137. — *Pétates* **1973**, J.-M. Poupart, *Chère Touffe, c'est plein plein de fautes dans ta lettre d'amour*, 47 ; 48. — *Regarde ma main, Sauvage. Ell' est pleine de verrues. Ell' a l'air d'une pataque pourrie.* **1974**, R. Carrier, *Floralie*, 133. — *Pétaque*, J.-M. Poupart, *C'est pas donné à tout le monde d'avoir une belle mort*, 71 ; 79 ; 103.

Acad. : *A'* [= Elle] *se labourait pas, la dune, c'était bon à rien pour un champ de patates ou pour une terre à bois.* **1974**, Ant. Maillet, *La Sagouine*, 110. — *Une cave à patates* Ib., 195.

ÉT. — **1950**, MUrsLav 27 ; 29 (cite un doc. de 1870) ; 50 ; 51 ; 71 ; 89 ; 114 ; 130 ; 148 ; 152; 158 ; etc. — **1960**, DawsIO 26 ; 57 ; 79 ; 80 ; 82 ; 84 ; etc. — **1973**, LaflCour 57 ; 261 (cite un témoignage de Saint-Urbain).

ENQ., LITT. OR. — *Pétaque* **1915** (1917), Sainte-Anne (Kamouraska), M. Barbeau, *Contes populaires canadiens (seconde série)*, dans JAF 30 ; 38. — **1974**, Saint-Augustin. — **1975**, LavSagE (courant). — [Mot général dans tout le Québec].

BIBL. — Mag 71 ; 85 ; Gingr 1867 ; ProvVerg 185 ; RoyFr (*pataque* ; cité dans DgBbg 95) ; BibMém 54 ; 57 ; 101 ; Car 61 a ; ChambInd(1888) 63 ; ChambInd(1889) 124 ; ChambGranb (aussi *pàtàk* et *pétàk*) ; GourmCan 186 ; Cl (aussi *pataque, petaque*) ; ChambDialCan 81, 137 ; Rinfr ; ParFréch (*petate* ; cité dans DgBbg 293) ; Di (aussi *pétaque*) ; DiQuerGr ; TachAgr 618 b (aussi *pataque, pétaque*) ; HuardScN 580 (*pétaque*) ; BPFC XVI (1917-18), 142-143 (aussi *pataque, petaque, petate*) ; Gl (aussi *pataque, petaque, petate*) ; Corr I n° 37 (aussi *pataque, petaque*) ; BlanchDict[7] ; RoussAnt 64 ; RoussEthnAbén 180 b (aussi *pétaque*) ; MUrsLav 389 b ; RoussPl 169 ; RoussAmér 92-93 ; DawsIO 178 b ; VinDict ; RoussBouch 375 ; DagDict ; ChantChron 171 ; FEW 20, 57 b ; Barb[2] 56 (*pataque, pétaque*) ; Colpr 68 (considère à tort que le mot vient de l'angl. potato) ; Bél[2] (*pataque, pétaque*) ; JunPron 111-112 ; 197-198

(donne des attestations anciennes) ; LavSag 88 n° 188 (aussi *pétàt,
pétàk*) ; StrakaMen 280 ; DupBeauce 139 (*pataque, pétaque*) ; JunBell
dans TraLiQ 1 (1975), 144 ; MassLexIG 39 n. 1 et 7 (*pétàk*) ; PoirAc
197 ; 214 ; 216 ; 236 ; 237 ; 242 ; 251 ; 252 ; 291 ; Mass 790 ; DitchyLouis
(*patate anglaise*) ; DorrMiss (*patate,* ᔥ « *Irish* », ᔥ *anglaise,* ᔥ *ronde*) ;
McDermMiss (*patate* et ᔥ *anglaise*) ; LockeBrunsw 190 (aussi *pataque*) ;
ReadLouis 145 (*patate anglaise* et ᔥ *ronde* « pomme de terre », et
patate jaune « variété de patate douce »).

Expressions.

○ PATATES D'AVANCE
   Variété de pommes de terre précoces.
   ÉT. — **1909**, Di.
   → *patates hâtives, patates de quarante jours* sens a.

○ PATATES HÂTIVES
   Variété de pommes de terre précoces.
   DOC. — *4 minots de patates hâtives pour semer* **1836**, Québec,
AMHGQ, Livr. de comptes 1825-43, 20 mai, p. 166 1/2.
   → *patates d'avance, patates de quarante jours* sens a.

○ PATATES DE QUARANTE JOURS
   a) Variété de pommes de terre précoces.
   ÉT. — **1909**, Di. — **1914**, TachAgr 618 b. — **1972**, LavSag 88 n° 189.
   → *patates d'avance, patates hâtives.*

   b) Fig. *semer des patates de quarante jours* se marier enceinte.
   ÉT. — **1972**, LavSag 197 n° 156.

○ PATATES À LA CACHETTE
   Pommes de terre en robe des champs.
   ÉT. — *pàtàt ā* [= à la] *kàϵèt* **1972**, LavSag 157 n° 216.
   → *patates en dessous du chaudron, patates à la grignaude.*

○ PATATES EN DESSOUS DU CHAUDRON
   Pommes de terre en robe des champs.
   ÉT. — *pàtàt ã ŝur ẑu ϵòdrõ* **1972**, LavSag 157 n° 216.
   → *patates à la cachette, patates à la grignaude.*

○ PATATES À LA GRIGNAUDE (v. hist.)
   Pommes de terre en robe des champs.
   ÉT. — *pétàk ā* [= à la] *griŋód* **1972**, LavSag 157 n° 216.
   → *patates à la cachette, patates en dessous du chaudron.*

○ PETITES PATATES
   Pommes de terre sautées.
   ÉT. — *pŝìt pàtàt* **1972**, LavSag 157 n° 218.
   → *patates à la dinde, patates rôties* sens a.

○ PATATES À LA DINDE

Pommes de terre sautées.

ÉT. — *pàtàt à* [= à la] *dĕd* **1972**, LavSag 157 n° 218.

→ *petites patates, patates rôties* sens a.

○ PATATES RÔTIES

a) Pommes de terres sautées.

ÉT. — *pàtàt rôŝi* **1972**, LavSag 157 n° 218.

ENQ. — **1974**, Québec. — *Des bonnes pétates routies* **1974**, Saint-Augustin. **1975**, Saint-Ferréol. — [Général au Québec.]

→ *petites patates, patates à la dinde.*

b) Pommes de terre cuites au four dans la graisse et très peu d'eau.

ÉT. — *pétàt rôŝi* **1972**, LavSag 157 n° 219.

→ *patates de maîtresse d'école, patates de grelette.*

○ PATATES DE MAÎTRESSE D'ÉCOLE

Pommes de terre cuites au four dans la graisse et très peu d'eau.

ÉT. — *pétàt dé métrès dékòl* **1972**, LavSag 157 n° 219.

→ *patates de grelette, patates rôties* sens b.

○ PATATES DE GRELETTE (v. hist.)

Pommes de terre cuites au four dans la graisse et très peu d'eau.

ÉT. — *pétàk dé grélèt* **1972**, LavSag, 157 n° 219.

→ *patates rôties* sens b, *patates de maîtresse d'école.*

○ PATATES JAUNES

Pommes de terre cuites dans le jus de la viande de porc.

ÉT. — *pàtàt jón* **1972**, LavSag 157 n° 221.

ENQ. — **1974**, Saint-Augustin. — **1975**, Saint-Ferréol [voir aussi *patate jaune* s.v. *patate*, doc. 7 sept. 1798].

→ *patates brunes.*

○ PATATES BRUNES

Pommes de terre cuites dans le jus de la viande de porc.

LITT. — *L'homme se coupa une large portion de rôti chaud, tira à lui quatre patates brunes qu'il arrosa généreusement de sauce grasse et, des yeux, chercha le pain.* **1945** (1974), G. Guèvremont, *Le Survenant*, 12.

ENQ. — **1975**, Québec.

→ *patates jaunes.*

○ PATATES À LA FLOUC (*flouc*, v. hist.)

Pommes de terre hachées, avec du lard salé fondu, grillé (on laisse bouillir et épaissir avec de la farine) [déf. de LavSag, qui n'est pas claire].

ÉT. — *pétàt ā* [= à la] *fluk* **1972**, LavSag 157 n° 222.

○ PATATES FRICASSÉES, ⌣ EN FRICASSÉE

Lamelles ou petits carrés de pommes de terre cuites dans le jus des *grillades* [= tranches minces de lard salé, grillées] et un peu d'eau.

a) ÉT. — *pàtàt frikàsé* **1972**, LavSag 157 n° 223.
→ *patates en fricassée, patates à la grillade.*

b) ÉT. — *pàtàt ã frikàsé* **1972**, LavSag 157 n° 223.
→ *patates fricassées, patates à la grillade.*

○ PATATES À LA GRILLADE

Lamelles ou petits carrés de pommes de terre cuites dans le jus des *grillades* [= tranches minces de lard salé, grillées] et un peu d'eau.

ÉT. — *pàtàt à la griyàd* **1972**, LavSag 157 n° 223.
→ *patates fricassées, patates en fricassée.*

○ PATATES PILÉES

Pommes de terre en purée.

LITT. — *Vous pensez, vous, qu'on va recevoir comme ça un monseigneur, un jour de maigre, avec du macaroni et des patates pilées...* **1925**, H. Bernard, *La terre vivante,* 110. — *Une fricassée, du bœuf haché menu, avec des morceaux d'oignons, des patates pilées, le tout mélangé avec une sorte de sauce maison.* **1964** (1969), A. Major, *Le cabochon,* 60. — **1965**, A. Major, *Chair de poule,* 169. — **1972**, G. La Rocque, *Après la boue,* 9 ; 15 ; 166. — **1974**, M. Tremblay, *Bonjour là, bonjour,* 41. — [...] *manger nos patates pilées le dimanche* [...] **1975**, P. Filion, *Sainte-bénite de sainte-bénite de mémère,* 47.

ÉT. — *Les femmes placent devant chaque personne une grande assiette remplie de « patates pilées », d'un gros morceau de bœuf rôti, de dinde, de petits pois et de haricots.* **1950**, MUrsLav 74. — *A six mois le bébé mange des patates pilées* [...] Ib., 99. — *Quand elle* [= la viande] *est les trois quarts cuite (après une heure), on ajoute sept ou huit « patates pilées »* [...] **1960**, DawsIO 87. — **1972**, LavSag 157 n° 215.

ENQ. — **1974**, Québec. — **1974**, Saint-Augustin. — **1975**, Saint-Ferréol. — [Général au Québec.]

BIB. — MUrsLav 389 b ; DawsIO 179 a ; LavSag 157 n° 215.

○ PATATE(S) FRITE(S) (le pl. plus fréquent que le sg. ; aussi *frites* comme en fr.)

Frites, pommes frites.

JOURN. — *Roulotte à patates frites à vendre* **1974**, *Le Soleil,* 3 mai, p. 36, col. 1. — *Roulotte à patates frites, équipée* Ib.

LITT. — *Pour le moment, leur vie est belle ; Y jas'nt en mangeant tous les deux Des patat's frit's dans d'la chandelle, En se r'gardant dans l'blanc des yeux.* **1932**, E. Coderre, *Jean Narrache, Quand j'parl' tout seul,* 114 [autre exemple à 125 ; passages repris dans *Bonjour les gars !,*

1948, 187, et dans *J'parle tout seul quand Jean Narrache*, 124]. — *Des patates frites* **1964** (1968), J. Renaud, *Le cassé*, 89. — *Patates frites* **1965**, Cl. Jasmin, *Pleure pas Germaine*, 54 ; 83. — *Des patates frites* **1966**, Cl. Mailly, *Le cortège*, 243. — *Patates frites* **1971**, G. La Rocque, *Corridors*, 50. — [...] *Des p'tits morveux qui mangent une pétate frite, qui brettent une heure à la table, pis qui s'en vont sans te laisser un verrat de tip* [= pourboire] **1972**, M. Tremblay, *En pièces détachées*, 26. — *Tous les soirs, c'est régulier, il lui commande un milk shake au chocolat et une patate frite.* **1974**, R. Plante, *La débarque*, 12. — *Patates frites* Ib., 90 ; autre ex. 124 (mais *patate* régulier dans le roman, voir s.v. *patate* sens 2°]. — **1974**, A. Major, *L'épouvantail*, 62.

ENQ. — *Patates frites* **1974**, Québec. — **1974**, Saint-Augustin. — **1975**, Saint-Ferréol. — [Général au Québec.]

BIBL. — VinDict ; Bél².

→ *patate* sens 2°.

○ PATATES CHIPS (aussi *chips* comme en fr.)
Chips, pommes chips.
ENQ. — **1974**, Québec. — **1974**, Saint-Augustin. — [Général au Québec.]

Dictons avec *patate* « pomme de terre » :

○ LES PATATES POURRIES PUENT (il y a quelque chose qui ne sent pas bon là-dedans, il y a anguille sous roche).
ENQ. — *Je ne vous crois pas, les patates pourrites pusent* [sic]. Vers **1920-30**, Saint-Victor (Beauce) (renseignement fourni par L. Lacourcière).

○ QUAND LES PATATES PRENNENT AU FOND EN CUISANT, C'EST DE LA VISITE.
ÉT. — **1950**, MUrsLav 169.

Autres acceptions de *patate* :

2° Frites, pommes frites (sg. ou pl.).

LITT. — *J'vas prendre un smokeméte avec un café et une patate.* **1964** (1969), A. Major, *Le cabochon*, 149. — [...] *il commande sa patate et son milk shake au chocolat.* **1974**, R. Plante, *La débarque*, 17 [régulier dans le roman ; aussi *patate(s) frite(s)* à quelques reprises, voir ci-dessous s.v. *patates frites*]. — *On avait tellement faim qu'on a mangé trois hot-dogs avec j'sais pus combien de patates.* **1974**, A. Major, *L'épouvantail*, 62. — *Speedy, appuyé lourdement contre la cabane, acheva son casseau de patates qu'il jeta par terre* [...] **1975**, P. Châtillon, *Le fou*, 86 ; autres exemples 87 et 89.

ENQ. — **1974**, Québec. — *Mon patate viens-tu ?* [Mes frites sont-elles prêtes ?] **1975**, Saint-Augustin. — **1975**, Saint-Ferréol. — [Semble assez répandu dans tout le Québec au sg. (parfois au m. sg., voir ci-dessus) et au pl. (plus fréquent) ; il s'agit évidemment d'une réduction de *patate(s) frites(s),* dans des syntagmes comme « *un 'cassot' de pata-tes* » ou « *un 'ordre' de patates* ».]

→ *patates frites.*

3° Grosse bille sur laquelle on vise, qu'on essaie d'atteindre.

ÉT. — **1971**, Bél².

4° Nombril dans PATATE DES FESSES.

ENQ. — **1962**, Chicoutimi-Nord [Dg].

5° Niais dans AVOIR L'AIR PATATE.

ENQ. — *T'arais l'air pétate là-dedans !* [à l'adresse d'une femme qui essaie une robe neuve] **1974**, Québec.

6° Pl. Mauvaise situation, dans ÊTRE ou FOURRER DANS LES PATATES.

JOURN. — *Nos finances étaient dans les pataques et la hideuse banqueroute nous menaçait* [...] **1880**, *Le vrai Canard,* 21 août, p. 2, col. 3. — *Attention, vous autres, les Canayens vont vous fourrer dans les pataques, leur caisse sonnent le creux.* **1880**, *Le vrai Canard,* 9 oct., p. 2. col. 3. [Peut-être s'agit-il de créations d'un journaliste.]

7° Pl. Erreur, dans ÊTRE DANS LES PATATES.

JOURN. — *Quant à ce qu'il dit (Coubertin) de notre province, il est presque toujours dans les patates. Nous avons des défauts, mais il ne faut pas les exagérer et il ne faut pas non plus nous calomnier.* **1890**, revue *L'Etudiant* (n° de décembre, cité dans *Perspectives,* 20 mars 1976, 4). — *Eux autres, y sont pas dans les patates.* **1974**, *Le Soleil,* 21 mai, p. 4.

LITT. — *Coq Pomerleau, lui, qu'avait fêté, c'était pas surprenant qu'y fût un peu dans les pataques* [...] **1900** (1974), L. Fréchette, *Contes de Jos Violon,* 61 (conte *Coq Pomerleau).* — *Un ministre fit remar-quer que l'honorable député était lui-même dans les patates.* **1916**, D. Potvin [pseud. Graindesel], *Le « membre ». Roman de mœurs politi-ques québécoises,* 92 [Dg]. — *Vous y êtes pas pantoute, père Saint-Jean ; vous êtes dans les pétaques.* **1946** (1971), Ringuet, *L'héritage et autres contes,* 164. — *J'vas dire comme vous, si vos savants sont pas dans les patates.* **1951**, H. Bernard, *Les jours sont longs,* 31. — **1964**, A. Major, *Le cabochon,* 143. — *Je voudrais bien voir le médecin ici. Il était cer-tainement dans les patates.* **1969**, M. Gagnon-Mahony, *Les morts-vivants,* 119.

ÉT. — **1909**, Di. — *èt dã é* [= les] *pétàk* **1972**, LavSag 200 n° 17. —
1973, Jean Marcel, *Le joual de Troie*, 51.

ENQ. — *T'es dans les pétates!* **1974**, Saint-Augustin. — **1975**,
Saint-Ferréol. — **1975**, Beauce. — [Semble répandu dans tout le
Québec].

BIBL. — Di ; BlanchDict[1] ; Gl (aussi *pataques, petaques*) ; Bél[2] ;
RoussAmér 93 ; LavSag 200 n° 17 (*pétàk*).

8° Situation très désagréable dans PATATE CHAUDE.

JOURN. — *Charlesbourg hérite d'une patate chaude de $ 65,000.*
1976, *Le Soleil*, 12 mai, G 5 [titre d'article]. — *Les contribuables du
grand Charlesbourg devront payer quelque $ 65,000 à la place de deux
frères de M. [X], dernier maire de l'ex-municipalité de Charlesbourg-Est
[...] Il s'agit en fait de l'histoire d'une des « patates chaudes » toujours
possibles dans le cas de regroupement de municipalités.* Ib. [Assez fréquent en québ., malgré le peu d'attest. que nous en ayons.]

9° TENIR UNE PATATE

Etre très fort (en parlant du café).

ÉT. — *Un café qui tient une patate : Un café fort* **1973**, LaflCour
303.

● PATATE SUCRÉE

Patate douce (*convolvulus batatas*).

ÉT. — **1970**, Colpr 163. — *Au Canada ce tubercule porte le nom de
« patate sucrée », de l'angl. « sweet potato ».* **1971**, Bél[2].

ENQ. — *« Patates sucrées », on voit ça au Québec sur les petits
pots contenant de la nourriture pour les bébés.* **1975**, Saint-Augustin.

● PATATES EN CHAPELET

Nom populaire de l'apios d'Amérique dont on mange les rhizomes
à renflements multiples.

ÉT. — **1947**, RoussEthnAbén 169. — *« Penac » (ou une autre variante phonétique), désigne l'« Apios tuberosa » ou « patates en chapelet » dans la région de Boucherville.* **1955**, RoussPl 160. — **1971**, Bél[2]
(v. dessin). — **1964**, MVictFl[2] 354. — **1972**, LavSag 22 n° 108.

● PATATIER subst. m.

Pron. *pàtàt'yé, pàtàk̬é*. — Graphies *patatier, pataquier* ; le BPFC
et le *Glossaire* donnent *pataquier* pron. *pàtàk̬é* pour le sens 1°, et *patatier* pron. *pàtàt'yé* pour le sens 2°.

1º Plat de pommes de terre.

ÉT. — **1917-18**, BPFC XVI, 143. — **1930**, Gl.

2º Vendeur de pommes de terre.

ÉT. — **1917-18**, BPFC XVI, 143. — **1930**, Gl.

● PATATIA subst. m.

Pron. *pàtàt'yá.*

1º Mauvais whisky, whisky fait avec des pommes de terre (BPFC et *Glossaire* ; déf. peu précise).

ÉT. — **1917-18**, BPFC XVI, 143. — **1930**, Gl.

2º Tout ce qui est mauvais.

ÉT. — **1917-18**, BPFC XVI, 143. — *Ouah ! c'est du patatia, ça.* **1930**, Gl.

PINCHINAT subst. m.

HIST. — A l'origine, dérivé occitan de *pectinare* « peigner » (a. occitan *penchenar* « id. » dont le -*n*- radical n'est pas facile à expliquer et qui survit dans la majorité des parlers actuels : *penchena, penchina, pinchina*, etc., cf. Ronjat, *Gr. ist. des parlers prov. mod.* § 91 ; Levy *Prov. Suppl. Wört.* ; Mistral *Tresor*), qui a pénétré assez tardivement dans le domaine d'oïl (FEW 8, 106 b). En français, PINCHINA(T), avec le même sens qu'en occitan, « étoffe de laine grossière non croisée, esp. de gros drap », est attesté depuis 1679, mais disparaît actuellement de l'usage avec l'objet qu'il désignait (encore dans Larousse 1960, mais ni dans le Robert ni dans le PRobert ; toujours vivant en picard, FEW 8, 106 b).

En québécois, ce mot vient du français et apparaît à la fin du XVIIᵉ s. sous deux formes, *pechinat* (dep. 1682) et *pinchinat* (dep. 1695) ; plus tard, on rencontre aussi *pichinat* (dep. 1715 ; sporadique). Il tombe en désuétude dès la fin du régime français, sans doute parce que la rupture avec la mère-patrie ne permettait plus l'importation de cette étoffe, et à la fin du XIXᵉ siècle, chez Fréchette, c'est un terme historique, qui ne reflète plus l'usage populaire de l'époque.

D'après les anciens documents, le *pinchinat* était en Nouvelle-France, comme dans son pays d'origine, une grosse étoffe de laine, qui se présentait sous diverses couleurs (brune, café, grise, marbrée), pouvait sans doute varier plus ou moins selon l'endroit d'où il venait (on mentionne le *pinchinat d'Amboise, ~ de Montauban, ~ de Toulon, ~ de Poitou*), et servait à la fabrication des vêtements, surtout des *capots*, des *surtouts*, des *vestes* (« vêtement couvrant le torse, ouvert devant »), mais aussi des culottes, des pantalons, voire des jupes.

Les formes sans -*n*- devant -*ch*- (*pechinat* et *pichinat*), qui n'ont été relevées dans les parlers de France ni dans le domaine d'oïl ni dans celui d'oc (v. FEW), ne peuvent évidemment pas être les formes primitives auxquelles l'étymon latin aurait dû aboutir phonétiquement en occitan, et viennent peut-être d'un croisement, intervenu en Nouvelle-France, entre *pinchinat* et *peigner* ; le *i* radical de *pichinat* semble venir à son tour de *pigner,* forme secondaire de *peigner* et jadis fréquente (v. JunPron 245).

Graphies *pinchinat, pinchina, pinchinas, penchinat, peinchinat, pingina, peichinat, pechinat, pechina, péchina, pechinna, peschina, paichinat, pachina, pichinat, pichina.*

Etoffe de laine grossière non croisée, espèce de gros drap.

DOC. — *1 capot de pechinat* **1682**, non loc., ANQ, PJN, nº 2759. — *2 vestes, une de cotton doublée et l'autre de pechinat* Ib. — *5 au[nes] 1/2 pechinat* Ib. — *Trente-quatre aune de pinchinat* **1695** Québec, ANQ, gr. L. Chambalon, doc. 10 mai, 35. — *Dix-huit au[nes] 1/3 pinchina caphé* [= café] **1697**, Montréal, ANQM, gr. A. Adhémar, doc. 4 juill., 9. — *Quarante-deux aunes de pinchinat a la mode* **1699**, Québec, ANQ, gr. L. Chambalon, doc. 23 déc. — *Soixante-dix-sept aunes cinq sixiesme de pinchinat brun en deux morceaux* **1699**, ib., doc. 23 déc. — *Un capot de pechina prisé a vingt livres* **1701**, Beaupré, ANQ, gr. Et. Jacob, doc.

10 juin. — *Item, vingt-quatre aulnes un tiers pinchina brun* **1702**, Québec, ANQ, gr. Fl. De La Cetière, doc. 3 oct., 13. — *Item, une piece pinchina gris de fer* Ib., 7. — *Item, une piece pinchina gris* Ib. — *Une piece pinchina marbré* **1703**, ib., doc. 15 fév., 38 (fréquent chez ce notaire). — *Pinchina* **1703**, Montréal (cité dans SégCost 276 ; v. aussi SégCiv 496). — *Une vielle veste de pingina* **1706**, Montréal [cité dans SégCost 127, mais la graphie *puigina* est une faute de lecture]. — *Un capot a homme de pinchina neuf* **1709**, Québec, ANQ, gr. P. Rivet, doc. 5 fév. — *Une culotte de pinchina doublée de peaus demy usée* Ib. — *Un vieux capot et une veste de pinchina* Ib. — *Deux aunes de pinchina d'Amboise* **1710**, ib., doc. 21 mai. — *Neuf aunes et demie de pinchina de Montauban* Ib. — *Vingt aunes et demie de pinchina de Toulon* Ib. — *Vingt aunes de pinchina de Poitoux* Ib. — *Un habit de pinchina, justaucorps, veste et culotte retournez, avec une veste de toille* Ib. (fréquent chez ce notaire). — *Pinchina* **1713**, Montréal (cité dans SégCost 100). — *Pachina* **1713**, Montréal (cité dans SégCost 48). — *Un surtous de peschina* **1714**, Montréal (cité dans SégCost 122). — *Une jupe de pichina* **1715**, Beaupré, ANQ, gr. B. Verreau, doc. 4 oct. (fréquent chez ce notaire). — *Peinchinat* **1719**, Québec, ASQ, C-5, 486. — *Pechina* **1726**, Québec, AUQ, Journal 1, nov., 459 (trois exemples dans cette page). — *Penchinat* **1730**, Québec, ASQ, C-10, sept. (fréquent dans ce doc.). — *Pinchinat d'Emboize* **1732**, Québec, ANQ, PJN, n° 942, doc. 12 mars. — *Pinchina* **1732**, Sainte-Croix, ANQ, gr. J.-B. Choret, doc. 25 avril (fréquent chez ce notaire). — *Pinchina* **1732**, Montréal, ANQ, PJN, n° 963, doc. 12 juill. — *Une culotte de pinchinas* **1736**, Montréal, ANQ, PJN, n° 1511, doc. 18 juill. — *Pinchina d'Amboize* **1738**, Montréal, ANQM, gr. L.-C. Damé de Blanzy, doc. 18 août (deux attestations dans ce doc.). — *Un vieu capau de pinchina* **1747**, Laprairie, ANQM, gr. A. Souste, doc. 28 sept. (fréquent chez ce notaire). — *Un capot de peichinat* **1749**, Saint-Joseph (Beauce), ANQ, PJN, n° 2455, doc. 27 mars. — *Pechinat* **1750**, Saint-Joseph (Beauce), ANQ, PJN, n° 2471, doc. 17 mars. — *Veste de péchinna* **1750**, L'Islet, ANQ, gr. N. Dupont, doc. 10 avril. — *Une veste de paichinat* **1750**, Saint-Augustin, ANQ, gr. Pr. Marois, doc. 25 oct. — *Pinchina* **1751**, Château-Richer, ANQ, gr. A. Crépin père, doc. 14 avril. — *Item, dix au[nes] trois quart pinchinat sur laine* **1752**, Montréal, ANQM, gr. A. Foucher, doc. 18 août. — *Péchina* **1756**, Québec, AUQ, Journal 2, nov., 361. — *Un vieux capot de pichinat* **1788**, Neuville, ANQ, gr. F.-X. Larue, doc. 8 oct. — *Un capot de pichinat* Ib., doc. 10 oct.

LITT. — *Pantalon en pinchina* **1892** (1972), L. Fréchette, *Originaux et détraqués*, 128 [terme historique employé à propos d'un personnage de l'époque de l'auteur].

BIBL. — SégCiv 496 ; SégCost 48 ; 99 ; 122 ; 127 ; 276 ; Bél² [donne le mot comme un mot français, l'ayant relevé dans l'abrégé du Littré] ; JunPron 244-245 [cite déjà plusieurs exemples parmi ceux qui figurent ci-dessus].

TOMBLEUR subst. m.

HIST. — De l'angl. *tumbler* « verre, gobelet ». N'apparait, semble-t-il, que dans la première moitié du XIXe s. (1re attestation 1828) ; vit toujours, mais est en recul de nos jours.

Relevé en acadien au début du XXe siècle (GeddChal 227). Attesté aussi en louisianais (DitchyLouis), où il s'agit probabl. d'un emprunt parallèle.

Autre dénomination de verre : *verre à patte.*

Pron. *tõblœ̄r.* — Graphies *tombleur, tumbleur, tumbler, tombler.*

Grand verre, ordinairement sans pied.

DOC. — *Cinq tumblers à vingt-six sols* **1828**, Vaudreuil, ANQM, gr. J.-O. Bastien, doc. 3 oct. — *3 douz[aines] de verre a patte* [...], *4 tumblers* [...], *7 bouteilles* [...] **1830**, Montréal, ANQM, gr. J. Belle, doc. 7 août. — *Trois tombleurs* **1832**, Vaudreuil, ANQM, gr. H.-F. Charlebois, doc. 3 avril. — *Quatre tombleurs et deux verres à patte* **1832**, Montréal, ANQM, gr. J. Belle, doc. 20 nov. — *Six tombleurs à un chelin et neuf deniers* Ib., doc. 10 déc. — *Quatre tombleurs* **1833**, Vaudreuil, ANQM, gr. H.-F. Charlebois, doc. 26 janv. — *Une carafe, trois tombleurs, un pot à confiture, prisé douze sols* **1833**, Loretteville, AJQ, gr. D. Lefrançois, doc. 8 oct. — *4 douzaines bouteilles françoise* [...], *4 1/2 douzaines de tumblers* **1833**, Montréal, ANQM, gr. Et. Guy, doc. 4 oct. — *Treize tombler ou gobelets* **1833**, Montréal, ANQM, gr. J. Belle, doc. 11 nov. — *Douze tumblers et quatre vers à vin a trois chelin* **1834**, Montréal, ANQM, gr. Et. Guy, doc. 26 avril. — *Six gobbelets ou tomblers avec la boête* **1834**, Montréal, ANQM, gr. J. Belle, doc. 20 août. — *Une douzaine de tumbleurs communs* **1838**, Laprairie, ANQM, gr. J.-B. Varin, doc. 20 juin. — *Un cabaret* [= plateau] *& tumblers, trois livres deux sols* **1840**, Rigaud ANQM, gr. L. Adams, doc. 9 juill. — *Dix-huit tumblers, neuf francs* **1841**, ib., doc. 16 juill. — *Une douzaine de tumblers, six chelins* **1842**, ib., doc. 8 sept. — *Six vers a pattes, six tumblers* **1843**, ib., doc. 17 oct. — *Deux tombleurs & deux verres à pattes & sept bouteilles, trente sols* **1844**, Longueuil, ANQM, gr. I. Hurteau, doc. 31 janv. — *Un lot de tombleurs, verres à pates, bolles et soucoupes, et bouteilles, prisé le tout deux chelins* **1844**, Québec, AJQ, gr. E. Tessier, doc. 24 juin. — *Trois caraffes & six tumblers* **1845**, Rigaud, ANQM, gr. L. Adams, doc. 12 août. — *Six tumblers, trente-six sous* Ib., doc. 2-3 sept. — *Quatre tombleurs, trois verres à pattes & un cabarêt, vingt sols* **1847**, Longueuil, ANQM, gr. I. Hurteau, doc. 5 avril. — *Cinq tombleurs et un cabaret, vingt sols* **1848**, Longueuil, gr. P.-E. Hurteau, doc. 1er avril. — *Onze tumblers, cinquante-cinq sols* **1850**, Varennes, ANQM, gr. M.-A. Girard, doc. 7 avril. — *1/2 dozaine tombleurs* **1854**, non loc., ANQ, AP-P 1844 -R (Roy). — *Trois tumblers et un pot adjugé à un écu* **1856**, Québec, ANQ, gr. G. Larue, doc. 2 mai. — *Six tombleurs, six bolles, un petit pot de grès, une piastre* **1859**, Longueuil, ANQM, gr. I. Hurteau, doc. 5 sept. — *Deux tombleurs* **1866**, Saint-Célestin (Nicolet), ANQ, AP-P 958-H (Ch. Hébert, doc. signé Et. Hébert).

JOURN. — *Venez voir ! ! L'assortiment et le prix très-réduits* [sic] *de la vaisselle et de la verrerie de toute sorte consistant en caraffes, tombleurs, goblets* [sic]*, verres à vin, thébords* [= plateaux]*, etc., etc., etc.* **1876**, Québec, *Le Nouvelliste*, 21 déc., n° 20.

LITT. — *Je prends une bouteille d'esprit de rum* [sic] *de jean-marie (Jamaïque), j'en verse à moitié d'un tumbler (gobelet), je le remplis d'eau bouillante* [. . .] **1866** (1971), Ph. Aubert de Gaspé, *Mémoires*, 74. — *Ils n'avaient pas remis les tombleurs sus la table, que le dernier coup de cloche passait sus le moulin comme un soupir dans le vent.* **1900** (1974), L. Fréchette, *Contes I. La Noël au Canada*, 173. — *Joachim Crête, tout surpris, se revire en mettant son tombleur sus la table, et reste figé, les yeux grands comme des piastres françaises et les cheveux drets sur la tête.* Ib., 175. — *Celui-ci ne finissait plus de se servir de pleins « tumblers » de whisky blanc dans l'unique but d'augmenter, s'il se pouvait, dans son esprit, la vertu tonifiante de l'enthousiasme de ses amis* [. . .] **1937**, D. Potvin, *Peter McLeod*, 9 [Dg]. — [. . .] *'Charis* [= Euchariste]*, viens prendre un coup. Sa mère* [expr. syn. de « ma femme »]*, apporte un tombleur !* **1938** (1970), Ringuet, *Trente arpents*, 69.

ÉT. — *Le tombleur à l'eau ; un plein tombleur de bière* **1971**, Bél² (vx).

ENQ. — *Il possède de très beaux tombleurs.* **1973**, Beauce. — **1975**, LavSagE (vieilli).

BIBL. — Mag 71 ; Gingr 1867 ; BibMém 53-54 (cite Mag) ; Du ; Car ; BuiesAC 40 ; EllFrCanIV dans AJPh X, 153 ; Cl ; Rinfr ; RivEt 154 ; 160 ; Di ; JutrMais dans BPFC X (1911-12), 267 ; CIInv ; Gl ; DgBeauce ; BlanchDict⁷ ; Bél² (vx) ; DgDict ; LavSag 154 nᵒˢ 156-167 ; GeddChal 227 ; DitchyLouis.

TOQUE¹, TUQUE subst. f.

HIST. — Le premier des deux mots est le même que le fr. *toque*, d'origine inconnue, attesté depuis le milieu du XVᵉ s. (FEW 21, 530 b-531 ; BWˢ), et qui a toujours désigné des coiffures sans bord ou à très petits bords : « Au XVIᵉ s., la toque, généralement de velours noir, fut froncée, garnie d'un bord plat, puis relevée et entourée d'une cordelière ; elle était parfois décorée d'un plumet ou d'un joyau. La toque connut un regain de faveur sous Napoléon Iᵉʳ ; elle était portée à la cour impériale, empanachée d'un nombre de plumes variant avec la dignité du personnage. Elle est restée une coiffure féminine. Les magistrats, les avocats, les professeurs portent encore une toque haute et rigide » (Larousse 1960) ; actuellement, on dit aussi, en français, *toque* de fourrure, *toque* du cuisinier, etc. (v. PRobert).

En Nouvelle-France, le mot a vécu à l'époque ancienne (1ʳᵉ attestation TOCQ 1677, puis TOQUE) et jusqu'au milieu du XVIIIᵉ siècle, mais au sens de « bonnet de laine », coiffure sans bord, qui devait être assez semblable à la *tuque* (v. ci-dessous). Dès la première moitié du XVIIIᵉ siècle, *toque* a été concurrencé par *tuque* qui l'a définitivement emporté à partir de 1750 (v. ci-dessous). A l'époque moderne, sous l'influence du fr., *toque* réapparaît dans la langue écrite et, en particulier, littéraire, avec le sens de « couvre-chef en fourrure » (chez Hémon, Roquebrune, Ringuet, Major, etc. ; terme populaire : *casque*, par ex. *casque de martre*, Ph. Aubert de Gaspé, *Mémoires*, 1866 (1971), 112), mais aussi parfois, par une mauvaise francisation, à la place de *tuque* (J.-J. Richard, *Le feu dans l'amiante*, 1956, 95, ou M. Doré, *Le billard sur la neige*, 1970, 56).

Deux autres acceptions du mot, typiquement québécoises, n'ont été relevées qu'assez tard. Pourtant, celle de « *tire* refroidie sur la neige » [*tire* = eau d'érable condensée par l'évaporation au-delà de l'épaisseur du sirop] (sens 2° ; aussi *calotte*, notamment dans la Beauce, renseignement fourni par notre collègue ethnologue J.-Cl. Dupont) est sûrement antérieure à sa première attestation dans le dictionnaire de Dunn (1880), car cet emploi métaphorique de *toque* « bonnet d'hiver » que Dunn a bien reconnu (la *tire* recouvre la boule de neige comme une *toque*, ou prend, au bout de la « palette », la forme de celle-ci) doit remonter à l'époque où ce mot vivait encore dans le pays avec son premier sens (on sait que l'exploitation de l'érable à sucre remonte au début de la colonie) L'acception « chignon » (sens 3°), attestée depuis 1904 (R. Girard, *Marie-Calumet*), peut être à son tour un emploi métaphorique de *toque* au sens de « boule de *tire* refroidie » (réalité très vivante au Québec, où les réjouissances dans les « cabanes à sucre », au moment de la récolte de l'eau d'érable, ne sont pas mortes !), à moins qu'il ne faille y voir celui de *toque* « bonnet de laine » (dans ce cas, le sens de « chignon » serait, comme celui de « boule de *tire* », beaucoup plus ancien que ne le révèlent les attestations dont nous disposons). Il ne semble pas qu'il puisse y avoir de rapport direct entre l'acception québécoise de « chignon » et le picard *tŏké* [= toquet] « gros chignon plus ou moins arrangé » (FEW 21, 531 a). Du sens de « chignon » est dérivé celui de « coiffure imitant un chignon » (sens 4°). Le sens 5° « touffe à la tête d'un arbre ébranché », relevé uniquement chez D. Potvin, est évidemment un emploi métaphorique de *toque* « chignon ».

Le dérivé québ. TOQU(I)ON (analogique de *chignon* qui s'entend au Québec, ou de *tuquon* « petite *tuque* » ?), dont l'existence n'est pas assurée avant 1930, a des sens identiques aux sens 2° et 3° de *toque*. Le troisième sens, « petit tas de qch (mousse, laine, etc.) » est un emploi métaphorique de *toqu(i)on* au sens 1° ou 2°. Quant au verbe TOQUER « rassasier de sucre d'érable », il dérive certainement, non pas du fr. *toquer* « toucher, heurter » (Bél²), mais de *toque* au sens 2°.

TUQUE « bonnet d'hiver de forme conique, tricoté en laine » (sens 1°) apparaît pour la première fois en 1726 (il n'y a pas lieu de tenir compte de l'attestation de 1659, *une tusque de ferrandine bleu avec neige noir,* relevée par SégCost 237 et reprise par CanBAl 30 : le manuscrit porte *juspe* « jupe », ce qui donne d'ailleurs un sens au contexte, *ferrandine* étant une « étoffe de soie tramée de laine ou de coton » JunPron 216 n. 26, et *neige,* une sorte de « dentelle » FEW 7, 155 a) ; depuis, et jusqu'à présent, ce mot fait partie du vocabulaire courant du québécois aussi bien parlé que littéraire.

En France, *tuque* (aussi *tuc*) est un vieux mot préroman qui s'est surtout conservé dans différents dialectes où il désigne un pic, une colline plus ou moins pointue, un mamelon, un tertre, etc. (essentiellement dans la partie occidentale du domaine d'oc, et notamment en gascon, v. FEW *tūkka* « courge », « colline » 13, 2, 398 ; saint. *tucquet* « monticule » que l'on rencontre aussi en m. fr. chez Rabelais, d'Aubigné et Cotgrave 1611), et plus particulièrement comme toponyme (*Galterio de Tuca,* doc. 1095, Vendée ; *les Tuches,* hameau, St-Savin, Isère ; *la Tuque* fréquent dans le dép. de la Dordogne ; *deu Tuc,* doc. 1385, B.-Pyrénées ; *Tuc,* très fréquent dans le dép. de l'Aude ; aussi de nombreux dérivés : *Tuquet, Tuquel(le), Tuquole, Tuquot,* etc., dans le Sud-Ouest de la France, v. Hubschmid FEW 13,2, 399 b-400 a). Mais même dans la langue générale, on relève, de 1671 à Boiste 1829, un terme de marine *tuque* « espèce de tente ou d'abri qu'on élève à l'arrière d'un vaisseau », qui est sûrement un emploi métaphorique de *tuque* au sens de « pic, colline pointue » (dans le FEW 23, 102, sous « pont », parmi les matériaux d'or. inconnue ; à rattacher à *tūkka*), ainsi que, du XVIIᵉ s. à l'époque moderne, d'autres variantes de ce terme, par ex. : fr. m. *teu* m. « esp. de dôme sous lequel des pêcheurs de morue s'abritent de la pluie » doc. 1667 ; *tugue* « esp. de tente ou d'abri à l'arrière d'un vaisseau » Guillet 1678 - AcC 1836 ; *teugue* « id. » 1687 - AcC 1836 ; *tugue* « id. » Trévoux 1752 - AcC 1836 ; *teugue* « petite dunette dont le plancher est très convexe » AcC 1842 - Bescherelle 1858 et « esp. de gaillard que l'on élevait quelquefois à l'arrière, le plus souvent à l'avant [d'un navire], pour se garantir de l'injure du temps » Littré (avec la mention « vieux » ; v. aussi Larousse 1876) ; « petite dunette à l'avant ou à l'arrière » dep. Larousse 1907, (FEW 23, 102, à rattacher également à *tūkka* ; ces variantes survivent d'ailleurs dans la partie occ. des dép. des Landes et de la Gironde (Teste), *tèugue* « tente, abri léger sur un bateau » et *teuga* v.a. « couvrir un bateau avec sa voile en forme de *tèugue* »). C'est donc, très vraisemblablement, sous l'influence du mot français *tuque,* familier aux nouveaux colons venus en Nouvelle-France au commencement du XVIIIᵉ siècle, que *toque,* bonnet dont la forme rappelait celle d'une colline pointue, voire d'une tente ou d'un abri sur le pont d'un bateau, a été transformé en *tuque* (un simple emploi métaphorique de *tuque* « pic » pour désigner un bonnet pointu — v. JunPron 248 — même là où celui-ci ne porte pas le nom de *toque,* est parfaitement concevable, cf. guernesiais *tuqu'non* m. « coiffe, bonnet » que le FEW 21, 529 a, classe parmi les matériaux d'or. inconnue, mais qui est à rattacher lui aussi à *tūkka*).

Le bonnet appelé *tuque* (différent du *chapeau de laine* doc. 1749, mais identifié avec la *fourrole* dans un doc. de 1755, v. aussi JunPron 249 n. 15, et concurrencé, surtout dans la langue écrite, par *bonnet (de laine)*, v. ci-dessous à la fin de *tuque* sens 1°) était une coiffe caractéristique des *habitants* de la Nouvelle-France et l'est resté jusqu'aux temps modernes. Toujours en laine, avec une pointe qui pouvait atteindre une longueur étonnante (« deux pieds » Aubert de Gaspé, *Mémoires* ; v. aussi les dessins dans DictCan s.v. *tuque*), et souvent muni d'un gland ou d'un pompon (mentionné dans les textes littéraires à partir de 1854), il était le plus souvent rouge ou bleu, parfois gris ou blanc, et ce n'est qu'assez récemment qu'on a commencé à fabriquer des *tuques* de toutes les couleurs (par ex. *vertes,* cf. JOURN. 1974). *La tuque bleue* est devenue un véritable symbole des Canadiens de langue française au moment de la révolte de 1837 (v. ci-dessous, sous LITT., les citations d'A. Papineau 1838, de G. Lévesque 1846, de Chevalier 1854 et de Boucher de Boucherville 1864, qui se rapportent toutes à des patriotes révoltés), au point que l'expression TUQUE-BLEUE (fém., et non masc. comme l'indique Clapin) est devenue, pour les Anglo-Canadiens, le synonyme de « Canadien français en révolte » (cp. en fr. *bonnet rouge* « coiffure adoptée par les sans-culottes en 1793, et depuis lors symbole de l'esprit révolutionnaire », Littré). Toutefois, un an plus tard, les révoltés de novembre 1838 semblent avoir porté tout aussi bien des tuques rouges, si l'on en croit au moins les souvenirs de Félix Poutré, écrits vers 1869 (v. ci-dessous, LITT.).

Autres expressions formées avec *tuque* et sorties de l'usage aujourd'hui : GROSSE TUQUE « personnage important » (cf. fr. « gros bonnet », en québ. aussi *gros casque* Gl) ; AVOIR LA TUQUE DRÈTE [= droite] « être en colère ».

Le toponyme québécois LA TUQUE, ville de Mauricie, dans le voisinage d'une colline dont la forme rappelle celle du couvre-chef de l'« habitant » (v. N. Caron et R. Blanchard), semble être bien un emploi métaphorique du terme québécois *tuque* au sens de « bonnet . . . », et non — étant donné la date tardive de la fondation de cette ville (1911, mais le lieu était habité dès le XIXᵉ s., v. Desbiens et la brochure touristique du Gouv. du Québec) — une imitation des noms de lieux de France *Tuque, La Tuque,* etc. (v. Hubschmid FEW *l.c.*) ; une utilisation semblable d'un nom commun montagnais signifiant le « bonnet de femme » pour la désignation d'un îlot rocheux de la Côte-Nord, *Iškwew kwomeškun,* a été relevée par H. Dorion, *Contribution à la connaissance de la choronymie aborigène de la Côte-Nord. Les noms de lieux montagnais des environs de Mingan,* 1967, 61-62.

Du sens de « bonnet d'hiver » dérivent plusieurs autres sens qui s'appliquent tous à des objets dont la forme rappelle celle de cette coiffure : « bonnet de nuit » (sens 2°), « filtre à sirop d'érable » (sens 3° ; dans la Beauce [Québec], on préfère *bonnet*), « dernier entonnoir du verveux » (sens 4°) et « bonbon ou chocolat ayant la forme d'un cône » (sens 5°).

Le dérivé TUQUON « petite *tuque* » (analogique de *capuchon, caluron,* etc.), est très peu attesté.

Le verbe SE TUQUER semble être une création littéraire de M.-Cl. Blais.

La forme *tuque* avec la première acception québécoise a pénétré dans les parlers français d'Acadie (v. PoirAc 224) et d'Ontario (v. LemVieux 1, 302 b), en franco-américain (DitchyLouis, DorrMiss, CarrMiss 319, LockeBrunsw 168) et, à la fin du siècle dernier, en anglo-canadien (dep. 1882 ; aussi *toque* dep.

1888, sans doute par déformation de *tuque* ; v. DictCan ; de même *bonnet rouge* 1791, 1913, 1964, et *bonnet bleu* 1849, 1853, v. id.). L'anglo-canadien *sleeping toque* « bonnet de nuit » (1943, v. DictCan) vient sans doute aussi du québ. *tuque*, mais au sens 2° de « bonnet de nuit ». D'autre part, *toque* a été relevé dans un sens un peu particulier par McDermMiss : « A style of hairdressing among the Indians. 'The toque among the Blackfeet is a tail, seven or eight feet long, made of horse and buffalo hair, interwoven with their own. But instead of floating behind in the ordinary way, this tail is located upon the party's forehead and stands out spirally, something like a rhinoceros horn. Such a tail among the Blackfeet is a mark of great distinction and bravery ; the longer the tail the greater the courage the bearer must display upon occasion' (De Smet, *Life and Travels*, II, 590) ». Enfin, *toque* au sens de « tire refroidie sur la neige » est connu en Louisiane (DitchyLouis).

Quelques autres dénominations de couvre-chefs pour la saison froide : *beaver, calotte, casque, castor, chapeau de castor, chauffeur, fourrole, mâle, tapabord, tourtière, tuyau, tuyau de castor*, etc.

Pron. *tòk.* — Graphies *toque, tocque, tocq.*

1° *Sans doute* bonnet en laine (semblable à la *tuque*).

DOC. — *12 bonnets à fille, 6 tocqs à garçon* **1677** (1972), *Le second registre de Tadoussac. 1668-1700*, 154 (éd. par L. Larouche). — *Doit La Violette une toque de chez M[ada]me Perthuis cy* ... *6 ££* **1724**, Québec, ASQ, C-14, p. 144. — *Une toque rouge* **1725**, ib., C-7, p. 54. — *Unne toque rouge et bleud* **1729**, ib., doc. 22 oct. [le même notaire emploie toutefois *tuque* dans le doc. 2 juin 1730, v. ci-dessous s.v. *tuque*, sens 1°]. — *Une toque de lainne rouge* **1733**, ib., doc. 27 janv. — *Une culotte avec une toque* **1733**, ib., doc. 10 avril. — *Une vieille tocque rouge* **1750**, Québec, ANQ, gr. Fr. Rageot, doc. 12 janv. — *Une tocque d'enfans* Ib., doc. 18 mars.

LITT. — Au sens de « tuque » : *Les collégiens portent des toques de laine enfoncées jusqu'aux oreilles, suivant l'expression populaire.* **1956** (1971), J.-J. Richard, *Le feu dans l'amiante*, 95. — *La fillette avait retiré sa toque de carnaval* [...] **1970**, M. Doré, *Le billard sur la neige*, 56.

[A l'époque moderne, dans la langue écrite, notamment littéraire, avec le sens fr. de bonnet de fourrure : (le terme courant dans le peuple, pour désigner le bonnet de fourrure, est *casque*, v. Gl, Bél², Deffontaines cité ci-dessous, etc.) : *Il* [= le « crieur »] *resta immobile et muet quelques instants, attendant le silence, les mains à fond dans les poches de son grand manteau de loup-cervier, plissant le front et fermant à demi ses yeux vifs sous la toque de fourrure profondément enfoncée.* **1916** (1965), L. Hémon, *Maria Chapdelaine*, 13. — *Le prêtre retira sa grande pelisse de fourrure, la toque poudrée de neige qui lui descendait jusqu'aux yeux* ... Ib., 193. — *Le col de sa pelisse rabattu, sa toque enlevée, il prit de la neige et se frotta vigoureusement le nez.* 1938

(1965), Ringuet, *Trente arpents*, 65. — *Le costume national des habitants canadiens, le capot d'étoffe grise et la tuque de laine rouge, dominait dans cette foule où se voyait aussi la pelisse et la toque de fourrure de quelques bourgeois de Montréal.* 1948 (1960), Robert de Roquebrune, *Les habits rouges*, 41 ; autre exemple, 16. — *Il avait secoué sa toque de fourrure enneigée...* 1975, A. Major, *L'épidémie*, 41. — *Ils avaient marché lentement, lui avec son allure de retraité aisé, encore vigoureux dans son lourd manteau de fourrure, son chapeau qu'elle l'avait convaincu de porter au lieu de la toque dont il s'était d'abord couvert.* Ib. ; autres ex. 42, 113, 118, 123, 199. — En outre : *Il faut surtout protéger du froid les extrémités, la tête, les mains et les pieds ; on imagina des modes de protection dont on n'avait jamais eu besoin en France ; sur la tête, le froid intense risque de donner des congestions ; on se couvre de gros bonnets de laine tricotée qu'on peut enfoncer jusque sous les oreilles, on utilise des toques de fourrure à bas-volet retombant sur les oreilles ; ce sont les tuques, les casques à poil très populaires au Canada. Les meilleurs sont en fourrure de vison ou castor ; aujourd'hui, on les fait en peau de lièvre.* 1957, P. Deffontaines, *L'homme et l'hiver au Canada*, 106.]

2° *Tire* refroidie sur une boule de neige.

JOURN. — *De la neige blanche, il n'y en a même pas assez, au temps des sucres, pour faire des « toques » de tire.* 1962, *Le Devoir*, 31 mars, p. 9 [Dg].

LITT. — *[...] des toques de praline indigène en des cassots d'écorce de bouleau.* 1951, G. de Montigny, *Etoffe du pays*, 56 [Dg]. — *On chante, mon garçon, on chante avec le sucre qui commence à faire son miton [...] C'est le temps de te faire une toque si le cœur t'en dit.* 1953, L. de Montigny, *L'épi rouge et autres scènes du pays de Québec*, 213 ; autres ex. 233 ; 246 ; 249 ; 264.

ÉT. — *Faites une pelote de neige de forme ovoïde, plongez la à demi très vivement dans le chaudron où bout le sirop d'érable déjà épaissi, vous l'en retirerez couverte d'une calotte de tire [...] : voilà une Toque. Le mot est bien trouvé ; c'est, en quelque sorte, une pelote de neige portant une toque.* 1880, Du. — *Sucer une toque de tire.* 1930, Gl.

BIBL. — Du ; LegLFr 20 ; Cl ; Di ; Gl ; Corr I n° 39 ; FEW 21, 531 a ; Barb[2] 232 ; Mass 358 (relevé seulement à Sainte-Marie-Salomé [L'Assomption] au Québec) ; DitchyLouis.

→ *toqu(i)on* sens 1°.

3° Sorte de chignon situé au niveau de la nuque.

LITT. — *Séparés sur le front par une raie irréprochable, lissés en bandeaux luisants, les cheveux d'un noir d'ébène se rejoignaient à la nuque en une toque imposante, dans laquelle était piqué un peigne à vint sous.* **1904** (1973), R. Girard, *Marie-Calumet*, 33. — *Josephte apparut dans la porte avec son sourire. Ses cheveux luisants, nattés en quadrille, sur le sommet de la tête, formaient une toque à l'arrière, et bien tirés, dégageaient sa figure fraîche.* **1931** (1943), L.-P. Desrosiers, *Nord-Sud*, 40. — **1958**, G. Bessette, *La bagarre*, 31. — *Il remarque la robe ensoleillée et la toque luisante de cheveux noirs sur la nuque découverte.* **1961**, S. Paradis, *Il ne faut pas sauver les hommes*, 45. — **1965**, Y. Thériault, *Le dompteur d'ours*, 56. — [...] *j'aurais peut-être été mieux de m'attacher les cheveux, me faire une manière de toque ? ou des couettes ?* **1972**, G. La Rocque, *Après la boue*, 129.

ÉT. — *Elle a la toque tout de travers.* **1930**, Gl. — *Ta toque est mal enroulée.* **1971**, Bél².

ENQ. — *Tante Blanche avait une toque.* **1974**, Saint-Augustin. — *Rouler ses cheveux en toque.* **1974**, Beauce. — [Semble général au Québec.]

BIBL. — Gl ; Bél².

→ *toqu(i)on* sens 2º.

4º Coiffure imitant un chignon.

LITT. — *Ses cheveux blonds étaient coiffés d'une toque en duvet de marabout, ses pieds chaussés de souliers de cinquante dollars.* **1975**, P. Châtillon, *Le fou*, 91.

5º Touffe que l'on laisse au sommet d'un arbre ébranché.

LITT. — [...] *déshabiller un arbre, ne lui laissant qu'une toque ridicule* [...] **1937**, D. Potvin, *Peter McLeod*, 69 [Dg].

● TOQU(I)ON subst. m.

Pron. *tòkõ, tòk̬õ.* — Graphies *toquon, toquion.*

1º *Tire* refroidie sur une boule de neige.

ÉT. — **1930** Gl. — **1930-37** Corr I nº 39.

2º Chignon.

ÉT. — *Un gros toquion de cheveux* **1930**, Gl. — **1930-37**, Corr I nº 39.

→ *toque* sens 3º.

3º Petit tas de qch. (mousse, laine, etc.).

ENQ. — *Un toquon de laine, c'est un petit tas de laine mêlée.* **1975**, Québec. — *Il y a des toquons de mousse sur le plancher.* **1975**, Québec.

● **TOQUER** v. intr.

Rassasier de sucre d'érable.

ÉT. — *Le sucre d'érable chaud, ça toque après quelques bouchées.*
1971, Bél².

● **TOQUANT** adj.

Ce qui rassasie au point qu'on en est écœuré.

ÉT. — *Le gras est toquant.* **1971**, Bél². — *Du sucre toquant* Ib.
[aussi dans la 1ʳᵉ éd. de 1954-57].

ENQ. — *Il y a du sucre à la crème qui est plus toquant que d'autre.*
1974, Charlesbourg [relevé dans une famille originaire de la région de
Rimouski]. — **1974**, Montmagny.

● **TUQUE** subst. f.

Pron. *tuk šuk, ǩuk* [JutrSucr 147]. — Graphies *tuque tucque,
turque* (étym. populaire ?).

1° Bonnet d'hiver en laine ayant la forme d'un cône parfois très
allongé dont la pointe est souvent ornée d'un gland ou d'un pompon.

DOC. — *Item, une tuque rouge et bleue, demie uzé, estimé a 3 ££*
1726, Champlain, AJTR, gr. D. Normandin, doc. 7 fév. — *Deux tuques
hor de service* **1727**, Montréal, ANQM, gr. Fr. Coron (cité dans SégCost
143). — *Unne tuque rouge* **1730**, Beauport, ANQ, gr. N. Duprac, doc.
2 juin. — *Trois tucques* **1731**, Sainte-Croix, ANQ, gr. J.-B. Choret, doc.
16 avril (fréquent chez ce notaire). — *Une tucque rouge* **1736**, Montréal,
ANQ, PJN, n° 1511, doc. 18 juill. — *Une vielle tuque* **1748** Montréal,
ANQM, gr. A. Foucher, doc. 1ᵉʳ juill. (fréquent chez ce notaire). — *4
tuque rouge* **1749**, Québec, ANQ, AP-P 158-B, doc. 22 oct. — **1749** (1959),
JR LXX, 26. — *Une tuque rouge vielle, deux chapaux de laine* **1749**,
Montréal, ANQM, gr. Fr. Comparet (cité dans SégCost 143). — *Dans un
vieux coffre, il c'é* [ms. ce] *trouvée deux vielie tuque de laine rouge*
1750, Laprairie, ANQM, gr. A. Souste, doc. 17 fév. — **1750**, ib., doc.
28 fév. — *Tucques* **1750**, ib., doc. 1ᵉʳ mars. — *Six tuque rouge d'anfan
de laine* **1750**, ib., doc. 22 avril. — *Une mechante tuque* **1750**, Saint-
Augustin, ANQ, gr. Pr. Marois, doc. 25 oct. — *Ils* [= *les Canadiens*] *en
ont forgé quelques-uns* [des mots] *comme une tuque ou une fourole pour
dire un bonnet de laine rouge (dont ils se servent couramment).* Vers
1755 (1935), J.-B. d'Aleyrac, *Aventures militaires au XVIIIᵉ siècle*, 31. —
1756, Les Becquets, ANQ, PJN, n° 2524, doc. 25 oct. — **1771**, Neuville,
ANQ, gr. J. Gouget, doc. 22 juin. — **1792**, Laprairie, ANQM, gr. I.-G.
Bourassa, doc. 16 sept. — **1801**, ib., doc. 8 janv. — *Deux tuques ensemble trois livres* **1803**, Montréal, ANQM, gr. Th. Barron, doc. 24 oct. —
Une tuque, vingt-six sols **1832**, Montréal, ANQM, gr. J. Belle, doc.

20 nov. — *Une tuque a une livre* **1834**, Montréal, ANQM, gr. Et. Guy, doc. 14 août. — *Une tuque rouge, quinze sols* **1841**, Rigaud, ANQM, gr. L. Adams, doc. 16 juill. — **1845**, ib., doc. 2-3 sept. (fréquent chez ce notaire).

LITT. — *Déguisé en habitant, affublé de pantalons, gilet et veste d'étoffe du pays, « souliers de bœuf », et tuque bleue, [...] je sortis par le jardin [...]* **1838** (1972), A. Papineau, *Journal d'un Fils de la Liberté,* I, 96. — *[Je] le priai seulement de me prêter un chapeau et un pantalon [...]. Il le fit avec la meilleure grâce du monde, ce qui n'empêcha pas que le chapeau fût une tuque, et que le pantalon me fît deux fois le tour du corps.* **1845**, Alph. P[oitras], *Un bal de faubourg,* dans *La Revue canadienne,* 141 b. — *Un jeune homme, vêtu d'un capot de couverte et coiffé d'une tuque bleue, se sépara du groupe des habitan[t]s et s'élança dans ses bras.* **1846**, G. Lévesque, *Vœux accomplis,* dans l'*Echo des Campagnes,* I, chap. VI, col. b. — *Mais chacun des voyageurs [...] à la vue d'une croix plantée au haut de la côte, ôte sa tuque bleue et s'agenouille.* **1847**, G. Lévesque, *La croix du Grand Calumet,* dans *L'Echo des Campagnes,* II, 18 nov., col. b. — *[...] des habitants aux vêtements de gros draps gris de fabrique domestique, à la tuque bleue ou rouge, au tablier de cuir, et aux grandes bottes rouges rattachées par une courroie, à la ceinture rouge aussi, le fouet sous le bras, et la pipe à la bouche [...]* **1846** (1853), P.-J.-O. Chauveau, *Charles Guérin,* 270 ; autres ex. 115 ; 118 [cp. 332 : *Le père Morelle ôta poliment son bonnet rouge*]. — *Il portait le costume des habitants : une tuque grise à pompon rouge, un capot de couverte blanche, serrée à la taille par une ceinture fléchée, un pantalon de laine grise et des souliers de cuir de bœuf.* **1854** (1858), H.-E. Chevalier, *L'héroïne de Châteauguay,* 7 ; autre ex. 74. — *Un homme d'un certain âge, en chemise de laine, tuque bleue sur la tête, pantalons gris d'étoffe du pays, était assis sur un petit banc de bois audevant de la porte du poêle [...]* **1864** (1973), G. Boucher de Boucherville, *Une de perdue, deux de trouvées,* 344. — *Rendu chez le docteur [Dr Nelson à St-Denis], il fut introduit dans une salle où deux à trois habitants en capots d'étoffe et en tuques bleues, attendaient.* Ib., 348. — *Un homme en capot d'étoffe grise, une tuque de laine sur la tête, était accouru, d'une maison en face, prêter secours.* Ib. 408 ; autre ex. 387. — *Un habitant, le chef orné d'une tuque ou bonnet, de la plus brillante écarlate, de deux pieds de longueur [...]* **1866** (1971), Ph. Aubert de Gaspé, *Mémoires,* 111 ; autres ex. 112, 224. — *« Je l'ai vu avec sa tuque rouge [...] comme je vous vois là ». — « Tiens, [...] vas-y de suite ! Je ne veux pas le manquer celui-là, car il y a un an que je le guette »* [il s'agit d'un insurgé de 1838 qu'on recherche]. **1869** (1968), Félix Poutré, *Souvenirs d'un prisonnier d'Etat canadien en 1838,* 21. — **1894** (1974), L. Fréchette, *Contes de Jos Violon,* 16 (conte *Tipite Vallerand*). — **1916** (1918), M. LeNormand, *Autour de la maison,* 71 ; 99 ; 112. — **1918** (1972), A. Laberge, *La Scouine,* 42. — **1931** (1943), L.-P. Desrosiers, *Nord-Sud,* 141. — **1932**, A. Nantel, *A la hache,* 156 ; 208. — *Sur les lits on pouvait* *voir des tuques de laine rouge ou grise, des ceintures fléchées, des capots d'étoffe du pays, des crémones et des nuages aux couleurs voyantes.* **1934** (1941), Cl.-H. Grignon, *Le déserteur*, 90 ; 197 (aussi 191 casque employé pour tuque). — *Durant quelques minutes, le gland d'une tuque sautilla comme un grelot rouge dans le blanc* [. . .] **1937** (1967), F.-A. Savard, *Menaud, maître-draveur*, 118. — **1943** (1945), F. Leclerc, *Adagio*, 56. — **1946** (1962), M. Trudel, *Vézine*, 223. — **1948** (1968), F.-A. Savard, *La Minuit*, 122 (voir aussi la *Liste de quelques termes régionaux*, 177). — **1951** R. Viau, *Au milieu la montagne* 14 ; 15 ; 21 ; 22. — **1955** (1971), F. Leclerc, *Moi, mes souliers*, 39 ; 55. — *Les garçons portaient tuques à pompons, mocassins et costumes de lumber jacks.* **1958**, G. Bessette, *La bagarre*, 12. — *Le pompon rouge de leur tuque se balançait au bout de son cordon.* Ib., 170. — **1966**, Cl. Mailly, *Le cortège*, 62. — **1966**, M. Ferron, *Cœur de sucre*, 13 ; 15 ; 90 ; 185 ; 189. — **1966**, J.-R. Rémillard, *Sonnets archaïques pour ceux qui verront l'indépendance*, 27. — **1969** (1972), J.-Cl. Germain, *Diguidi, diguidi, ha ! ha ! ha !* 49. — **1970**, J. Ferron, *Cotnoir*, 95. — **1971**, V.-L. Beaulieu, *Les grand-pères*, 37. — **1972**, Cl. Jasmin, *La petite patrie*, 61 ; 76 ; 111. — **1973**, Cl. Jasmin, *Pointe-Calumet, Boogie-Woogie*, 126 ; 127. — **1973**, M.-Cl. Blais, *Un joualonais, sa joualonie*, 88. — **1973**, J.-M. Poupart, *Chère Touffe, c'est plein plein de fautes dans ta lettre d'amour*, 213. — **1974**, J.-M. Poupart, *C'est pas donné à tout le monde d'avoir une belle mort*, 46.

Acad. : *C'était fait comme la tuque des Canadiens.* **1974**, R. Brun, *La Maricomo*, 95. — [. . .] *les pêcheurs enlèvent leurs tuques de laine devant la comète.* **1975**, Ant. Maillet, *Emmanuel à Joseph à Dâvit*, 90.

JOURN., PÉRIOD. — **1880**, *Le vrai Canard*, 4 déc., p. 2, col. 3. — *Le paletot d'hiver en étoffe du pays, avec son ample capuchon, la tuque bleue, se portaient partout dans nos campagnes* [. . .] **1920**, *Almanach du Peuple*, 51, 351. — *Avec la tuque et les bottes de « beu », l'étoffe du pays était la plus originale caractéristique de l'habillement du Canadien.* **1921**, *Almanach du Peuple*, 52, 340. — *Lors de sa disparition, il portait une tuque verte, une veste verte décorée de jaune, un pantalon à carreaux noir-rouge-gris.* **1974**, *Le Soleil*, 28 mars, p. 53. — *Le nouveau slogan, du Carnaval : « Mettez vos tuques, c'est parti ».* **1975**, *Le Soleil*, 27 juin, A 2.

ÉT. — *Presque tous les Canadiens ont des tuques [i.] e. bonnets* **1746**, Potier, p. 147 a du ms. [manque dans l'éd. de la Société du Parler fr.]. — *Son habit* [. . .]*, c'était le capot et la culotte d'étoffe, le ceinturon à flèches et la tuque.* **1946**, Fr. Brassard, *Refrains canadiens de chansons de France* dans AF I, 53. — **1960**, DawsIO 70 ; 72 ; 273. — *La tuque et la ceinture fléchée, symbole de la période « habitante » des Québécois, feraient-elles un retour en force ? Ce pourrait être là la revanche de Marius Barbeau.* **1973**, M. Rioux, Nouvelle préface à *Ceinture fléchée* de M. Barbeau, 9.

ENQ., LITT. OR. — **1914** (1916), Loretteville, M. Barbeau, *Contes populaires canadiens* dans JAF XXIX, 125 ; 132. — **1923**, Berthier-Maskinongé, G. Lanctôt, *La tuque percée* dans *Contes populaires canadiens*, JAF XXXVI, 215-216. — *ŝuk* **1975**, LavSagE (courant). — [Général au Québec.]

Franco-ontarien : *P'is là, i' s'est arretté, i' â sauté en bâs d'son ch'fal, p'i' i' â ôté sa turqu'* [sic] *de peau d'morue* [Ti-Jean, isolé sur une île pendant des années, a été contraint de se fabriquer des vêtements en peau de morue], *p'i i' dit, me r'connaissez-vous, i' dit, mon beau-pér'* ? **1953** (1973), Sturgeon Falls, LemVieux 1, 54.

Toponyme : *La Tuque*, sur le Saint-Maurice, fondée comme ville en 1911, mais née au XIXe s., L. Desbiens, *Au cœur de la Mauricie (La Tuque)*, 1933, pp. 30 et 53 ; v. aussi ci-dessous le passage extrait de la brochure touristique publiée par le Gouvernement du Québec. — *La Tuque est une montagne de forme ronde, un peu comme la montagne de Belœil, mais plus régulière. Elle a la forme des bonnets de laine que nous appelons tuques, mais d'une tuque bien enfoncée sur la tête de son propriétaire*, **1887**, N. Caron, *Deux voyages sur le Saint-Maurice*, 58. — [...] *La Tuque où deux encoches encadrent une lourde échine évoquant ces bonnets que les Canadiens appellent 'tuques'* [...] **1960**, R. Blanchard, *Le Canada français*, 26. — *Ancienne succursale de la compagnie des Postes du Roy, rivale de la compagnie de la Baie d'Hudson qui avait un établissement à Rivière-aux-Rats, La Tuque (1911) est bâtie dans un pays sauvage sculpté à même les Laurentides et arrosé de centaines de lacs et de cours d'eau. Comme Shawinigan et Grand'Mère, elle est née de la forêt et de la Saint-Maurice. Sa grande centrale hydro-électrique produit 271.500 cv, et l'une des usines possède la plus grosse machine à papier kraft au monde ; on y trouve une fabrique de serviettes commerciales et de térébenthine. Important point de départ d'excursions de chasse et de pêche en Haute Mauricie, elle doit son nom à une montagne, dont le profil rappelle ce bonnet de laine québécois en forme de cône, la tuque (du vieux mot français « tuc » ou « sommet » [sic]). Cette montagne a été partiellement dynamitée, lors de la construction de la centrale sise devant.* **1975** (?), *Le chemin du roy et la Mauricie*, 26 [brochure touristique publiée par le Gouv. du Québec, sans date, mais distribuée en 1975].

Expressions :

○ TUQUE-BLEUE subst. f.

  Graphies *Tuque-bleue, tuque bleue.*

Vx. Nom donné par les Anglo-Canadiens aux Canadiens français, au moment de la révolte de 1837, par allusion à la *tuque* de laine bleue qui constituait leur coiffure la plus habituelle [voir ci-dessus s.v. *tuque* les passages tirés du journal de Papineau et des textes littéraires de

G. Lévesque 1846, de Chevalier 1854 et de Boucher de Boucherville 1864 ; mais *tuque* rouge F. Poutré 1869].

LITT. — *Chut ! ne m'appelez pas lieutenant ; je ne voudrais pas être connu ici. Vous voyez toutes ces tuques bleues* [il s'agit d'habitants insurgés en 1837]. **1864** (1973) G. Boucher de Boucherville, *Une de perdue, deux de trouvées,* 343. — *Les Canadiens français sont tous des lâches, dit un officier ; dix mille tuques bleues ne tiendraient pas devant un régiment de soldats.* Ib., 410.

ÉT. — *Il y a 50 ans, les Anglo-Canadiens appelaient Tuque-bleues les Franco-Canadiens.* **1880,** Du. — **1894,** Cl (donne le genre masc., sans doute à tort).

[Cp. les expr. *capots d'étoffe* « habitants, paysans » et *habits rouges* « soldats anglais » : *Tirez pas sur les capots d'étoffe, tirez sur les habits rouges, La Gazette de Québec,* 1ᵉʳ avril 1813, cité dans M. Ferron, *Les Beaucerons, ces insoumis,* 1974, 212 ; aussi *Les habits rouges,* roman historique de Robert de Roquebrune, 1948.]

○ GROSSE TUQUE

Gros bonnet, personne qui occupe une position importante.

ÉT. — **1930,** Gl.

○ AVOIR LA TUQUE DRÈTE (= droite)

Etre en colère.

ÉT. — **1930,** Gl.

[Cf. aussi fr. *bonnet (de laine)* : *Six bonnets de layne rouge* 1659, Montréal (nos quatre premières attestations sont tirées de SégCost 131-132). — *Quatre bonnets de laine rouge et blancs* 1660, Montréal. — *Quatre bonnets de laine* 1661, Montréal. — *Deux bonnets de laine blanc* 1673, Champlain. — *Un bonnet de laine* 1677, Québec, ASQ, C-2, p. 229. — *Un bonnet de laine* 1689, ib., C-4, p. 90. — *Un bonnet de laine* 1798, Montréal, ASSSM, Livres de comptes IX A, mai. — *6 bonnets de laine* 1805, ib., janv. — *6 bonnets de laine* 1809, ib., oct. — *6 bonnet de laine* 1817, Québec, ASQ, Séminaire 123, n° 155, doc. 19 août. — *Cinq bonnets de laine* 1826, Montréal, ANQM, gr. Th. Bedouin, doc. 20 juin. Il n'est cependant pas sûr que *bonnet de laine* soit toujours synonyme de « tuque » dans les doc. d'archives, surtout au début de la colonie ; ainsi on a : *Un bonnet de nuict de laine blanche, doublé* 1660, Montréal, SégCost 133 ; *Sept bonnets de laine blanche, doublé, de nuit, pour homme* 1694, Québec, ANQ, gr. L. Chambalon, doc. 19 juill., p. 7, où il s'agit de bonnet de nuit en laine ; de même, on relève : *seize gros bonnets de lenne a matelots* 1702, Québec, ANQ, gr. Fl. La Cetière, doc. 3 oct., p. 38, où il est fait allusion de toute évidence au *tapabor(d),* mot attesté en fr. sous diverses variantes du XVIIᵉ s. à nos jours — aussi en québécois ancien — et avec le sens de « bonnet des marins, dont on peut rabattre les bords », v. FEW 13, 1, 104. Le sens de « tuque » est évident dans la littérature ; par ex. : *José fit le galant ; et vous auriez bien ri, vous autres qui êtes si bien nippés, de le voir dans son accoutrement des dimanches : d'abord un bonnet gris lui couvrait la tête, un capot d'étoffe noire dont la taille lui descendait six pouces plus bas que les reins, avec une ceinture de laine de plusieurs couleurs qui lui battait sur les talons ; et enfin une paire de culottes vertes à mitasses, bordées en tavelle rouge, complétait cette bizarre toilette.* 1837 (1968), Ph. Aubert de Gaspé fils, *Le chercheur de trésors*, 30. — [...] *leur tête était couverte d'un bonnet de laine bleu du pays.* 1846 (1972), P. Lacombe, *La terre paternelle*, 86. — [...] *les costumes pittoresques des habitants, les bonnets rouges et bleus qu'on agitait en l'air.* 1846 (1953), P.-J.-O. Chauveau, *Charles Guérin*, 154 ; autres ex. 277 et 332. — *Bonnet de laine rouge sur la tête, gilet et culottes d'étoffe grise, bottes sauvages, tel est son accoutrement.* 1860 (1875), H.-R. Casgrain, *Légendes canadiennes*, 10 (*Le tableau de la Rivière-Ouelle*). — *Un habitant, le chef orné d'une tuque ou bonnet* [...] *Quelques officiers* [...] *lui lâchaient force épigrammes* [...] *en pointant du doigt le flambant bonnet rouge...* 1866 (1971), Ph. Aubert de Gaspé, *Mémoires*, 111 ; autre ex. 145 où aussi *bonnets de laine dont nous étions coiffés.*

BIBL. — Potier, ms. 147 a [manque dans BPFC, v. ci-dessus sous ÉT.] ; Viger BPFC VIII (1909-10), 341 b ; Du ; Cl ; JutrSucr 147 ; BurqLitt dans BPFC IV (1905-06), 183 ; Di ; JutrMais dans BPFC X (1911-12), 266 ; Gl ; Corr I n° 23 ; DavCréat 161 ; DawsIO 180 b (aussi dessin 75) ; VinDict ; DagDict ; SégCiv 476-477 [signale l'existence de *tuque* dès le Régime français mais ne fournit pas d'attestation] ; Ség-Cost 143 [l'attestation de 1659, à la p. 237, est fausse, voir hist.] ; CanBAl 30 [même remarque ; plusieurs autres erreurs] ; Cassell'sF⁸ ; LaflDrave 174 b ; Barb² 233 ; Bél² (v. dessin) ; JunPron 248 ; LavSag 186 n° 144 ; StrakaMen 290 ; PoirAc 224 ; LemVieux 1, 302 b (s.v. *turque*) ; Ditchy-Louis ; DorrMiss ; CarrMiss 319 ; LockeBrunsw 168 ; DictCan [s.v. *toque* et *tuque*, v. dessins ; aussi *bonnet bleu* et *bonnet rouge*] ; DFV (comme canadianisme) ; Larousse 1975.

2° Bonnet de nuit.

LITT. — [...] *Ross* [...] *eut l'idée, que la cuisinière, manquant de sac, avait tronqué une des extrémités d'une vieille tuque (bonnet de nuit) de son maître* [...] **1866** (1971), Ph. Aubert de Gaspé, *Mémoires*, 224. — [...] *coiffé de la tuque qu'il mettait pour dormir* [...] **1942** (1972), A. Laberge, *La fin du voyage*, dans G. Bessette, *Anth. d'Albert Laberge*, 248 (autre ex. dans cette page).

BIBL. — Du (déf. « bonnet de coton ») ; Cl ; Rinfr ; ClInv ; FEW 21, 531 a, s.v. *toque*.

3° Filtre à *sirop d'érable* de feutre épais, muni de ganses et se terminant en pointe.

ENQ. — *On appelait ça une tuque, on la suspendait par un morceau de bois au-dessus d'une canisse* [= angl. *canister*], *on faisait couler le sirop qui avait fini de bouillir.* **1973**, Pointe-du-Lac. — **1975**, Tingwick.

4° Dernier entonnoir du verveux.

ÉT. — *Le dernier entonnoir (tuque) [du verveux] était complètement fermé par une ficelle. C'était par là qu'on retirait les prises. La tuque recevait par nœud coulant la corde de l'ancre, de la picasse ou de la grosse cale [...]. On tendait le verveux les ailes ouvertes dans le sens du courant, des piquets retenant les ailes et la tuque [...]. Pour lever le verveux, il suffisait de tirer sur la corde de la bouée, de secouer le verveux en poussant vers la « tuque » les poissons qui étaient restés prisonniers entre les cerceaux. En détachant la « tuque », on avait le poisson.* **1973**, LaflCour 138-139.

5° Bonbon ou chocolat ayant la forme d'un cône.

ENQ. — *Des tuques en sucre* **1974**, Saint-Augustin. — *Des tuques en chocolat* **1974**, rég. de Montréal.

● TUQUON subst. m.

Pron. *tukõ, ŝukõ.*

Petite *tuque.*

ÉT. — **1930**, Gl.

ENQ. — *tukõ* **1966**, Saint-Jacques (Montcalm) [Dg].

● SE TUQUER v. pron.

Se coiffer d'une *tuque.*

LITT. — *Toé qui as la bronchite, y paraît, Baptiste, t'aurais ben dû te tuquer la tête un peu, pépère que t'es, en deux minutes tu vas avoir la souffle et y va falloir un crachoir comme à un hospiceux!* **1973**, M.-Cl. Blais, *Un joualonais, sa joualonie,* 32.

TOQUE² subst. f. (gén. au pl.)

HIST. — Tout en étant attesté au Québec seulement à partir de la fin du XIXᵉ siècle, TOQUE² appartient à la famille galloromane des noms de plantes qui remontent à l'anglo-saxon *docce* « oseille » : picard *doque* ou *dogue* « bardane ; capitules (de bardane) » (FEW 15,2, 64 a ; ALF carte 112 « bardane ; capitules (de bardane) » dont les données manquent au FEW ; Rolland *Flore* 7, 129), a. fr., m. fr., normand et picard « patience (plante) », etc. (FEW 15,2, 63 b-64 a). La forme québécoise avec *t-* vient sans doute d'une contamination de *doque* par le fr. *toque* au sens de « coiffure » (v. *toque¹*), et cette contamination due à la forme des capitules de la bardane, a pu se produire déjà en France, ainsi qu'en témoignent d'autres noms français de plantes : fr. m. *toque* « scutellaria galericulata » (dep. 1694, mais vieilli), norm. *toque bleue* « id. », champenois *toque* « pivoine », qui figurent au FEW avec la famille du fr. *toque*, parmi les mots d'origine inconnue (FEW 21, 531 a), mais qui sont à classer, eux aussi, sous l'anglo-saxon *docce*. L'existence de *toque* en québécois oblige à reculer la date d'apparition du picard *dogue* « bardane, capitules (de bardane) ».

Le sens 3° « tige du framboisier », relevé seulement à l'Ile d'Orléans, vient sans doute de ce que cette plante, comme la bardane, s'accroche aux vêtements.

Toque au sens de « bardane » ne vit pas, semble-t-il, en acadien (Mass 257 signale bien *tòk*, mais à Saint-Gervais de Bellechasse au Québec).

Ce mot ne doit pas être confondu avec *toque¹* comme le font la plupart des lexicographes québécois.

Quelques autres dénominations de la bardane (ou des capitules de la bardane) : *amoureux, artichaut* (var. *artichou*), *burdock, collant, diable, glouton, grappian, grappin, graquias* (var. *grattias*), *graquiau* (var. *gratteau*), *gratton herbe à coquin, piquant, placard, rapace, rhubarbe du diable, teigne*...

Pron. *tòk*. — Graphies *toque, toc*.

1° Bardane.

ÉT. — *On ne doit pas non plus jamais laisser monter à graine ces abominables pieds de bardanes (toques, rapaces ou burdocks) dont les feuilles ressemblent à celles de la rhubarbe.* **1891**, PoulAgric 92. — **1909**, Di. — *Le chien est passé dans les toques.* **1971**, Bél² [le sens 2° est tout aussi possible dans ce contexte].

ENQ. — **1975**, LavSagE.

BIBL. — Di ; Gl ; MVictFl² 567 ; DgDict ; Bél².

2° Capitules de la bardane.

LITT. — *C'étaient toujours les mêmes chansons qui étaient hurlées, les mêmes complaintes qui pénétraient les oreilles et s'accrochaient en soi, comme des vrilles ou des toques.* **1971**, V.-L. Beaulieu, *Les grands-pères*, 54. — *La chatte jaune rôdait dans le ravin à la recherche de ses petits. Elle miaulait, le museau en sang à cause des ronces et la queue pleines de toques.* Ib., 60.

ÉT. — [...] *mais comme c'est la seconde année qu'elles forment les toques, il vaut mieux les couper quand les toques sont à peu près formées.* **1891,** PoulAgric. 93. — *Ces fleurs, que nous appelions, dans notre langage d'enfants, des toques, ont une jolie corolle purpurine.* **1904,** J.-Ed. Roy, *Histoire de la seigneurie de Lauzon,* IV, 227 [Dg]. — *Tu as des toques après ton pantalon.* **1971,** Bél².

ENQ. — **1974,** Québec. — *Se tirer des toques dans les cheveux.* **1974,** Beauce. — **1975,** LavSagE.

BIBL. — Rinfr ; ChapAgr 620 b ; Gl ; HubLFrIM (« amoureux... les tocs des Québécois ») ; RoussCoudr 101 ; DoyBeauce 188 ; PoirGl (*toc,* s.v. *amoureux*) ; GardDict 87 [donne une pron. *tœrk,* exceptionnelle, relevée dans la campagne proche de Québec] ; DgDict ; Bél² ; LavSag 22 n° 123 ; Mass 257.

3° Tige du framboisier.

ÉT. — *La saison des framboises commence immédiatement après la saison des fraises, ou un peu plus tôt, et dure également trois semaines. Aussitôt que possible après la récolte, on coupe les « toques » (tiges) qui ont porté fruit, afin de laisser accroître les jeunes, qui porteront le fruit l'année suivante.* **1960,** DawsIO 124.

APPENDICE I

Spécimens du futur
DICTIONNAIRE ÉTYMOLOGIQUE DE LA LANGUE FRANÇAISE AU QUÉBEC
(et des régions limitrophes)

BER, 1684. Déverbal de *bercer* (de **bertiare,* propre au latin de Gaule et d'Espagne, du radical gaulois **berta-* « secouer »), *ber* ou *bers* « berceau » a vécu en fr. du XIIe s. au XVIe, voire au-delà comme terme de marine (« charpente supportant un navire en construction ») et, surtout, dans le proverbe *ce qu'on apprend au ber dure jusqu'au ver.* Au XVIIe s., il a été supplanté, dans la langue générale, par l'ancien diminutif *berceau* (XVe s., auparavant *berçuel* XIIe s., lat. tard. *berciolum* VIIIe s.), mais continue à s'employer, jusqu'à présent, sous diverses formes phonétiques, dans des dialectes, notamment dans ceux de l'Ouest et du Nord-Ouest, en Normandie en particulier. Mot courant en québécois populaire jusqu'à l'époque moderne, où il connaît un certain déclin, le berceau traditionnel ayant été remplacé par le *petit lit* ou la *bassinette* « sorte de lit pour nouveau-né (qui ne se balance pas) ». — Dér. : BERCEAU « patin de berceau, de *berceuse* », 1832. — CHAISE BERÇANTE 1824, BERÇANTE 1836, CHAISE BERCEUSE 1821 et BERCEUSE 1834. La *berceuse* (objet) a été importée des Etats-Unis et répandue au Québec au début du XIXe s., peut-être par des Loyalistes américains et des artisans immigrés. Aussi tous les dérivés de *bercer* se rattachant à cette nouvelle réalité, sont-ils assurément des innovations québécoises qui, pour la plupart, remontent à cette époque. Certes, *berceuse* « sorte de siège à bascule » existe aussi en fr. depuis 1875, mais il faut y voir sans doute une création indépendante ; d'ailleurs, la réalité que ce mot désigne diffère généralement de la *berçante* québécoise qui est normalement une chaise. Dans la littérature québécoise, *berceuse* est le terme le plus employé (dep. 1849, G. Boucher de Boucherville, *Une de perdue, deux de trouvées*) — sans doute parce que l'écrivain croit se conformer à la norme ; l'état actuel de notre documentation permet déjà d'entrevoir quelques conclusions : 1° *chaise berçante* et *chaise berceuse* seraient plus répandus que *berçante* et *berceuse* ; 2° *chaise berçante* serait l'appellation usuelle du Québec métropolitain ; 3° *chaise berceuse* serait celle de la Côte-Nord, du

Saguenay et du Lac-Saint-Jean. — BERCER v. intr., 1946, mais certainement antérieur. — BERÇOTHON, 1955, mais remonte peut-être aux années 1930-35 (comme d'ailleurs le concept lui-même) ; il faut y voir une formation analogique d'après *marathon* (cp. en québécois *pianothon, nagethon, pipethon*, etc.) ; il semble que l'habitude de dériver des mots, d'après *marathon*, vient des Etats-Unis.

BERLINE, 1793 (comme première date sûre ; une attestation de 1787 dont le sens est difficile à préciser). Apparaît à partir de cette date au sens de « voiture d'hiver », qui dérive du sens fr. « carrosse confortable et fermé, à deux fonds et à quatre roues », attesté en québécois à partir de la fin du Régime français (cet emploi semble cependant disparu aujourd'hui) ; en français le mot remonte au début du XVIIIe s. et est issu du nom de la ville de *Berlin* où cette voiture a été mise à la mode vers 1670. — Dér. : BERLOT, 1838, issu de *berline* avec suffixe diminutif *-ot* à la place de *-ine* (interprété comme suffixe) ; *berlot* désigne effectivement une voiture d'hiver de dimension plus réduite que la *berline* et pouvant servir à toutes sortes d'usage (la *berline* est réservée plutôt au transport des personnes). Dans la littérature québécoise, *berlot* est préféré à *berline* et on en comprend les raisons : les écrivains évitent sans doute le terme *berline* dont ils connaissent la signification en français, tandis que *berlot*, terme purement québécois, ne prête pas à confusion et a en outre l'avantage de désigner des traîneaux aussi bien pour les voyageurs que pour les marchandises.

＊

APPENDICE II

Spécimens du futur

DICTIONNAIRE DE LA LANGUE FRANÇAISE AU QUÉBEC

(et des régions limitrophes)

BER (aussi *bers* [bèr] s.m. (1684, du fr. *bercer* ; fr. jusqu'au XVIe s., Nord-Ouest, Ouest). ◆ 1° Berceau. [...] *le petit coin où ma mère dodelinait mon berceau, mon ber, comme on disait alors : une expression de Bretagne et de Normandie, qui, de même que l'objet lui-même, est allée rejoindre les vieilles heures et les neiges d'antan.* (L. Fréchette). ◆ 2° Espace compris entre les ridelles d'une charrette à fourrage. ◆ 3° Plate-forme d'une charrette à fourrage. SYN. *berceau.*

BERÇAGE [bèrsàj] s.m. (1974, mais certainement antérieur, du fr. *bercer*). ◆ Action de se bercer dans une *berceuse. Pas de barçage à matin, on a de l'ouvrage.*

BERÇANT [bèrsã] adj. (1969 [1824 dans *chaise berçante*, voir s.v.], mais certainement antérieur, du fr. *bercer*). ◆ Qui balance d'avant en arrière (se dit d'un meuble sur patins). *Un meuble berçant.* — FAUTEUIL BERÇANT « fauteuil à bascule sans patins ». *2 fauteuils berçants pour enfant, cuir, $ 30. (Le Soleil).*

BERÇANT [bèrsã] s.m. (1974, mais certainement antérieur, du fr. *bercer* ; peu répandu). ◆ Patin arqué d'une *berceuse*. SYN. *berceau, berce, chanteau.*

BERÇANTE [bèrsãt] s.f. (dep. 1836, du fr. *bercer*). ◆ Siège muni de patins courbes, sans bras ou avec bras, que l'on peut faire balancer d'avant en arrière par le mouvement du corps. *Il est resté assis dans la berçante à fumer et à se faire des idées.* (A. Major). SYN. *berçante (chaise ⌒), berceuse, berceuse (chaise ⌒).*

BERÇANTE (*chaise* ⌒) [bèrsãt] expr. (1824, du fr. *bercer*). ◆ Siège muni de patins courbes, sans bras ou avec bras, que l'on peut faire balancer d'avant en arrière par le mouvement du corps. *Il l'aperçut en train de lire un gros livre à la clarté de la lampe, confortablement assis dans une chaise berçante.* (Cl.-H. Grignon). SYN. *berçante, berceuse, berceuse (chaise ⌒).*

BERCE [bèrs] s.f. (1832, du fr. *bercer* ; surtout dans l'Ouest du Québec). ◆ Patin arqué d'un berceau ou d'une *berceuse. Les berces jettent trop en arrière (= cette berceuse incline trop à l'arrière) (Glossaire).* SYN. *berceau, berçant, chanteau.*

BERCEAU [bèrsó] s.m. (1832, fr. *berceau*). ◆ Patin arqué d'un berceau ou d'une *berceuse. Le rythme de sa chaise est maintenant tout à fait régulier. Le bruit sourd du berceau au bout de sa course fait la cadence avec celui des pieds qui renversent le mouvement.* (M. Ferron). ◆ 2° Ridelles d'une charrette à fourrage. ◆ 3° Espace compris entre les ridelles d'une charrette à fourrage. ◆ 4° Charretée (de foin) ne dépassant pas la hauteur des ridelles. *Un berceau de foin (Glossaire).* ◆ 5° Plate-forme d'une charrette à fourrage. SYN. *ber.*

BERCEUSE [bèrsœz] s.f. (1834, du fr. *bercer* ; vraisemblablement sans lien avec le fr. *berceuse* « rocking-chair »). ◆ Siège muni de patins courbes, sans bras ou avec bras, que l'on peut faire balancer d'avant en arrière par le mouvement du corps. *Il n'osait lever les yeux ne voyant plus que ses deux pieds chaussés de poussière et les semelles épaisses du curé qui frappaient le plancher avec un bruit mat, à chaque tangage de la berceuse.* (Ringuet). SYN. *berçante, berçante (chaise ⌒), berceuse (chaise ⌒).*

BERCEUSE (*chaise* ⌒) [bèrsœz] expr. (1821, du fr. *bercer*). ◆ Siège muni de patins courbes, sans bras ou avec bras, que l'on peut faire balancer d'avant en arrière par le mouvement du corps. [. . .] *une chaise* *berceuse et dessus une vieille qui tricote.* (F. Leclerc). SYN. *berçante, berçante (chaise* ∿*), berceuse.*

BERÇOTHON (aussi *berceauthon, bercethon*). [bèrsótõ, bèrsétõ] s.m. (1955, mais remonte peut-être aux années 1930-35 ; création analogique d'après *marathon*). ◆ Concours qui consiste à se bercer dans une berceuse le plus longtemps possible. *M. X. a remporté les honneurs du berceauthon des Chevaliers de Colomb de l'Ancienne-Lorette, en tenant ferme jour et nuit, durant 75 heures et 15 minutes* [. . .] *(Le Soleil).*

BERLINE [bèrlin] s.f. (1793 comme première date sûre — 1787 avec un sens incertain —, du fr. *berline*). ◆ 1º Voiture d'hiver, non fermée, faite d'une boîte oblongue et profonde, posée sur des patins (plus longue que celle du *berlot*), et utilisée surtout pour le transport des personnes (gén. à deux banquettes). [. . .] *un drôle fait des pieds de nez aux occupants d'une berline qui sont tombés à la renverse dans la neige* [. . .] (M. Barbeau). ◆ 2º Voiture d'hiver des boulangers, dont l'arrière est en forme de longue caisse, et qui sert au transport et à la distribution du pain. ◆ 3º Sorte de tombereau sur patins. *Une berline à neige.* ◆ 4º Sorte de traîneau pour enfant ayant la forme d'une *berline.* ◆ 5º *Rare.* Adolescente (terme de tendresse). *Cré p'tite berline, c'que tu peux en faire des choses !*

BERLOT [bèrló] s.m. (1838, dér. du québécois *berline* avec suff. *-ot* à la place de *-ine* interprété comme suff.). ◆ 1º Voiture d'hiver, faite d'une boîte oblongue, posée sur patins bas, plus courte que celle de la *berline,* et utilisée pour le transport des personnes (généralement à deux places) et des marchandises. *Telles étaient, cahotées, secouées, enfouies dans ma noire pelisse d'ours, mes craintes de jeune missionnaire, tandis que notre vaillante petite bête canadienne, crinière flottante, naseaux fumants, comme si elle eût été de connivence avec moi, battait la neige et tirait notre berlot.* (F.-A. Savard). ◆ 2º Sorte de traîneau pour enfant, ayant la forme d'un *berlot.* — *Fig., local.* EN AVOIR PLEIN SON BERLOT. En avoir plein le dos. *Cet homme commence à en avoir plein son berlot.* — *Fig.* SE GROUILLER LE BERLOT. Se dépêcher. *Grouille-toué le borlot un peu.*

Références citées en abrégé ([1])

A — IMPRIMÉS

1) Références canadiennes (plus spécialement québécoises)

AF : *Les Archives de Folklore*, Québec, depuis 1946.

Baraga : Baraga (Fr.), *A Dictionary of the Otchipwe Language, explained in English*, nouv. éd., Minneapolis, 1966.

Barb² : Barbeau (V.), *Le français du Canada*, 1963, 2ᵉ éd., Québec, 1970.

BarbArts : Barbeau (M.), *Vocabulaire des arts et métiers*, dans EPFC, pp. 111-173.

BarbInd : Barbeau (M.), *Les mots indigènes*, dans *Cahiers de l'Académie canadienne-française*, nº 5 (1960), pp. 27-34.

BarbCah : *Cahiers de l'Académie canadienne-française*, publ. par V. Barbeau, nº 5 : Linguistique, Montréal, 1960.

BarbGourg : Barbeau (M.), *Le pays des gourganes*, dans MSRC, série 3, v. 11 (1917), sect. 1, pp. 193-225.

Bél² : Bélisle (L.-A.), *Dictionnaire général de la langue française au Canada*, Québec, 2ᵉ éd., 1971.

BibMém : Bibaud (M.), *Le mémorial des vicissitudes de la langue française en Canada*, Montréal, 1879.

BlanchDict¹⁻⁷ : Blanchard (E.), *Dictionnaire de bon langage*, 1ʳᵉ éd., Montréal, 1914 ; *Dictionnaire du bon langage*, 7ᵉ éd., 1940.

BPFC : *Bulletin du Parler français au Canada*, Québec, 1902-18.

BrandVerm : Brandon (E.), *Mœurs et langue de la paroisse Vermillon en Louisiane*, thèse dactylographiée, Université Laval, 1955.

BRH : *Bulletin des Recherches historiques*, Lévis, Québec, depuis 1895.

BurqLitt : Burque (F.-X.), *Les mots populaires dans la littérature canadienne française*, dans BPFC, t. IV (1905-06), pp. 61-62, 101-102, 142-145, 182-184 ; t. VI (1907-08), pp. 227-230.

CanBAl : *Canadianismes de bon aloi*, dans *Cahiers de l'Office de la langue française*, nº 4, Québec, 1969.

---

(1) Il serait trop long de dresser ici une liste complète des études et textes auxquels nous nous référons ; nous nous en tenons aux références citées en abrégé.

Car : Caron (N.), *Petit vocabulaire à l'usage des Canadiens français*, Trois-Rivières, 1880.

CarrMiss : Carrière (J. M.), *Tales from the French Folklore of Missouri*, Evanston et Chicago, 1937.

Cassell'sF[8] : *Cassell's New French-English English-French Dictionary*, Londres, 8e éd., 1974.

CD : *Les Cahiers des Dix.*

CF : *Le Canada français*, Québec, 1918-1946.

ChambDialCan : Chamberlain (A. F.), *Dialect Research in Canada*, dans *Dialect Notes*, publ. par The Dialect American Society, Cambridge (Mass.), 1890, 2e partie, pp. 43-56.

ChambGranb : Chamberlain (A. F.), *Notes on the Canadian-French Dialect of Granby (Province de Québec)*, dans *Modern Language Notes*, janv. 1892, v. 7, pp. 24-27 ; janv. 1893, v. 8, pp. 31-35.

ChambInd(1888) ou (1889) : Chamberlain (A. F.), *Words of Indian Origin in the French-Canadian Dialect and Literature*, dans *American Notes and Queries*, Philadelphie, 1888-1889, v. 1, 2 et 4, *passim* (nous n'avons pu consulter cette revue ; tous nos renvois ont été effectués d'après Dg).

ChantChron : Chantal (René de), *Chroniques de français*, Université d'Ottawa, 1956.

ChapAgr : Chapais (J.-Ch.), *Quelques notes sur la terminologie technique de l'agriculture au Canada*, dans *Premier congrès de la langue française au Canada. Mémoires*, 1914, pp. 611-625.

ChiassChét : Chiasson (A.), *Chéticamp. Histoire et traditions acadiennes*, Moncton, 1961.

Cl ou Clapin : Clapin (S.), *Dictionnaire canadien-français*, Montréal-Boston, 1894, réimpr. en 1974 aux P.U.L.

ClasMat : Clas (A.), *Bibliographie des chroniques de langage publiées dans la presse au Canada*, I, 1950-70, Université de Montréal, [1975].

ClAmer : Clapin (S.), *A New Dictionary of Americanisms*, New York, 1900.

ClInv : Clapin (S.), *Inventaire de nos fautes les plus usuelles*, Worcester, 1913.

ClSauv : Clapin (S.), *Les mots d'origine sauvage*, dans BRH, v. 6 (1900), pp. 294-305.

Colpr : Colpron (G.), *Les anglicismes au Québec*, Montréal, 1970.

Corr : *Corrigeons-nous*, publié par la Société du Parler français au Canada, Québec, 1930-42.

CuoqAlg : Cuoq (J.-A.), *Lexique de la langue algonquine*, Montréal, 1886.

DagDict : Dagenais (G.), *Dictionnaire des difficultés de la langue française au Canada*, Québec-Montréal, 1967.

DavCréat : Daviault (P.), *Quelques créations canadiennes,* dans *Vie et langage,* n° 37 (avril, 1955), pp. 159-163.

DawsIO : Dawson (N.), *La vie traditionnelle à Saint-Pierre (Ile d'Orléans),* Québec, 1960.

DgAtl : Dulong (G.), *Projet d'un atlas linguistique du Canada français,* dans EPFC, pp. 175-191.

DgBAns : Dulong (G.), *La langue parlée à l'Anse-à-la-Barbe (Gascons-Ouest, Comté de Bonaventure),* paru dans *Belle-Anse* de Marcel Rioux, Ottawa, 1957, pp. 95-121.

DgBeauce : Dulong (G.), *La langue parlée à Saint-Joseph de Beauce . . .,* dans *Pédagogie, orientation,* Université Laval, v. 7, n° 1 (1953), pp. 124-130.

DgBbg : Geddes (J.), Rivard (A.), puis Dulong (G.) [pour les publ. postérieures à 1906], *Bibliographie linguistique du Canada français,* Québec-Paris, 1966.

DgChét : Dulong (G.), *Chéticamp, îlot linguistique du Cap-Breton,* dans *Contributions to Anthropology,* Ottawa, [1959] 1961, pp. 11-42.

DgDict : Dulong (G.), *Dictionnaire correctif du français au Canada,* Québec, 1968.

DgEnq : Dulong (G.), *Enquête dialectologique et phonétique du français parlé au Québec. Questionnaire,* Québec, 1969.

DgGasp : Dulong (G.), *Chez les Gaspésiens,* dans VL, n° 37, avril 1955, pp. 188-191.

DgGéogr : Dulong (G.), *Problèmes de géographie linguistique du Canada français,* dans *Actes du Xᵉ congrès international de linguistique et philologie romanes* (Strasbourg, 1962), Paris, 1965, t. III, pp. 1377-1398.

DgRég : Dulong (G.), *Les régionalismes canadiens,* dans *Le français en France et hors de France. II. Les français régionaux, le français en contact* (Actes du colloque sur les ethnies francophones, Nice 1968), *Annales de la Faculté des Lettres et Sciences humaines de Nice,* n° 12, octobre 170, pp. 49-73.

Di ou Dionne : Dionne (N.-E.), *Le parler populaire des Canadiens français,* Québec, 1909, réimpr. en 1974 aux P.U.L.

DictAmer : M. M. Mathews, *A Dictionary of Americanisms on Historical Principles,* Chicago, 1951.

DictCan : *A Dictionary of Canadianisms on Historical Principles,* par The Lexicographical Centre for Canadian English, University of Victoria, Toronto, 1967.

DiQuerGr :Dionne (N.-E.), *Une dispute grammaticale en 1842 : le G.-V. Demers vs le G.V. Maguire, précédé de leur biographie,* Québec, 1912.

DitchLouis : Ditchy (J. K.), *Les Acadiens louisianais et leur parler,* Paris, 1932.

DorrMiss : Dorrance (W. A.), *The Survival of French in the Old District of Sainte-Geneviève* [dans le Missouri], Université du Missouri, Columbia, 1935.

DoyBeauce : Doyon (M.), *Jeux, jouets et divertissements de la Beauce,* dans AF, v. 3 (1968), pp. 159-207.

DoyCharl : Doyon (M.), *Le costume traditionnel féminin de Charlevoix,* dans AF, v. 2 (1947), pp. 183-189.

Du ou Dunn : Dunn (O.), *Glossaire franco-canadien,* Québec, 1880, réimpr. en 1976 aux P.U.L.

DupBeauce : Dupont (J.-Cl.), *Le légendaire de la Beauce,* Ottawa, 1974.

EllFrCanIII-IV : Elliott (A. M.), *Contribution to a History of the French Language in Canada. III. Speech Mixture in French Canada : A. Indian and French,* dans *American Journal Philology,* 1887, v. 8, pp. 133-157 et 338-342 ; *Contribution to a History... IV. Speech mixture in French Canada : B. English and French,* dans *American Journal of Philology,* Baltimore, 1889, v. 10, pp. 133-158.

EPFC : *Etudes sur le parler français au Canada,* Québec, 1955.

FauchHonn : Faucher de Saint-Maurice, *Honni soit qui mal y pense,* Montréal, 1885.

GardDict : Gardette (P.), *Pour un dictionnaire de la langue canadienne,* dans RLiR, t. 18 (1954), pp. 85-100.

GeddChal : Geddes (J.), *Study of an Acadian-French Dialect spoken on the North Shore on the Baie-des-Chaleurs,* Halle, 1908.

GendrAdstr : Gendron (J.-D.), *Le phonétisme du français canadien du Québec face à l'adstrat anglo-américain,* dans *Etudes de linguistique franco-canadienne,* Paris-Québec, 1967, pp. 15-67.

GenObj : Genêt (N.), Vermette (L.) et Décarie-Audet (L.), *Les objets familiers de nos ancêtres,* Ottawa, 1974.

GeoffrI-II-III : Geoffrion (L.-Ph.), *Zigzags autour de nos parlers,* Québec, 1re série, 1924 ; 2e série, 1925 ; 3e série, 1927.

Gingr (avec l'année de l'éd.) : Gingras (J.-F.), *Manuel des expressions vicieuses les plus fréquentes,* 2e éd., Outaouais, 1867 ; 3e éd., Ottawa, 1880.

Gl ou *Glossaire* : *Glossaire du parler français au Canada,* préparé par la Société du Parler français au Canada, Québec, 1930, réimpr. en 1968 aux P.U.L.

GourmCan : Gourmont (R. de), *Les Canadiens de France,* Paris, 1893 (petit glossaire à la fin de l'ouvrage).

HuardScN : Huard (V.-A), *La terminologie franco-canadienne dans les sciences naturelles,* dans *Premier congrès de la langue française au Canada. Mémoires,* Québec, 1914, pp. 573-588.

HubIM : Hubert (P.), *Les Iles de la Madeleine et les Madelinots,* Rimouski, 1926.

HubLFrIM : Hubert (P.), *La langue française aux Iles-Madeleine,* dans *Deuxième congrès de la langue française au Canada. Mémoires,* Québec, 1938, pp. 54-75.

HudFor : Hudon (J.-E.), *Vocabulaire forestier,* Québec, 1946.

JR : Thwaites (G. R.), *The Jesuit Relations and Allied Documents,* Ottawa, depuis 1882.

JunAngl : Juneau (M.), *Les plus anciens anglicismes lexicaux en franco-canadien,* dans *Bulletin des jeunes Romanistes,* fasc. 16, Strasbourg, 1969, pp. 33-39.

JunBell : Juneau (M.), *Glanures lexicales dans Bellechasse et dans Lévis,* dans TraLiQ, t. 1 (1975), pp. 141-191.

JunBerg : Juneau (M.), *Un récit folklorique des Grandes-Bergeronnes (Québec). Transcription et étude linguistique,* dans TraLiLi, t. XIII, 1 (1975), pp. 299-415 (paru en 1976 sous forme de volume dans la deuxième section de la collection *Langue française au Québec* aux P.U.L. et sous le titre : *La jument qui crotte de l'argent. Conte populaire recueilli aux Grandes-Bergeronnes (Québec). Edition et étude linguistique).*

JunBougr : Juneau (M.), *Vers un Trésor de la langue française au Québec* (article *bougrine*), dans TraLiLi, t. XII, 1 (1974), pp. 183-186.

JunDrig : Juneau (M.), *L'origine du québécois DRIGAIL,* dans ZrP, t. 88^1 (1972), pp. 173-174.

JunGuid : Juneau (M.), *L'origine du québécois GUIDOUNE « fille de joie »,* dans TraLiLi, t. XII, 1 (1974), pp. 187-188.

JunInv : Juneau (M.), *Un inventaire de biens québécois de la fin du XVIIIe siècle,* dans TraLiLi, t. X, 1 (1972), pp. 179-223.

JunLMeun : Juneau (M.) et L'Heureux (R.), *La langue de deux meuniers québécois du milieu du XIXe siècle,* dans TraLiQ, t. 1 (1975), pp. 55-95.

JunMO : Juneau (M.), *En parcourant les mots d'origine obscure au FEW,* dans RLiR, t. 38 (1974), pp. 302-311.

JunPMeun : Juneau (M.) et Poirier (Cl.), *Le livre de comptes d'un meunier québécois (fin XVII-début XVIIIe siècle). Edition avec étude linguistique,* Québec, 1973.

JunPron : Juneau (M.), *Contribution à l'histoire de la prononciation française au Québec. Etude des graphies des documents d'archives,* Québec, 1972.

JunRev : Juneau (M.), *Reviviscence en ancien québécois de mots gallo-*

romans sous l'influence de l'anglais, dans RLiR, t. 35 (1971), pp. 388-392.

JutrCord : Jutras (V.-P.), *Vieux parler canadien. Cordonnerie domestique chez l'habitant d'il y a cinquante ans passés (à la Baie-du-Febvre)*, dans BPFC, t. XIII (1914), pp. 25-37, 75-82.

JutrMais : Jutras (V.-P.), *La maison de mon grand-père* [...] *et ses dépendances, fournil, remise, laiterie, four, située à la grand'plaine de la Baie-du-Febvre* [...] : *monographie lexicologique*, dans BPFC, t. X (1911-12), pp. 181-185, 218-226, 261-267, 302-307 ; t. XI (1912-13), pp. 85-87, 124-126, 166-168, 203-205, 238-240, 289-291, 324-325, 366-367, 401-403.

JutrMét : Jutras (V.-P.), *Le métier à tisser (en usage au commencement du siècle dernier)*, dans BPFC, t. VII (1908-09), pp. 220-228.

JutrSucr : Jutras (V.-P.), *L'industrie du sucre d'érable à la Baie-du-Febvre*, dans BPFC, t. II (1903-04), pp. 19-20, 47-49, 76-78, 110-112, 145-147.

LacChFolkl : Lacourcière (L.), *Les transformations d'une chanson folklorique : du MOINE TREMBLANT au RAPIDE-BLANC* dans *Recherches sociographiques*, v. 1, n° 4 (oct.-déc. 1960), pp. 401-434.

LacSauv : Lacasse (P.-Z.), *Quelques mots sauvages*, dans BPFC, t. V (1906-07), pp. 65-66.

LaflCour : Lafleur (N.), *La vie traditionnelle du coureur de bois aux XIXᵉ et XXᵉ siècles*, Ottawa, 1973.

LaflDrave : Lafleur (N.), *La drave en Mauricie*, Trois-Rivières, 1970.

LapMam : Lapointe (G.), *Les mamelles de ma grand-mère, les mamelles de mon grand-père. Petit lexique québécois incomplet*, Montréal, 1974.

LavSag : Lavoie (Th.), *Enquêtes sur les parlers français de Charlevoix, du Saguenay, du Lac-Saint-Jean et de la Côte-Nord. Questionnaire*, Université du Québec, Chicoutimi, 1972.

LeBidLex : Le Bidois (R.), *Petit lexique canadien-français*, dans VL, t. 36 (mars 1955), pp. 116-119, et t. 37 (avril 1955), pp. 163-167.

LeglLFr : Legendre (N.), *La province de Québec et la langue française*, dans MSRC, t. 2 (1884), section 1ʳᵉ, pp. 15-24.

LemVieux : Lemieux (G.), *Les vieux m'ont conté*, Montréal-Paris, t. 1, 1973 ; t. 2, 1974 ; t. 3, 1974.

LessAnt : Lessard (M.), *Encyclopédie des antiquités du Québec*, Montréal, 1971.

LockeBrunsw : Locke (W. N.), *Pronunciation of the French spoken at Brunswick (Maine)*, Greensboro, 1949.

Mag et MagR : Maguire (Th.), *Manuel des difficultés les plus communes de la langue française adapté au jeune âge suivi d'un recueil de locutions vicieuses,* Québec, 1841.

MartBerc : Martin (P.-L.), *La berçante québécoise,* Montréal, 1973.

MartFrCan : Martin (E.), *Le français des Canadiens est-il un patois?,* Québec, 1934.

Mass ou Massignon : Massignon (G.), *Les parlers français d'Acadie,* Paris, [1962].

MassCont : Massicotte (E.-Z.), *Conteurs canadiens-français du XIXe siècle,* Montréal, 1902 (glossaire pp. 307-328).

MassLexIG : Massicotte (M.), *Etude lexicologique du parler de l'Ile-aux-Grues,* thèse dactylographiée, Université de Strasbourg, 1974.

McDermMiss : McDermott (J. F.), *A glossary of Mississipi Valley French, 1673-1850,* Saint-Louis, 1941.

MSRC : *Mémoires et comptes rendus de la Société royale du Canada,* Ottawa, depuis 1882.

MUrsLav : Marie-Ursule (Sœur), *Civilisation traditionnelle des Lavalois,* Québec, 1951.

MVictFl² : Marie-Victorin (Frère), *Flore laurentienne,* 2e éd., Montréal, 1964.

PalMeubl : Palardy (J.), *Les meubles anciens du Canada français,* Ottawa, 2e éd., 1971.

ParFréch : Paris (F.), *M. Louis Fréchette et la langue française,* dans *La Défense,* Chicoutimi, 2 nov. 1899-1er fév. 1900.

ParGl : Paris (F.), *Glane philologique,* dans *La Semaine religieuse de Québec,* Québec, 14 juin 1902, n° 43, pp. 692-697.

PoirAc : Poirier (P.), *Le parler franco-acadien et ses origines,* Québec, 1928.

PoirAlg : Poirier (P.), *Des vocables algonquins, caraïbes, etc., qui sont entrés dans la langue,* dans MSRC, série 3, v. 10 (1916), sect. 1, pp. 339-364.

PoirGl : Poirier (P.), *Glossaire acadien,* fasc. 1, Moncton, 1953.

Potier : Potier (Père), *Façons de parler proverbiales, triviales, figurées, etc. des Canadiens au XVIIIe siècle,* dans BPFC, t. III (1904-05), pp. 213-220, 252-255, 291-293, t. IV (1905-06), pp. 29-30, 63-65, 103-104, 146-149, 224-226, 264-267.

PoulAgric : Pouliot (G.-E.), *Notions d'agriculture,* Québec, 1891.

Procès

I- : *Procès et exécution de Marie Anne Crispin et J. B. Desforges accusés du meurtre de Catherine Prévost,* Montréal, Presses à vapeur de Senecal, 1858.

II- : *Précis historique de l'exécution de Jean-Bapt. Desforges et de*

RÉFÉRENCES

Marie-Anne Crispin [...] *meurtriers de Catherine Prévost*, Montréal, 2ᵉ éd., Louis Perrault & Cie, s.d. (le procès est daté du 25 juin 1858).

III- : *Procès et condamnation de Abraham Hamelin et Isaïe Gratton accusés de cruautés barbares envers Rosalie Barron, femme Foucault*, Montréal, Sénécal, Daniel et compagnie, 1859.

IV- : Bernier (C.), *Procès de Cléophas Lachance trouvé coupable du meurtre d'Odelide Désilets*, Trois-Rivières, La Concorde, 1881.

V- : *Le procès de Barreau*, 1865 (comme la couverture manque, nous ne pouvons donner davantage de précisions bibliographiques).

VI- : *Procès de Joseph Bérubé et de Césarée Thériault, sa femme, pour le meurtre par empoisonnement de Sophie Talbot, première femme du dit Bérubé*, Québec, E.-R. Fréchette, 1852.

VII- : *Cour du Banc de la Reine, samedi, 28 janvier. Les honorables juges Panet & Aylwin, la Reine, vs François-Xavier Julien*, 1854 (même remarque que sous V).

VIII- : *Procès de Eugène Poitras convaincu du meutre de J. B. Ouellet*, Québec, L'Evénement, 1869.

IX- : *Procès de J.-B. Beauregard convaincu du meurtre de Anselme Charron et condamné à être pendu le 16 décembre 1859*, Montréal, Louis Perrault & Cie, s.d. (le procès est daté de 1859).

X- : *Célèbre procès d'Anaïs Toussaint convaincue de l'empoisonnement de Joseph Bisson, son mari, et condamné à mort le lundi, 2 février 1857*, Québec, Les Presses d'Augustin Côté & Cie, 1857.

ProvVerg : Provancher (L.), *Le verger, le potager et le parterre dans la province de Québec*, Québec, 1874.

RAPQ : *Rapport de l'Archiviste de la Province de Québec*, Québec, depuis 1920-21 (*Rapport des Archives du Québec* depuis 1963).

ReadLouis : Read (W. A.), *Louisiana-French*, Baton Rouge, 1931.

Rinfr : Rinfret (R.), *Dictionnaire de nos fautes contre la langue française*, Montréal, 1896.

RivEt : Rivard (A.), *Etudes sur les parlers de France au Canada*, Québec, 1914.

RivLitt : Rivard (A.), *Les formes dialectales dans la littérature canadienne*, dans *Premier congrès de la langue française au Canada. Mémoires*, Québec, 1914, pp. 420-425.

RoussAdd : Rousseau (J.), *Quelques additions au « Glossaire du parler français au Canada »*, dans CF, t. 22 (1935), pp. 580-590.

RoussAmér : Rousseau (J.), *Les américanismes du parler canadien-français*, dans CD, v. 21 (1956), pp. 89-103.

RoussAnt : Rousseau (J.), *Notes sur l'ethnobotanique d'Anticosti,* dans AF, v. 1 (1946), pp. 60-71.

RoussBouch : Rousseau (J.), *Pierre Boucher, naturaliste et géographe,* dans *Histoire véritable et naturelle . . .* (1664) de Pierre Boucher, publ. par la Société historique de Boucherville, 1964, pp. 262-401.

RoussCoudr : Rousseau (J.) et Raymond (M.), *Etudes ethnobotaniques canadiennes,* dans *Contributions de l'Institut botanique de l'Université de Montréal,* t. 55 (1945), pp. 75-111 (Ile-aux-Coudres), et 137-154 (Caughnawaga).

RoussEthAbén : Rousseau (J.) *Ethnobotanique abénakise,* dans AF, v. 2 (1947), pp. 145-182.

RoussParl : Rousseau (J.), *Le parler canadien et le français universel,* dans CD, v. 34 (1969), pp. 181-237.

RoussPl : Rousseau (J.), *Les noms populaires des plantes au Canada français,* dans EPFC, pp. 135-173.

RoyFr : Roy (J.), *The French Language in Canada,* dans *Canadian Illustrated News,* Montréal, 27 oct. 1877, v. 16, n° 17, pp. 258 et suiv.

RUL : *Revue de l'Université Laval.*

SévCiv : Séguin (R.-L.), *La civilisation traditionnelle de l'« habitant »* aux XVIIe et XVIIIe siècles, Montréal, 1959.

SégCost : Séguin (R.-L.), *Le costume civil en Nouvelle-France,* Ottawa, 1968.

SégEq : Séguin (R.-L.), *L'équipement de la ferme canadienne aux XVIIe et XVIIIe siècles,* Montréal, 1959.

SoltBerth : Soltész (J.-A.), *Le parler des îles de Berthier-Sorel (Province de Québec, Canada). Etude linguistique - aperçus ethnographiques,* thèse manuscrite de l'Université Laval, 1970.

StrakaMen : Straka (G.), *En relisant Menaud maître-draveur : contribution à un inventaire du vocabulaire régional du Québec,* dans TraLiLi, t. XI, 1 (1973), pp. 265-294.

TraLiQ : *Travaux de Linguistique québécoise,* tome 1, Québec, 1975, publ. par Marcel Juneau et Georges Straka (4e section de la coll. *Langue française au Québec*).

Tur : Turenne (A.), *Petit dictionnaire du joual au français,* Montréal, 1962.

Viger : Viger (J.), *Néologie canadienne* (1810), dans BPFC, t. VIII (1909-10), pp. 101-103, 141-144, 183-186, 234-236, 259-263, 295-298, 339-342.

VinDict : Vinay (J.-P.), Daviault (P.), Alexander (H.), *Dictionnaire canadien,* 1962.

2) Autres références

Académie (avec l'année de l'éd.) : *Le dictionnaire de l'Académie françoise*, Paris, 1694 et éd. suivantes.

AJPh : *American Journal of Philology*.

ALCB : Bourcelot (H.), *Atlas linguistique et ethnographique de la Champagne et de la Brie*, t. 1, Paris, 1966 ; t. 2, 1969.

ALCe : Dubuisson (P.), *Atlas linguistique et ethnographique du Centre*, t. 1, Paris, 1971.

ALF : Gilliéron (J.) et Edmont (E.), *Atlas linguistique de la France*, Paris, 1902-1910.

ALG : Séguy (J.), *Atlas linguistique et ethnologique de la Gascogne*, Paris, 1954-1966.

ALIFO : Simoni-Aurembou (M.-R.), *Atlas linguistique et ethnographique de l'Ile-de-France et de l'Orléanais*, t. 1, Paris, 1973.

ALO : Massignon (G.) et Horiot (B.), *Atlas linguistique de l'Ouest*, t. 1, Paris, 1971 ; t. 2, 1974.

Arveiller : Arveiller (R.), *Contribution à l'étude des termes de voyage en français (1505-1722)*, Paris, 1963.

Bescherelle 1887-1892 : Bescherelle (A.), *Nouveau dictionnaire ou Dictionnaire universel de la langue française*, Paris, 1887 ; 3e éd. 1892.

BW⁵ : Bloch (O.) et Wartburg (W. von), *Dictionnaire étymologique de la langue française*, 5e éd., Paris, 1968.

Cayrou : Cayrou (G.), *Le français classique : lexique de la langue du XVIIe siècle*, Paris, 1948.

Corominas : Corominas (J.), *Diccionario critico etimologico de la lengua castellana*, Berne, 1954.

Cotgrave : Cotgrave (R.), *A Dictionarie of the French and English Tongues*, Londres, 1611.

Chaudenson *Réunion* : Chaudenson (R.), *Lexique du parler créole de la Réunion*, Paris, 1974.

DDM : Dauzat (A.), Dubois (J.) et Mitterand (H.), *Nouveau dictionnaire étymologique et historique*, 2e éd., Paris, 1971.

DEAF : Baldinger (K.) avec la collaboration de Gendron (J.-D.) et Straka (G.), *Dictionnaire de l'ancien français*, Québec-Tübingen-Paris, depuis 1971.

Delboulle *Yères* : Delboulle (A.), *Glossaire de la Vallée d'Yères pour servir à l'intelligence du dialecte haut-normand et à l'histoire de la vieille langue française*, Le Havre, 1876.

DFC : Dubois (J.) et collaborateurs, *Dictionnaire du français contemporain*, 2e éd., Paris, 1971.

DFV : Davau (M.), Cohen (M.) et Lallemand (M.), *Dictionnaire du français vivant*, Paris-Bruxelles-Montréal, 1972.

DG : Hatzfeld (A.), Darmesteter (A.), et Thomas (A.), *Dictionnaire général de la langue française*, Paris, 1900.

Dottin *Bas-Maine* : Dottin (G.), *Glossaire des parlers du Bas-Maine*, Paris, 1899.

Dubois-Lagane [1-2] : Dubois (J.) et Lagane (R.), *Dictionnaire de la langue française classique*, 1re éd., Paris, 1960 ; 2e éd., 1972 [avec la collaboration d'A. Lerond].

FEW : Wartburg (W. von), *Französisches Etymologisches Wörterbuch*, Bonn-Leipzig-Bâle, en cours de publication depuis 1922.

Furetière (avec l'année de l'éd.) : Furetière (A.), *Dictionnaire universel*, La Haye-Rotterdam, 1690 et éd. suiv.

Gdf et GdfC : Godefroy (Fr.), *Dictionnaire de l'ancienne langue française et de tous les dialectes du IXe siècle au XVe siècle*, Paris, 1880-1892 (GdfC pour le complément).

GLLF : *Grand Larousse de la langue française en six volumes*, Paris, 1971 et suiv.

Huguet : Huguet (E.), *Dictionnaire de la langue française du XVIe siècle*, Paris, 1925-1965.

JAF : *The Journal of American Folk-lore.*

La Curne : La Curne de Sainte-Palaye, *Dictionnaire historique de l'ancien langage françois ou glossaire de la langue françoise*, New York, 1972, réimpression de l'éd. originale de 1875-1882.

Larousse 1865 : Larousse (P.), *Grand dictionnaire universel*, Paris, 1865 et suiv.

Larousse 1897 : *Nouveau Larousse illustré*, Paris, 1897 et suiv.

Larousse 1928 : *Larousse du XXe siècle*, Paris, 1928 et suiv.

Larousse 1948 : *Nouveau Larousse universel*, Paris, s.d. [1948-49].

Larousse 1960 : *Grand Larousse encyclopédique*, Paris, 1960.

Larousse 1975 : *Petit Larousse illustré*, Paris, 1975.

Littré : Littré (E.), *Dictionnaire de la langue française*, 1863-1873, suppl. en 1877.

Mistral *Tresor* : Mistral (Fr.), *Lou Tresor dóu Felibrige ou Dictionnaire provençal-français*, 1878-1886, rééd. 1968.

MLN : *Modern Language Notes.*

Moisy *Norm.* : Moisy (H.), *Dictionnaire en patois normand*, Caen, 1887.

Nyrop *Gramm. hist.* : Nyrop (Kr.), *Grammaire historique de la langue française*, Copenhague, t. I, 5e éd., 1967 ; t. II, 5e éd., 1968 ; t. III, 2e éd., 1936 ; t. IV, 1913 ; t. V, 1925 ; t. VI, 1930.

OED : *The Oxford English Dictionary,* Oxford, 1883-1928 (réimpression de 1961).

OEDSh 1968 : *The Shorter Oxford English Dictionary in Historical Principles,* 3ᵉ éd., Oxford, 1968.

PMJA : *Publications of Modern Language Association of America.*

Poitevin : Poitevin (M. P.), *Nouveau dictionnaire universel de la langue française,* t. 1, Paris, 1856 ; t. 2, 1860.

PRob ou PRobert : Robert (P.), *Dictionnaire alphabétique et analogique de la langue française (Le Petit Robert),* Paris, 1967.

REW³ : Meyer-Lübke (W.), *Romanisches Etymologisches Wörterbuch,* Heidelberg, 1968.

RLiR : *Revue de Linguistique romane.*

Rob ou Robert : Robert (P.), *Dictionnaire alphabétique et analogique de la langue française,* Paris, 1951-1970.

Rolland *Flore* : Rolland (E), *Flore populaire ou Histoire naturelle des plantes dans leurs rapports avec la linguistique et le folklore,* Paris, 1967 (nouveau tirage de l'éd. originale de 1896-1914).

TL : Tobler (A.) et Lommatzsch (E.), *Altfranzösisches Wörterbuch,* Wiesbaden, en cours de publication depuis 1925.

TLF : *Trésor de la langue française,* publié sous la direction de P. Imbs, t. I (A-Affiner), 1971 : II (Affinerie-Anfractuosité), 1973 ; III (Ange-Badin), 1974 ; IV (Badinage -Cage), 1975.

TraLiLi : *Travaux de Linguistique et de Littérature.*

Trévoux 1771 : Trévoux, *Dictionnaire universel françois et latin,* Paris, 1771.

Vorepierre : Vorepierre (B.-D. de), *Dictionnaire français illustré et Encyclopédie universelle,* Paris, 1876.

ZrP : *Zeitschrift für Romanische Philologie.*

VL : *Vie et langage,* Paris, depuis 1922.

B — MANUSCRITS ET DOCUMENTS SONORES

ABMM : *Archives de la Bibliothèque municipale de Montréal.*

AF : *Archives de Folklore de l'Université Laval.*

AJQ : *Archives judiciaires de Québec.*

AJTR : *Archives judiciaires de Trois-Rivières.*

AMHDQ : *Archives du Monastère de l'Hôtel-Dieu de Québec.*

AMHGQ : *Archives du Monastère de l'Hôpital général de Québec.*

AN : *Actes de notaires* (collection en dépôt aux *Archives nationales du Québec).*

ANQ : *Archives nationales du Québec.*

ANQM : *Archives nationales du Québec à Montréal.*

AP : *Archives privées* (collection en dépôt aux *Archives nationales du Québec*).

ASQ : *Archives du Petit Séminaire de Québec.*

ASSSM : *Archives du Séminaire de Saint-Sulpice de Montréal* (pour plus de détails sur la documentation dépouillée, voir TraLiQ, t. 1 (1975), pp. 351-354).

APSV : *Archives de la paroisse de Saint-Vallier (Bellechasse).*

ATLFQ : Fonds du *Trésor de la langue française au Québec.*

AUQ : *Archives du Monastère des Ursulines de Québec.*

Dg : Documentation de la défunte Société du Parler français au Canada, augmentée considérablement par Gaston Dulong (Université Laval).

FS : Fichier Robert-Lionel Séguin en dépôt à l'*Inventaire des biens culturels du Québec.*

IBCQ : *Inventaire des biens culturels du Québec* (primitivement *Inventaire des œuvres d'art du Québec*).

LavSagE : Renseignements manuscrits fournis par notre collègue Thomas Lavoie (Univ. du Québec à Chicoutimi) et puisés dans ses carnets d'enquête sur les parlers de la Côte-Nord, de Charlevoix, du Saguenay et du Lac-Saint-Jean.

PJN : *Pièces judiciaires et notariales* (collection en dépôt aux *Archives nationales du Québec*).

*

Localisation des parlers d'oïl

Nord-Ouest : Normandie, Bretagne française, Maine, Anjou et Perche.
Ouest : Poitou, Aunis, Saintonge et Angoumois.
Centre : Orléanais, Touraine, Berry et Nivernais.

Index (*)

(*) Cet index comprend les mots analysés dans les articles d'essai (les renvois sont alors en caractère gras) et ceux, intéressants et significatifs (en regard du « français général » actuel), qui ont été cités seulement dans les exemples ou ailleurs.

Table des matières

ACHEVÉ D'IMPRIMER
LE 27 MAI 1977
SUR LES PRESSES DE
L'IMPRIMERIE RÉGIONALE
35-37, RUE DU FOSSÉ-DES-TREIZE
F - 67000 STRASBOURG

N° d'ordre : 1500/76 — Dépôt légal 2e trimestre 1977